『고려사』 여복지 역주

이 책은 2009년 정부(교육과학기술부)의 재원으로 한국연구재단의 지원을 받아 수행한 연구임(KRF-2009-322-A00009)

『고려사』 여복지 역주

박 용 운

景仁文化社

머 리 말

　『고려사』는 다 아는 대로 우리 역사상 918년부터 1392년까지 존재했던 국가인 고려에 대한 편년체編年體 사서史書인데, 지志는 그 일부로서 모두 12편목編目으로 구성되어 있다. 천문天文·역력曆·5행五行·지리地理·예禮·악樂·여복輿服·선거選擧·백관百官·식화食貨·병兵·형법刑法 등이 그들로서, 이 가운데 여복지는 명칭에 드러나듯이 수레(여輿)와 복식服飾에 관한 내용을 중심으로 하여 인장印章 및 의례에서의 의장儀仗과 시위侍衛·노부鹵簿 등에 이르는 여러 사항을 기술해 놓고 있는 부분이다.

　역사를 탐구하여 감에 있어 자료의 수집과 그에 대한 해석·논증은 가장 기본이 되는 작업이거니와, 그점에서 각 방면에 관한 자료를 모아놓은 『고려사』의 여러 지志들은 많은 주목을 받기 마련이다. 그런 연유로 각각의 지志에 실린 자료들은 개별적인 논문에서 크게 활용되어 왔으며, 나아가서 지志 자체에 대한 연구도 특히 근자에 들어와 활기를 띠고 있는 가운데 번역과 역주譯註 작업도 적지 않은 성과가 속속 발표되고 있다.

　필자 자신 그와 같은 분위기에 편승하여 그 동안 검토하여 왔던 결과를 『고려사 백관지 역주』와 『고려사 선거지 역주』라는 제목을 붙여 출간한바 있다. 이번에 내놓는 『고려사 여복지 역주』는 그 일련의 작업에 따른 결과인 셈이다. 실은 꽤 오래전부터 나는 고려시기 사람들이 어떤 옷을 입고, 무엇을 어떻게 먹고 살았으며, 또 주거 상황은 어떠했을까 하는 부분에 관심을 가져 왔었다. 이번의 여복지 역주 작업은 이 분야에 대한 공부를 시작하기에 앞서 일부분에 한정된 것이긴 하지만 예비지식을 얻고자 하는 데도 커다란 목적이 있었다.

한데 여복지를 일별해 보니 그것은 온통 국왕을 비롯한 왕실의 인원 및 관료들이 공식적인 의례에 참여하거나 업무를 볼 때 등과 관련된 내용들이었으며, 그나마 중국측으로부터 직접 받아들이거나 영향을 받은 것이었다. 그러므로 비록 국왕과 관원들의 경우라 하더라도 전통적인 토풍土風에 따랐던 일상생활에서의 복식 등에 관한 언급은 극히 찾아보기가 어려웠으며, 하물며 민인民人들과 관련된 내용에 있어서는 더 말할 나위가 없었다. 『고려사』 여복지의 역주 작업을 통해 얻고자 했던 나의 목표는 실패로 돌아간 것이겠다. 하지만 여복지의 자료가 한계성을 지니는 것이긴 하더라도 우리 역사 과정의 일부 기록인 것은 틀림없는 사실이며, 따라서 그에 관한 역주가 우리의 역사를 탐구해가는데 필요한 기초작업의 하나를 더 추가했다는 데서 의미를 찾을 수 있지 않을까 싶다.

이 책자의 내용 중에는 잘못 파악했거나 오류를 일으킨 부분도 없지 않을 듯 싶어 염려가 앞선다. 그같은 점들은 이 방면의 문외한으로 만용을 부린데다가 생각도 짧은 필자에 기인하는 소치로 돌리고 관서寬恕하여 주기 바란다. 시장성이 별로 없어 보이는 이 책자를 기꺼이 맡아 출판해준 경인문화사의 담당자들에게 이 자리를 빌어 감사의 뜻을 표하여 둔다.

2013년 3월
저 자

차 례

『고려사』 여복지의 구성·내용과 성격

Ⅰ. 서 언

『고려사高麗史』는「전대前代의 역사를 수찬修撰하는」규례規例에 따라 조선조가 개창된 직후부터 작업에 착수하여 많은 우여곡절을 겪은 끝에 문종文宗 원년(1451)에 이르러 완성을 본 고려시대에 대한 역사서이다. 이 일을 책임지고 추진시킨 사람은 널리 알려진 대로 김종서金宗瑞·정인지鄭麟趾 등이었거니와, 논란을 거듭한 결과 기전체紀傳體로 편찬하기로 결정이 되어 세가世家(본기本紀) 46권, 지志 39권, 열전列傳 50권, 연표年表 2권, 목록目錄 2권 등 전체 139권에 달하는 사서史書를 세상에 내놓게 된 것이다.

그리하여 이 『고려사』는 『삼국사기三國史記』와 함께 현재 전해오는 우리나라의 양대 기전체 사서로서 매우 높은 위치를 차지하고 있다. 아울러 이것의 내용은 편년체編年體 사서인 『고려사절요』의 그것과 함께 고려시대사를 살펴가는데 기본적인 자료가 된다. 이러한 중요성 때문에 『고려사』는 그의 편찬 시말始末이나 구성과 내용·성격, 거기에 내포되어 있는 사관史觀 등 다양한 문제들이 이미 심도있게 다루어진 바 있다.[1]

---

1) 李基白,「高麗史 解題」, 景仁文化社『高麗史』, 1972 ;『韓國의 歷史認識』(상), 創作과批評社, 1976.
변태섭,『高麗史의 研究』, 三英社, 1982.

『고려사』의 한 축을 이루는 지志는 천문天文·역曆曆·5행五行·지리地理·
예禮·악樂·여복輿服·선거選擧·백관百官·식화食貨·병兵·형법刑法 등 모두 12
편목編目으로 구성되어 있다. 이들은 그 명칭으로 짐작되듯이 각 방면
의 제도와 문물·현상 등을 서술한 부분으로서, 지금으로 말하면 분류
사에 해당하는 것들이다. 그러므로 각각의 편목에는 그와 관련된 자료
들이 망라되어 있게 마련이며, 따라서 어느 분야를 고찰하려고 하던간
에 먼저 해당 각 지志를 살펴보지 않을 수 없게 된다. 한데 이 방면을
공부해본 사람이면 누구나 느끼듯이 그 내용들이 대체적으로 축약되어
간략하게 언급된 데다가 난해한 용어들이 많은 까닭에 이해에 큰 어려
움이 따른다. 이런 점을 다소나마 완화시키기 위해 연구자들이 역주譯
註를 곁들인 지志 자체의 해명에 노력을 거듭하여 병지兵志를 비롯해2)
선거지選擧志3)·5행지五行志4)·식화지食貨志5)·백관지百官志6)·지리지地理

---

2) 李基白,「高麗史 兵志의 檢討」『震檀學報』31, 1967 ;『高麗兵制史研究』, 一
潮閣, 1968.
李基白,『高麗史 兵志 譯註一』, 高麗史研究會, 1969.
김용선,「高麗史 兵志의 특성과 譯註의 방향」『고려시대연구』Ⅵ, 2004.
김용선,「高麗史 兵志 譯註」『고려시대연구』Ⅺ, 2006, 外.
이기백·김용선,『고려사 병지 역주』, 일조각, 2011.
3) 金成俊,「高麗史 選擧(三) 譯註(一)~(五)」『湖西史學』5·6, 1977~1978 및 『大
丘史學』19·22·23, 1981·1983.
許興植,「選擧志 選場의 分析-高麗禮部試登科錄의 作成과 관련하여-」『高
麗科擧制度史研究』, 일조각, 1981.
許興植,「高麗史 選擧志의 譯註 現況과 方向」『고려시대연구』Ⅳ, 2002.
許興植,「高麗史 選擧志 譯註(1)」『고려시대연구』Ⅵ, 2004, 外.
朴龍雲,『高麗史 選擧志 譯註』, 景仁文化社, 2012.
4) 李熙德,「高麗史 五行志 譯註」『東方學志』85·87~89, 1994~96 ;『高麗時代
天文思想과 五行說 研究』, 一潮閣, 2000.
김기덕,「高麗史 五行志의 譯註現況과 새로운 譯註方向」『고려시대연구』Ⅲ,
2001.
김기덕,「高麗史 五行志 水德條 譯註」『고려시대연구』Ⅳ, 2002, 外.
김일권,「高麗史 五行志 譯註(3)」『고려시대연구』Ⅷ, 2005, 外.

志7)·형법지刑法志8)·예지禮志9) 등에 걸쳐 눈여겨볼만한 연구물들을 근래
까지도 계속 내어놓고 있어 주목된다.

　이러한 노력은 여복지輿服志의 경우에도 예외가 아니었다. 다만 여복
지가 명칭에 드러나듯이 여로輿輅(수레)와 복식服飾이 그 중심이 되는 만
큼 처음에는 검토도 주로 복식사의 측면에서 다루어졌고, 또 전체 시기
를 살피는 과정에서 고려의 그것이 일부로 취급되는 수준의 것이었
다.10) 하지만 그런 가운데서도 여복지와 관련이 깊은 논고들이 발표되
었고,11) 이어서 그 내용 자체를 주제로 한 연구들이 속속 나왔으며,12)

─────────────────────

　　김일권, 『고려사의 자연학과 오행지 연구』, 한국학중앙연구원출판부, 2011.
　5) 朴宗基 등, 『譯註 高麗史 食貨志』, 정신문화연구원, 1996.
　6) 박용운, 「高麗史 百官志의 特性과 譯註」 『고려시대연구』 Ⅲ, 2001.
　　박용운, 「高麗史 百官志 譯註(2)」 『고려시대연구』 Ⅴ, 2002, 外.
　　崔貞煥, 『譯註 高麗史 百官志』, 경인문화사, 2006.
　　朴龍雲, 『高麗史 百官志 譯註』, 신서원, 2009.
　7) 박종기, 「高麗史 地理志 譯註의 現況과 課題」 『고려시대연구』 Ⅲ, 2001.
　　박종기, 「高麗史 地理志 譯註-楊廣道編」 『고려시대연구』 Ⅴ, 2002, 外.
　8) 채웅석, 「高麗史 刑法志 譯註(1)」 『고려시대연구』 Ⅳ, 2002, 外.
　　채웅석, 「高麗史 刑法志의 성격과 史料的 가치」 『고려시대연구』 Ⅻ, 2007.
　　蔡雄錫, 『高麗史 刑法志 譯註』, 신서원, 2009.
　9) 정구복, 「高麗史 禮志의 성격과 가치」 『고려시대연구』 Ⅴ, 2002.
　　정구복, 「高麗史 禮志 譯註(1)」 『고려시대연구』 Ⅶ, 2004, 外.
　10) 金東旭, 「新羅 高麗의 服飾 變遷」 『李朝前期 服飾構造』, 韓國研究院, 1963.
　　유희경, 「高麗王朝社會의 服飾」 『한국복식사연구』, 이화여대출판부, 1975.
　　白英子, 「高麗의 鹵簿儀衛」 『우리나라 鹵簿儀衛에 관한 연구』, 이화여대 박
　　　사학위논문, 1985.
　11) 金東旭, 「高麗圖經의 服飾史的 研究-高麗圖經의 風俗史的 研究-」 『延世論
　　　叢』 7, 1970.
　　柳喜卿, 「高麗·朝鮮朝 國王 冕冠制」 『考古美術』 136·137, 1978.
　　趙孝淑, 『韓國 絹織物 研究-高麗時代를 中心으로-』, 세종대 박사학위논문,
　　　1993.
　　金洛珍, 「高麗時代 牽龍軍의 設置와 任務」 『역사학보』 165, 2000.
　12) 權兌遠, 「高麗史 輿服志의 分析的 檢討」 『國史館論叢』 13, 1990.
　　權兌遠, 「高麗史 輿服志의 輿輅制 검토」 『張忠植華甲紀念論叢』 역사학편,

또 최근에는 여복지를 포함한 『고려사』의 국역본도 출간되어서13) 그에 관한 이해의 폭을 크게 높여주고 있다.

현재의 이와 같은 상황에서 다시 역주본譯註本을 낸다는 것은 좀 새삼스럽다는 느낌이 없지 않다. 그럼에도 용기를 내어 붓을 드는 것은 이번의 작업이 글자 그대로 역주본으로서 각 자료의 번역뿐 아니라 역사적 측면에 대한 설명도 가능한한 추가함으로써 그 내용에 좀더 가까이 접근할 수 있게 되지 않을까 하는 생각에 미쳤기 때문이었다. 아울러 여복지 원문 자체에 오류인 듯싶은 부분이 몇몇 눈에 띄고, 또 선행의 해설들이 높은 수준을 보이고 있음에도 불구하고 간혹 수정·보완을 필요로 한다고 생각되는 대목들이 찾아지는 것 역시 한 작은 동기로 작용하였다. 이번의 작업이 그같은 부분에서 조그마한 성과라도 거두었으면 하는 바램을 가져 본다.

II. 여복지의 구성과 내용

『고려사』 여복지의 체제와 구성 및 내용을 엮어감에 있어 편찬자들이 참고로 한 문헌은 무엇이었을까. 이점에 대해서는 『고려사』 첫 머리에 실려있는 「찬수고려사범례纂修高麗史凡例」의 지志 부분에서 다음과 같이 밝혀놓고 있다.

역대歷代 사史의 지志를 상고하면 각 시대마다 같지가 않다. 당唐의 지志에 이르러서는 사실事實로써 조직하여 편篇을 만들었으므로 고핵考覈하

1992.

金洛珍, 「高麗時代 禁軍의 組織과 性格 - 高麗史 輿服志 儀衛條의 分析을 중심으로 - 」 『國史館論叢』 106, 2005.

13) 『국역 고려사』 권17, 志 5, 경인문화사, 2011.

기가 어렵다. 지금 고려사를 찬수纂修함에 있어서는 원사元史에 준準하여 조條로 나누고 류類를 모아서[조분류취條分類聚] 보는 사람들로 하여금 쉽게 고핵할 수 있게 하였다.

「사실로써 조직하여 편篇을 만든」 당唐의 지志보다는 사람들이 고핵 考覈하기 쉽도록 조목條目으로 나누고 유형별類型別로 모아놓는 형식을 취한『원사元史』에 준準하여 찬수纂修했다는 것이다. 지志의 일부인 여복 지도 이 원칙에 의했겠는데, 한편으로『원사』지志를 찬수함에 즈음하 여서는 「조條로 나누고 건건별로 배열하여[조분건렬條分件列] 열람자들이 쉽게 볼 수 있도록 한」「송사宋史의 지志에 준하였다」고[14] 했는가 하면, 『고려사』 여복지 서문에는 그의 기본이 된『상정고금례詳定古今禮』를 편 찬할 때 조종祖宗의 헌장憲章과 함께「여러 면에서 당나라 제도를 채택 하였다[잡채당제雜采唐制]」고[15] 보인다. 요컨대『고려사』 여복지는『송사宋 史』와『당서唐書』의 그것들을 참조한 셈이며, 보다 직접적으로는『원사』 의 여복지를 모범으로 했다는 이야기이겠다.

이점은 실제로 이들의 체제와 구성 및 내용을 살펴보면 그대로 드러 난다.『고려사』는 여복지輿服志라는 편목에 1권을 배정하고 있고,『구당 서舊唐書』도 역시 여복지라는 편목에 1권으로 이루어지고 있는데 비해 『신당서新唐書』는 의위지儀衛志와 거복지車服志로 나누어 각각 1권씩이며, 『송사』도 의위지儀衛志와 여복지輿服志로 구분하여 각각 6권씩이고,『원 사』는 여복지라는 편목에 3권을 배정하고 있다. 이중에서 권수卷數의 차이는 이 부분에 대한 비중의 차이에도 다소의 원인이 있지만 주된 요인은 각 사서史書의 규모가 다른데 따른 것이므로 논외로 하고 체제 면을 보면 단일 편목으로 된『고려사』와『구당서』·『원사』가 같고, 의

---

14)『元史』末尾 撰修元史凡例.
15)『고려사』권72, 志 26 輿服 序文.

위의위衛와 여복輿服(거복車服)으로 나누어 편성한 『신당서』와 『송사』는 좀 다른 편이라 할 수 있다.

한데 다시 이들의 구성과 내용을 보면 『구당서』의 경우 여복輿服이라는 편목에 맞추듯이 먼저 천자로부터 내·외명부內外命婦와 품관品官에 이르는 사람들이 타는 각종 여로輿輅·거여車輿에 대해 기술하고, 다음에 역시 천자의 관면冠冕 등으로부터 제신諸臣과 내·외명부의 복식服飾에 대해 차례로 서술하고 있다(『구당서』 권45, 지 25). 그리고 이같은 형식은 『신당서』에 있어서도 마찬가지이다. 물론 『신당서』에는 먼저 의위지儀衛志가 실렸으므로 당연히 천자와 왕실의 인원 및 신료들의 출입에 따른 의장儀仗·위장衛仗과 노부鹵簿에 대해 서술하고, 두 번째 권卷인 거복지車服志에서 『구당서』에서와 같이 여로輿輅와 관복冠服의 순서로 기술하고 있으며(『신당서』 권23·24, 지 13·14), 『송사』 역시 의위지와 여복지 모두가 『신당서』의 형식과 대체적으로 유사한데(『송사』 권143~154, 지 96~107), 다만 마지막 권卷에 「보寶·인印·부권符券」 등의 항목을 더 설정하고 있다는 점이 좀 다른 일면이다.

이에 비해 『원사』는 여복지라는 단일 편목編目(『원사』 권78, 지 28) 내에서, 다른 여복지(거복지車服志)의 기술 순서와는 달리 우선 면복冕服 항목을 설정하고 천자 면복天子冕服 등과 함께 황태자 관복皇太子冠服과 각종 제복祭服·백관 공복百官公服·복색등제服色登第 등에 대하여 서술하고 있으며, 그 다음의 여로輿輅 항목에서 옥로玉輅·금로金輅·상로象輅·혁로革輅·목로木輅·요여腰輿 등을 다루고 있다. 그리고 이어지는 권2의 의장儀仗 항목에서 대략 살피더라도 조독皂纛·금절金節·주작당朱雀幢·청룡당青龍幢·교의交椅·수병水瓶·대산大繖·화개華蓋·곡개曲蓋·대치선大雉扇·풍백기風伯旗·우사기雨師旗·현무기玄武旗·백호기白虎旗·5색룡기五色龍旗·용마기龍馬旗·3각수기三角獸旗·각단기角端旗·추아기騶牙旗·백택기白澤旗·등장鐙杖·골타骨朶·장도長刀·반검班劍 등이 찾아지며, 숭천 노부崇天鹵簿 소항목에서는 중도中道·돈체대頓遞隊·주작대朱雀隊·어마대御馬隊·공위공학제1대拱衛拱鶴第一

隊·배로대陪輅隊 등이 눈에 띄고, 외장外仗 소항목에서는 금고대金鼓隊·청
유대淸遊隊·제위마전대諸衛馬前隊·좌위청갑대左衛靑甲隊·우위백갑대右衛白甲
隊 등도 역시 찾아볼 수 있다. 다음 여복지 권3은 의위儀衛 항목인데 전
상집사殿上執事·전하집사殿下執事 소항목에는 그에 동원되는 설호랑挈壺郎
·사향司香·주인酒人·호위護尉 등등의 관원이, 전하황휘장殿下黃麾仗 소항목
에서는 대개大蓋·화개華蓋·주단선朱團扇·대치선大雉扇·황휘번黃麾幡·강인번
絳引幡 등의 의장물儀仗物이 기술되고 있다. 이어서 궁내도종宮內導從·중
궁도종中宮導從 소항목에서는 경필警蹕·천무天武·사인舍人·주복어자主服御
者·압직押直·중정사中政使 궁인宮人 등이, 진발책보進發冊寶 소항목에서는
청도관淸道官·운화악雲和樂·향안香案·책안冊案·금오절충金吾折衝·지반知班
등이 찾아지며, 다시 책보섭관冊寶攝官 소항목에는 상존호책보上尊號冊寶·
상황태후책보上皇太后冊寶·태황태후책보太皇太后冊寶에서의 섭관攝官·봉책관
奉冊官 등에 대해 기술하고 있다.

　『고려사』 여복지는 이상의 『당서』와 『송사』·『원사』의 그것과 비교
할 때 '여복지'라는 단일한 편목의 설정에서 뿐 아니라, 곧이어 소개하
듯이 그것을 구성하는 항목과 소항목들의 호칭이나 배열, 기술의 순서
등을 보면 『원사』와 가장 흡사한 것이다. 그러면서도 구체적인 내용에
들어가서는 중국측 여러 나라의 영향을 두루 받은 사실이 드러나 있지
마는, 한편으로 고려는 저들과 역사적 배경과 더불어 국가 기구와 조
직, 문화 등이 달랐던 만큼 그에 따른 독자적인 측면 역시 많은 부분을
차지하고 있음은 더 말할 나위가 없겠다.

　그러면 지금부터 『고려사』 여복지의 면모를 살펴보기로 하겠는데,
그것은 서문序文에 이어서 관복冠服을 첫 번째로 하여 둘째 여로輿輅, 셋
째 인장印章, 넷째 의위儀衛, 다섯째 노부鹵簿 등 크게 다섯 항목으로 나
누고 그 각 항목에 몇 개씩의 소항목들을 두고 있다. 그 첫 항목인 관
복冠服의 첫 번째 소항목은 왕 관복王冠服으로, 여기에는 고려가 사대관
계事大關係를 맺고 있던 요遼(거란契丹)와 금金(여진女眞)으로부터 관복冠服·

규圭·대帶(띠) 등을 받은 사실을 왕대별王代別로 기술하고 있으며, 문종 33년에는 송宋나라 신종으로부터 각종 의류와 복식 관련 물품을 사여 받은 사실도 함께 전하고 있다.

두 번째 소항목은 제복祭服이다. 그리하여 여기서는 인종 18년에 체례禘禮 때의 복장服章을 정한 사실과, 의종조에 이르러 원구圜丘·사직社稷·태묘太廟 등에 대한 제례祭禮 때에 국왕이 착용하는 곤면袞冕 등의 형태·크기와 그 외의 각종 복식들에 대해서도 정해진 여러 규정을 실었다. 그리고 말미에는 공민왕 19년에 명나라 태조 고황제高皇帝(주원장)가 사여한 면복冕服 등을 소개하고 있다.

세 번째 소항목은 시조복視朝服인데, 국초에는 자황포柘黃袍를 입었음을 전하고, 이어서 문종 12년에 있었던 복색服色에 관한 논의를 실었으며, 의종조에 들어와 각종 행사 때에 국왕이 입는 복장에 대해 상정詳定하였음도 기술하고 있다. 그리고 충렬왕 때에는 원나라와의 관계에 의해 복색에 변동이 있었고, 공민왕 19년에는 역시 명나라 태조 고황제가 원유관遠遊冠과 여러 복식 관련의 물품을 사여한 사실도 싣고 있다.

네 번째 소항목은 왕비 관복王妃冠服으로서, 명나라 태조의 후비인 효자황후孝慈皇后가 우리의 왕비에게 사여한 관복冠服을 비롯한 여러 복식에 대한 소개이다.

다섯 번째 소항목은 왕세자 관복王世子冠服으로, 문종과 숙종 때에 요나라 임금이 우리 왕세자에게 관복冠服·의대衣帶·홀笏 등을 사여한 기사로 되어 있다.

여섯 번째 소항목은 백관 제복百官祭服인데, 먼저 인종 18년에 정해진 체례禘禮 때의 복장제도服章制度를 기술하고, 뒤이어 의종조에 상정詳定된 7류면七旒冕·7장복七章服으로부터 평면平冕·무류無旒에 이르는 제복祭服의 여러 규정을 소개함과 동시에 그것을 착용하는 직관職官들에 대해서도 언급하고 있다. 그리고 공민왕 19년에 명나라 태조 고황제가 여러 신하에게 제사를 모실 때의 관冠·복服을 사여한 사실과 그 내용까지 비교적 자세하게 전하고 있다.

일곱 번째 소항목은 조복朝服으로서, 의종조에 그것을 착용하는 행사를 정하였고, 공민왕 21년에는 상홀象笏과 홍정紅鞓·초라綃羅 조복朝服은 우리나라 산물이 아니므로 이후 시신侍臣 이외의 5품 이하 관원은 목홀木笏과 각대角帶·주저紬紵 조복을 입도록 교서를 내린 사실을 기술하고 있다.

여덟 번째의 소항목은 공복公服인데, 광종 11년에 자삼紫衫·단삼丹衫·비삼緋衫·녹삼綠衫의 4색공복제四色公服制를 정한 사실과, 의종조에 품계品階·직위에 따라 복색服色·띠(대帶)·홀笏 등에 차등을 두어 구체적으로 정한 내용을 소개하고 있다.

아홉 번째 소항목은 장리 공복長吏公服이다. 그리하여 여기서도 일찍이 현종 9년에 호장戶長으로부터 제단사諸壇史에 이르는 향리층을 몇 부류로 구분하여 옷 색깔과 화靴·홀笏 등에 차등을 두어 규정을 정한 사실을 전하고 있다.

열 번째 소항목은 관복통제冠服通制, 즉 관冠·복服에 관한 일반 규정으로서 성종조成宗朝로부터 공양왕대에 이르는 복제상服制上의 여러 사안들을 살필 수 있어서 주목된다. 그 가운데 복색과 풍수지리설과의 관계나 토풍土風 등이 특히 흥미를 끌며, 우왕禑王 13년에 호복胡服(몽고 복식)을 혁파하고 명나라 제도를 원용한 사실과 함께 품계·직위에 따른 모자·띠(대帶) 등에 대해 소개하면서 공상工商과 백성百姓들의 경우까지 언급하고 있어 역시 눈길을 끈다.

다음 두 번째 대항목인 여로輿輅에는 왕 여로王輿輅·왕세자 여로王世子輿輅·명부거命婦車 등 세 개의 소항목을 두고 있다. 이들중 왕 여로에는 정종조靖宗朝로부터 강종조康宗朝에 이르는 기간 동안 요·금에서 거로車輅·상로象輅를 사여한 사실을 주로 싣고 있다. 그런 가운데 의종조에 상정詳定한 상로와 초요련軺輈輦·평련平輦의 제도를 전하여 이 방면의 이해에 도움을 준다. 이어지는 왕세자 여로에는 문종과 숙종 때에 요나라에서 거로車輅와 혁로革輅를 사여한 사실을 싣고 있으며, 명부거에서는 충렬왕 때에 원나라의 예에 따라 재추宰樞 등의 고위 관원 부인夫人에게 는 주칠거朱漆車를, 3·4품 관원의 부인에게는 흑칠거黑漆車를 타도록 정 하였으나 시행되지 않았다는 사실을 밝히고 있다.

세 번째 대항목인 인장印章에는 왕 인장王印章과 왕세자 인장王世子印 章·제아문인諸衙門印·부험符驗의 네 가지 소항목을 두고 있다. 그중 왕 인장에서는 이전과 유사하게 정종조靖宗朝로부터 왕조 말기에까지 이르 는 동안 요와 금, 원·명 등 여러 나라에서 인장·금인金印을 사여한 사실 을, 왕세자 인장에서도 숙종 때에 요에서 인수印綬를, 그리고 충렬왕 때 에는 원나라에서 금인을 사여한 사실을 싣고 있다. 이어지는 제아문인 諸衙門印에서는 충렬왕 때에 원나라에서 우리나라 관아官衙의 품계를 낮 춘 동인銅印과 은인銀印을 사여한 사실과, 공민왕·우왕 때에 관인官印을 개주改鑄한 일에 대해 기술하고 있으며, 네번째 소항목은 부험符驗으로 서, 그것은 성문을 통과하기 위해서거나 역마驛馬의 이용 또는 사행使行 을 떠날 때 등에 가지고 가는 증표證票를 말하는데 여기서는 우왕 12년 에 명나라 태조 고황제가 몽고 문자로 된 포마鋪馬 증표證票를 거두어들 이고 새로이 부험을 내려준 사실을 전하고 있다. 이상의 인장과 부험 등은 『송사』여복지에 따른 것으로 주로 『원사』의 구성에서 모범을 구 한 『고려사』여복지에서는 좀 색다른 측면이지마는, 그에 대한 기술은 의위·여로·복식의 순서로 구성된 『송사』마지막 권卷에 기술되고 있는 이들이 『원사』는 복식·여로·의위의 순서로 구성되어 있는 관계로 복 식·여로 다음에 위치하여 중간에 들어가 있는 형식이 되었다.

네 번째 대항목인 의위儀衛는 모두 7개의 소항목으로 이루어져 있다. 그 하나인 조회 의장朝會儀仗은 의종조毅宗朝에 상정詳定된바 정월 초하루 나 동지·국왕의 생일인 절일節日 등에 대관전大觀殿에서 여는 조회를 말 하는 것으로, 이때에는 궁궐 내외에 의장儀仗을 세우게 된다. 그리하여 여기에는 그때 동원되는 수정장水精杖·월부鉞斧·대산大傘 등의 각종 의장물과 은골타자대銀骨朵子隊·백갑대白甲隊·중금반中禁班 등의 시위부대侍衛部隊, 그것을 담당하는 인원·군사와 이들의 집물執物·복식服飾 등이 소개되고 있는 것이다. 이어지는 법가 위장法駕衛仗은 규모가 가장 큰 것으로 역시 의종조에 상정된 내용을 보면 대관전의 조회 의장 때보다 다양한 의장물과 시위부대, 많은 인원·군사가 동원되고 있다. 다음은 상원上元(정월 보름 날) 연등燃燈에 봉은사奉恩寺 진전眞殿으로 친행親行할 때의 위장衛仗·중동仲冬(음력 11월 15일) 팔관회八關會에 간악전看樂殿으로 나갈 때의 위장·서경西京(평양)과 남경南京(양주, 지금의 서울)을 순행巡幸할 때의 위장·서경과 남경을 순행하고 회가回駕할 때 봉영奉迎하는 위장·선사 의장宣赦儀仗 순서로 이어지고 있는데, 그에 동원되는 의장물과 위장물, 시위부대, 그것을 담당하는 인원·군사와 이들이 소지한 무구류武具類·집물·복식은 각각의 경우에 얼마씩의 차이가 나고 있으나 대체적으로는 대동소이한 편이다.

다섯 번째 마지막 대항목인 노부鹵簿의 첫 소항목은 법가 노부法駕鹵簿로서, 홍문대기紅門大旗와 5방기五方旗·주작기朱雀旗·채기彩旗·황기린기黃麒麟旗·천하태평기天下太平旗 등 각종 깃발을 중심으로 하고, 가서봉哥舒捧·은작자銀斫子·은장장도銀粧長刀 등의 의장儀仗에 냉리군冷里軍·산수군散手軍 등과 여기에 동원되는 인원·군사 및 이들이 지니는 집물執物·복식 등을 기술하고 있다. 거기에 잇대어서 의위儀衛 항목과 마찬가지로 상원 연등에 봉은사 진전眞殿으로 친행親行할 때의 노부·중동 팔관회에 간악전看樂殿으로 나갈 때의 노부·서경과 남경의 순행巡幸과 궁궐로 돌아올 때 봉영奉迎하는 노부·선사 노부宣赦鹵簿의 순서로 기술하고 있는데 그 내용 또한 법가 노부 때와 대동소이하다. 이에 덧붙어 있는 소가 노부小駕鹵簿와 왕태자 노부王太子鹵簿 가운데 전자는 명칭 그대로 대가大駕나 법가에 비해 크게 규모가 축소된 경우이며, 후자는 왕태자 노부의 경우 국왕의 절반 수준으로 해야 한다는 논의가 있듯이 역시 규모가 많이 축소된 내용으로 되어 있다.

끝머리가 되는 여덟 번째·아홉 번째 소항목은 백관 의종百官儀從과 외관 아종外官衙從으로서 내외의 관원들에게 직위에 따라 차등을 두어 사령使令이나 호종扈從을 맡을 종자從者를 지급하는 규정에 대해 기술하고 있다. 그리하여 전자에서는 명종 20년에 정해진 내용을 중심으로 3사三師·3공三公·중서령中書令·문하시중門下侍中 등으로부터 권무관權務官과 치사원致仕員에 이르는 관원들에게 의종儀從으로 구사丘史를 지급하는 숫자를 전하고 있으며, 후자는 현종 9년에 정해진 내용을 중심으로 도호부都護府·목牧의 사使로부터 현위縣尉·부진장副鎭將에 이르는 수령守令과 그 속관屬官들에게 지급하는 아종衙從의 숫자를 서술하고, 말미에는 공민왕 15년에 변경된 내용도 추가로 기술하고 있다.

Ⅲ. 여복지의 성격

『고려사』 여복지는 새삼 말할 필요도 없이 우리나라의 역사를 기술한 사서史書의 한 부분으로서 우리의 제도·문화를 중심으로 엮은 자료집이라고 할 수 있다. 앞에서 여복지는 체제와 구성, 내용에 이르기까지 중국측의 그것들에 영향을 받은 바가 크다고 하였지마는 그 역시 우리의 입지와 필요에 따른 것이며, 그런 가운데에서 우리의 실정에 부합되는 제도·문화도 만들어가게 되었던 것이다. 그리하여 이것들은 우리의 복식사服飾史뿐[16] 아니라 관제官制를 파악하거나[17] 금군禁軍에 대한 이해[18] 등에도 귀중한 자료가 되고 있는 것이다. 『고려사』 여복지는 그 나름으로 역사자료로서 지니는 값어치가 적지 않다고 하겠다.

---

16) 金東旭·柳喜卿, 주 10)·11)의 저서와 논문.
17) 邊太燮, 「高麗宰相考 - 三省의 權力關係를 중심으로 - 」 『역사학보』 35·36 합집, 1967 ; 『고려정치제도사연구』, 일조각, 1971.
18) 金洛珍, 주 12) 논문.

한데 비록 그렇다고 하더라도 다른 한편으로 보면 『고려사』 여복지가 유사한 위치에 있는 백관지百官志나 선거지選擧志 등과 견주어 볼 때 비교가 되지 않을만큼 중국측의 영향을 많이 받고 있다는 점은 간과하기 어려운 부분이다. 관복冠服과 여로輿輅·인장印章 항목에 실린 이들 관련 기술의 상당 부분이 고려가 사대관계를 맺고 있던 송宋·요遼·금金·원元·명明에서 사여한 물품 기사를 그대로 싣고 있다는 사실이 그것을 단적으로 말해준다. 이 밖에도 의종조毅宗朝에 상정詳定했다는 내용과 의위儀衛·노부조鹵簿條의 그들도 저들 나라의 영향이 여기 저기에서 어렵지 않게 찾아진다. 이런 점은 아무래도 『고려사』 여복지가 지니는 일정한 한계성의 하나라 할 수 있을 것 같다.

이와도 관련이 되는 것이지만 중국측에서 사여하는 물품은 국왕을 비롯한 왕실과 관리들을 상대로 한 것이며, 그나마 이들이 공식적인 의례·업무 때에 사용하는 것에 한정되었다. 우리나라가 고유의 의장·복식인 토풍土風을 바꾸어 중국측의 풍습을 따르기 시작한 것은 여복지 서문에서 밝히고 있듯이 신라 중대中代 이후의 일이라 하거니와, 고려조에 접어들어서도 물론 그대로 계승되었다. 그러나 거듭 말하지만 이는 관리 이상층의, 그것도 공식적인 의례나 업무를 볼 때에 한정되는 것이었으며, 일반 민인民人들은 말할나위 없고 관리 이상층이라 하더라도 일상생활에서는 여전히 고유한 우리의 복식 그대로였다. 그러므로 이때부터는 당·송 등의 외래 복식과 우리의 고유 복식이 함께 존속하는 2중구조의 시기라 할 수 있겠는데, 『고려사』 여복지는 그 어느 한쪽의 자료만을 싣고 있어서 민인民人들에 관한 내용은 찾아보기가 극히 어렵다. 본래 전근대前近代의 역사서가 치자治者 중심이라고는 하지만 적어도 복식 같은 것은 민인들에 관한 것이라도 얼마간 언급이 있었어야 할 듯싶은데 그렇지가 않다는 점에서 이 역시 『고려사』 여복지가 지니는 다른 하나의 한계성으로 지적될 수 있는 것은 아닐까.

다음으로 언급하여 두고자 하는 것은 다른 지志에서도 그런 점이 보

이지마는, 이곳 여복지에서는 퍽 여러 곳에서 오자誤字나 탈자脫字, 잘못
되거나 우리 역사서에서는 보이지 않는 칭호, 기술이 뒤바뀐 것 등의
사례가 찾아진다는 것이다. 먼저 오자誤字의 경우 의위儀衛－팔관 위장
八關衛仗에서 장엄궁粧嚴宮의 '장粧'자(5-4-1-3)-(14), 176쪽)는 다른 곳의 여러
예로 미루어 '장莊'자의 잘못으로 생각되며, 노부鹵簿－백관 의종百官儀從
에서 유원교감留院校監의 '감監'자(6-8-3-2)-(20), 264쪽)는 '감勘'자의 잘못인
것이다. 그리고 탈자脫字의 예로는 관복冠服－제복祭服에서 문장 구성이
나 백관 제복조百官祭服條(2-6-2, 55쪽)에 비추어 볼 때 '훈색纁色' 앞에 폐슬
蔽膝을 의미하는 '불紱'자(2-2-2-5), 43쪽)가 누락되어 있는 것으로 판단되며,
또 노부鹵簿－연등 노부燃燈鹵簿에서 '비보상화대수의緋寶祥花大袖衣'(6-2-1-3)-
(16), 227쪽)의 '대大'자가, 이곳 팔관 노부八關鹵簿에서 '집기군사執旗軍士'
(6-3-1-3)- (9), 228쪽)의 '기旗'자, 같은 곳 왕태자 노부王太子鹵簿에서 각각
'12인十二人'과 '10인十人' 앞에 들어가야할 '반사班士'(6-7-2-2)-(9)·(10), 245쪽)
가, 같은 곳 백관 의종百官儀從에서 '제조諸曹'(6-8-3-2)-(6), 257쪽)의 '제諸'자
가 빠져 있다.

다음 잘못된 칭호로 의위儀衛－서·남경순행 회가 봉영위장西南京巡幸回
駕奉迎衛仗에서 지유指諭(5-6-1-3)-(17), 192쪽)는 영지유領指諭여야 옳을 것 같
으며, 중금도장中禁都將(5-6-1-3)-(18), 192쪽)은 역시 중금지유中禁指諭의 오
류이다. 그리고 노부鹵簿－법가 노부法駕鹵簿에서 개성령開城令(6-1-1-3)-(1),
206쪽)은 당시의 관제官制나 이어지는 -3)-(2)에서 표기했듯 개성윤開城尹
이 옳으므로 바로잡아야 할 것 같으며, 또 같은 곳 백관 의종百官儀從에
'판보문각학사判寶文閣學士'라는 칭호가 보이는데(6-8-3-2)-(22), 265쪽) 보문
각에는 판사제判事制가 없었으므로 이 역시 잘못된 것이다. 아울러 관복
冠服－백관 제복百官祭服에서 황문시랑黃門侍郎(2-6-2-3), 59쪽)·찬인贊引·찬자
贊者(2-6-2-5), 61쪽)·알자謁者·축사祝史·교사령郊社令 등이 보이는데(2-6-2-6),
62쪽) 이들은 중국 사서에서 찾아질뿐 고려의 관제상官制上에는 없는 직
위들이므로 여전히 문제가 될 듯 하다.

이어서 기술 순서가 바뀌거나 위치가 잘못된 경우이다. 즉, 의위儀衛－법가 위장法駕衛仗에서 다른 곳의 예들과는 달리 반사班士가 먼저 기록되고 뒤에 행수行首가 나온 것은(5-2-1-3)-(17), 138쪽) 순서가 바뀐 것으로 판단된다. 그리고 같은 곳 연등 위장에서「홍산 1 재우 각군사 2인紅傘一在右 各軍士二人」다음에 기술된「인가 1인引駕一人」은 문장 구조상으로나 내용으로 보아 각각 그들 다음에 나오는「평두련 1 중도平兜輦一 中道」(5-3-1-3)-(14)·(15), 165쪽)와「초요련 1 중도軺輶輦一 中道」(5-3-1-3)-(18)·(19), 165·166쪽)에 이어져야할 문구로 생각된다. 또 같은 곳 서·남경순행 회가 봉영위장西南京巡幸回駕奉迎衛仗에서도 동일한 구조가 나오지마는(5-6-1-3)-(11)·(12), 191쪽), 여기도 물론 위의 구조처럼 바꾸어야할 것으로 생각된다.

IV. 결 어

이상에서『고려사』여복지에 대하여 대략 소개하였는데 그것을 정리하면 다음과 같이 될 것 같다. 즉,『고려사』여복지는 체제나 구성면에서『당서唐書』와『송사宋史』의 영향을 받기도 하였으나 보다 직접적으로는『원사元史』에서 모범을 구한 것이었다. '여복지輿服志'라는 단일 편목을 설정하고 있는 것이나, 얼마간의 다른 면을 보이는 인장印章 항목을 제외하면 관복冠服과 여로輿輅·의위儀衛·노부鹵簿에 각각 몇 개씩의 소항목을 차례로 두고 있는 데서 그같은 점을 잘 엿볼 수 있기 때문이다.

체제나 구성뿐 아니라 내용면에 들어가더라도 고려가 사대관계를 맺었던 송나라와 요(거란)·금(여진)·원(몽고)·명 등과 관련된 부분이 많다. 물론 고려는 저들 나라와 역사적 배경을 달리하고 있을 뿐더러 국가 기구나 조직, 풍습 등에 차이가 컸던만큼 저들의 문화를 수용하되 우리의 실정에 부합하도록 준용하기 마련이었고, 독자적인 측면 또한 적지 않은 비중을 차지하게 마련이었다. 그런 가운데서도『고려사』여복지는 다른 지志들 보다도 중국측의 영향이 두드러지게 드러나 있다는 점에서 그가 지니는 한계성은 인정해야 할 듯하다.

그렇지만 한편 생각하면 고려가 중국측의 의례·복식 등의 문화를 수용한 이상 그것은 우리 문화의 일부가 되기 마련이다. 전래·수용된 저들의 문화는 주로 국왕을 비롯한 왕실 및 관리층 이상과 관련된 것이었고, 더구나 그것의 준용은 공식적인 국가 의례나 업무를 볼 때로 한정되었던 만큼 그 영향은 일정한 범위에 그칠 수밖에 없었지마는, 그런대로 우리 문화의 하나로 기능하게 마련이었던 것이다. 그러므로 비록 저들의 영향에 따른 것이긴 하지만 왕의 관복冠服이나 공복公服, 국가의 의례·제도 등은 우리의 정치·사상·복식·제도 등등을 이해하기 위한 주제의 대상이 되어 왔으며, 그럴 때에 『고려사』 여복지는 매우 중요한 자료가 되는 것이다. 뿐 아니라 그것을 통해서 관제官制나 군제軍制 등 여러 방면을 파악하는데 유용한 기록들을 찾을 수 있는 경우도 많아서, 여복지의 자료적 가치를 그렇게 낮추 평가할 수만은 없는 면도 있다.

한데 이같은 측면은 거듭 말하지만 주로 상급 신분층인 관리 이상의 공식적인 업무나 국가 의례와 관련된 사안에 한정되고, 그렇지 않은 일상생활에 있어서는 이들 역시도 우리의 전통적인 토풍土風을 따르고 있었다. 그럼에도 이와 관련된 기록은 거의 찾아지지 않으며, 하물며 외래 문화와 동떨어져 있던 일반 민인民人들의 생활에 대한 것은 더 말할 나위가 없었다. 이런 점까지를 염두에 둘 때 『고려사』 여복지는 뚜렷한 한계성 또한 지니고 있었다고 할 수 있다. 본래 전근대前近代 역사서가 치자治者 중심이라고 하지만 복식 등과 같은 일상생활과 직결된 주제에서까지 그러했다는 데서 아쉬움이 남는 부분이다.

『고려사』 여복지의 이러한 부분은 자연히 앞으로 우리들이 메꾸어가야 할 과제로 다가오게 된다. 선학先學·동료들이 이미 그점에 유의하여 성과를 올리기도 했지만, 좀더 면밀한 조사와 천착으로 보완이 필요하다는 생각은 든다.

『高麗史』 卷七十二 志 卷第二十六 輿服

『고려사』 권72 지 권 제26 여복

正憲大夫·工曹判書·集賢殿大提學·知經筵

春秋館事 兼成均大司成 臣 鄭麟趾 奉教修

정헌대부·공조판서·집현전대제학·지경연 춘추관사

겸성균대사성 신 정인지 교를 받들어 수찬함

1. 서문序文

原文 1-1. 東國自三韓 儀章服飾循習土風 至新羅太宗王 請襲唐儀 是後冠服
之制 稍擬中華

1-1. 우리나라는 삼한으로부터 의례·법도(의장儀章)와 복식服飾에서 고유
풍습(토풍土風)을 그대로 이어왔으나,[1] 신라 태종왕에 이르러 당唐의 의
례를 따를 것을 청하여, 이후부터 관冠·복服의 제도가 점차 중국과 비
슷하게 되었다.[2]

註 解 1-1-

-1) 東國自三韓 儀章服飾 循習土風 : 우리나라는 고구려·백제·신라가 제자
리를 잡기 이전인 삼한 때부터의 고유한 의장·복식을 그대로 이어가
서 신라의 태종무렬왕이 당나라의 제도를 받아오기까지 지속하였다는
설명이다. 이 부분은 『삼국사기』 권33, 잡지雜志 제2 색복조色服條의 「제
23대 법흥왕에 이르러 비로소 6부 사람 복색의 제도를 정하였지만 아
직도 오랑캐 풍속 그대로였다至第二十三葉法興王 始定六部人服色尊卑之制 猶
是夷俗」는 기사와 관련이 많은 듯 짐작되거니와, 같은 책 권4, 신라본
기新羅本紀 법흥왕 7년(520)조에는 「춘정월에 율령律令을 반포하고 처음
으로 백관의 공복公服을 붉은색·자주색으로 위계를 정하였다」는 기록만
이 보인다. 뒤이어 설명하듯이 김춘추가 당나라의 제도를 받아오는 것
은 진덕왕眞德王 2년(648)으로서, 하여튼 이 이전까지는 우리의 고유한
의장·복식의 풍습(토풍土風·이속夷俗)이 그런대로 지켜져 왔다고 할 수
있을 듯하다.

　　그렇다면 여기에서 일컫는 토풍土風·이속夷俗이란 어떤 것을 말하는
가. 우리나라 상대上代의 복식에 대해서는 비교적 연구가 깊어 많은
부분이 밝혀져 있거니와, 그것들에 의하면 의복의 구성은 대체적으로

저고리·바지와 저고리·치마, 그 겉옷인 두루마기를 중심으로 하여 관
모冠帽와 띠, 그리고 신발로 이루어졌다고 한다.

그중 저고리는 그냥 웃옷을 의미하는 의衣를 나타내기도 했지만 일
반적으로는 유襦·단의短衣·삼杉(홑겹 단의) 등으로 일컬었다. 그리고 이
들의 형태는 북방의 호복계胡服系와 같은 것으로서 소매가 좁고(착수窄
袖) 왼쪽 여밈새(좌임左衽)를 하고 있었다고 한다. 그러다가 중국계의
영향을 많이 받게 되면서 광수廣袖·우임右衽으로 점차 바뀌어 갔다는
것이다.[1] 물론 이점에 대해서는 당시의 옷이 그처럼 일률적으로 형
성·변천하지 않았다는 견해도 있지마는[2] 큰 경향은 그렇지 않았나 생
각된다.

바지는 고袴·곤褌이라 하였는데, 전자의 경우 통이 좁은 궁고窮袴·세
고細袴는 주로 서민이나 지위가 낮은 사람들이 입고, 관고寬袴·대구고
大口袴는 높은 지위에 있는 사람들이 입었던 것 같다. 이 고袴에 비하
여 곤褌은 가랭이가 짧은 잠방이를 말한다.

한편 고袴(바지)는 당시에 있어서는 여자들도 일상적으로 입는 옷이었
다. 그러므로 치마(상裳·군裙)는 그 위에 더 입어서 의례적인 모습을 나
타냈던 듯하다. 이에 더하여 겉옷으로써 두루마기, 즉 포袍를 남녀·상하
가 모두 착용하였는데, 역시 귀인들의 것은 소매가 넓었던데 비하여 지
위가 낮은 사람들의 것은 대체적으로 좁은 소매였던 듯 보고들 있다.[3]

다음 관모冠帽로서는 책幘과 변弁·절풍折風 등이 찾아지고 있다. 기본
적으로 머리가 흘러내리는 것을 감싸는데 건巾이 사용되었고, 거기에
수식을 가하여 머리를 담도록 한 것이 책幘으로서 책건幘巾이라는 말
도 있지마는, 여자들이 쓰는 것은 건괵巾幗이라 하였다. 이에 비해 변
弁은 글자 그대로 고깔과 같은 것으로 3각 내지 반월형半月形의 모습을
하고 있었다. 고구려의 소가小加들이 썼다는 절풍折風 역시 이와 같은
것으로서 거기에 새깃(조우鳥羽)을 꽂으면 조우관鳥羽冠이 된다. 당시에
는 이들 책幘과 변弁이 햇빛이 비치거나 또는 눈·비가 올 때에 비롯되

는 불편을 덜기 위해 립笠(갓)도 사용되고 있었다.

띠(대帶)는 주로 저고리나 치마 등을 묶거나 장식용으로 사용되던 것인데, 그중에는 과판銙板과 교구鉸具가 구비된 과대銙帶 등도 있었다. 신발은 화靴·리履라고 하였는데 그 안에 버선, 즉 말襪을 신었다.

각종 복식의 재료, 즉 의차衣次로는 마포麻布(삼베)와 저포紵布(모시)·누에고치로 짠 면포綿布·면주綿紬 및 견絹·라羅 등의 각종 비단에다가 짐승의 가죽과 모직물이 이용되었다. 복식은 착용자의 신분과 밀접한 관계가 있었고, 그리하여 앞서 그 신분·직위의 고저에 따라 복식의 형태에 차이가 났다고 언급한바 있지마는, 그 또 하나는 바로 이 의차에 있었다. 왕실을 비롯한 고위층들은 비단이나 질이 좋은 저·마를 사용한 반면에 그렇지 못한 사람들은 보통의 저·마를 이용하는게 당시의 사회였던 것이다.[4]

① 李如星, 『朝鮮服飾考』, 白楊堂, 1947 ; 범우사, 1998.

　　金東旭, 『李朝前期 服飾研究』, 韓國研究院, 1963.

　　金東旭, 『增補 韓國服飾史研究』, 亞細亞文化社, 1979.

② 박선희, 『한국 고대 복식』, 지식산업사, 2002.

③ 위의 네 저서 참조.

④ 위의 네 저서 참조.

-2) 至新羅太宗王 請襲唐儀 是後冠服之制 稍擬中華 : 위에서 소개한 바와 같은 우리의 고유한 의장·복식의 풍습이 김춘추가 당나라에서 저들의 의례를 받아들여온 이후 관冠·복服의 제도가 점차 중국과 비슷하게 되어 가는 커다란 변화가 초래되었다는 설명이다. 이 부분에 대해 역시 『삼국사기』 권33, 잡지雜志 제2 색복조色服條에는, 「진덕왕 재위 2년에 이르러 김춘추가 당나라에 들어가 당의 의례를 따를 것을 청하니, 태종황제께서 이를 허가하고, 겸하여 의·대(옷과 띠)를 주었다. 드디어 돌아와서 시행하여 오랑캐 (복식을) 중화의 것으로 바꾸었다. 문무왕 재위 4년에 또 부인의 의복을 개혁하니 이때 이후로 의·관이 중국과 같게

되었다至眞德王在位二年 金春秋入唐 請襲唐儀 太宗皇帝詔可之 兼賜衣服 遂還來施
行 以夷易華 文武王在位四年 又革婦人之服 自此已後 衣冠同於中國」고 하여 좀더
자세하게 소개되어 있다.

동일한 내용이『삼국사기』권5·6, 신라본기에도 전하는데, 그것들은
다음과 같다.

○ 진덕왕 2년(648) 겨울에 …… 이찬 김춘추와 그의 아들 문왕을 당나라
에 보내 조공하였다. 춘추가 꿇어앉아 아뢰기를, "…… 백제는 강하고
교활하여 여러 차례 침략을 마음대로 하였고, 더욱이 지난 해에는 크
게 일으켜 깊이 쳐들어와 수십개의 성을 함락시켜 조회할 길을 막았
습니다 ……". 태종이 깊이 그렇겠다고 하여 출병을 허락하였다. 춘추
가 또 장복을 고쳐 중국의 제도를 따를 것을 청하니 이에 내부內府에
서 진귀한 옷을 꺼내 춘추와 그의 종자들에게 주었다. …… 춘추가 돌
아오는 길에 바다 위에서 고구려 순라병을 만남에 춘추의 종자 온군
해가 높은 모자 큰 옷으로 (차리고) 배 위에 앉아 있었더니 순라병이
보고 춘추라 여겨 잡아 죽였다. 춘추는 작은 배를 타고 나라로 돌아왔
다.眞德王二年冬 …… 遺伊湌金春秋及其子文王 朝唐 …… 春秋跪奏曰 …… 百濟
强猾 屢肆侵凌 況往年大擧深入 攻陷數十城 以塞朝宗之路 …… 太宗深然之 許以出
師 春秋又請改其章服 以從中華制 於是 內出珍服 賜春秋及其從者 …… 春秋還至海
上 遇高句麗邏兵 春秋從者溫君解 高冠大衣 坐於船上 邏兵見以爲春秋 捉殺之 春秋
乘小船至國

○ (진덕왕) 3년〔649〕 춘정월에 비로소 중국의 의관을 입도록 하였다.(眞
德王)三年春正月 始服中朝衣冠

○ (문무왕 4년〔663〕 춘정월에) 교서를 내려 부인들도 역시 중국의 의상
을 입도록 하였다.(文武王四年春正月) 下敎 婦人亦服中朝衣裳

진덕왕 2년 당시 백제의 잦은 공략으로 위기에 처해 있던 신라가 김

춘추를 적국인 고구려에 파견하여 후원을 요청하는 외교적 모험마져
실패로 돌아가자 다시 그를 당나라에 보내 동맹을 요청하는 가운데
부가하여 우리의 복식을 당나라 제도로 바꿀 것도 청하고 있음이 주
목된다. 이에 당 태종은 쾌히 응락하고 김춘추와 그를 동행한 사람들
에게 곧바로 진기한 의복을 내리고 있다. 그 의복은 더 말할 필요도
없이 당나라의 물품이었겠거니와, 돌아오던 길에 고구려 순라병에게
발견되어 위험에 처한 김춘추를 대신해 순직한 사람이 머리에 쓰고
또 입었다는 고관高冠 대의大衣는 바로 그 일부였다고 짐작된다. 그리
하여 이와 같은 중국식 복식을 이듬해인 진덕왕 3년(649)부터 입도록
조처하고 있으며, 다시 부인들의 의상은 그로부터 10여년이 지난 문무
왕 4년(663)에 교서를 통해 착용토록 조처하고 있다.

　이후 당나라의 복식은 신라 왕실과 골품 귀족들을 대상으로 깊숙한
부분까지 자리잡아 갔던 것 같다. 이는 홍덕왕 9년(834)에 내려진 복식
금제禁制를 통해 확인이 되는 것이다.[①] 그렇지만 여기에서 우리들이
유의하지 않으면 안될 것은 그같은 변천이, 거듭 말하지만 왕실을 비
롯한 고위 신분계층의, 그것도 주로 공식적인 의례·업무 때의 복식에
한정되고 있다는 점이다. 국민의 대부분인 일반인들이나 고위 신분계
층이라 하더라도 일상생활에서는 여전히 고유한 우리의 복식 그대로
였던 것이다. 그러므로 이 때는 당 −뒤에는 송− 등의 외래 복식과
우리의 고유 복식이 함께 존속하는 2중 구조의 시기라 할 수 있으며,
그같은 체제는 고려와 조선에서도 마찬가지였다.

① 金東旭, 「興德王 服飾 禁制의 硏究−新羅末期 服飾 再構를 中心으로−」
　『增補 韓國服飾史硏究』, 亞細亞文化社, 1979.

原文 1-2. 高麗太祖開國 事多草創 因用羅舊 光宗始定百官公服 於是 尊卑
上下等威以明 及顯宗南行 文籍散逸 制度施爲 莫知其詳 毅宗朝平章事崔
允儀 裒集祖宗憲章 雜采唐制 詳定古今禮 上而王之冕服輿輅 以及儀衛鹵

簿 下而百官冠服 莫不具載 一代之制備矣

1-2. 고려 태조가 나라를 열면서는 초창기라 일이 많으므로 신라의 구제舊制를 그대로 썼다.[1]

광종이 비로소 백관의 공복을 정하니 이에 존비와 상하의 등급이 명확해졌다.[2]

현종이 남쪽으로 (피난을) 감에 문적이 흩어지고 유실되어 제도와 시행의 (정황을) 상세하게 알 수 없게 되었다.[3]

의종조에 평장사 최윤의가 조종의 헌장憲章을 모으고 당의 제도를 여러모로 가려서 고금례古今禮를 상정詳定(상정고금례)하니, 위로는 왕의 면복冕服과 여로輿輅 및 의위儀衛·노부鹵簿로부터 아래로는 백관의 관·복까지 갖추어 싣지 않음이 없어서 일대의 제도가 완비되었다.[4]

註解 1-2-

-1) 高麗太祖開國 事多草創 因用羅舊 : 고려 태조 왕건이 개국한(918년) 이후 초창기라 일이 많아서 나름의 새로운 법제를 제정하지 못하고 신라의 옛 제도를 그대로 썼다는 설명인데, 사실이 그러하였다. 그가 처음 나라를 연 후 18년간이나 후삼국 통일전쟁을 치룬 것에서 당시의 상황을 충분히 짐작할 수 있거니와, 실제로 이 시기의 제도를 보면 그가 이은 태봉泰封과 신라의 것을 그대로 쓰고 있음이 드러나 있는 것이다.

이 부분에 대해 역시 『삼국사기』 권33, 잡지雜志 제2 색복조色服條에도, 「우리(고려) 태조가 천명을 받고서 무릇 국가의 법도는 신라의 옛 제도를 많이 따랐다我太祖受命 凡國家法制 多因羅舊」고 적고 있다. 한데 거기에 이어서 「그런즉 지금에 이르기까지 조정 사녀士女의 의상이 대개 역시 춘추가 청하여 가지고 온 유제遺制가 아닌가」라고 설명하고 있지마는, 『삼국사기』가 만들어진 것은 고려 인종조로서, 이때에는 이미

송나라의 영향도 크게 받고 있던 시기이므로 그 설명이 꼭 합당하다
고 말하기는 어렵다.

-2) 光宗始定百官公服 於是 尊卑上下等威以明 : 고려 초기는 호족연합적정
권이라고 할 만큼 왕권이 떨치지 못한 반면에 호족세력은 강한 편이
었거니와, 개혁정책을 통해 이를 반전시키는 국왕이 제4대 임금인 광
종이었다. 왕은 그 첫 조처로 재위 7년(956)에 노비안검법奴婢按檢法을
단행하여 본래 양인이었다가 노비가 된 사람을 조사하여 해방시켜 주
고, 왕 9년(958)에는 과거제를 시행하여 능력에 따라 관인을 선발하며,
이어서 왕 11년(960)에 여기서 말하는 공복을 제정하는 것이다. 그것은
자紫·단丹·비緋·록綠의 옷 색깔에 의해 관원들을 4등급으로 구분하여
위계질서를 세우고자한 조처로서, 그에 따른 왕권의 강화도 꾀한 것이
었다.[①]

　　이 4색공복제의 내용에 대해서는 뒤의 여복지 공복조(2-8-1, 68쪽)에
따로 언급되어 있어 거기에서 다시 다루기로 하거니와, 하여튼 이 제
도로 높고 낮음과 아래 위의 등급이 명확해졌다고 설명하고도 있다.
그렇지만 그보다 20여년 뒤인 성종 원년(982)에 최승로崔承老가 올린
시무책時務策 제9항에 의하면,

　　　신라 때에 공경公卿 백료百僚와 서인의 의복·신발·버선은 각기 품색
　　品色이 있어서, 공경·백료가 조회朝會할 적엔 공란公襴을 입고 가죽신·
　　홀笏(천홀穿笏)을 갖추도록 했다가 조회에서 물러나면 편리한대로 옷을
　　입도록 하고, 서인·백성이 문채文彩있는 옷을 입지 못하도록 한 것은
　　귀·천을 구별하고 존·비를 분별코자 한 때문이었습니다. 이런 연유로
　　공란은 비록 토산土産이 아닐지라도 백료들은 스스로 넉넉히 쓸 수 있
　　었습니다. 우리 조정에서는 태조 이래로 귀·천을 논하지 아니하고 임
　　의로 입어서 벼슬이 비교적 높더라도 집이 가난하면 공란을 갖추지
　　못했으나 비록 직위가 없더라도 집이 부유한즉 능·라·금·수 같은 비

단을 사용했습니다. 우리나라의 토산은 좋은 물건이 적고 거친 물건
이 많아서, 문채나는 물품은 모두 토산이 아닌데도 사람들마다 입게
되면 다른 나라 사신을 영접할 때에 백관의 예복이 법과 같지 않아 수
치를 당할까 염려 됩니다. 바라옵건대 백료들로 하여금 조회에는 하
나같이 중국과 신라의 제도에 의거하여 공란과 가죽신·홀을 갖추도록
하고, 일을 아뢸 때에도 버선과 화靴·사혜絲鞋·혁리革履(가죽신)를 신도
록 하고, 서인은 문채나는 사紗·곡縠 같은 비단은 입지 못하고 단지 주
紬·견絹만 사용하게 하소서(『고려사절요』 권2, 성종 원년 6월·『고려사』 권93, 열
전 최승로전).

라고 하여 그때까지만 하여도 앞의 설명처럼은 시행되지 못했던 것
같다. 광종조는 국가의 체제와 제도가 정비되기 시작하는 시기로서 안
정된 기반을 마련하는 것은 얼마 뒤의 일인 것이다.

① 末松保和,「高麗初期の兩班について」『東洋學報』36-2, 1953 ;『靑丘史
　　草』第1, 笠井出版社, 1965.

　　申虎澈,「高麗 光宗代의 公服制定」,『고려광종연구』, 일조각, 1981.

-3) 及顯宗南行 文籍散逸 制度施爲 莫知其詳 : 성종成宗 12년(993)에 있었던
거란족 요遼의 제1차 침구에 이어서 현종 원년(1010) 11월에는 요 성종
聖宗이 친히 40만 군사를 이끌고 재차 침입하여 수도인 개경이 함락되
고 현종은 나주로 피난하는 사태가 발생하였다. 거란군은 이듬해 정월
에 퇴각하지만, 적군에 점령당해 있는 동안 개경의 파괴가 어떠했을까
는 짐작이 가는 터로서 이때 문적 역시 산실되어 각종 제도나 그것의
시행 상황 등을 잘 알 수 없게 되었다는 기록이다.

-4) 毅宗朝 平章事崔允儀 裒集祖宗憲章 雜采唐制 詳定古今禮 上而王之冕
服輿輅 以及儀衛鹵簿 下而百官冠服 莫不具載 一代之制備矣 :『상정고
금례詳定古今禮』는 국가의 각종 제도와 문물을 전반적으로 정리한 예서
禮書로서 의종조에 평장사로 있던 최윤의가 중심이 되어 편찬했음을

전하고 있다. 이 책이 편찬된 시기에 대해서는 인종조仁宗朝인듯한 기록도 없지 않으나[①] 대체적으로는 이곳 『고려사』의 기술처럼 의종조, 좀더 정확히는 의종 15년경으로 보고들 있다.[②] 그후 이 책은 역사상 처음으로 금속활자를 써서 인간印刊된 것으로도 유명한데, 그러나 그 완질은 오늘날 전해오지 않는다. 그러므로 내용을 잘 파악할 수 없지마는, 하지만 이곳 여복지에 언급되어 있듯이 왕의 면복冕服·여로輿輅와 의위儀衛·노부鹵簿·백관 관복百官冠服, 그리고 예지禮志 등 각 지志 등을 통해서도 국가제사와 불교행사·음악 등등에 대해 편린이나마 엿볼 수는 있다.[③]

한데 이 『상정고금례』를 편찬함에 있어서 「조종의 헌장과 당나라 제도를 여러모로 가려서」 참조했다고 전하고 있다. 이는 실제로도 그랬으리라 생각되는데, 다만 광종 13년(962, 송 태조 3년)에 송나라와 국교가 열린 이후 저들의 문물이 고려에 많은 영향을 미쳤으므로 그점도 염두에 두어야 할 것 같다. 아울러 얼마 뒤에는 요·금과도 사대의 관계에 있어서 그에 따른 영향도 고려할 수밖에 없는데, 그렇지만 저들의 왕실 등 상급층의 여복제는 역시 대체적으로는 당·송의 그것을 따른 것이어서 크게 문제 삼지 않아도 될듯하다.

① 李奎報, 『東國李相國集』 後集 권11, 「新序詳定禮文跋尾 代晉陽公行」

② 金塘澤, 「詳定古今禮文의 편찬시기와 그 의도」 『湖南文化研究』 21, 1992 ; 『고려 양반국가의 성립과 전개』, 전남대출판부, 2010.

　金澈雄, 「詳定古今禮의 편찬시기와 내용」 『동양학』 33, 2003.

③ 金澈雄, 위의 논문.

原文 1-3. 事元以來 開剃辮髮 襲胡服 殆將百年 及大明太祖高皇帝賜恭愍王冕服 王妃群臣亦皆有賜 自是衣冠文物 煥然復新 彬彬乎古矣 謹採國史 作輿服志

1-3. 원나라를 섬긴 이래로 개체開剃 변발辮髮하고 호복胡服을 이어받기를 거의 백년이나 하였다.[1] 대명(명나라)에 이르러 태조 고황제가 공민왕에게 면복을 내리고 왕비와 여러 신하들에게도 역시 모두 사여가 있자 이로부터 의관衣冠 문물이 환하게 새로워져서 옛 것이 갖추어지게 되었다.[2] 삼가 국사國史에서 뽑아 여복지를 만든다.[3]

註 解 1-3-

-1) 事元以來 開剃辮髮 襲胡服 殆將百年 : 몽고와의 오랜 전쟁 끝에 화의가 이루어져 고려 조정은 피란의 수도 강화도에서 개경開京으로 환도하지만(1270년), 이로부터 100여 년간 고려는 정치 등 여러 면에서 저들의 지배를 받게 된다. 특히 환도한 몇 년 뒤에 충렬왕이 즉위하면서(1274년) 그것이 본격화되어 왕실 등 지배층에 한정되기는 하였지만 호복胡服을 입고 저들의 머리 형태인 개체·변발이 이루어졌다고 전하고 있다. 개체·변발은 뒤에 설명이 나오듯이(2-10-5-2), 83쪽) 정수리에서 이마까지 네모형으로 머리를 깎으면서 그 가운데에 남긴 머리털을 땋아 늘어뜨리는 몽고 특유의 양식을 말한다.

-2) 及大明太祖高皇帝 賜恭愍王冕服 王妃群臣亦皆有賜 自是 衣冠文物煥然復新 彬彬乎古矣 : 중국 대륙의 원·명 교체기에 즈음하여 공민왕이 반원친명정책反元親明政策을 추구함으로써 왕 18년 여·명 양국간에 국교가 열린 이듬해인 왕 19년(1370, 명 태조 3년)에 정식 외교관계가 성립됨과 동시에 명 태조(주원장)가 고려의 왕과 왕비, 여러 신하들에게 의례적인 의관衣冠의 사여가 있었음을 전하는 것이다. 이들 내용은 역시 이어지는 관복조冠服條의 여러 항목에 나오므로 거기서 다시 언급키로 하거니와, 이로써 「의관衣冠 문물이 환하게 새로워져서 옛 것이 갖추어지게 되었다」는 옛 것은 대체적으로 당·송의 제도를 일컬은 것으로 생각된다.

-3) 謹採國史 作輿服志 : 여복지는 주로 국사國史에서 자료를 뽑아 작성하

였다는 것인데, 당시의 국사란 왕실을 비롯한 지배자층에 대한 기록이 중심이기 때문에 자연히 내용도 그와 같이 구성되었다. 말하자면 복식의 2중구조에서 여복지는 외래의 영향을 받은 것으로 상급의 신분계층이 의례상에서 사용하였던 상층구조에 관한게 거의 전부이고 하층구조라 할 민서民庶의 복식에 관한 것은 찾아보기가 힘든 것이다.

2. 관복冠服: 왕관복王冠服 제복祭服 시조복視朝服 왕비관복王妃冠服 왕세자관복王世子冠服 백관제복百官祭服 조복朝服 공복公服 장리공복長吏公服 관복통제冠服通制

2-1. 왕 관복王冠服

原文 2-1-1. 王冠服 靖宗九年十一月 契丹主賜冠服

2-1-1. 왕의 관冠과 복服.[1] 정종 9년 11월에 거란 주(거란 임금)가 관·복을 사여하였다.[2]

註 解 2-1-1-

-1) 王冠服 : 왕이 쓰는 여러 관모官帽와 입고 치장하는 복식服飾을 뜻한다.

-2) 靖宗九年十一月 契丹主賜冠服 : 고려의 건국(918년)을 전후하여 중국대륙에서는 당나라가 멸망하고(907년) 5대(후량·후당·후진·후한·후주)의 여러 나라가 흥망을 거듭하였다. 그런 가운데에서 고려와 가장 긴밀한 관계를 가졌던 나라는 후주後周로서[1] 광종이 즉위한 7년(956)에 저들이 사절을 보내 고려왕을 책봉冊封하였고 이를 계기로 복식에 있어서도 백관百官의 의관衣冠을 중국의 제도(화제華制)에 따르도록 조처하고 있다는 사실이(『고려사』 권2, 세가) 주목된다. 이번의 사행使行에 동행했던 한 사

람인 쌍기雙冀가 고려에 남아 과거제의 설치 등 광종의 개혁정치에 적 극 관여한 사실은 잘 알려져 있거니와, 위에서 언급한바(1-2-2), 25쪽) 왕 11년(960)에 시행된 4색 공복제四色公服制도 이같은 일련의 상황 전개와 관련이 깊은 것으로 보고들 있다. 그후 후주를 대신하여 송이 건국되 자(960년) 고려쪽에서 먼저 사신을 파견하여 광종 13년(962, 송 태조 3년) 에 양국간 외교관계가 성립되면서 고려는 친송정책親宋政策을 채택하였 다. 이후 두 나라 사이에는 사절의 왕래가[2] 잦았으므로 자연히 문물 의 교류도 이루어졌을 것이다.

한데 이에 앞서 중국의 북방에서는 야율아보기耶律阿保機가 나와 거란 의 제부족을 통일하여 제국을 세우면서(916년) 거대한 세력으로 성장하 여 926년에는 발해를 멸망시키며, 947년에는 나라 이름도 요遼로 고치 고 대제국의 수립에 나섬에 따라 새로 건국된 송과 날카롭게 대립하 는 양상이 전개되었다. 이러한 시기에 고려가 일방적인 친송정책을 추 구함으로써 위협을 느낀 요가 고려 성종成宗 12년(993, 요 성종聖宗 11년) 에 제1차의 공격을 감행하여 왔다. 이번의 여·요전쟁은 적의 내심을 간파한 서희徐熙가 담판談判으로 물러가게 하고 강동 6주江東六州를 확보 하는 큰 성과를 올리지만, 대신에 저들의 요구대로 송과의 외교를 단 절함과 동시에 요에 사대事大의 의례를 취하는 것으로 일단락되었다. 그러나 이후에도 고려가 송과 비공식적인 교류를 계속하는 등의 문제 로 현종 원년(1010)에 거란 성종이 친히 군사를 이끌고 침입하여 한때 수도인 개경開京이 함락당하는 시련을 겪었으나 왕 9년(1018)에 제3차로 침구한 거란군은 강감찬姜邯贊 등의 선전으로 참패하고 되돌아 갔다.

이같은 오랜 동안의 여·요전쟁이 양국 모두에게 커다란 피해만을 남 기자 결국 서로 화평을 바라게 되어 현종 10년(1019)에 화약和約이 성 립되었다.[3] 여기에서 고려는 처음의 약속대로 요에게 사대事大 관계를 취하기로 하였고, 이번 정종 9년(1043)의 관·복 사여賜與는 그러한 관계 속에서 의례상으로 있게 마련이던 한 사례로 생각된다.[4] 앞서 고려·

송의 잦은 접촉으로 미루어 양국 사이에 이미 문물의 교류도 있었으리라 짐작한바 있는데, 하지만 중국측의 관·복 사여가 기록상으로 드러난 것으로는 이것이 처음이다.

이번에 거란의 임금이 사여한 관·복의 구체적 내용은 밝혀져 있지 않다. 그러나 이후에 자주 있었던 사례와 별 차이가 없었을 것이므로 그로써 어느 정도의 짐작은 가능하다. 그리고 사여자를 거란주契丹主(거란 임금) – 뒤에는 요주遼主(요 임금) – 라 표기한 것은 송의 경우 조종祖宗이라 표기한 것보다 낮춘 명칭이다. 이런 점에서도 고려가 송과 요 또는 뒷날 금金에 대하는 인식의 차이를 엿볼 수 있다.

① 李基白,「高麗初期 五代와의 關係」『韓國文化研究院論叢』 1, 1960 ;『高麗光宗研究』, 일조각, 1981.

② 朴龍雲,「高麗·宋 交聘의 목적과 使節에 대한 考察(上)」『韓國學報』 81, 1995 ;『高麗社會의 여러 歷史像』, 신서원, 2002.

③ 李龍範,「高麗와 契丹과의 關係」『동양학』 7, 1977.

　　이정신,「江東6州와 尹瓘의 九城을 통해 본 고려의 대외정책」『고려시대의 정치변동과 대외정책』, 경인문화사, 2004.

④ 金東旭,「新羅 高麗의 服飾 變遷」『李朝前期 服飾構造』, 韓國研究院, 1963.

　　金東旭,「高麗圖經의 服飾史的 研究 – 高麗圖經의 風俗史的 研究」『延世論叢』 7, 1970.

　　유희경,「高麗王朝社會의 服飾 – 服飾의 變遷」『한국복식사연구』, 이화여대 출판부, 1975.

原文 2-1-2. 文宗三年正月 契丹主賜冠服 九年五月 契丹主賜冠服圭 十一年三月 契丹主賜冠服 十九年四月 契丹主賜九旒冠九章服玉圭 三十二年六月 宋神宗賜衣二對 各金銀葉裝柒匣盛一對 紫花羅夾公服一領 淺色花羅汗衫一領 紅花羅繡夾三襠一條 紅花羅繡夾包肚一條 紅花羅繡勒帛一條 白縣綾

夾袴一腰 靴一緉 紅透背袋盛 紅羅繡夾複二條 腰帶二條 各紅透背袋盛 羅
繡複一條 金鍍銀匣盛一條 玉一十六稻鍍塵百戱孩兒頭尾共一十事 玳瑁襪
金襻紅鞓成釘一條 透犀一十七稻頭尾共一十事 玳瑁襪金襻紅鞓成釘

2-1-2. 문종 3년 정월에 거란 주(거란 임금)가 관·복을 사賜하였다. 9년 5
월에 거란 임금이 관·복과 규圭를 사하였다. 11년 3월에 거란 임금이
관·복을 사하였다. 19년 4월에 거란 임금이 9류관九旒冠과 9장복九章服,
옥규玉圭를 사하였다.[1]

　32년 6월에 송나라 신종이 옷(의衣) 두 벌(2대二對)을 사하였는데 각기
금·은 잎사귀로 장식한 옻나무 궤(칠갑漆匣)에 한 벌씩(1대一對) 담았다(성
盛). 자주색에 꽃이 있는 얇고 부드러운 비단(자화라紫花羅)으로 만든 겹
으로(협夾) 된 공복公服 한 벌(1령一領)과, 연한 색에 꽃이 있는 얇고 부드
러운 비단(천색화라淺色花羅)으로 만든 한삼汗衫(속옷 ; 땀받이) 한 벌(1령一領),
붉고 꽃이 있는 얇고 부드러운 비단(홍화라紅花羅)에 수를 놓아 세겹(협3
夾三)으로 만든 첨襜(예복 앞에 드리우는 치레 ; 앞치마) 하나(1조一條), 붉고 꽃
이 있는 얇고 부드러운 비단(홍화라紅花羅)에 수를 놓아 겹으로(협夾) 만든
포두包肚(배싸개 ; 배가리개) 하나(1조一條), 붉고 꽃이 있는 얇고 부드러운
비단(홍화라紅花羅)에 수를 놓아 만든 늑백勒帛(허리띠) 하나(1조一條), 백면
릉白縣綾으로 만든 겹바지(협고夾袴) 한 벌(1요一腰), (그리고) 구두(화靴) 한
켤레(1양一緉)는 붉은색의 투배透背라는 직물로 만든 자루(홍투배대紅透背袋)
에 담았고(성盛), 붉으며 얇고 부드러운 비단(홍라紅羅)에 수를 놓아 만든
겹옷(협복夾複) 두 벌(2조二條)과 요대腰帶 둘(2조二條)은 각각 붉은색의 투
배透背라는 직물로 만든 자루(홍투배대紅透背袋)에 담았으며(성盛), 얇고 부
드러운 비단에 수를 놓아 만든 겹옷(복複) 한 벌(1조一條)은 도금한 은궤
(은갑銀匣) 하나(1조一條)에 담아(성盛) 주었다. 16도稻 크기의 옥玉에 아이
들이 여러 가지로 노는 모습을 새긴 것으로 처음부터 끝까지(두미頭眉)
모두 열 개(10사一十事)와, 대모玳瑁를 붙이고 금으로 장식한 것을 못으로

고정시킨 붉은 띠(홍정紅鞓) 하나(1조一條), 17도稻 크기의 투명한 무소뿔 (투서透犀) 모두 합하여 10개(10사一十事), 대모를 붙이고 금으로 장식한 것을 못으로 고정시킨 홍정도 사하였다.[2]

註 解 2-1-2-

-1) 文宗三年正月 契丹主賜冠服 九年五月 契丹主賜冠服圭 十一年三月 契 丹主賜冠服 十九年四月 契丹主賜九旒冠九章服玉圭 : 문종 3년(1049)과 9년(1055)·11년(1057)·19년(1065)에 역시 사대관계에 있는 거란 임금이 관·복 또는 관·복과 규, 또는 구체적으로 9류관과 9장복·옥규를 사여 하고 있음을 전하는 기사들이다. 이곳의 9류관九旒冠은 제왕帝王이나 제후諸侯 등 귀인貴人들이 조의朝儀·제례祭禮 때 등에 입는 정복正服에 갖추어 쓰던 면관冕冠의 일종으로, 그 윗 부분을 이루는 장방형長方形의 판판板 앞으로 주옥珠玉을 꿰매 늘어뜨린 깃술인 류旒가 아홉 가닥 달린 관을 말하는데, 이 관모를 창안한 중국에서의 천자는 12류였던데 비해 제후는 9류를 달도록 되어 있었다.

9장복九章服도 그같은 의례 때의 정복으로서 해당 의상衣裳에 아홉 가 지 도안이 들어간 장복章服을 말한다. 그리하여 웃옷인 의衣에는 중국 전래의 숭배 대상인 용과 만민이 우러러 보는 산山, 밝은 것을 뜻하는 화火, 문文을 상징하는 화충華蟲(꿩), 종묘의 제기祭器로서 용맹의 상징 인 호虎(범)와 지혜를 표시하는 유蜼(원숭이)가 그려진 종이宗彝의 다섯 가지가, 아래 옷인 상裳에는 수초水草로서 문文을 상징하는 조藻(마름)와 결백과 양육養育을 의미하는 분미紛米, 도끼로서 결단을 뜻하는 보黼, 상반되는 선과 악을 가린다는 의미에서 아자형亞字形인 불黻 등 네 가 지를 그려 넣었던 것이다. 이 경우에도 중국의 천자만은 천하를 두루 비치는 존재임을 표시하기 위해 일日(해)·월月(달)·성신星辰(별)을 더하여 12장복을 입도록 정해져 있었다.[①]

다음 규圭는 천자가 제후를 봉할 때 신표信標로 주던 것인데, 제사나 조빙朝聘 때에 손에 들도록 되어 있었다. 관·복과 함께 그 규도 내리고 있지마는, 요컨대 송이 그러했듯 요 역시도 사대관계에 있는 고려에 대하여 의례적 격식에 따라 관·복·규를 사여하면서도 천자국 보다는 한 단계 아래에서 입는 9류관·9장복을 내리고 있는 것이라 하겠다. 다만 여기에서 요의 관·복 사여라고 하지만 무력의 강세에도 불구하고 저들 또한 송의 제도·문물을 받아들여 복식에 있어 우리들처럼 2중구조를 가지고 있었던 관계로 그것들이 전통적으로 이어오는 중국 전래의 복식에서 그렇게 벗어난 것이 아니었다는 점은② 염두에 두어야 할 필요가 있을 것 같다.

① 權兌遠, 「高麗史 輿服志考」『高麗史의 諸問題』, 三英社, 1986.

　權兌遠, 「高麗史 輿服志의 分析的 檢討」『國史館論叢』 13, 1990.

② 金東旭, 「新羅 高麗의 服飾 變遷」『李朝前期 服飾構造』, 韓國研究院, 1963.

　유희경, 「高麗王朝社會의 服飾 – 服飾의 變遷」『한국복식사연구』, 이화여대출판부, 1975.

-2) (文宗)三十二年六月 宋神宗賜衣二對 各金銀葉裝柒匣盛一對 紫花羅夾公服一領 淺色花羅汗衫一領 紅花羅繡夾三襜一條 紅花羅繡夾包肚一條 紅花羅繡勒帛一條 白緜綾夾袴一腰 靴一緉 紅透背袋盛 紅羅繡夾複二條 腰帶二條 各紅透背袋盛 羅繡複一條 金鍍銀匣盛一條 玉一十六稻鏤塵百戲孩兒頭尾共一十事 玳瑁襯金欛紅鞓成釘一條 透犀一十七稻頭尾共一十事 玳瑁襯金欛紅鞓成釘 : 광종 13년(962, 송 태조 3년)에 고려·송 사이에 국교가 열린 이후 친선관계가 지속되다가 성종 12년(993)의 요나라 침입에 따른 담판의 결과 고려는 일단 송과 공식적인 외교관계를 끊었으나 비공식적인 교류만은 계속하였다고 설명한바 있다(2-1-1-2), 29쪽). 이후 양국간에 국교가 재개되는 것은 문종 25년(1071)으로서, 이때는 거란의 세력이 기울어져 가고 있었을 뿐더러 송의 선진 문물을 적극적으로 수입하려는 고려의 의지가 강한데다가, 고려와 통교하여 거란

을 견제코자 하는 송의 전통적인 외교책이 크게 작용한 때문이었다.

이런 측면에서 한층 커다란 희망을 가지고 있던 사람은 송의 신종神宗으로, 문종 32년(1078)에 안도安燾 등을 사절로 파견하면서 많은 값진 물품을 보내 왔다. 그 내용이 『고려사』 권9, 세가 문종 32년 6월조에 실려 있는데 거기에 보면 이곳 여복지에 실린 물품보다 훨씬 많은 분량이었음을 확인할 수 있다. 송의 바램이 큰 만큼 고려를 환대했음을 짐작케 한다. 여기에 열거된 물품을 만드는데 주로 쓰인 나羅나 능綾 등의 재료에 대해서는 이미 좋은 연구가 있어 크게 참고된다.[①]

이곳 여복지에서 송과의 관련성을 직접 언급한 기사는 이것 하나뿐이다. 하지만 이미 『상정고금례』의 편찬과 관련해서 지적했듯이(1-2-4), 26쪽) 복식을 비롯한 여러 제도·문물 면에서 송의 영향은 매우 큰 것이었다. 공식적인 실례를 보더라도 국교의 재개를 위해 예물禮物을 가지고 송에 파견하였던(『고려사』 권8, 세가 문종 25년 8월) 김제金悌가 이듬해 6월에 돌아오는 길에 의대衣帶와 금기錦綺 등의 비단을 사여하고 있는 것이다(『고려사』 권9, 세가 문종 26년 6월).

아울러 다음과 같은 기록도 찾아진다.

> 신(김부식)이 세 번 사신으로 상국上國(송)에 갔었는데, 일행의 의관衣冠이 송나라 사람들과 다름이 없었다. 일찍이 입조入朝하였으나 아직 일러서 자진전 문 앞에 서 있는데 한 합문원閤門員이 와서 "누가 고려 사신이오?" 하고 물으므로 대답하기를, "나요"라고 하니 웃고 갔었다(『삼국사기』 권33, 잡지 제2 색복).

문종 말년에 태어나 주로 예종·인종조에 활동하면서 『삼국사기』를 편찬하기도 했던 김부식金富軾이 송나라에 사신으로 갔을 때 관원들의 복식만 보고는 본국인들조차 고려인과 송나라 사람을 구분하지 못할 정도였다는 것이다. 또 인종 원년(1123)에 사절의 한 사람으로 왔다가

견문록인 『고려도경』을 남긴 서긍徐兢이 그 기록에서,

> 우리 중조中朝(송)에 이르러서 해마다 사신을 보내므로 자주 일
> 상복(습의襲衣)을 사여한즉 점차 중국풍(화풍華風)에 젖게되면서 총애
> 를 입어 옛 풍습을 버리고 합치시켜 한결같이 우리 송의 제도를
> 따르게 되었으니, 다만 변발을 풀고 (좌)임을 던 것 뿐만이 아니다.
> 그러나 관직명이 일정하지 않고, 조정에서 입는 옷과 집에서 입는
> 옷이 (송과) 다른게 있으므로 이를 열거하여 관복도冠服圖를 그린다
> (『고려도경』 권7, 관복).

라고 적고도 있다. 당시의 고려 복식이 재래의 전통을 이어온 당·송의
그것을 크게 본받고 있음과 동시에 그것들이 또한 주로 왕실을 비롯
한 상급층의 공적 의례에 한정되었다는 사실도 다시 살필 수 있다.

① 趙孝淑, 「織物組織의 分析과 織物名稱의 設定 – 高麗時代를 中心으로 – 」
『韓國絹織物 研究』, 世宗大 博士學位論文, 1992

박선희, 「고대 한국의 사직물」 『한국 고대 복식』, 지식산업사, 2002.

原文 2-1-3. 宣宗二年十一月 遼主賜冠冕衣帶圭

2-1-3. 선종 2년 11월에 요나라 임금이 관면과 의·대·규를 사하였다.[1]

註 解 2-1-3-
 -1) 宣宗二年十一月 遼主賜冠冕衣帶圭 : 선종 2년(1085)에 요(거란) 임금이
   면류관과 옷(의衣)·띠(대帶)·규圭를 사하였다는 것인데, 그 내용에 대해
   서는 2-1-1-2), 29쪽 및 2-1-2-1), 33쪽 참조.

原文 2-1-4. 肅宗二年十二月 遼主賜冠冕章服圭 九年四月 遼主賜衣對

2-1-4. 숙종 2년 12월에 요나라 임금이 관면과 장복·규를 사하였다. 9
년 4월에 요나라 임금이 옷과 띠를 사하였다.[1]

註 解 2-1-4-

-1) 肅宗二年十二月 遼主賜冠冕章服圭 九年四月 遼主賜衣對：숙종 2년(1097)
12월과 9년(1104) 4월에 요나라 임금이 면류관 및 장복章服·규·대帶를
사하였다는 것인데, 그 내용에 대해서는 2-1-1-2), 29쪽과 2-1-2-1), 33
쪽 참조.

原文 2-1-5. 睿宗三年二月 遼主賜冠冕衣帶

2-1-5. 예종 3년 2월에 요나라 임금이 관면과 의·대를 사하였다.[1]

註 解 2-1-5-

-1) 睿宗三年二月 遼主賜冠冕衣帶：예종 3년(1108) 2월에 요나라 임금이
면류관과 옷(의衣)·띠(대帶)를 사하였다는 것인데, 그 내용에 대해서는
2-1-1-2), 29쪽 및 2-1-2-1), 33쪽 참조.

原文 2-1-6. 仁宗二十年五月 金主賜九旒冠一頂 九章服一副 玉圭一面

2-1-6. 인종 20년 5월에 금나라 임금이 9류관 1정頂과 9장복 1부副·옥규
玉圭 1면面을 사하였다.[1]

註 解 2-1-6-

-1) 仁宗二十年五月 金主賜九旒冠一頂 九章服一副 玉圭一面：고려의 영향
하에 있던 여진족女眞族이 완안부完顏部를 중심으로 점차 세력을 키워
우리의 천리장성 부근에까지 미쳐오면서 결국 양자간에 충돌이 발생

하였다. 그리하여 마침내 예종 2년(1107)에는 윤관尹瓘을 원수로 하는 고려군이 저들을 정벌하고 9성을 쌓았다가 얼마 뒤에 돌려주기도 하지마는, 아골타阿骨打 때에 이르러 더욱 세력이 커진 여진은 요나라 군사를 격파하고 예종 10년(1115)이 되던 해에는 황제를 칭하고 회령會寧을 수도로 하여 금金나라를 세웠다. 그후 금의 태조 아골타가 사신을 보내 자기가 형이 되고 고려국왕을 아우로 하는 형제관계를 청하더니, 다시 인종 3년(1125)에는 군신관계를 강요하여 왔다. 이에 대해 고려의 상하가 모두 반대하였으나 왕 4년에 반란을 일으켜 실권을 잡고 있던 이자겸李資謙과 그 일파가 당시의 국제정세를 들어 금에 대한 사대의 불가피성을 주장함으로써 그대로 결정이 되고 말았다.[1] 이번 인종 20년(1142)의 9류관과 9장복·옥규의 사여는 그같은 사대관계 속에서 의례상으로 있게 마련이던 한 사례이다. 그 사여의 내용에 대해서는 2-1-1-2), 29쪽과 2-1-2-1), 33쪽을 참조하면 될 듯싶거니와, 여기서의 정頂·부副·면面은 각 물품의 단위로 짐작된다.

① 金庠基, 「여진 관계의 시말과 윤관의 북정」『국사상의 제문제』4, 국사편찬위원회, 1959 ; 『東方史論叢』, 서울대출판부, 1974.

朴賢緒, 「北方民族과의 抗爭」『한국사』4, 국사편찬위원회, 1974.

原文 2-1-7. 明宗二年五月 金主賜九旒冕一頂 九章服一副 玉圭一面

2-1-7. 명종 2년 5월에 금나라 임금이 9류면 1정과 9장복 1부·옥규 1면을 사하였다.[1]

註 解 2-1-7-

-1) 明宗二年五月 金主賜九旒冕一頂 九章服一副 玉圭一面 : 명종 2년(1172)에 위에서와(2-1-6-1), 37쪽) 동일한 사여가 이루어지고 있다.

原文 2-1-8. 神宗二年四月 金主賜冠服

2-1-8. 신종 2년 4월에 금나라 임금이 관·복을 사하였다.[1]

　註　解　2-1-8-
　-1) 神宗二年四月 金主賜冠服 : 신종 2년(1199)에 관·복을 내리고 있는데,
　　 그 내용은 앞서의 2-1-7-1), 38쪽과 동일한 것이었으리라 생각된다.

原文 2-1-9. 康宗元年七月 金主賜冠服

2-1-9. 강종 원년 7월에 금나라 임금이 관·복을 사하였다.[1]

　註　解　2-1-9-
　-1). 康宗元年七月 金主賜冠服 : 강종 원년(1212)에 관·복을 내리고 있는데,
　　 그 내용은 앞서의 2-1-7-1), 38쪽과 동일한 것이었으리라 생각된다.

　　2-2. 제복祭服

原文 2-2-1. 祭服 仁宗十八年四月詔 定禘禮服章 王服冕九旒七章

2-2-1. 제복祭服. 인종 18년 4월에 조서로서 체례禘禮의 복장을 정하니,
왕은 9류면관을 쓰고 7장복을 입도록 하였다.[1]

　註　解　2-2-1-
　-1) 祭服 仁宗十八年四月詔 定禘禮服章 王服冕九旒七章 : 이 내용이 『고려
　　 사절요』 권10, 인종 18년 하4월조에 「조서로서 체례 복장의 제도를
　　 정하였다」고 한데 이어서 역시 『절요』와 『고려사』 권17, 세가 같은 연

월조에 「친히 태묘에서 체제를 지냈다」고 전하고 있다. 이처럼 체제禘
祭는 군왕이 천신天神과 조상에 대해 지내는 나라의 큰 제사로서 인종
18년(1140) 4월에 이르러 그 제도를 정하고 곧이어 태묘太廟에 친히 제
사를 올리고 있는데, 이때 국왕은 9류면관을 쓰고 7장복을 입도록 하
였다는 것이다. 당시는 금나라에 사대의 의례를 하던 시기로서 그 2년
뒤에 9류면과 9장복을 보내오고 있거니와(2-1-6-1), 37쪽), 그에 앞서 거
란(요)에서도 동일한 수준의 면복을 사여하였었다(2-1-2-1), 33쪽). 또 송
나라와의 관계를 감안하더라도(2-1-2-2), 34쪽) 9류면·9장복이 합당할 듯
싶은데 어찌하여 9장에서 산과 용을 제외한[1] 7장으로 정하였는지 그
연유는 잘 파악이 되지 않는다. 이곳 여복지의 백관제복조百官祭服條
(2-6, 54쪽)에 의하면 국왕 다음의 1품관 면복이 7류면·5장으로 정해지
고 있는 것으로 미루어 국왕의 장복이 7장으로 정해졌다는게 기술상
의 어떤 하자에 따른 문제로는 생각되지 않는다.

　　[1] 『국역 고려사』, 경인문화사, 2011, 해당조.

原文 2-2-2. 毅宗朝詳定 凡祀圓丘社稷大廟先農 服袞冕 九旒 每旒十二玉
玉用赤白蒼相間 繅亦如之 版廣八寸 長一尺六寸 前圓後方 前高八寸五分
後高九寸五分 前俛後仰 玄表朱裏 前後邃延 靑紘靑紞靑瑱靑纊 犀簪導長
一尺二寸 袞服玄衣五章 繪以山龍華虫火宗彝 纁裳四章 繡以藻米黼黻 (紱?)
纁色 紕以爵韋 今以帛代 純以素 紃以五采 繡山火貫於革帶 白羅中單 繡黼
領 大帶素緣辟 紐約用組 組用赤白蒼三色織 其垂與紳齊 革帶白玉雙佩 朱
組綬絲網玉環繫衣上 朱綠帶繫中單上 素襪綦帶 赤舃赤繶赤純靑絇綦帶

2-2-2. 의종조에 자세하게 정하였다(상정詳定).[1] 무릇 원구圓丘·사직社稷·
태묘大廟·선농先農의 제사에는 곤복袞服(곤룡포袞龍袍)을 입고 면류관冕旒冠
을 쓴다.[2] 9류旒의 매 류旒(깃술)에는 12개의 옥(구슬)을 꿰었는데 그 옥
은 붉은 빛(적赤)·흰 빛(백白)·푸른 빛(창蒼)을 서로 엇바꾸어 꿰었으며,

옥 받침 즉 옥을 꿴 늘어뜨린 끈(소繅)도 역시 그와 같다. 판版(면류관의 천판)의 너비는 8촌寸, 길이는 1척尺 6촌이고, 앞은 둥글고 뒤는 네모였으며, 앞의 높이가 8촌 5푼分, 뒤의 높이가 9촌 5푼으로서 앞이 수구려지고 뒤가 올라갔고, 겉은 검고 속은 붉은 색이었으며, 앞뒤로 늘어져 있다. 푸른 색의 굉담紘紞(면관에 달린 갓끈)과 푸른 색의 진광瑱纊(귀막이용의 옥과 솜을 꿰어 늘어뜨린 것)을 달았으며, 무소뿔의 비녀(서잠도犀簪導)를 꽂는데 길이는 1척 2촌이다.[3] 곤복의 현의玄衣(검붉은 색의 상의)에는 5장章으로 산·용·화충(꿩)·불(화火)·종이宗彝를 그려 넣었고, 훈상纁裳(분홍색 하의, 곧 치마)에는 4장으로 조藻(마름)·미米(쌀)·보黼(도끼)·불黻(아자형亞字形)을 수繡놓는다.[4] (폐슬·불紱)은, 분홍색에다 두른 윗 선(비紕)은 참새 색깔의 가죽(작위爵韋)으로 하였으나 지금은 두터운 비단(백帛)으로 대신하고, 아래쪽 선(준純)은 본래의 색으로 하며, 안쪽 내부에 두른 선(순紃)은 다섯 가지 채색 실로 하고, 산·불(화火)을 수놓아 혁대(가죽 띠)에 꿰어 건다. 흰 색의 얇고 부드러운 비단(백라白羅)으로 된 중단中單(중의中衣)의 깃에는 보(도끼)를 수놓았으며, 큰 띠(대대大帶)는 깁(소素)으로 가장자리를 두루고, 엇매는 곳을 끈으로 꿰어 묶는데 끈은 붉은 색·흰 색·푸른 색의 3색으로 짠 것을 사용하며 그 드리움은 양옆에 늘어뜨린 끈(신紳)과 가지런하게 한다. 혁대에는 백옥白玉을 쌍으로 달고, 붉은 인끈(조수組綬)은 실로 짠 옥고리(사망옥환絲網玉環)로 하여 옷(의衣) 위에 매고, 붉고 푸른 띠(주록대朱綠帶)는 중단中單 위에 맨다. 흰 버선에 버선끈을 달고, 붉은 신(적석赤舃)에는 붉은 실로 아래 가장자리를 연결하고(적억赤繶), 붉은 선을 두르며(적준赤純), 푸른 신코(청구靑絇)에 신끈을 달도록 하였다.[5]

註 解 2-2-2-

-1) 毅宗朝 詳定 : 의종조에 상정詳定하였다는 것은 이미 설명했듯(1-2-4), 26쪽) 왕 15년(1161)경에 국가의 각종 제도와 문물을 전반적으로 정리한 예서禮書인 『상정고금례詳定古今禮』의 편찬을 지칭하여 한 말로 생각된다.

-2) 凡祀圓丘·社稷·大廟·先農 服衮冕九旒 : 고려 때의 유교 예제禮制에 따른 국가제사는 길례조吉禮條(『고려사』 권59~62, 예지禮志 1~4)에 편성되어 있는데, 여기서 지목된 원구·사직·태묘는 대사大祀로, 선농(적전籍田)은 중사中祀로 변사辨祀되어 있다. 그중 원구圓丘는 환구圜丘라고도 하는데 국왕의 천명사상과 연결된 천신天神, 즉 상제上帝에 대한 제의祭儀를 행하던 곳이고, 사직社稷의 사社는 토지의 신, 직稷은 곡물의 신으로 농업사회의 풍작과 관련된 신주이며, 태묘大廟는 태조의 신주를 비롯한 역대 왕들의 그것을 모신 곳이고, 선농先農은 중국에서 처음으로 농사를 가르쳤다는 신농씨神農氏에 대한 제례로서 한결같이 매우 중시되던 의례들인데,① 이때 국왕은 제복祭服으로 9류면관을 쓰고 9장복章服인 곤복衮服(곤룡포衮龍袍)을 입도록 되어 있었다는 것이다.

① 李範稷, 「高麗史 禮志 '吉禮'의 검토」 『김철준화갑기념 사학논총』, 지식산업사, 1983 ; 『韓國中世禮思想研究 – 五禮를 中心으로 – 』, 일조각, 1991.

-3) 九旒 每旒十二玉 玉用赤白蒼相間 繅亦如之 版廣八寸 長一尺六寸 前圓後方 前高八寸五分 後高九寸五分 前俛後仰 玄表朱裏 前後邃延 靑紘靑紞靑瑱靑纊 犀簪導長一尺二寸 : 9류면관九旒冕冠의 각 류(깃술)에 다는 옥과 그 색깔 및 면관의 형태와 그에 달린 갓끈인 굉담紘紞과 귀막이용의 옥과 솜을 꿰어 늘어뜨린 진광瑱纊을 달았고, 무소뿔로 만든 비녀인 잠도簪導를 꽂은 사실 등에 대한 설명이다. 후자인 귀막이용의 진광은 왕이 신하들의 참소를 듣지 않는다는 뜻을 나타낸 것이며, 잠도는 관모冠帽를 고정시킬 필요에 따른 것이었다 한다.

-4) 衮服 玄衣五章 繪以山龍華虫火宗彝 纁裳四章 繡以藻米黼黻 : 9장복인 곤복衮服의 상의上衣로 검붉은 색을 띤 현의玄衣에는 산·용·화충(꿩)·불(화火)·종이宗彝의 5장을 그려 넣고, 하의下衣인 분홍색 치마(훈상纁裳)에는 조藻(마름)·미米(쌀)·보(도끼)·불(아자형亞字形) 4장을 수놓은 사실 등에 관한 설명이다. 9장과 그것들이 지니는 의미에 대해서는 2-1-2-1), 33

쪽에서 설명한 바와 같다.

-5) (紱?)纁色 紕以爵韋 今以帛代 純以素 紃以五釆 繡山火 貫於革帶 白羅中
單 繡黼領 大帶素紛辟 紐約用組 組用赤白蒼三色織 其垂與紳齊 革帶白
玉雙佩 朱組綬絲網玉環繫衣上 朱綠帶繫中單上 素襪纁帶 赤舃赤繶赤純
青約纁帶 : 9류면관과 9장복 이외의 복식服飾인 폐슬蔽膝(불紱)과 중단中
單(외의外衣에 상대되는 중의中衣) 및 대대大帶·혁대·인끈(조수組綬)·대帶·버
선(말襪)·신발(석舃) 등에 대한 내용이다. 원문에는 '훈색纁色' 앞에 폐슬
(예복을 입을 때 앞에 늘어뜨리는 무릎 가리개)을 의미하는 '불紱'자가 빠져 있
으나, 문장의 구성과 뒤에 이어지는 백관제복조百官祭服條(2-6-2, 56쪽)에
비추어 볼 때 누락이 확실한 듯싶어 추가하였다.

　이상에서 다룬 제복에 대해서는 다음의 글들에 얼마씩 논급되어 있다.
① 金東旭,「新羅 高麗의 服飾 變遷」『李朝前期 服飾構造』, 韓國硏究院,
　1963, 203~205쪽.
② 유희경,「高麗王朝社會의 服飾 – 男子 服飾」『한국복식사연구』, 이화여
　대출판부, 1975, 163~165쪽.
③ 權兌遠,「高麗史 輿服志의 分析的 檢討」『國史館論叢』13, 1990, 221~
　224쪽.

原文 2-2-3. 恭愍王十九年五月 太祖高皇帝賜冕服 圭九寸 冕青珠九旒 青衣
纁裳九章 畫龍山華虫火宗彝五章在衣 繡藻粉米黼黻四章在裳 白紗中單黼
領 青緣袖襴 蔽膝纁色繡火山二章 革帶金鉤䚢 玉佩赤白縹綠四綵 綬小綬
二間施金環 大帶表裏白羅紅綠 白襪赤履 奉祀朝覲之服也

2-2-3. 공민왕 19년 5월에 태조 고황제(주원장)가 면복冕服을 사여하였으
데, 규는 9촌寸이고, 면류관은 푸른 구슬(청주青珠)을 꿴 9류였으며, 푸른
색 의衣와 분홍색 상裳에는 9장章으로, 용·산·화충(꿩)·불(화火)·종이宗彝
5장은 의衣에 그려져 있고, 조조藻(마름)·분미粉米(쌀)·보(도끼)·불(아자형亞字

形) 4장은 상裳에 수놓아져 있다. 흰 비단(백사白紗)으로 만든 중단中單(중의中衣)의 깃에 보(도끼)를 수놓았고, 소매 단에는 푸른색 선襈을 둘렀으며, 폐슬蔽膝에는 분홍색으로 불(화火)·산山 2장章을 수놓았다. 혁대에는 금고리(금구체金鉤䐡)를 달고, 옥패玉佩는 적색·백색·담청색(표縹)·녹색 등 4채색 끈으로 달았으며, 인끈(수綬)은 소수小綬로 두 개 사이에 금고리(금환金環)를 달았다. 대대大帶(큰 띠)는 안팎이 흰 나직羅織 바탕에 홍록색紅綠色을 썼고, 흰 버선에 붉은 신(적석赤舃)으로써, 제사를 받들거나 조근朝覲할 때(신하가 왕을 뵐 때)의 복식이었다.[1]

註 解 2-2-3-

[1] 恭愍王十九年五月 太祖高皇帝賜冕服 圭九寸 冕青珠九旒 青衣纁裳九章 畫龍山華虫火宗彝五章在衣 繡藻粉米黼黻四章在裳 白紗中單黼領 青緣袖襴 蔽膝纁色繡火山二章 革帶金鉤䐡 玉佩赤白縹綠四綵 綬小綬 二閒施金環 大帶表裏白羅紅綠 白襪赤履 奉祀朝覲之服也 : 중국 대륙의 원·명 교체기에 즈음하여 공민왕이 반원친명정책反元親明政策을 취함에 따라 왕 18년에는 고려·명 양국의 사절이 왕래하면서 국교가 열리거니와, 아마 이때에 벌써 고려에서 사신 편에 저들의 제복祭服을 청하였고, 그 뜻이 받아들여졌던 듯하다. 명사明史 권67, 지志 제43, 여복輿服 3 「외국군신관복外國君臣冠服」조條에, 「홍무 2년(1369, 공민왕 18)에 고려가 입조入朝하여 제복제도祭服制度를 청하므로 명하여 제작해 주었다」고 하였고, 또 『고려사』 권136, 열전 우왕 12년 8월조에도 이전李𧀎을 보내 올린 「의관衣冠을 청하는 표表」 가운데에 「선신先臣 공민왕 전顓이 홍무 2년간에 중서성의 자해咨該에 준하여 성지聖旨를 흠봉欽奉하여 면복冕服 및 원유관遠遊冠·강사포絳紗袍와 함께 배신陪臣의 제사관복祭祀冠服을 받았사온바 중조中朝의 신하에 비하여 9등에 2등을 체강遞降한 것이었습니다」라고 한 기사 등을 통해 알 수 있다. 고려의 요청에 따라 면복 등을 사여하되 자기네들 것에 비해 한 단계 낮춘 사실도 동시에

드러나 있다.

이어서 이듬해인 왕 19년 5월에는 정식 외교관계가 성립하지마는, 이번에 설사傻斯를 파견해 고명誥命을 전하는 가운데 공민왕을 「고려왕 高麗王으로 책봉함」과 동시에 「무릇 의제儀制 복용服用은 본속本俗을 따르는 것을 허용한다」고 언급하고 있다. 의례나 제도·복식 등은 우리의 본래 풍습을 그대로 따라도 좋다는 것이다. 그렇지만 한편 그러면서도 귀국하는 성회득成淮得 편에 보낸 새서璽書 말미에 「지금 왕에게는 관복冠服·악기樂器를, 배신陪臣들에게는 관복冠服 및 홍무 3년 대통력大統曆을 사여하니 이르거던 받을 것이다」라 하고 「또 왕에게 6경·4서·통감通鑑·한서漢書를, 황후는 왕비관복王妃冠服을 사여하였다」고 전하고 있다(『고려사』 권42, 세가 공민왕 19년 5월).

아마 이곳 여복지의 기사는 이때 사여받은 것 가운데 왕관복王冠服과 그 복식服飾만을 소개한 듯싶다. 그리하여 규·면관冕冠·9장복·중단·폐슬·혁대·옥패·인끈·큰 띠·버선·신에 대해 언급하고 있지마는, 그들 물품에 대해서는 2-1-2-1), 33쪽과 2-2-2-3)·4)·5), 42·43쪽에서 설명한 바 있으므로 재차의 언급은 피한다. 단, 이어지는 시조복視朝服(2-3-1, 46쪽)과 왕비관복王妃冠服(2-4-1-1), 52쪽) 및 백관제복百官祭服(2-6-3-1), 65쪽)조條에 각각에 해당하는 그때의 내용들이 이들 항목에 나오므로 거기에서 설명토록 하겠거니와, 어떻든 이것은 그간 원나라의 지배하에서 많은 변모를 겪었던 고려 상급 지배층들의 복식이 여복지 서문에서도 언급되었듯(1-3-1), 28쪽) 전통적인 당·송의 옛 제도로 되돌려지면서 「의관 문물이 환하게 새로워지는」 계기가 되었다는 평가를 내리고 있다.

① 金東旭, 「高麗末 鮮初의 請冠服과 冠服 整理－王服을 中心으로－」『李朝前期 服飾構造』, 韓國研究院, 1963, 241·242쪽.

2-3. 시조복視朝服

原文 2-3-1. 視朝之服 國初制用柘黃袍

2-3-1. 시조복視朝服. 국초에 제정하여 자황포柘黃袍를 썼다.[1]

註 解 2-3-1-

-1) 視朝之服 國初制用柘黃袍 : 왕이 조정에 나아가 정무를 관장할 때 착
용한 옷에 관한 것인데, 국초에는 자황포柘黃袍였다는 것이다. 『고려사』
에서 '국초'란 보통은 태조 시기를 말하지만 때로는 성종조까지를 일
컫기도 하여 좀 막연한데,[①] 어떠튼 건국한 초기에는 자황포를 입었음
을 알 수 있거니와, 자황柘黃은 적황색赤黃色을 말하므로 그같은 색깔의
두루마기, 즉 도포를 착용했다는 이야기가 되겠다.
① 朴龍雲, 『高麗史 百官志 譯註』, 신서원, 2009, 49·146쪽.

原文 2-3-2. 文宗十二年四月 禮司奏 伏准制旨 御服備禮之時 當服紅黃色
其餘色可服者 博考前典以奏 今按律曆志 黃者中之色 君之服也 唐史云 天
子服用赤黃 遂禁士庶 不得以三黃爲服 又曰 絳紗衣朔日受朝服之 開元禮
云 皇帝祈穀圓丘 服絳紗袍 古史云 一染謂之絳 註緅紅也 然則帝王之服 備
禮則黃赭絳三色 如宴饗小會 取其便宜 今所服紅黃外 更無餘色

2-3-2. 문종 12년 4월에 예사禮司에서 아뢰기를, "엎드려 제지制旨에 의
하건대, '어복御服은 예절을 갖추어야할 때는 응당 홍색과 황색을 입어
야 하나 그 나머지 색도 가히 입을 수 있는지 널리 이전의 전적典籍을
고찰하여 아뢰라' 하였사온대, 지금 율력지律曆志를 살펴보니 '황黃은 중
앙의 색으로 임금의 복색服色이다' 하였고, 당사唐史에는 이르기를 '천자
의 옷에 적색과 황색을 쓴다고 하여 드디어 사서士庶에게는 금하여 3황

색(웅황색雄黃色·자황색赭黃色=주황색朱黃色·황금색黃金色)으로 복색을 할 수 없
게 하였다' 하였으며, 또 이르기를 '강사의絳紗衣(붉은색 비단 옷)는 초하룻
날 조하朝賀(신하가 조정에 나가 하례함)를 받을 때 입는다' 하였고, 개원례
開元禮에는 이르기를 '황제가 원구圓丘에서 풍작을 빌 때(기곡祈穀) 강사포
를 입는다' 하였으며, 고사古史에 이르기를 '한 번 물들인 것을 강絳이라
일컫는다' 하고 그 주에는 '엷은 홍색(전홍縓紅)이다' 라고 하였습니다.
그러므로 제왕의 복服은 예절을 갖추어야 할 때인즉 황黃·자赭·강絳 3색
으로 하고, 연향宴饗같은 작은 모임에 나갈 때에는 편의대로 취取한다
하였으니 지금 입는바 홍색과 황색 이외에 다른 나머지 색은 없습니
다" 하였다.[1]

註 解 2-3-2-

-1) 文宗十二年四月 禮司奏 伏准制旨 御服備禮之時 當服紅黃色 其餘色可
服者 博考前典以奏 今按律曆志 黃者中之色 君之服也 唐史云 天子服用
赤黃 遂禁士庶 不得以三黃爲服 又曰 絳紗衣朔日受朝服之 開元禮云 皇
帝祈穀圓丘 服絳紗袍 古史云 一染謂之絳 註縓紅也 然則帝王之服 備禮
則黃赭絳三色 如宴饗小會 取其便宜 今所服紅黃外 更無餘色 : 문종 12
년(1058)에 국왕의 어복御服은 홍색과 황색이어야 한다고 하였으나 혹
다른 색깔도 가능한지의 여부를 전적典籍을 살펴 아뢰라고 한 이전의
제지制旨에 대하여 의례를 담당하는 관청인 예사禮司에서 결과를 아뢰
고 있다. 그 결론은 예절을 갖추어야할 때의 국왕 복색은 황黃·자赭·
강絳 3색, 즉 황색과 홍색 뿐이라는데 이르고 있거니와, 여기에서 들어
지고 있는 전적 가운데 율력지律曆志는 한왕조漢王朝의 악률樂律과 역법
曆法의 연혁을 기재한 문서이며, 개원례開元禮는 당나라 현종 때에 서견
徐堅 등이 전해오는 예제禮制를 모아 지은 책자이다.

原文 2-3-3. 毅宗朝詳定 凡正至節日朝賀 大觀殿大宴 儀鳳門宣赦 奉恩寺謁

祖眞 八關會燃燈大會祈穀圓丘出宮 王太子納妃醮戒 册王妃王太子臨軒發
册 服赭黃袍 燃燈小會則服梔黃衣

2-3-3. 의종조에 자세하게 정하였는데, 무릇 신정과 동지 그리고 절일節
日(국왕 생일)의 조정 하례와 대관전大觀殿에서의 큰 연회, 의봉문儀鳳門에
서 사면령을 선포할 때, 봉은사奉恩寺에 가서 태조 진영眞影을 배알할
때, 팔관회와 연등대회·원구圓丘에 기곡祈穀하러 궁을 떠날 때, 왕태자의
비妃를 들이며 초계醮戒할 때, 왕비와 왕태자의 책봉시 임헌臨軒하여 책
문冊文을 발표할 때는 자황포赭黃袍(주황색의 도포)를 입으며, 연등의 소회
小會인즉 치황의梔黃衣(치자나무 황색 옷)을 입도록 하였다.[1]

註 解 2-3-3-

-1) 毅宗朝詳定 凡正至節日朝賀 大觀殿大宴 儀鳳門宣赦 奉恩寺謁祖眞 八
關會·燃燈大會·祈穀圓丘出宮 王太子納妃醮戒 册王妃·王太子臨軒發册
服赭黃袍 燃燈小會則服梔黃衣 : 의종 15년경에 편찬된 『상정고금례』에
정해져 있던 내용으로(2-2-2-1), 41쪽), 역시 바로 윗 대목에서 논의된 대
로 국왕이 예절을 갖추어야할 때로서 자황포赭黃袍를 입는 행사와, 그
렇지 않은 연등 소회에서는 치황의梔黃衣를 입게 했다는 기사이다. 그
러면서 전자의 예로서 정월 초하루 신정과 12월 22일(23일) 동지 및 절
일節日(국왕의 생일)에 군신이 조정에서 하례식을 가질 때와, 궁성 내 전
각의 하나인 대관전大觀殿(건덕전乾德殿)에서 대연大宴을 베풀 때, 역시
궁성 내 문의 하나인 의봉문儀鳳門(신봉문神鳳門)[1]에서 사면령을 내릴 때
및 왕실 진전사원眞殿寺院의 하나로 태조의 진영眞影을 봉안했던 봉은
사奉恩寺에[2] 나가 그에 배알할 때와 이 이외의 몇몇 중요 행사가 더 열
거되고 있다(5. 의위조儀衛條, 118쪽 및 6. 노부조鹵簿條, 204쪽 참조)

① 朴龍雲, 『고려시대 開京 연구』, 일지사, 1996, 26~33쪽.

② 허홍식, 「佛敎와 融合된 高麗王室의 祖上崇拜」『동방학지』45, 1983 ;

『고려불교사연구』, 일조각, 1986, 73쪽.

原文 2-3-4. 忠烈王二十七年五月 服色擬於上國 以芝黃代赭袍 未幾復用黃袍

2-3-4. 충렬왕 27년 5월에, 복색이 상국(원)에 비견될만하므로 지황芝黃 (지초 황색)으로 자포赭袍를 대체했다가 얼마되지 않아 다시 황포黃袍를 사용토록 하였다.[1]

註 解 2-3-4-

-1) 忠烈王二十七年五月 服色擬於上國 以芝黃代赭袍 未幾復用黃袍 : 고려 와 몽골 간에 오랫동안의 전쟁을 끝내고 강화한 뒤에 고려 국왕이 원 나라의 부마駙馬가 되는 등 관계가 긴밀해지면서 우리는 모든 면에서 저들의 간섭을 받게 된다. 그런 과정에서 충렬왕 원년(1275)에 저들은 자기네와 같거나 동급同級의 왕실 칭호와 관제官制 등을 낮추어 바꿀 것을 요구하여 와서 그대로 시행이 되거니와,① 국왕 복색服色의 경우 는 그보다 좀 늦은 왕 27년에 이르러 그같은 요구를 해 왔던 듯 종래 의 자황포赭黃袍를 지황포芝黃袍로 대체하였다. 그러나 왕 30년(1304) 2 월의 연등회에 참석한 왕이 원나라 사신에게서 자신들 조정에 복색에 관한 명확한 금법이 없다는 말을 듣고 다시 황포黃袍와 황산黃傘을 쓰 도록 했다는 것을(『고려사』 권32, 세가) 보면, 얼마 아니되어 다시 황포黃 袍를 사용하게 했다는 그 시기는 바로 이때였음을 알 수 있다.
① 朴龍雲,『高麗史 百官志 譯註』, 신서원, 2009, 54쪽.

原文 2-3-5. 恭愍王十九年五月 太祖高皇帝賜遠遊冠 七梁加金博山 附蟬七 首 上施珠翠犀簪導 絳紗袍紅裳 白紗中單黑領靑緣袖 裙襦紗蔽膝白假帶方 心曲領紅革帶金鉤䚢白襪黑舃 受群臣朝賀服之

2-3-5. 공민왕 19년 5월에 태조 고황제(주원장)가 원유관遠遊冠을 사여하였는데, 7량梁에 금을 입힌 박산博山을 가하고 매미 7마리를 붙였으며, 비취구슬을 달았고, 무소뿔 비녀(서잠도犀簪導)도 있었다. 강사포絳紗袍(붉은 비단으로 만든 도포)와 홍상紅裳(붉은색 치마), 검은 깃에 푸른 선을 두른 흰 비단으로 된 중단中單(중의中衣), 치마(군裙), 저고리(유襦), 비단으로 만든 폐슬蔽膝, 흰색 가대假帶, 방심 곡령方心曲領과, 금고리(금구체金鉤䚢)가 달린 혁대, 흰 버선, 검은색 신(석舃)도 사여하니 여러 신하들의 조하朝賀를 받을 때 입었다.[1)]

註 解 2-3-5-

-1) 恭愍王十九年五月 太祖高皇帝賜遠遊冠 七梁加金博山 附蟬七首 上施珠翠犀簪導 絳紗袍紅裳 白紗中單黑領靑緣袖 裙·襦·紗蔽膝·白假帶·方心曲領·紅革帶金鉤䚢·白襪·黑舃 受群臣朝賀 服之 : 원·명 교체기에 즈음하여 공민왕이 반원친명정책反元親明政策을 취함에 따라 왕 18년에 고려·명 양국의 사절이 왕래하면서 저들은 벌써 원유관遠遊冠·강사포絳紗袍 등을 보낸바 있거니와(2-2-3-1), 44쪽), 이듬해인 왕 19년 5월에 정식 외교관계가 수립되면서는 다시 군왕과 배신陪臣들에게 각종 물품을 사여하는데 이곳 기사는 그 일부에 관한 것이다. 그중 원유관은 조복朝服에 따르는 관모로서 9량梁에서 1량 내지 무량無梁까지 있었는데 이번 고려왕에게 내린 것은 7량관이었다. 양梁이란 관冠의 상단에 가로로 둥긋하게 마루가 된 부분을 말하지마는, 7량관은 천자가 쓰는 12량관보다 등급이 낮은 것이지만 그러면서도 바다 가운데에 있다는 전설상의 명산名山인 박산博山을 가한다거나 매미를 붙이는 등의 장식을 한 사실이 주목된다. 이외의 복식들은 다른 경우에 이미 나왔거나(2-2-3, 43쪽) 명칭만으로도 대략 이해할 수 있는 것들인데, 다만 방심 곡령方心曲領은 옷의 목둘레 장식품으로 안쪽은 네모지고 겉의 여며진 형상이 둥근 것을 말하므로[①] 이 자리에 따로 소개하여 둔다.

이상의 시조복視朝服 전반에 대해서는 이미 유희경이 언급한게 있으
므로② 아울러 참고하면 이해에 많은 도움을 받을 수 있을 것 같다.

① 박선희, 「고대 한국 복식의 여밈새(衽形)」『한국 고대 복식』, 지식산업
   사, 2002, 301·302·361쪽.

   權兌遠, 「高麗史 輿服志의 分析的 檢討」『國史館論叢』13, 1990, 229·
   230쪽.

② 유희경, 「高麗王朝社會의 服飾 - 男子 服飾」『한국복식사연구』, 이화여
   대 출판부, 1975, 169·170쪽.

(* 이상에 언급된 국왕의 면복冕服 등에 대한 그림이 『조선세종실록朝
鮮世宗實錄』 권128, 5례五禮·길례 서례吉禮序例 관면도冠冕圖에 실려 있는
데, 그것을 이 책 274쪽에 소개해 둔다).

2-4. 왕비 관복王妃冠服

原文 2-4-1. 王妃冠服 恭愍王十九年五月 太祖高皇帝孝慈皇后賜冠服 冠飾
以七翟二鳳 花釵九樹 小花如大花之數 兩博鬢九鈿 翟衣靑質繡翟九等 素
紗中單黼領 羅縠爲緣以紅色 蔽膝如裳色 以綃爲領緣 繡翟二等 大帶隨衣
色 革帶金鉤䚢 珮綬靑襪靑舃

2-4-1. 왕비의 관·복冠服. 공민왕 19년 5월에 태조 고황제의 효자황후가
관·복을 사여하였는데, 관冠에는 일곱 마리 꿩과 두 마리 봉황으로 장
식하였고, 꽃비녀(화채花釵)에는 아홉 구루 나무가 있는데 작은 꽃이 큰
꽃의 수와 같았으며, 양쪽의 귀밑머리장식(빈鬢)에 새겨넣은 것도 아홉
개였다. 왕후의 옷(적의翟衣)은 푸른 바탕에 꿩 아홉 부류(9등九等)를 수놓
았고, 백색 비단으로 만든 중단中單(중의中衣)에는 깃에 보(도끼)를 수놓고
비단(나곡羅縠)으로 선을 둘렀는데 붉은색이었으며, 폐슬은 치마의 색과

같았고 청적색(추緅)으로 깃의 선을 둘렀으며 꿩 두 부류(2등二等)를 수놓
았다. 큰 띠(대대大帶)는 옷(의衣)의 색을 따랐고, 금고리(금구체金鉤鰈)가 달
린 혁대, 차는 인끈(패수珮綬), 청색 버선과 청색 신(석舃)도 사하였다.[1)]

註 解 2-4-1-

-1) 王妃冠服 恭愍王十九年五月 太祖高皇帝孝慈皇后賜冠服 冠飾以七翟二
鳳 花釵九樹 小花如大花之數 兩博鬢九鈿 翟衣靑質繡翟九等 素紗中單
黼領 羅縠爲緣以紅色 蔽膝如裳色 以緅爲領緣 繡翟二等 大帶隨衣色
革帶金鉤鰈 珮綬靑襪靑舃 : 앞에서 이미 몇 차례 언급했듯이 원·명 교
체기에 즈음하여 공민왕이 반원친명정책反元親明政策을 취함에 따라 왕
18년에 고려·명 양국의 사절이 왕래하면서 저들은 벌써 몇몇 복식을
보낸바 있거니와(2-2-3-1), 44쪽 및 2-3-5-1), 50쪽), 이듬해인 왕 19년 5월에
정식 외교관계가 수립되면서는 다시 군왕과 왕후·배신陪臣들에게 각종
물품을 사여하는데 이곳 기사는 그중 명 태조 고황제(주원장)의 효자황
후가 고려 왕비에게 내린 복식에 관한 것이다. 그것들은 보다시피 각
종 장식을 갖춘 관冠과 꿩을 수놓은 왕후의 옷인 적의翟衣, 중단中單(중
의中衣)·폐슬·대대大帶·혁대·패수珮綬·버선·신에 걸치고 있지마는, 지금
까지의 사례로 보아서 대략 이해할 수 있는 복식들이다.

① 權兌遠, 「高麗史 輿服志의 分析的 檢討」『國史館論叢』13, 1990, 231·
232쪽.

② 유희경, 「高麗王朝社會의 服飾－女子 服飾」『한국복식사연구』, 이화여
대출판부, 1975, 205·206쪽.

2-5. 왕세자 관복王世子冠服

原文 2-5-1. 王世子冠服 文宗十一年三月 契丹主賜冠服 十九年四月 契丹主
賜九旒冠九章服牙笏

2-5-1. 왕세자 관冠과 복服. 문종 11년 3월에 거란 임금(주主)이 관·복을 사하였다. 19년 4월에 거란 임금이 9류관과 9장복·아홀(상아로 만든 홀)을 사하였다.[1]

註 解 2-5-1-

-1) 王世子冠服 文宗十一年三月 契丹主賜冠服 十九年四月 契丹主賜九旒冠·九章服·牙笏 : 문종 11년(1057)과 19년(1065)에 거란 임금이 고려 국왕에게 관·복 또는 9류관·9장복과 옥규를 사여하였었는데(2-1-2-1), 33쪽) 이때 왕세자에게도 동일한 복식을 전하였음을 알 수 있다. 다만 옥규玉圭 대신에 아홀牙笏을 보내고 있음이 좀 다른 점인데, 그 홀은 신하가 임금을 뵐 때 손에 쥐던 판(수판手板)을 말한다. 아울러 국왕과 왕세자에게 사여한 면복이 모두 9류관·9장복이었다는 부분 또한 눈여겨볼 대목이다.

① 權兌遠, 「高麗史 輿服志의 分析的 檢討」 『國史館論叢』 13, 1990, 232쪽.

原文 2-5-2. 肅宗五年十月 遼主賜衣帶 九年四月 遼主賜衣對

2-5-2. 숙종 5년 10월에 요(거란) 임금이 의衣·대帶를 사하였다. 9년 4월에 요 임금이 의·대를 사하였다.[1]

註 解 2-5-2-

-1) 肅宗五年十月 遼主賜衣帶 九年四月 遼主賜衣對 : 숙종 9년(1104)에 요 임금이 고려 국왕에게 의衣·대帶를 사여한바 있는데(2-1-4-1), 37쪽), 이때와 그리고 이에 조금 앞선 왕 5년에는 왕세자에게도 의·대를 보냈음을 전하고 있다. 사여품 가운데 의衣에는 앞서의 예로 미루어 9장복·9류관 등이 포함되어 있지 않았을까 짐작된다.

(* 이상에 언급된 왕세자의 관복冠服 등에 대한 그림이『조선세종실록朝鮮世宗實錄』권128, 5례五禮·길례吉禮 서례序例 관면도冠冕圖에 실려 있는데, 그것을 이 책 278쪽에 소개해 둔다).

2-6. 백관 제복百官祭服

原文 2-6-1. 百官祭服 仁宗十八年四月詔 定禘禮服章之制 一品服亞獻以下侍中以上六員 七旒冕五章 二品服大常卿以下五祀獻官以上十五員 五旒冕三章 三品服功臣獻官通事舍人監察御史以下四十一員 無旒冕

2-6-1. 백관 제복祭服. 인종 18년 4월에 조서로서 체례禘禮 복장의 제도를 정하였다.[1] 1품복은 아헌亞獻을 맡은 관원 이하, 시중侍中 이상의 6원이 입는데 7류면·5장복이다.[2] 2품복은 태상경大常卿 이하 다섯 제사의 헌관獻官 이상 15원이 입는데 5류면·3장복이다.[3] 3품복은 공신 헌관과 통사사인通事舍人·감찰어사監察御史 이하 41원이 입는데 무류면無旒冕이다.[4]

註 解 2-6-1-

-1) 百官祭服 仁宗十八年四月詔 定禘禮服章之制 : 앞서 인종 18년(1140) 4월에 체례禘禮 때의 국왕 복식服飾이 정해진 사실을 소개한바 있거니와 (2-2-1-1), 39쪽), 이때에 백관 제복祭服의 제도도 마련되었음을 알 수 있다. 그것은 1품복·2품복·3품복 등으로 구분되어 있었는데, 그 내용을 차례로 살펴보면 다음과 같다.

-2) 一品服 亞獻以下侍中以上六員 七旒冕五章 : 1품복은 제사에서 술잔을 올릴 때 두 번째를 맡은 아헌관亞獻官으로부터 종1품관인 시중侍中 이상이 입도록 되어 있다. 고려 때의 종1품관은 시중 이외에 중서령中書令·상서령尙書令이 있었고(『고려사』권76, 백관지 1 문하부 판문하·시중 및 상서성) 그 위에 정1품관으로 태사太師·태부太傅 ·태보太保 등 3사三師와 태

위太尉·사도司徒·사공司空 등 3공三公이 있었다(위의 책, 삼사·삼공). 이들
가운데 6명이 1품복을 입는 대상이었겠는데, 이보다 20여년 뒤에 정
해지는 의종조 상정毅宗朝詳定(2-6-2-2), 58쪽)에 의하면 그들중 3공과 상
서령은 제외되고 있다. 아마 처음으로 술잔을 올리는 초헌初獻은 국왕
이 담당했으리라 짐작되지만 그렇지 않을 경우 저들 정1품관 가운데
에서 초헌과 아헌을 맡았을 것이다. 이들이 입는 1품복은 7류면·5장
복으로 되어 있었지마는, 그에 대해서는 역시 2-2-1-1), 39쪽 참조.

-3) 二品服 大常卿以下五祀獻官以上十五員 五旒冕三章 : 2품복을 입은 태
상경太常卿은 제사와 증시贈諡를 관장한 태상시太常寺(전의시典儀寺)의 정3
품 직위이다(『고려사』 권76, 백관지 1 전의시). 맨 밑의 관원은 구망句芒·욕
수蓐收·축융祝融·현명玄冥·후토后土에게 지내는 제사를 의미하는 듯싶은
5사五祀의[1] 헌관獻官(종헌관終獻官?)이라고만 되어 있어 구체적인 내용은
잘 알 수가 없다. 정3품 이하관과 그 얼마 아래의 관원들 15원이 입었
겠는데 그것은 5류면·3장복이었다.

  [1] 『국역 고려사』, 경인문화사, 2011, 志 5, 223쪽.

-4) 三品服 功臣獻官·通事舍人·監察御史以下四十一員 無旒冕 : 3품복을 입
은 관원 가운데 공신으로 헌관이 된 부류의 직위는 잘 알 수가 없다.
그러나 통사사인通事舍人은 조회朝會와 의례儀禮의 업무를 관장한 각문
閤門(통례문通禮門)의 종6품 직위이고(『고려사』 권76, 백관지 1 통례문), 감찰
어사監察御史는 시정時政의 논집論執과 풍속風俗의 교정矯正 및 백관에 대
한 규찰과 탄핵의 임무를 맡은 어사대御史臺(감찰사監察司)의 역시 종6품
직위로서 (위의 책, 사헌부司憲府) 이들과 그 이하의 직위에 있는 관원들
로 제례 업무를 본 41명이 이 3품복을 입었음이 드러나 있거니와, 그
것은 무류면無旒冕이었다.

原文 2-6-2. 毅宗朝詳定 七旒冕 每旒十二玉 玉用赤白蒼相間 繅亦如之 前
俛後仰 玄表朱裏 前後邃延 青紘青紞青瑱青纊犀簪導 玄衣繪以華虫火宗彝

纁裳繡以藻粉米黼黻 紱纁色 紕以爵韋 純以素 紃以五采 繡山火貫於革帶
白羅中單 大帶素終辟 紐約用組 組用赤白蒼三色織 其垂與紳齊 革帶玉佩
繫玄衣上 朱綠帶繫中單上 玉佩朱組綬 素襪纁帶 赤舃赤繶赤純靑絇纁帶
亞獻以下 大尉司徒司空中書令侍中服之 五旒冕 每旒十二玉 用赤白蒼相閒
纁亦如之 前俛後仰 玄表朱裏 前後邃延 靑紘靑紞靑瑱靑纊角簪導 玄衣繪
以宗彝藻粉米 纁裳繡黼黻 紱纁色 紕以爵韋 純以素 紃以五采 繡山貫於革
帶 白羅中單 大帶素終辟 紐約用組 組用赤白蒼三色織 其垂與紳齊 革帶玉
佩繫玄衣上 玄黃帶繫中單上 玉佩緇組綬 素襪纁帶 赤舃赤繶赤純靑絇纁帶
大常卿光祿卿黃門侍郎殿中監 籍田則有司農卿等服之 三旒冕 三章服衣畫
藻粉米 裳繡黻 大祝太史令大常博士執禮奉禮堂上悏律 圓丘則上帝配主二
大祝服之 三旒冕 一章服衣無章 裳黼黻 尙衣奉御贊引贊者通事舍人御史
圓丘則五帝大祝等服之 平冕無旒 衣裳無章 革帶 堂下悏律大樂令七祀功臣
獻官謁者大官令良醞令守宮令郊社令掌牲令大官丞祝史等 大廟則大廟令宮
闈令服之 黑介幘緋絹衣緋絹袴鑞塗銅赤革帶緋韋舃 齋郎服之

2-6-2. 의종조에 자세하게 정하였다.[1] 7류면의 매 류旒(깃술)에는 12개의
옥(구슬)을 꿰었는데, 그 옥은 붉은 빛(적赤)·흰 빛(백白)·푸른 빛(창蒼)을
서로 엇바꾸어 꿰었으며, 옥 받침 즉 옥을 꿴 늘어뜨린 끈(소綬)도 역시
그와 같다. (판版은) 앞은 수구려지고 뒤는 올라갔고, 겉은 검고 속은 붉
은 색이었으며, 앞뒤로 늘어져 있다. 푸른 색의 굉담紘紞(면관에 달린 갓끈)
과 푸른 색의 진광瑱纊(귀막이용의 옥과 솜을 꿰어 늘어뜨린 것)을 달았으며, 무
소뿔의 비녀(서잠도犀簪導)에는 화충(꿩)·화火(불)·종이宗彝를 그려 넣고, 훈
상纁裳(분홍색 하의, 곧 치마)에는 조藻(마름)·분미粉米(쌀)·보黼(도끼)·불黻(아자형
亞字形)을 수놓는다. 폐슬(불紱)은 분홍색에다, 두른 윗 선(비紕)은 참새 색
깔의 가죽(작위爵韋)으로 하고, 아래쪽 선(준純)은 본래의 색으로 하며, 안
쪽 내부에 두른 선(순紃)은 다섯 가지 채색 실로 하고, 산·불(화火)을 수
놓아 혁대(가죽 띠)에 꿰어 건다. 흰색의 얇고 부드러운 비단(백라白羅)의

중단中單(중의中衣)에, 큰 띠(대대大帶)는 깁(소素)으로 가장자리를 두르고, 엇매는 곳을 끈으로 꿰어 묶는데 끈은 붉은색·흰색·푸른색의 3색으로 짠 것을 사용하며, 그 드리움은 양옆에 늘어뜨린 끈(신紳)과 가지런하게 한다. 혁대와 옥패는 현의玄衣 위에 매고, 붉고 푸른 띠(주록대朱綠帶)는 중단中單 위에 맨다. 구슬을 단 붉은 인끈(조수組綬)과 흰 버선에 버선끈을 달고, 붉은 신(적석赤舃)에는 붉은 실로 아래 가장자리를 연결하고(적억赤繶), 붉은 선을 두르며(적준赤純), 푸른 신코(청구青絇)에 신끈을 달도록 하였다. 아헌을 맡은 관원 이하 태위大尉·사도司徒·사공司空·중서령中書令·시중侍中이 입는다.[2]

5류면의 매 류(깃술)에는 12개의 옥(구슬)을 꿰었는데, 그 옥은 붉은 빛(적赤)·흰 빛(백白)·푸른 빛(창蒼)을 서로 엇바꾸어 꿰었으며, 옥 받침 즉 옥을 꿴 늘어뜨린 끈(소繅)도 역시 그와 같다. 앞은 수구려지고 뒤는 올라갔고, 겉은 검고 속은 붉은 색이었으며, 앞뒤로 늘어져 있다. 푸른 색의 굉담紘紞(면관에 달린 갓끈)과 푸른 색의 진광瑱纊(귀막이용의 옥과 솜을 꿰어 늘어뜨린 것)을 달았으며, 뿔로 된 비녀(각잠도角簪導)를 꽂는다. 현의 玄衣(검붉은 색의 상의)에는 종이宗彝·조조藻(마름)·분미粉米(쌀)를 그려 넣고, 훈상纁裳(분홍색 하의, 곧 치마)에는 보(도끼)·불(아자형亞字形)을 수놓는다. 폐슬(불紱)은 분홍색에다, 두른 윗 선(비紕)은 참새 색깔의 가죽(작위爵韋)으로 하고, 아래쪽 선(준純)은 본래의 색으로 하며, 안쪽 내부에 두른 선(순紃)은 다섯 가지 채색 실로 하고, 산山을 수놓아 혁대(가죽 띠)에 꿰어 건다. 흰색의 얇고 부드러운 비단(백라白羅)의 중단中單(중의中衣)에, 큰 띠(대대大帶)는 깁(소素)으로 가장자리를 두르고, 엇매는 곳을 끈으로 꿰어 묶는데 끈은 붉은색·흰색·푸른색의 3색으로 짠 것을 사용하며, 그 드리움은 양옆에 늘어뜨린 끈(신紳)과 가지런하게 한다. 혁대와 옥패는 현의玄衣 위에 매고, 검고 누런 띠(현황대玄黃帶)는 중단中單 위에 맨다. 구슬을 단 검은 인끈(조수組綬)과 흰 버선에 버선끈을 매고, 붉은 신(적석赤舃)에는 붉은 실로 아래 가장자리를 연결하고(적억赤繶), 붉은 선을 두르며

(적준赤純), 푸른 신코(청구青絇)에 신끈을 달도록 한다. 태상경太常卿·광록경光祿卿·황문시랑黃門侍郎·전중감殿中監과 적전籍田인즉은 사농경司農卿 등이 있어 입는다.[3)]

3류면에, 3장복은 의衣(상의)에 조藻(마름)와 분미粉米(쌀)를 그려 넣고, 상裳(치마)에는 불(아자형亞字形)을 수놓는다. 태축太祝·태사령太史令·태상박사太常博士·집례執禮하는 봉례奉禮·당상堂上의 협률協律이, 원구圜丘 때에는 상제上帝와 배주配主의 두 태축이 입는다.[4)]

3류면에, 1장복은 의衣(상의)에 장문章紋이 없고, 상裳(치마)에만 보(도끼)·불(아자형亞字形)이 있다. 상의봉어尙衣奉御·찬인贊引·찬자贊者·통사사인通事舍人·어사御史가, 원구圜丘인즉은 5제五帝의 태축太祝 등이 입는다.[5)]

평면平冕에 무류無旒는 의衣(상의)·상裳(치마)에 장문章紋이 없고, 혁대만 띤다. 당하堂下의 협률協律·태악령太樂令·일곱 제사의 공신 헌관獻官·알자謁者·태관령太官令·양온령良醞令·수궁령守宮令·교사령郊社令·장생령掌牲令·태관승太官丞·축사祝史 등이, 태묘大廟인즉 태묘령大廟令·궁위령宮闈令이 입는다. 검은 개책介幘·붉은 비단 상의(비견의緋絹衣)·붉은 비단 바지(비견고緋絹袴)·주석에 구리를 입힌 붉은 혁대(납도동적혁대鑞塗銅赤革帶)·붉은 가죽으로 지은 신(비위석緋韋舃)은 재랑齋郎이 입는다.[6)]

註 解 2-6-2-

-1) 毅宗朝 詳定 : 의종조에 상정하였다는 것은 이미 설명했듯(1-2-4), 26쪽) 왕 15년(1161)경에 국가의 각종 제도와 문물을 전반적으로 정리한 예서禮書인 『상정고금례』의 편찬을 지칭하여 한 말로 생각된다(2-2-2-1), 41쪽).

-2) 七旒冕 每旒十二玉 玉用赤白蒼相閒 纊亦如之 前俛後仰 玄表朱裏 前後邃延 青紘青紞青瑱青纊犀簪導 玄衣繪以華虫火宗彝 纁裳繡以藻粉米黼黻 紱纁色 紕以爵韋 純以素 紃以五采 繡山火 貫於革帶 白羅中單 大帶素紗辟 紐約用組 組用赤白蒼三色織 其垂與紳齊 革帶玉佩繫玄衣上

朱綠帶繫中單上 玉佩朱組綬 素襪慕帶 赤舃赤繶赤純靑絇慕帶 亞獻以
下 大尉·司徒·司空·中書令·侍中服之: 이번에 정해진 복식은 그 내용
으로 보아 21년전인 인종 18년에 제정된 1품복에 해당하는 것인데, 양
자간의 가장 큰 차이는 후자가 7류면·5장복이었던 것이(2-6-1-2), 54쪽)
지금은 7류면·7장복으로 등급이 올라가고 있다는 점이다. 그리고 이
것은 다시 국왕 제복祭服인 9류면·9장복에(2-2-2, 40쪽) 비하여 한 등급
떨어지는 것인데, 그 이외에도 면관冕冠의 형태 등에 있어서 양자간에
다소의 차이가 났으리라 짐작되지마는, 그럼에도 각 류(깃술)의 구슬(옥
玉)이 붉은 빛·흰 빛·푸른 빛을 띤 12개씩으로 모두가 동일하게 되어
있는 등 대체적으로 유사한 복식을 하고 있어서 주목된다.

　이 7류면(1품복)을 입는 관원으로 인종 18년 기사에서는 시중만을 들
고 있으나 이곳에는 태위·사도·사공·중서령도 언급하고 있다. 다만 3
공(2-6-1-2), 54쪽)에 대해서는 언급이 없는데, 아마 아헌亞獻 등과 관련이
있지 않을까 한다.

-3) 五旒冕 每旒十二玉 用赤白蒼相間 繅亦如之 前俛後仰 玄表朱裏 前後
　邃延 靑紘靑紞靑瑱靑纊角簪導 玄衣繪以宗彝藻粉米 纁裳繡黼黻 紱纁
　色 紕以爵韋 純以素 紃以五采 繡山貫於革帶 白羅中單 大帶素終辟 紐
　約用組 組用赤白蒼三色織 其垂與紳齊 革帶玉佩繫玄衣上 玄黃帶繫中
　單上 玉佩緇組綬 素襪慕帶 赤舃赤繶赤純靑絇慕帶 大常卿·光祿卿·黃
　門侍郎·殿中監 籍田則有司農卿等服之: 이 복식은 그 내용으로 보아
　21년전인 인종 18년에 제정된 2품복에 해당하는 것인데, 양자간의 가
　장 큰 차이는 후자가 5류면·3장복이었던 것이(2-6-1-3), 55쪽) 지금은 5
　류면·5장복으로 등급이 올라가고 있다는 점이다. 1품복이 7류면·7장
　복이었으므로 이같은 조처는 합리적인 것으로 짐작되거니와, 이 이외
　에도 양자간에는 전자가 서잠도犀簪導이었던 것에 비해 후자는 각잠도
　角簪導로 되고, 또 주록대朱綠帶가 현황대玄黃帶로, 주조수朱組綬가 치조
　수緇組綬로 되는 등 얼마간의 차별이 더 눈에 띤다.

이 5류면(2품복)을 입는 관원으로 인종 18년 기사에서는 제사와 증시 贈諡를 관장하는 기구인 태상시太常寺(전의시典儀寺)의 정3품 직위인 태상 경만을 들고 있으나, 이곳에는 제사에 소요되는 주례酒醴를 담당하는 기구이던 광록시光祿寺의 관원인 광록경光祿卿[1]과 제례에도 관여한 전 중시殿中寺(종부시宗簿寺)의 종3품 관원인 전중감殿中監[2] 및 황문시랑黃門 侍郎과 적전籍田(선농先農)의 제례(2-2-2-2), 42쪽)와 관련이 깊던 사농시司農 寺(전농시典農寺)의 종3품 관원인 사농경司農卿(『고려사』 권76, 백관지 1) 등 도 들어놓고 있다. 단, 황문시랑은 중국의 문하성門下省 정3품인 문하 시랑의 옛 명칭으로(『구당서』 권43, 지志 제23, 직관 2·『신당서』 권47, 지 제37, 백관 2 문하성門下省) 고려의 관제官制에서는 찾아지지 않는 직위이다. 물 론 고려의 중서문하성中書門下省에도 정2품의 문하시랑이 설치되고 있 지만 이것과 황문시랑과는 성격이나 위상·관품 등에서 매우 다른 존 재인 것이다. 그럼에도 황문시랑이 『고려사』 예지禮志나 이곳 여복지 등에서 고려에 실재했던 것처럼 자주 등장하고 있지마는, 이는 아마 당·송의 제도를 참조하여 우리의 제도를 마련해가는 과정에서 오류로 삽입된게 아닐까 짐작된다.

① 朴龍雲, 『高麗史 百官志 譯註』, 신서원, 2009, 363쪽.

② 『고려사』 권76, 백관지 1 宗簿寺·朴龍雲, 『高麗史 百官志 譯註』, 신서 원, 2009, 277~279쪽.

-4) 三旒冕 三章服衣畵藻粉米 裳繡黻 大祝·太史令·大常博士·執禮奉禮·堂 上協律 圓丘則上帝·配主二大祝服之 : 인종 18년에 제정된 백관 제복祭 服은 1품복·2품복·3품복 등 세 등급만이 드러나 있는데(2-6-1, 54쪽), 이 번의 의종조 상정詳定은 5등급으로 세분되고 있다. 그중 7류면·7장복 은 1품복에 해당하고, 5류면·5장복은 2품복에 해당한다고 하였거니와, 아래에서 설명하겠지만 3품복인 무류면無旒冕은 대략 이곳의 4·5등급 인 3류면·2장복과 평면平冕·무류無旒에 해당한다. 따라서 3류면·3장복 은 그 사이에 있는 3등급의 백관 제복이 되겠는데, 그에 대해서는 의

衣·상상의 장문章紋만이 간략하게 서술되고 있다. 그리고 그 착용자로
태축大祝·태사령太史令·태상박사大常博士·집례執禮하는 봉례奉禮·당상堂上
의 협률協律과, 원구圓丘의 제사인즉(2-2-2-2), 42쪽) 상제上帝와 그에 배향
配享되는 인물의 신주神主를 받드는 두 태축이 열거되어 있지마는, 그
중 태축은 이미 소개한바 제사와 증시贈諡를 관장하는 기구인 태상시
(전의시)(2-6-2-3), 59쪽)의 정9품 직위이고, 태상박사와 봉례랑은 같은 기
구의 각각 종7품과 정9품 직위이다(『고려사』 권76, 백관지 1 전의시). 다만
협률랑協律郎은 이곳 『고려사』 백관지의 전의시(태상시)에는 설치되어
있지 않으나 『당서唐書』의 태상시조에는 정8품 직위로 함께 올라 있거
니와, 이곳 『당서』에 의하면 태축은 신주神主의 출납을, 그리고 태상박
사는 「5례五禮의 변리辨理를 관장, 왕공王公과 3품 이상의 공과功過·선
악을 살펴 증시贈諡하는 일」을 맡았으며, 봉례랑은 조회·제사에서 군
신君臣의 판위版位를, 협률랑은 율려律呂의 곡조曲調를 담당했다고 보인
다(『구당서』 권44, 직관지 3·『신당서』 권48, 백관지 3 태상시).[1] 다음 태사령은
천문天文·기상氣象을 주로 맡았던 태사국太史局의 종5품 직위였다(『고려사』
권76, 백관지 1 서운관書雲觀).[2]

[1] 朴龍雲, 『高麗史 百官志 譯註』, 신서원, 2009, 268~271쪽.

[2] 朴龍雲, 『高麗史 百官志 譯註』, 신서원, 2009, 335~340쪽.

-5) 三旒冕 一章服衣無章 裳黼黻 尙衣奉御·贊引·贊者·通事舍人·御史 圓
丘則五帝大祝等服之 : 제4등급의 백관 제복인데, 3류면·1장복이라고
하면서도 설명은 정작 의衣(상의)에는 장문章紋이 없으나 상상裳(치마 ; 하의)
에 보(도끼)·불(아자형亞字形)을 그렸다고 하여 실제로는 1장복이 아니라
2장복이었음을 알 수 있다. 그리고 이 복식의 착용자로 상의봉어尙衣奉
御·찬인贊引·찬자贊者·통사사인通事舍人·어사御史와 원구圓丘 제사(2-2-2-2),
42쪽) 때의 5제五帝에 대한 태축大祝 등을 들고 있지마는, 이들 가운데
통사사인·어사(2-6-1-4), 55쪽) 및 태축(위의 4)항)에 대해서는 앞서 설명한
바와 같고, 상의봉어는 어의御衣의 공급을 관장하는 기구이던 상의국尙

衣局(장복서掌服署)의 정6품 직위였음이 확인된다(『고려사』 권77, 백관지 2 장복서). 단, 찬인과 찬자는 『고려사』 백관지의 태상시 직제에는 보이지 않고 『신·구당서』의 태상시조(『구당서』 권44, 직관지 3·『신당서』 권48, 백관지 3)에서 찾아지는데, 그럼에도 『고려사』 예지禮志나 여복지 등에 고려에도 실재했던 것처럼 나오거니와, 이점에 대해서 필자는 아마 당·송의 제도를 참조하여 우리의 제도를 마련해가는 과정에서 오류로 삽입된게 아닐까 짐작된다고(위의 3)항) 설명한바 있으나 좀더 숙고해볼 여지는 있는 듯하다.

-6) 平冕無旒 衣裳無章 革帶 堂下恊律·大樂令·七祀功臣獻官·謁者·大官令·良醞令·守宮令·郊社令·掌牲令·大官丞·祝史等 大廟則大廟令·宮闈令服之 黑介幘·緋絹衣·緋絹袴·鑞塗銅赤革帶·緋韋舃 齋郎服之 : 가장 낮은 제5등급의 백관 제복으로 의衣(상의)·상裳(치마·하의)에 장문章紋이 없고 혁대를 띠었다는 간략한 소개로 되어 있다. 이어서 이 복식은 당하堂下의 협률·태악령大樂令·일곱 제사의 공신 헌관獻官·알자謁者·태관령大官令·양온령良醞令·수궁령守宮令·교사령郊社令·장생령掌牲令·태관승大官丞·축사祝史 등과, 태묘에 대한 제사인즉 태묘령大廟令·궁위령宮闈令이 입으며, 검은색의 개책介幘(큰 머리 수건)·붉은 비단 상의(비견의緋絹衣)·붉은 비단 바지(비견고緋絹袴)·주석에 구리를 입힌 붉은 혁대(납도동적혁대鑞塗銅赤革帶)·붉은 가죽으로 지은 신(비위석緋韋舃)은 태상재랑太常齋郎이 입는다고 설명하고 있다.

이 복식의 착용자 가운데 태악령은 성률聲律(음악과 율동)의 교열을 관장하던 태악서太樂署(전악서典樂署)의 종7품 직위이고(『고려사』 권77, 백관지 2), 태관령과 그 승丞은 사연祀宴(제사·연회)의 찬선饌膳을 관장하던 태관서太官署(선관서膳官署)의 각각 종7품과 종8품 직위이며(위와 같음), 양온령은 주례酒醴의 공급을 관장하던 양온서良醞署(사온서司醞署)의 정8품 직위이고(위와 같음), 수궁령은 장막帳幕 관계의 일을 관장하던 수궁서守宮署의 정8품 직위이며(위와 같음), 장생령은 제사에 쓸 희생犧牲을 올리는

일을 관장하던 장생서掌牲署의 종8품 직위이고(위와 같음), 태묘령은 종
묘의 수위를 관장하던 태묘서太廟署(침원서寢園署)의 종5품 직위이며(위와
같음), 태상재랑 역시 앞서 여러 차례 언급한『고려사』(권76) 백관지
태상시조에 편제되어 있는 직위의 하나이다. 그런데 한편으로 알자謁
者와 축사祝史는 위에서 설명한(4)항) 협률랑과 마찬가지로『신·구당서』
태상시조에서만 보이고 교사령郊社令 또한 그 예하 기구인 양경교사서
兩京郊社署의 종7품 직위로, 그리고 궁위령은 내시성內侍省의 예하 기구
인 궁위국宮闈局의 역시 종7품 직위로 설치되어 있다『구당서』권44, 직관
지 3·『신당서』권47, 백관지 2). 이처럼『고려사』백관지의 직제에서는 찾
아볼 수 없고『신·구당서』의 그것들에만 편제되어 있는 직위들이『고
려사』예지나 여복지에 마치 고려에도 실재했던 듯 나오고 있거니와,
그 이유에 대해서는 바로 윗 항목에서 언급했으므로 이 자리에서는
재론치 않는다. 혹 알자가 액정국掖庭局(『고려사』권77, 백관지 2)조에, 그
리고 역시 알자와 궁위승宮闈丞이 내시부內侍府(위와 같음)조에 편제되어
있는 사실을 지적할지도 모르겠으나 전자는 충렬 34년(1308) 충선왕에
의해 설치되었고, 후자는 공민왕대에 이르러서야 비로소 둔 직위이므
로 의종대의 직제와 직접적으로 연결시킬 수는 없다고 생각된다.

  7사七祀는「국왕이 신하와 백성들의 안녕을 위해 지내는 제사제도의
하나로, 인간생활의 여러 일들을 주관하는 일곱 신에게 지내는 제사」
라 하는데, 그에 대해서는『국역 고려사』, 경인문화사, 2011, 지志 5
225쪽 참조.

原文 2-6-3. 恭愍王十九年五月 太祖高皇帝賜群臣陪祭冠服 比中朝臣下九等
遞降二等 王國七等通服 靑羅衣 白紗中單 皂領袖襴 紅羅裙 皂緣紅羅蔽膝
紅白大帶 方心曲領 革帶 綬環 白襪 黑履 冠五頂五梁至一梁 角簪導 服樣
一副 羅衣中單裙蔽膝大帶方心曲領白襪黑履全 服叚 靑羅十一匹 白羅十一
匹 紅羅六匹 皂羅四匹 靑絹三十五匹 白絹三十五匹 紅絹十七匹 皂絹十匹

生絹七十一匹 綬樣三副 紫錦綬一副 銀環二 赤錦綬一副 鍮石銅環二 綠錦
綬一副 鍮石銅環二 綬料 紫錦綬五副 赤錦綬六副 綠錦綬三十五副 五色線
七斤 革帶銀鉤䑜一副 鍮石銅鉤䑜一副 第一等秩 比中朝第三等服五梁冠 革
帶銀鉤䑜 紫錦綬銀環 第二等秩 比中朝第四等服四梁冠 餘同前 第三等秩
比中朝第五等服三梁冠 革帶銅鉤䑜 紫錦綬銅環 第四等第五等秩 比中朝第
六等第七等服二梁冠 赤錦綬銅環 第六等第七等秩 比中朝第八等第九等服
一梁冠 綠錦綬銅環

2-6-3. 공민왕 19년 5월에 태조 고황제가 여러 신하에게 제사를 모실
때의 관冠·복服을 사여하였는데, 중국 신하들의 9등에서 2등 낮춘 왕국
王國의 7등 통상복으로, 푸른 비단으로 만든 상의(청라의青羅衣)와 검은
깃에다 소매에 선을 두른 흰 비단의 중단(백사중단白紗中單), 검은색 선을
두른 붉은 비단의 치마(홍라군紅羅裙), 붉은 비단으로 만든 폐슬(홍라폐슬紅
羅蔽膝), 홍백색의 대대大帶, 방심 곡령方心曲領, 혁대, 고리(환環)를 단 수綬,
흰 버선, 검은 신이었다.

　관冠은 5정頂(종류)으로 5량에서 1량에 이르렀고 뿔로 된 비녀(각잠도角
簪導)를 꽂았다.

　복장 견본은 한 벌(1부一副)로, 비단 상의(나의羅衣)·중단中單(중의中衣)·치
마(군裙)·폐슬蔽膝·대대大帶·방심 곡령方心曲領·흰 버선·검은 신(흑리黑履)
등 일습이었고, 옷감으로는 푸른 비단(청라青羅) 11필·흰 비단(백라白羅)
11필·붉은 비단(홍라紅羅) 6필·검은 비단(조라皂羅) 4필·푸른 견직(청견青
絹) 35필·흰 견직(백견白絹) 35필·붉은 견직(홍견紅絹) 17필·검은 견직(조견
皂絹) 10필·생견生絹 71필이었으며, 인끈 견본(수양綬樣)은 세 벌(3부三副)로
붉은 비단 인끈(자금수紫錦綬) 1벌에 은고리(은환銀環)가 둘·적색 비단 인
끈(적금수赤錦綬) 1벌에 유석 구리 고리(유석동환鍮石銅環)가 둘·푸른 비단
인끈(녹금수綠錦綬) 1벌에 유석 구리 고리(유석동환鍮石銅環)가 둘이었고, 인
끈 재료(수료綬料)로는 붉은 비단 실띠(자금수紫錦綬) 5부五副·적색 비단 실

띠(적금수赤錦綏) 6부·푸른 비단 실띠(녹금수綠錦綏) 35부이었으며, 5색 실이 7근, 혁대에 은 고리 하나·유석 구리 고리 하나였다.

제1등의 관질官秩은 중국의 제3등에 견주어서 5량관을 쓰고, 은고리(은구체銀鉤銕)가 있는 혁대를 띠며, 은고리(은환銀環)를 단 붉은 비단 인끈(자금수紫錦綏)을 드리운다.

제2등의 관질은 중국의 제4등에 견주어서 4량관을 쓰고, 나머지는 앞과 같다.

제3등의 관질은 중국의 제5등에 견주어서 3량관을 쓰고, 구리 고리(동구체銅鉤銕)가 있는 혁대를 띠며, 구리 고리(동환銅環)를 단 붉은 비단 인끈(자금수紫錦綏)을 드리운다.

제4등과 제5등의 관질은 중국의 제6등과 제7등에 견주어서 2량관을 쓰고, 구리 고리(동환銅環)를 단 적색 비단 인끈(적금수赤錦綏)을 드리운다.

제6등과 제7등의 관질은 중국의 제8등과 제9등에 견주어서 1량관을 쓰고, 구리 고리(동환銅環)를 단 푸른 비단 인끈(녹금수綠錦綏)을 드리운다.[1]

註 解 2-6-3-

-1) 恭愍王十九年五月 太祖高皇帝賜群臣陪祭冠服 比中朝臣下九等遞降二等 王國七等通服 靑羅衣 白紗中單 皁領袖襴 紅羅裙 皁緣紅羅蔽膝 … … 第六等第七等秩 比中朝第八等第九等服一梁冠 綠錦綏銅環: 앞에서 이미 몇 차례 언급했듯이 원·명 교체기에 즈음하여 공민왕이 반원친명정책反元親明政策을 취함에 따라 왕 18년에 고려·명 양국의 사절이 왕래하면서 저들은 벌써 몇몇 복식을 보낸바 있거니와(2-2-3-1), 44쪽 및 2-3-5-1), 50쪽), 이듬해인 왕 19년 5월에 정식 외교관계가 수립되면서는 다시 군왕과 왕후·배신陪臣들에게 각종 물품을 사여하는데, 이곳 기사는 그중 명 태조 고황제(주원장)가 여러 신하들에게 내린 제복祭服에 관한 것이다.

그것은 역시 앞에서 이미 언급했듯이 중국의 신하들에 비하여 2등급
씩을 낮춘(2-2-3-1), 44쪽) 복식으로서, 관모는 양관梁冠(2-3-5-1), 50쪽)인데
관질官秩에 따라 5량관으로부터 1량관으로 5구분하고 있다. 복식 가운
데 중단中單(중의中衣)이나 폐슬蔽膝(2-2-3, 43쪽), 그리고 방심 곡령方心曲領
(2-3-5-1), 50쪽)에 대해서도 앞에서 설명한바 있으므로 참조하면 될 듯
싶고,① 옷감 등으로 거론된 나羅·견絹·생견生絹·금錦 등도 앞서 일부
설명한 일이 있으나 이미 좋은 연구가 있으므로 아래에 다시 소개하
여 둔다.②

① 다음의 글들에서 백관 제복 전반에 관한 설명을 들을 수 있다.

　　金東旭,「新羅 高麗의 服飾 變遷」『李朝前期 服飾構造』, 韓國硏究院,
　　　　1963, 210·211쪽.

　　유희경,「高麗王朝社會의 服飾－男子 服飾」『한국복식사연구』, 이화
　　　　여대 출판부, 1975, 178·179쪽.

② 趙孝淑,「織物組織의 分析과 織物名稱의 設定－高麗時代를 中心으로－」
　　　『韓國絹織物 研究』, 世宗大 博士學位論文, 1992.

　　박선희,「고대 한국의 사직물」『한국 고대 복식』, 지식산업사, 2002.

2-7. 조복朝服

原文 2-7-1. 朝服 毅宗朝詳定 凡正至節日朝賀 每朔三大朝賀等事 服之

2-7-1. 조복朝服. 의종조에 자세하게 정하였는데, 무릇 신정과 동지·절
일節日(국왕 생일)의 조정 하례와 매 달의 세 번 있는 큰 규모의 조정 하
례 때 입도록 하였다.[1]

註 解 2-7-1-

　-1) 朝服 毅宗朝詳定 凡正至節日朝賀 每朔三大朝賀等事 服之 : 앞서 살핀

시조복視朝服(2-3-3-1), 48쪽)이 정월 초하루 신정과 동지(12월 22일 또는 23
일)·절일(국왕 생일)에 국왕이 입는 복식에 대한 의종조 편찬의『상정고
금례』내용이라면, 이번의 조복은 그같은 때에 신료들이 입는 복식이
정해진 사실을 전하는 기사이다.

原文 2-7-2. 恭愍王二十一年十一月教 象笏紅鞓皂鞓綃羅朝服 皆非本國之産
今後侍臣外東西班五品以下 用木笏角帶紬紵朝服

2-7-2. 공민왕 21년 11월에 교敎하여, 상아로 만든 홀(상홀象笏)과 붉은
띠(홍정紅鞓)·검은 띠(조정皂鞓), 초綃·라羅로 만든 조복은 모두 본국의 산
물이 아니므로 지금 이후로 시신侍臣 이외의 동·서반 5품 이하는 나무
로 만든 홀(목홀木笏)·뿔 띠(각대角帶)와 명주·모시로 만든 조복을 쓰도록
하였다.[1]

註 解 2-7-2-

-1) 恭愍王二十一年十一月敎 象笏紅鞓皂鞓綃羅朝服 皆非本國之産 今後侍
臣外東西班五品以下 用木笏角帶紬紵朝服 : 공민왕 21년에 이르러 조
신朝臣들의 복식을 검소하게 한다는 취지에서 특히 국왕을 측근에서
모시는 시신 이외의 5품 이하 하급 관원은 목홀·각대와 명주·모시로
만든 조복만을 쓰도록 조처하고 있다. 그러면서 초·라로 만든 조복은
고려의 산물이 아니라는 언급도 하고 있는데, 하지만 이들 옷감은 이
전부터 우리나라에서 생산되어 오던 것으로 상급층에서는 꽤 많이 사
용하였음이 확인되므로[1] 이점 오해가 없어야 하겠다.

① 趙孝淑,「織物組織의 分析과 織物名稱의 設定－高麗時代를 中心으로－」
『韓國絹織物 研究』, 世宗大 博士學位論文, 1992.

박선희,「고대 한국의 사직물」『한국 고대 복식』, 지식산업사, 2002.

2-8. 공복公服

原文 2-8-1. 公服 光宗十一年三月 定百官公服 元尹以上紫衫 中壇卿以上丹衫 都航卿以上緋衫 小主簿以上綠衫

2-8-1. 공복公服. 광종 11년 3월에 백관의 공복을 정하여 원윤元尹 이상은 자삼紫衫(자주색 옷), 중단경中壇卿 이상은 단삼丹衫(적색 옷), 도항경都航卿 이상은 비삼緋衫(진홍색 옷), 소주부小主簿 이상은 녹삼綠衫(녹색 옷)으로 하였다.[1]

註 解 2-8-1-

-1) 公服 光宗十一年三月 定百官公服 元尹以上紫衫 中壇卿以上丹衫 都航卿以上緋衫 小主簿以上綠衫: 고려 초기는 호족연합적정권이라고 불릴 만큼 호족세력이 강한 반면에 왕권은 그리 떨치지 못하였다. 이같은 난국을 타개하는데 결정적 역할을 하는 국왕이 4대 임금인 광종으로서, 그가 왕 7년(956)에 노비의 신분을 조사하여 본래 양인이었던 자를 해방시켜 환량還良한 노비안검법奴婢按檢法을 단행하거나 9년(958)에 과거제를 시행한 것은 그를 위한 조처의 일환이었다. 이어서 왕 11년(960)에는 지금 우리들이 살피고 있는 백관의 정복인 공복제도를 제정하지마는 그 역시 왕권 강화와 맥락을 같이하는 것이었다(1-2-2), 25쪽). 그것은 보다시피 자삼·단삼·비삼·녹삼 등의 복색에 따라 4등급으로 구분한 4색공복제로서, 그 맨 윗층에 해당하는 자삼紫衫은 고려초기 관인들의 지위와 신분을 나타내는 국가의 공적 질서체계인 9품·16등급 관계官階① 가운데 제6품·10등급인 원윤元尹 이상이 입는 옷 색깔이었고, 그 아래의 단삼·비삼·녹삼은 각기 중단경·도항경·소주부 등의 직위에 있는 관원들의 옷 색깔로 생각되나 그들 각 직위의 실체는 분명치가 않다. 그러나 어떤든 이들에 의한 복색의 구분은 일정한 위계

질서에 따른 상하 등급을 나타내는 것이 틀림없고, 그것은 곧 광종을
중심으로 하는 새로운 관료체제의 탄생을 의미하는 것이기도 하였다.②
이 4색 공복은 그뒤 경종 원년(976)에 무릇 국가의 관직에 복무하거나
또는 직역職役을 부담하는 자들에 대하여 그들의 지위에 따라 응분의
전토와 시지柴地를 분급하는 토지제인 전시과田柴科의 기준으로 기능한
다.③

① 武田幸男,「高麗初期의 官階－高麗王朝確立過程의 一考察－」『朝鮮學報』
  41, 1966.

② 申虎澈,「高麗 光宗代의 公服制定」『高麗光宗研究』, 일조각, 1981.

③ 姜晉哲,「田柴科制度의 制定 및 그 內容」『고려토지제도사연구』, 고려
  대출판부, 1980, 31~37쪽.

  金塘澤,「崔承老의 上書文에 보이는 光宗代의 '後生'과 景宗元年 田柴
  科」『高麗光宗研究』, 일조각, 1981.

原文 2-8-2. 毅宗朝詳定 文官四品以上服紫紅鞓佩金魚 常叅六品以上服緋紅
鞓佩銀魚 官未至而特賜者不拘此例 九品以上服綠 閣門班武臣皆紫而不佩
魚 內侍茶房等官除本服外亦皆紫而不佩魚 西京留守視尙書 副留守視三品
以下各依本品 東南京副留大都護牧副使以上服紫佩金魚 都護牧判官知州事
以上衣帶魚從本品 借紫緋不佩魚 知州副使以下服紫緋者不得着紅鞓 凡帶
公侯伯通犀金玉班犀不佩魚 宰臣樞密金玉班犀及方團毯路 文官八座左右常
侍御史大夫翰林學士承旨侍臣三品以上武官上將軍以上金班犀 文武三品及
侍臣給舍中丞以上班犀金塗銀 文武四品以下常叅官金塗銀犀 閣門通事舍人
以下祗候以上金塗銀 叅外官不許着犀 兩府及承制文武三品以上四品知制誥
翰林東宮侍講侍讀學士寶文閣直學士待制正四品知閣門內侍行頭員茶房侍郞
以上皂衫紅鞓 官未至而特賜者不拘此例 凡笏 服紫緋者以象 服綠者以木
其制上挫下方

2-8-2. 의종조에 자세하게 정하였다. 문관 4품 이상은 자주색 옷(자복紫服)을 입고 붉은 띠(홍정紅鞓)에다 금어金魚를 차고, 상참常叅 6품 이상은 진홍색 옷(비복緋服)을 입고 붉은 띠(홍정紅鞓)에다 은어銀魚를 차는데, 관위가 이에 이르지 못했더라도 특별히 사여받은 자는 이 예에 구애되지 않으며, 9품 이상은 녹색 옷(녹복綠服)을 입는다.[1]

각문閣門과 반열班列이 무신이면 모두 자주색 옷을 입으나 어대魚袋는 차지 않으며, 내시·다방 등의 관원은 본래의 정복을 제외하고는 역시 모두 자주색 옷을 입으나 어대는 차지 않는다.[2]

서경유수는 상서에 준하고, 부유수는 3품에 준하며, 이하는 각기 본품本品에 의거하고, 동경·남경 부유수와 대도호부·목의 부사 이상은 자주색 옷을 입고 금어金魚를 차며, 도호부·목의 판관과 지주사知州事 이상의 옷·띠(대帶)·어대는 본품에 따르되, 자紫·비緋를 차대借貸한 자는 어대를 차지 못하며, 지주知州의 부사 이하로 자·비의 옷을 입은 자는 홍정紅鞓을 착용하지 못한다.[3]

무릇 띠(대帶)는, 공·후·백은 통서通犀(순색純色의 무소뿔)·금과 옥·반서班犀(알록달록한 무소뿔)의 (띠를 쓰고) 어대魚袋는 차지 않으며, 재신宰臣·추밀樞密은 금과 옥·반서 및 모나고 둥근 구로毬路(고관들이 띠던 구로대毬路帶)를 띠고, 문관 8좌八座와 좌우상시·어사대부·한림학사승지·시신 3품 이상과 무관 상장군 이상은 금과 반서의 (띠를 쓰고), 문·무 3품 및 시신으로 급사중·중서사인·어사중승 이상은 반서·도금한 은銀 (띠를 쓰며), 문·무 4품 이하 상참관常叅官은 도금한 은·무소뿔의 (띠를 쓰고), 각문의 통사사인 이하 지후祗候 이상은 도금한 은銀 (띠를 쓰며), 참외관叅外官은 서대犀帶(무소뿔 띠)의 착용을 허락하지 않는다.

양부兩府 및 승제承制, 문·무 3품 이상과 4품 지제고, 한림·동궁의 시강학사·시독학사, 보문각 직학사와 대제, 정4품 지각문과 내시內侍로 항두원行頭員인 자, 다방으로 시랑 이상인 자는 조삼皂衫에 홍정을 하는데, 관위가 (이에) 이르지 못했더라도 특별히 사여받은 자는 이 예에 구애받

지 않는다.[4)]

무릇 홀笏은, 자주색 옷(자紫)과 진홍색 옷(비緋)을 입는 자는 상아로 만들고, 녹색 옷을 입는 자는 나무(목木)로 만드는데, 그 제작 방식은 위는 꺾이고 아래는 네모나게 한다.[5)]

註 解 2-8-2-

-1) 毅宗朝詳定 文官四品以上服紫·紅鞓·佩金魚 常叅六品以上服緋·紅鞓·佩銀魚 官未至而特賜者不拘此例 九品以上服綠 : 의종조에 상정하였다는 것은 이미 설명했듯(1-2-4), 26쪽) 왕 15년(1161)경에 국가의 각종 제도와 문물을 전반적으로 정리한 예서禮書인 『상정고금례』의 편찬에 따라 그곳에 실리게 된 백관의 공복에 대한 내용을 지칭한 것으로 생각된다.

그것은 보다시피 우선 크게 세 분야로서 일반 복식〈1)·2)·3)〉과 그 일부인 대帶〈4)〉, 그리고 홀笏〈5)〉로 나누고 있다. 그 가운데 일반 복식은 다시 문관을 4품 이상·상참 6품 이상·9품 이상 등 품계별로 구분한 위에 무신과 좀 특수하다고 볼 수 있는 각문·내시·다방을 다른 하나로 구분하고, 또 서경유수 등 지방관을 따로 파악하여 모두 다섯 부류로 구분해 규정하고 있는 것이다.

그 구분의 기준은 자주색 옷(자복紫服)·진홍색 옷(비복緋服)·녹색 옷(녹복綠服) 가운데 어떤 색깔의 옷을 입었는가 하는 것과 홍정紅鞓을 했는가의 여부 및 어떤 어대魚袋를 찼느냐 하는 것이었다. 이중 어대는 옷 위에 차는 물고기 모양의 어부魚符를 넣는 주머니로, 그 어부에는 금어金魚·은어銀魚·동어銅魚·목어木魚 등이 있었는데, 여기에는 금어와 은어만이 보이고 있다. 그리하여 문관의 경우 가장 상급인 1품부터 4품까지는 자복·홍정·금어를, 그 다음의 5품과 상참 6품은 비복·홍정·은어, 그리고 비록 6품이지만 상참이 아닌 직위로부터 9품까지는 녹복을 입은 사실만이 언급되어 있다. 상참常叅은 일상의 조회에 참석할 수 있

는 관원으로 그 한계선은 대략 6품이었으나 그들 가운데에도 상참관
常參官이 되지 못하는 직위가 있었기 때문에 이러한 설명이 있게된 듯
하다.

① 朴龍雲, 「高麗時代의 文散階」『진단학보』 52, 1981 ;『高麗時代 官階·
官職 硏究』, 고려대출판부, 1997.

② 金塘澤, 「高麗時代의 祭職」『省谷論叢』 20, 1989 ;『고려 양반국가의
성립과 전개』, 전남대출판부, 2010.

-2) 閣門班武臣皆紫 而不佩魚 內侍茶房等官除本服外 亦皆紫而不佩魚 : 무
신과 더불어 일반 관원들과는 좀 다른 직임을 맡고 있던 사람들, 즉
궁궐 내 조회의 의례를 관장하던 각문(통례문通禮門)의 관원들(『고려사』
권76, 백관지 1 통례문)과 국왕의 근시직近侍職으로 특별한 여러 임무에 종
사하던 내시·다방의 인원들은 따로 분류하여 모두 자복紫服을 입도록
하였으나 어대魚袋는 차지 않도록 하고 있다.

① 金昌洙, 「麗代 內侍의 身分」『동국사학』 11, 1969.

② 周藤吉之, 「高麗初期의 內侍·茶房と明宗朝以後의 武臣政權との關係 - 宋の
內侍·茶房との關連において-」『東方學』 55, 1977 ;『高麗朝官僚制の硏
究』, 法政大學出版局, 1980.

③ 金載名, 「高麗時代의 內侍 - 그 別稱과 構成을 중심으로 -」『역사교육』
81, 2002.

④ 김보광, 「高麗前期 內侍의 構成과 役割」『한국사학보』 13, 2002.

-3) 西京留守視尙書 副留守視三品 以下各依本品 東南京副留大都護牧副使
以上 服紫 佩金魚 都護牧判官知州事以上衣帶魚 從本品 借紫緋不佩魚
知州副使以下服紫緋者不得着紅鞓 : 다음은 지방관들에 대한 것으로 3
품 이상으로 되어있는 서경유수는 중앙의 상서, 즉 정3품에 준하고, 4
품 이상으로 되어있는(『고려사』 권77, 백관지 2 외직外職 서경유수관) 부유수
는 3품에 준하며, 이하의 각 관원은 본품本品에 의거토록 하고 있는데
그 본품은 수령직에 임명될 때 함께 제수되던 겸대경직兼帶京職을 말한

다.[①] 그리고 동경(경주)·남경(양주楊州)의 부유수(4품 이상)와 대도호부 및
목牧의 부사(4품 이상)(위의 책 해당조) 이상은 자복紫服을 입고 금어金魚를
차며, 도호부와 목의 판관(6품 이상) 및 지주사知州事(5품 이상)(위의 책 해당
조) 이상의 의衣·대帶·어魚는 본품, 즉 겸대경직의 품계를 따르되, 자복
紫服·비복緋服을 차대借貸한 자는 어대魚袋를 차지 못하며, 지주知州의
부사(6품 이상)(위와 같음) 이하로 자복·비복을 입은 자는 홍정을 하지 못
하도록 정하고 있는 것이다. 여기에서 자복·비복을 차대했다는 것은
아직 그같은 색깔의 옷을 입을 위치에 오르지 못한 중앙의 관원을 지
방의 수령으로 임명할 때는 임시로 높은 직위를 빌려주는 형식을 취
하는 경우가 많았으므로[②] 그렇게 하여 일시 자복·비복을 입는 위치에
올랐다 하더라도 어대만은 차지 못하도록 했다는 설명이다.

① 이진한, 「고려시대 본품항두(本品行頭)」『역사와 현실』제54호, 2004.
② 박용운, 「고려시대의 官職 − 試·攝·借·權職에 대한 검토」『진단학보』
    79, 1995 ;『高麗時代 官階·官職 硏究』, 고려대출판부, 1997.

-4) 凡帶 公侯伯 通犀金玉班犀 不佩魚 宰臣樞密 金玉班犀及方團毬路 文
官八座左右常侍御史大夫翰林學士承旨侍臣三品以上武官上將軍以上
金班犀 文武三品及侍臣給舍中丞以上 班犀金塗銀 文武四品以下常叅官
金塗銀犀 閣門通事舍人以下祗候以上金塗銀 叅外官不許着犀 兩府及承
制·文武三品以上·四品知制誥 翰林東宮侍講侍讀學士 寶文閣直學士待
制 正四品知閣門內侍行頭貝茶房侍郎以上 皂衫紅鞓 官未至而特賜者
不拘此例 : 관원들이면 일반적으로 띠게 되는 대帶(띠)와, 국왕의 시종
侍從 및 문한文翰·궐 내의 의례 등 좀 특수한 직임을 맡았던 관원들의
홍정紅鞓 등에 대한 규정이다.

그중 대帶는 신료들의 위계와 직급 고하에 따라 그 재료와 장식에 금
과 옥·통서通犀(순색純色의 무소뿔)·반서班犀(알록달록한 무소뿔)·도금한 은
銀·구로毬路·서犀(무소뿔) 등을 어느 정도로 썼느냐에 대한 기술로 되어
있다. 그리하여 가장 상급의 위계·직급에 있었다고할 공작·후작·백작

(『고려사』 권77, 백관지 2 작爵)으로부터 중서문하성의 2품 이상관인 재신宰臣(『고려사』 권76, 백관지 1 문하부 시중侍中 이하)과 중추원(추밀원)의 2품 이상관인 추밀樞密(위의 책, 밀직사密直司)을[1] 다른 한 부류로 하고, 그 아래로 문관 8좌(상서성의 6상서(정3품)와 좌·우복야(정2품)?)와[2] 좌·우상시(중서문하성 정3품)·어사대부(어사대 정3품)·한림학사승지(한림원 정3품)(이상『고려사』권76, 백관지 1 해당조)·시신侍臣 3품 이상·무관 상장군(정3품) (『고려사』 권77, 백관지 2 서반西班) 이상, 그리고 문·무 3품 및 시신인 급사중(중서문하성 종4품)·중서사인(같은 관서 종4품)·어사중승(어사대 종4품)(이상『고려사』 권76, 백관지 1 해당조) 이상, 문·무 4품 이하와 상참관(대체적으로 6품 이상)(위의 1)항), 각문의 통사사인(정6품) 이하 지후(정7품)(『고려사』 권76, 백관지 1 통례문) 이상, 참외관(대체적으로 7품 이하)의[3] 경우로 나누어 설명하고 있다.

이어서 특별히 조삼皂衫(검은 옷)에 홍정을 하는 관원들을 별도로 규정하고 있는데, 고위 시신이라고 할 재·추양부兩府의 재신·추밀 및 승제(승선承宣 ; 중추원 정3품)와[4] 문·무 3품 이상, 그리고 왕명의 제찬 등을 맡은 지제고(『고려사』 권76, 백관지 1 예문관藝文館)로 4품의 본품本品을 띠고 있는 사람,[5] 한림원의 시강학사·시독학사(정4품)(위와 같음))와 동궁의 시강학사·시독학사(『고려사』 권77, 백관지 2 동궁관), 보문각의 직학사(종4품)와 대제(종4품)(『고려사』 권76, 백관지 1 보문각), 정4품의 지각문(위의 책, 통례문), 내시(위의 2)항)로 항두원이 된 자,[6] 다방으로[7] 시랑(정4품) 이상직을 지닌 자 등을 들고 있다.

[1] 朴龍雲, 『高麗史 百官志 譯註』, 신서원, 2009, 56·57쪽.

[2] 邊太燮, 「高麗時代 中央政治機構의 行政體系 - 尙書省 機構를 중심으로 -」 『역사학보』 47, 1970 ; 『高麗政治制度史研究』, 일조각, 1971, 15쪽.

　朴龍雲, 「高麗時代의 尙書省에 대한 檢討」 『국사관논총』 61, 1970 ; 『高麗時代 尙書省 研究』, 경인문화사, 2000, 30쪽.

③ 朴龍雲,「高麗時代의 文散階」『진단학보』52, 1981 ;『高麗時代 官階·
官職 研究』, 고려대출판부, 1997.

④ 朴龍雲,「高麗時代의 中樞院에 대한 고찰」『한국사연구』12, 1976 ;
『高麗時代 中樞院 研究』, 고려대 민족문화연구원, 2001, 28쪽.

⑤ 이진한,「고려시대 본품항두(本品行頭)」『역사와 현실』제54호, 2004.

⑥ 위와 같음.

⑦ 위와 같음.

-5) 凡笏 服紫緋者以象 服綠者以木 其制上挫下方 : 홀에 관한 규정으로 자
복·비복 착용자는 상아로 된 홀을, 그리고 녹복 착용자는 나무로 된
홀을 쓰도록 구분하고, 그 형태 역시 지정하고 있다.

(* 이상에 언급된 문무관文武官의 관복冠服 등에 대한 그림이『조선세종
실록朝鮮世宗實錄』권128, 5례五禮·길례 서례吉禮序例 관면도冠冕圖에 실려
있는데, 그것을 이 책 282쪽에 소개해 둔다).

2-9. 장리 공복長吏公服

原文 2-9-1. 長吏公服 顯宗九年定長吏公服 州府郡縣戶長紫衫 副戶長以下
兵倉正以上緋衫 戶正以下司獄副正以上綠衫 幷靴笏 州府郡縣史深靑衫 兵
倉史諸壇史天碧衫 無靴笏

2-9-1. 장리 공복. 현종 9년에 장리의 공복을 정하였는데, 주·부·군·현
의 호장은 자삼(자주색 옷)을, 부호장 이하 병·창정 이상은 비삼(진홍색
옷)을, 호정 이하 사옥부정 이상은 녹삼(녹색 옷)을 입고 모두들 화靴·홀
笏을 하며, 주·부·군·현의 사史는 심청삼(짙은 청색 옷)을, 병·창사와 제
단사는 천벽삼(푸른 하늘빛 옷)을 입으나 화·홀은 없다.[1]

註解 2-9-1-

-1) 長吏公服 顯宗九年 定長吏公服 州府郡縣戶長紫衫 副戶長以下兵倉正
以上緋衫 戶正以下司獄副正以上綠衫 幷靴笏 州府郡縣史深靑衫 兵倉
史諸壇史天碧衫 無靴笏 : 장리長吏는 넓은 의미로는 향리 일반을 가리
키며 좁은 의미로는 호장을 가리키는 용어인데,[①] 여기서는 전자의 의
미로 쓴 것이다. 이미 설명했듯이 향리는 호족豪族의 후신으로서 처음
의 저들 세력은 매우 큰 것이었다(1-2-2), 25쪽). 하지만 점차 중앙집권
화가 강화되고 내외의 관제官制가 정비되면서 이들은 지방의 행정을
담당하는 향리층으로 정착하여 가거니와, 그 한 계기가 되는 것은 성
종 2년(983)에 단행된 향리직의 개편이었다(『고려사』 권75, 선거지 3 전주銓
注 향직鄕職).

　이어지는 향리직제의 정비는 군현조직이 일단락되는 현종 9년(1018)
으로서 이때에 주현州縣의 대소를 정丁의 다과에 두고 그에 따라 향리
의 숫자를 정하지마는(위와 같음), 여기에 기술된 향리공복의 규격화도
그와 더불어 함께 이루어지고 있는 것이다.[②] 이제 그 내용을 좀더 보
기쉽게 정리하면 다음과 같이 된다.

(1) 호장戶長 ·· 자삼·화靴·홀笏
(2) 부호장副戶長 이하 병정兵正·창정倉正 이상 ············ 비삼·화靴·홀笏
(3) 호정戶正 이하 사옥부정司獄副正(부사옥정) 이상 ········ 녹삼·화靴·홀笏
(4) 주州·부府·군郡·현사縣史 ·························· 심청삼深靑衫 *화·홀 없음
(5) 병사兵史·창사倉史·제단사諸壇史 ··············· 천벽삼天碧衫 *화·홀 없음

　호장 이하의 향리직이 어떤 색깔의 옷을 입느냐 하는 것과 화靴·홀笏
을 신고 또 지녔느냐의 여부에 의해 층위를 이루었음이 드러나 있음
을 확인할 수 있다. 한데 이와 동일한 시기에 제정된 향리 숫자의 규
정에 의하면 부병정副兵正·부창정副倉正과 공수사公須史·식록사食祿史·객

사사客舍史·약점사藥店史·사옥사司獄史 등의 직위가 더 보인다. 아마 이들중 전자는 (3)에 포함되었을 것이며, 뒤의 다섯 직위는 (5)의 제단사諸壇史에 해당하는 것으로 짐작된다. 이후 문종 5년(1051)에는 이직吏職에 대한 9단계 승진규정이 마련되지마는(『고려사』 권75, 선거지 3 전주 향직) 거기에는 다시 공수사 등 다섯 직위의 상급으로 공수정公須正·공수부정公須副正(부공수정) 등이 각각에 설치되고 있음도 볼 수 있다. (3)에 사옥부정司獄副正이 있는 것으로 미루어 이들도 다함께 (3)에 포함되었으리라 생각된다.

① 尹京鎭, 「高麗前期 鄕吏制의 구조와 戶長의 직제」 『한국문화』 20, 1998.

② 李純根, 「高麗初 鄕吏制의 成立과 實施」 『金哲埈華甲紀念 史學論叢』, 지식산업사, 1983.

강은경, 「高麗 戶長制의 성립과 戶長層의 形成」 『韓國史의 構造와 展開』, 혜안, 2000 ; 『高麗時代 戶長層 研究』, 혜안, 2002.

2-10. 관복 통제冠服通制(관복에 관한 일반 규정)

原文 2-10-1. 冠服通制 成宗八年三月始定 東西北面兵馬使玉帶紫襟 兵馬副使紫衣帶劍

2-10-1. 관·복 통제冠服通制(관·복에 관한 일반 규정). 성종 8년 3월에 처음으로 정하여, 동·서북면병마사는 옥대玉帶(옥 띠)에 자금紫襟(자주색 깃)을, 병마부사는 자의紫衣(자주색 옷)에 칼을 차도록 하였다.[1]

註 解 2-10-1-

-1) 冠服通制 成宗八年三月始定 東西北面兵馬使玉帶紫襟 兵馬副使紫衣帶劍 :『고려사』 권77, 백관지 2 외직外職 병마사조兵馬使條에도 「成宗八

年置於東西北面兵馬使一人 三品 玉帶紫襟 親授斧鉞赴鎭 專制閫外 知
兵馬事一人 亦三品 兵馬副使二人 四品 ……」이라고 하여 남방의 5도
道에 상대되는 북방의 양계兩界인 동북면과 서북면에 병마사兵馬使 등
을 설치하여 그 지역을 통할하게한 사실을 전하고 있거니와, 이곳 여
복지는 이들의 복식이 어떠했는가를 밝히고 있는 대목이다. 단, 이곳의
「동서북면 병마사東西北面兵馬使」는 「동서의 북면 병마사」로 보기도 하고,[①]
「동북면과 서북면의 병마사」로 해석하기도 하여[②] 논자 간에 의견이
엇갈려 있다.[③]

① 末松保和,「高麗兵馬使考」『東洋學報』39-1, 1956 ;『靑丘史草』1, 笠
   井出版社, 1965.
   崔貞煥,「高麗 兩界의 成立過程과 그 時期」『계명사학』8, 1997, 138쪽.
② 李基白,「高麗 兩界의 州鎭軍」『고려병제사연구』, 일조각, 1968, 243쪽.
③ 박용운,『고려사 백관지 역주』, 신서원, 2009, 663쪽.

原文 2-10-2. 德宗三年正月詔 百官衙仕 常服紫衣 無益於事 若非扈從 皆着
皂衫

2-10-2. 덕종 3년 정월에 조詔하여, 백관들이 아문衙門에서 직무를 볼 때
자의紫衣(자주색 옷)를 상복常服(일상적인 옷)으로 하는 것은 일에 이로움이
없은즉 만약 호종扈從(왕의 행차를 따름)할 때가 아니면은 조삼皂衫(검은 옷)
을 착용토록 하였다.[1)]

註 解 2-10-2-
 -1) 德宗三年正月詔 百官衙仕 常服紫衣 無益於事 若非扈從 皆着皂衫 : 덕
    종 3년(1034)에 이르러 백관들이 일상업무를 볼 때는 화려한 복색을 피
    하여 검은색 옷을 입고, 다만 국왕을 호종扈從할 때에 한하여 자주색
    옷을 입도록 지시하고 있다.

原文 2-10-3. 神宗元年五月 防戍中郎將許着有角幞頭 防戍中郎將本非使命故無角 至是並許插角 五年四月 始令文班五六品丞令帶犀爲叅秩

2-10-3. 신종 원년 5월에 방수중랑장防戍中郎將에게도 유각복두有角幞頭의 착용을 허락하였다. 방수중랑장은 본래 사명使命을 받은 자가 아니었으므로 (복두에) 각角이 없었는데 이때에 이르러서 아울러 각角 넣는 것을 허락토록 한 것이다.[1]

5년 4월에 비로소 문반 5·6품의 승丞·령令에게 서대犀帶(무소뿔 띠)를 띠도록 하여 참질叅秩로 삼았다.[2]

註 解 2-10-3-

-1) 神宗元年五月 防戍中郎將許着有角幞頭 防戍中郎將本非使命 故無角 至是並許插角 : 복두幞頭는 모가 지고 위가 평평한 게 두 단으로 되고 모서리에 각(脚 또는 角)이 달려있는 관모冠帽의 한 종류로 지배층들이 쓰던 것인데,[①] 방수중랑장防戍中郎將 같은 특별한 부류는 각이 없는 복두를 쓰기도 했던 모양이다. 고려 때는 중앙에 경군京軍이, 지방에는 주현군州縣軍이 있었으며, 국경지대인 양계兩界에는 주진군州鎭軍과 함께 경군과 주현군의 일부로 편성된 방수군防戍軍이 있었지마는,[②] 지휘계통에 위치한 장교들의 경우 경군 등에 비하여 주진군이 커다란 차별대우를 받은 사실을[③] 감안할 때 방수군 장교들도 그러했을 듯싶다. 그런 관계로 방수중랑장은 각이 없는 복두를 썼던 것 같은데, 그 이유를 여기서는 사명을 받은 사람이 아니었기 때문이라고 설명하고 있지마는 그 사명을 받지 않았다는 것이 왕명을 받지 않았다는 것인지 또는 다른 무슨 뜻이 있는지 잘 알 수가 없다. 어떻든 그렇게 차별대우를 받던 방수중랑장이 무신정권의 확립과 더불어 무신들이 여러 모로 혜택을 누리게 되는 신종 원년(1198)에 즈음하여 유각복두有角幞頭를 착용할 수 있도록 허락을 받고 있는 것이다.

① 朴龍雲,「고려시기의 幞頭와 幞頭店」『韓國史學報』제19호, 2005 ;『고
　려시기 역사의 몇 가지 문제』, 일지사, 2010.

② 李基白,「高麗 兩界의 州鎭軍」『고려병제사연구』, 일조각, 1968.

③ 趙仁成,「高麗 兩界 防戍軍과 州鎭軍」『고려광종연구』, 일조각, 1981.

-2) (神宗)五年四月 始令文班五六品丞令帶犀爲叅秩 : 정1품으로부터 종9품
까지의 9계 18품은 그 자체가 각 관직의 고하를 나타내는 것이었지만,
그들은 다시 몇 단계씩이 묶인 단층斷層으로 구분되어 의미와 기능을
달리하고 있었다. 재추宰樞와 참상叅上(참내叅內)·참외叅外(참하叅下)가 그
같은 것으로, 품계상으로는 2품 이상이 재추였고, 참상과 참외는 대체
적으로 6품 이상과 7품 이하로 나뉘어져 있었거니와, 외형상으로는 재
추가 옥대玉帶를 띤 데 대해 6품 이상은 서대犀帶, 7품 이하는 흑대黑帶
를 띠도록 하여 구분하고 있었다.

　이들을 다시 직능상으로 보면 재추(2-8-2-4), 73쪽)는 국왕과 더불어 국
정을 논의하는 재상의 위치에 있는 직위들이었으며, 그 아래의 참상과
참외는 조회에 참석할 수 있는 관직이냐 그렇지 못한 관직이냐에 따
른 것으로, 참상원이 되어야 비로소 국정에 대해 자신의 견해를 표명
할 수가 있었고 참외원은 거기에서 자연히 제외되게 마련이었다. 그러
므로 참상직이 되느냐의 여부는 관직체계상 매우 커다란 의미를 지니
고 있었지마는, 한걸음 더 나아가 이 직위에 오르게 되면 그 이상의
고위직으로 승진하는 길도 순조로웠던 것으로 밝혀져 있다.①

　참질叅秩은 그같은 뜻을 가지고 있는 참상직叅上職(참직叅職)의 품질品秩
을 말하는데, 여기서는 여복지의 기사인만큼 비록 문반 6품, 심지어는
5품의 승丞과 영令이면서도 참질의 반열에 들지 못하고 있는 관원을
올려주어 복식상 서대를 띨 수 있도록 했다는 내용이다. 이와 동일한
기사가『고려사』권75, 선거지 3, 전주銓注 선법選法 신종 5년 4월조로,
「식목도감사인 최선 등이 아뢰기를, "문반의 참외 5·6품은 모두 서대
를 띠도록 하여 참질로 삼으소서"하니, 왕이 이르기를, "인원수가 매

우 많은데 어찌 가히 일시에 질秩을 올리겠는가 하고 이에 참질 5·6인
을 늘렸다」고 보인다. 그리하여 실제로 이때에 종5품인 태묘서령太廟
署令과 제릉서령諸陵署令(『고려사』 권77, 백관지 2 침원서寢園署·제릉서諸陵署)
및 어사대御史臺의 종6품인 감찰어사監察御史 2인(『고려사』 권76, 백관지 1
사헌부司憲府) 등을 참질로 올리고 있는 이외에 몇몇 사례사 더 찾아지
고 있다.
　① 박용운, 『고려사 백관지 역주』 사헌부司憲府, 신서원, 2009, 193쪽.

原文 2-10-4. 高宗三十九年 王許崔沆蒼頭著幞頭 舊例 唯諸王宗室宮宅蒼頭
著幞頭 謂之紫門假着 權勢兩班家奴着幞頭自沆始

2-10-4. 고종 39년에 왕이 최항의 창두蒼頭(노복)들에게 복두幞頭를 쓰는
것을 허락하였다. 옛 규례로는 오직 제왕諸王·종실·궁택宮宅의 창두들만
이 복두를 써서 자문가착紫門假着이라 하였었는데, 권세있는 양반의 가
노들이 복두를 쓰는 것은 항沆으로부터 비롯하였다.[1]

註 解 2-10-4-
-1) 高宗三十九年 王許崔沆蒼頭著幞頭 舊例 唯諸王宗室宮宅蒼頭著幞頭
　謂之紫門假着 權勢兩班家奴着幞頭自沆始 : 복두幞頭는 지배층에 한하
　여 착용하던 관모였는데(2-10-3-1), 79쪽), 예외를 인정하여 제왕諸王과[①]
　종실宗室·궁택宮宅 등 가까운 왕실의 창두蒼頭(노복)들만은 쓰는 것을 허
　용하여 그것을 자문가착紫門假着이라 일컬었다 한다. 한데 고종 39년에
　이르러 당시 왕권을 능가하는 권력을 지녔던 최씨무신정권崔氏武臣政權
　의 제3대 집정執政인 최항崔沆의 창두들에게도 복두의 착용을 허용하였
　고, 이를 계기로 권세있는 양반의 가노家奴들도 복두를 쓰게 되었다고
　전하고 있다. 최항의 창두들에게 복두의 착용을 허용하게된 시말에 대
　해『고려사절요』권17, 고종 39년 9월조에 의하면 최항이 새 연輦을

만들어 국왕에게 바치자 그 제작에 참여했던 공장工匠 및 창두들에게
은銀을 내리고 복두도 쓰게했다고 보이거니와, 어떻든 당시 사회상의
혼란이 복식면에도 드러난 한 예라고 하겠다.②

① 박용운, 『고려사 백관지 역주』 종실제군, 신서원, 2009, 479쪽.

② 朴龍雲, 「고려시기의 幞頭와 幞頭店」 『韓國史學報』 제19호, 2005 ; 『고
려시기 역사의 몇 가지 문제』, 일지사, 2010.

原文 2-10-5. 忠烈王元年七月 定朝官服章 宰樞以上玉帶 六品以上犀帶 七
品以下黑帶 四年二月 令境內皆服上國衣冠開剃 蒙古俗 剃頂至額 方其形
留髮其中 謂之開剃 時自宰相至下僚 無不開剃 唯禁內學館不剃 左承旨朴
恒呼執事官諭之 於是 學生皆剃

2-10-5. 충렬왕 원년 7월에 조관朝官의 복장服章을 정하여, 재추宰樞 이상
은 옥대玉帶, 6품 이상은 서대犀帶, 7품 이하는 흑대黑帶로 하였다.¹⁾

   4년 2월에 국내에 명령하여 모두 상국(원나라)의 의衣·관冠을 착용하
고 개체開剃토록 하였다. 몽고 풍속에 정수리에서 이마까지를 깎아 그
네모꼴 모양에 가운데의 머리카락을 남기는 것을 일컬어 개체라 하였
는데, 당시 재상으로부터 하급 신료에 이르기까지 개체하지 않음이 없
었으나 오직 금내禁內(궐내) 학관學館들만은 개체하지 않자 좌승지 박항
이 집사관을 불러 설유하니 이에 학생들도 모두 개체하였다.²⁾

註 解 2-10-5-

-1) 忠烈王元年七月 定朝官服章 宰樞以上玉帶 六品以上犀帶 七品以下黑
     帶 : 충렬왕 원년(1275)에 이르러 조정 관원들의 복장 가운데에서 특별
     히 띠(대帶)에 대한 규정을 명확히 하고 있다. 그 내용은 보다시피 재
     추(재신·추밀)(2-8-2-4), 73쪽) 이상은 옥대, 6품 이상은 서대, 7품 이하는
     흑대를 띠도록 하고 있는데, 이중 앞서의 신종 5년(1202) 4월의 기사

(2-10-3-2), 80쪽)에 의할 것 같으면 서대를 띠는 경우의 품계는 6품 이상
이 아니라 참상 이상직이라고 표기해야 정확했을 것 같다. 그럼에도
그같이 표기한 것은 이때에는 이미 6품 이상이면 모두가 참상직이 되
는 제도로 바뀌었기 때문에 그러 했는지, 아니면 이전대로 대세상 그
러하므로 좀 막연하게 표현한 것인지 그점은 분명치가 않다. 이 경우
는 7품 이하(참하)도 마찬가지이다. 그전에는 7품 가운데도 간혹 참상
직이 있었기 때문이다.

-2) (忠烈王)四年二月 令境內 皆服上國衣冠開剃 蒙古俗 剃頂至額 方其形
留髮其中 謂之開剃 時自宰相至下僚 無不開剃 唯禁內學館不剃 左承旨
朴恒呼執事官諭之 於是 學生皆剃 : 여·원 양국간의 오랜 전쟁을 마무
리하는 과정에서 원나라 세조는 즉위 직후 원종에게 고려에서 요청한
사항들을 모두 용인하는 조서를 보내 오거니와 그 첫 번째가 「의관衣
冠은 본국의 풍속에 좇아 모두가 개역改易치 아니해도 좋다」는 것이었
다(『고려사』 권25, 세가 원종 원년 8월). 그럼에도 머지 않아 고려 조정 내
에서는 복식·풍습을 원나라 방식으로 바꾸자고 하는 주장들이 대두하
게 되고 그에 반대하는 의견도 많아 혼선이 빚어졌던 것 같다. 장군의
직위에 있던 인공수印公秀 같은 이가 원종에게 원나라 풍속을 본받아
외형外形을 고치고 복장도 바꾸자고 권한데 대해 원종이, 「나는 차마
하루 아침에 갑자기 조종祖宗의 가풍家風을 변경할 수 없으니 내가 죽
은 뒤에 경 등은 마음대로 하라」고 말하고 있는 데서(『고려사』 권28, 세
가 충렬왕 즉위년 12월) 그같은 상황을 짐작할 수 있다.

하지만 원도元都에 머물면서 세조의 딸(뒤의 제국대장공주齊國大長公主)과
혼인한 세자 심諶이 귀국해 곧이어 충렬왕으로 즉위하면서 상황은 달
라졌다. 그는 이미 귀국할 때에 몽고식으로 변발辮髮을 하고 호복胡服
을 입고 있어 나라 사람들이 탄식하고 심지어는 우는 사람까지 있었
다고 전하거니와(『고려사』 권27, 세가 원종 13년 2월), 즉위후 우리나라로
들어오는 공주를 맞으러 서북면에 행차할 때 종행從行한 지주사知奏事

이분희李汾禧 등이 개체開剃하지 않은 것을 질책하고도 있는 것이다. 이에 대해 「신 등이 개체를 싫어하는 것이 아니라 다만 여러 사람들의 예를 기다릴 뿐입니다」라고 대답하고 있지마는(『고려사』 권28, 세가 충렬왕 즉위년 동10월), 국왕이 직접 나서서 몽고식의 풍습으로 바꿀 것을 독려하고 있는 것이다. 그로 말미암은 듯 이 해 12월에는 재추들이 그 문제를 논의하여, 「김金시중侍中(종1품)(김방경金方慶)이 만약에 돌아오면 반드시 곧 개체할 것인즉 개체하기는 한가지인데 어찌 먼저 하지 않으리오」 하면서 이에 (당시 종2품 지추밀원사인) 송송례宋松禮와 정자여鄭子璵가 개체를 하고 조회하니 다른 사람들이 모두 본받았다」고도 보인다. 조정 대신들 사이에 몽고풍이 확산되어 갔음을 알 수 있다.

그런 끝에 마침내 이곳 여복지에서의 언급처럼 왕 4년 2월에 이르러 왕명으로 원나라의 의관衣冠을 착용하고 개체하도록 함으로써 재상으로부터 하급 신료에 이르는 모든 관원들이 그대로 하였고, 그에 따르지 않는 궁궐 내 학관學館의 학생들도 승지 박항의 설유에 따른 집사관의 종용으로 개체하고들 있다. 한데 같은 해 7월에 왕이 황제를 알현함에 즈음하여 종행從行한 강수형康守衡에게 황제가, "고려의 복색服色은 어떠한가"라고 묻자 대답하기를, "달단(몽고)의 의모衣帽를 착용하고, 조서를 맞거나 절일節日을 하례하는 등의 때에는 고려복으로써 일을 거행합니다" 하였다. 이에 다시 "사람들은 짐이 고려복을 금한다고들 한다는데 어찌 그러하리오. 그대 나라의 예禮를 어찌 갑자기 폐하리오"라고 말하고 있는 것을(『고려사』 권28, 세가 충렬왕 4년 추7월) 보면 몽고측의 강요가 그리 심하지는 않았던 듯하다. 그렇지만 왕실과 신료들을 중심으로 몽고 풍습은 널리 유행하여 갔던 것인데, 단 이같은 현상은 관리층에 한정되고 일반 민인民人들은 대부분 종래 고려의 풍습 그대로 였다 함은 이미 여러 차례 언급한 바와 같다.

① 金東旭, 「元代 高麗의 服飾」『李朝前期 服飾構造』, 韓國硏究院, 1963, 222~225쪽.

② 유희경, 「高麗王朝社會의 服飾」『한국복식사연구』, 이화여대출판부, 1975, 146~148쪽.

原文 2-10-6. 忠惠王後五年七月 監察司令五敎兩宗僧皆著緇衣

2-10-6. 충혜왕 후5년 7월에 감찰사가 5교 양종兩宗의 승려들로 하여금 모두 치의緇衣(검은색의 승복)를 착용토록 하였다.[1]

註 解 2-10-6-

-1) 忠惠王後五年七月 監察司令五敎兩宗僧皆著緇衣 : 5교敎 양종兩宗에 대해서는 몇 가지 다른 견해가 없지 않지마는 대체적으로 열반종涅槃宗·계율종戒律宗·법성종法性宗·화엄종華嚴宗·법상종法相宗 등 교종敎宗 5교와 천태종天台宗·조계종曹溪宗의 선종禪宗 양종兩宗으로 이해되어 오고 있거니와, 그것은 곧 불교 종파 전체를 지칭하는 용어인 것이다. 충혜왕 후5년(1344)에 이르러 시정時政의 논집論執과 함께 풍속의 교정矯正 등을 담당하는 감찰사監察司(어사대·사헌부)(『고려사』 권76, 백관지 1)가 이들 모두에게 검은색의 승복인 치의緇衣를 착용하도록 하고 있다는 것인데, 어떤 현상 또는 어떤 취지에서 그같은 조처를 했는지는 잘 알 수가 없다. 다만 이 시기가 사회 전반에 걸친 혼란과 더불어 불교계의 기강 역시 좀 해이해져 있던 시기라는 점만은 염두에 둘 필요가 있을 것 같다.

① 金映遂, 「五敎兩宗에 對하여」『震檀學報』 8, 1937.

② 許興植, 「韓國佛敎의 宗派形成에 대한 試論」『김철준화갑기념 사학논총』, 지식산업사, 1983 ;『고려불교사연구』, 일조각, 1986.

③ 許興植, 「僧政의 紊亂과 宗派間의 葛藤」『고려불교사연구』, 일조각, 1986.

原文 2-10-7. 恭愍王六年閏九月 司天少監于必興上書 玉龍記云 我國始于白

頭終于智異 其勢水根木幹之地 以黑爲父母 以靑爲身 若風俗順土則昌 逆
土則災 風俗者君臣百姓衣服冠盖是也 今後文武百官黑衣靑笠 僧服黑巾大
冠 女服黑羅 以順土風 從之 十六年七月敎曰 我國群臣冠服 旣以土風所宜
制定 俾有上下之辨 不可易也 近來輕改趍便 尊卑混淆 今後諸君宰樞代言
判書上大護軍判通禮門三司左右尹知通禮門黑笠白玉頂子　三親從諸摠郎三
司副使八備身前陪後殿護軍黑笠靑玉頂子 諸正佐郎黑笠水精頂子 省臺成均
典校知製敎員及外方各官員黑笠隨品頂子 縣令監務黑笠無臺水精頂子 九月
百官始着笠朝謁 二十一年五月命代言班主以上 皆戴黑草方笠 二十三年四
月命宰相臺省重房閤門著笠

2-10-7. 공민왕 6년 윤9월에 사천소감 우필흥이 글을 올리기를, "옥룡
기玉龍記에 이르되, 「우리나라는 백두산에서 시작하여 지리산智異山에서
끝나는데, 그 형세가 수(물)를 뿌리로 하고 목(나무)을 줄기로 하는(수근
목간水根木幹) 땅으로, 검은 것(흑黑)으로써 부모를 삼고 푸른 것(청靑)으로
써 몸(신身)을 삼는다. 만약 풍속이 토기土氣에 순응하면 창성하고 토기
土氣를 거스르면 재앙이 있을 것이다」 하였습니다. 풍속이란 임금·신하
와 백성들의 의복과 관개冠盖(쓰는 관과 일산 따위)가 그것들입니다. 지금
이후로 문무백관은 검은 옷(흑의黑衣)에 푸른 갓(청립靑笠), 승복僧服은 검
은 건에 큰 관(흑건 대관黑巾大冠)으로 하고, 여복女服은 검은 나(흑라黑羅; 검
은색 비단)로 하여 토풍土風에 순응토록 하소서" 하니 좇았다[1]

16년 7월에 교敎하여 이르기를, "우리나라 여러 신하(군신群臣)들의 관
복冠服은 이미 토풍土風에 맞게 제정하여 그로써 상하의 구분이 있도록
하였은즉 바꿀 수가 없는 것인데, 근래에 가볍게 고쳐 편리함을 좇아서
존비尊卑(높고 낮음)가 뒤섞이게 되었다. 지금 이후로 여러 군(제군諸君)과
재추(재신·추밀)·대언·판서·상대호군·판통례문·삼사좌우윤·지통례문은
검은 갓(흑립黑笠)에 백옥정자白玉頂子를 달고, 세 친종親從과 여러 총랑·
삼사부사 (및) 8비신備身 전배前陪·후전後殿 호군護軍은 흑립에 청옥정자靑

玉頂子를 하며, 여러 정랑·좌랑은 흑립에 수정정자水精頂子를 하고, 성省·대臺(중서문하성 낭사와 어사대)·성균(관)·전교(시)의 지제교원 및 외방의 각 관원은 흑립에다 품계에 따른 정자頂子를 하며, 현령과 감무監務는 흑립에다 대臺(괸)가 없는 수정정자를 달 것이다" 하였다.[2]

9월에 백관들이 처음으로 갓(립笠)을 쓰고 조알朝謁하였다.[3]

21년 5월에 명하여 대언代言·반주班主 이상은 모두 검은 초방립草方笠(흑초방립黑草方笠)을 쓰게 하였다.[4]

23년 4월에 명하여 재상·대성臺省·중방重房·각문閤門은 갓(립笠)을 쓰도록 하였다.[5]

註 解 2-10-7-

-1) 恭愍王六年閏九月 司天少監于必興上書 玉龍記云 我國始于白頭 終于智異 其勢水根木幹之地 以黑爲父母 以靑爲身 若風俗順土則昌 逆土則灾 風俗者 君臣百姓衣服冠盖是也 今後文武百官黑衣靑笠 僧服黑巾大冠 女服黑羅 以順土風 從之 : 천문天文·역수曆數와 함께 풍수風水·음양학陰陽學 등에 관한 업무를 담당하는 기구이던 사천감司天監(서운관書雲觀)의 종4품 소감少監에 재직중인[1] 우필흥이 신라말·고려초의 대표적인 풍수지리·도참가인 도선道詵의[2] 저술『옥룡기玉龍記』의 기사를 인용하여 우리나라 사람들이 입어야할 복식에 있어서의 색깔에 대해 건의하고 있다. 즉,『옥룡기』에 이르는바 우리나라의 지세는 수근목간水根木幹의 땅으로, 색깔로 보면 흑黑으로써 부모를 삼고, 청靑으로써 몸(신身)을 삼는다 했은즉 그에 맞추어 문무 백관은 흑의黑衣에 청립靑笠, 승복僧服도 흑건 대관黑巾大冠, 그리고 여복女服 역시 흑라黑羅로 하도록 아뢰어 허락을 받고 있다.

① 『고려사』 권76, 백관지 1 書雲觀·박용운,『고려사 백관지 역주』, 신서원, 2009, 335~337쪽.

② 崔柄憲,「道詵의 生涯와 羅末麗初의 風水地理說 - 禪宗과 風水地理說

의 관계를 중심으로-」『한국사연구』11, 1975.

-2) (恭愍王)十六年七月敎曰 我國群臣冠服 旣以土風所宜制定 俾有上下之辨 不可易也 近來輕改趨便 尊卑混淆 今後諸君·宰樞·代言·判書·上大護軍·判通禮門·三司左右尹·知通禮門黑笠白玉頂子 三親從·諸摠郞·三司副使·八備身前陪後殿護軍黑笠靑玉頂子 諸正佐郞黑笠水精頂子 省臺·成均·典校知製敎員及外方各官員黑笠隨品頂子 縣令·監務黑笠無臺水精頂子 : 종래 토풍土風에 맞게 관·복을 제정하여 그로써 상·하관계도 잘 드러났던 것이 이후 점차 제도가 문란해져 존비尊卑가 뒤섞이게 되었다 하여 이때에 이르러 교서敎書로써 다시 정하고 있다. 그 내용은 보다시피 관모冠帽에 관한 것으로 검은 갓(흑립黑笠)이라는 점은 동일하되 그 모자 위의 꼭지에 달던 장식인 정자頂子의 모양과 거기에 달린 옥玉(구슬)의 색깔에 따라 지위의 높고 낮음을 나타내도록 한 것인데, 그것은 아래와 같았다.

ㅇ 흑립黑笠에 백옥정자白玉頂子… 종실宗室의 제군諸君(정1품·종1품)과 이성異姓의 제군(정1품·종1품)(『고려사』권77, 백관지 2 종실제군·이성제군), 도첨의부都僉議府(이전의 중서문하성)의 2품 이상관인 재신宰臣과 밀직사(추밀원)의 2품 이상관인 추밀樞密 즉 재추宰樞(『고려사』권76, 백관지 1 문하부·밀직사), 밀직사의 정3품인 대언代言, 상서6사尙書六司(이전의 상서6부)의 정3품인 판서判書(위의 책, 상서성 6사六司), 경군京軍의 상호군上護軍(이전의 상장군, 정3품)과 대호군大護軍(이전의 대장군, 종3품)(『고려사』권77, 백관지 2 서반西班), 통례문通禮門(각문閣門)의 판통례문사(정3품)(『고려사』권76, 백관지 1 통례문), 삼사의 좌윤과 우윤(정3품)(위의 책, 삼사三司), 통례문의 지통례문사(종3품).

ㅇ 흑립黑笠에 청옥정자靑玉頂子… 3친종親從은 '친종장군親從將軍'이라는 표기에 드러나듯이 경군京軍인 2군 6위 가운데 국왕의 호위부대인 응양군·용호군의 무장을 뜻했던 듯 싶으며(『고려사』권77, 백관지 2 서반 응양군鷹揚軍) 거기에 시종과 함께 의장부대로 알려진 천우위千牛衛의 무

장까지 합하여 '3친종'이라 한게 아닐까 짐작된다. 그리고 제諸 총랑은 주로 상서성 6사司(이전의 6부部)의 정4품 직위이고(『고려사』 권76, 백관지 1 이부吏部 등) 삼사부사는 역시 삼사의 정4품 직위이며(위의 책, 삼사三司), '8비신備身 전배前陪·후전後殿 호군護軍'은 국왕이 거둥할 때 신변에 대비하여 행렬의 앞과 뒤를 맡아본 호군(이전의 장군, 정4품)을 지칭한 것으로 해석하면 어떨까 한다. 이곳에 거론된 무장들을 이해하는 데는 뒤에 소개하는 의위조儀衛條의 각종 의장儀仗·위장衛仗에 동원되던 '전상殿上의 좌상장군 1인左上將軍一人·우상장군 1인右上將軍一人과 천우위대장군 2인千牛衛大將軍二人' 및 '천우비신장군 4인千牛備身將軍四人·비신장군 4인備身將軍四人'의 사례가 많은 참고가 된다.

ㅇ 흑립黑笠에 수정정자水精(晶)頂子… 상서성 6사司(이전의 6부部)의 정5품인 정랑正郞(이전의 낭중郞中)과 정6품인 좌랑佐郞(이전의 원외랑員外郞).

ㅇ 흑립黑笠에다 품계에 따른 정자頂子… 중서문하성 낭사郞舍의 간관諫官(정3품~종6품)과[1] 어사대 대관臺官(정3품~종6품)(『고려사』 권76, 백관지 1 사헌부司憲府) 및 성균관 관원(종3품 이하)(위의 책, 성균관)·전교시典校寺 관원(정3품 이하)(위의 책, 전교시)으로 왕명의 제찬制撰을 담당하는 지제교직知製敎職을 겸한 사람들과[2] 함께 각 지방 관원들.

ㅇ 흑립黑笠에 대臺(굄)가 없는 수정정자水精頂子… 하위 지방관인 현령과 감무監務[3]

[1] 『고려사』 권76, 백관지 1 문하부門下府·박용운, 『고려사 백관지 역주』, 신서원, 2009, 67~69쪽 및 92~105쪽.

[2] 『고려사』 권76, 백관지 1 예문관藝文館·박용운, 『고려사 백관지 역주』, 신서원, 2009, 206~212쪽.

[3] 『고려사』 권77, 백관지 2 외직 제현諸縣·박용운, 『고려사 백관지 역주』, 신서원, 2009, 729~732쪽.

-3) (恭愍王十六年)九月 百官始着笠朝謁 : 조회 참석시에 백관들은 복두幞頭를 쓰도록 되어 있었는데, 이때에 이르러 처음으로 갓(립笠)을 쓰게 하

고 있다.

-4) (恭愍王)二十一年五月 命代言班主以上 皆戴黑草方笠 : 대언代言은 밀직
사(이전의 추밀원)의 정3품 직위이며(『고려사』 권76, 백관지 1) 반주班主는 경
군인 응양군鷹揚軍의 상장군(정3품)으로 군부전서軍部典書(군부판서 내지 병
부상서?)를 겸한 직위로서(『고려사』 권77, 백관지 2 서반 응양군) 무반武班의
수장 위치에 있는 자리이다. 이처럼 고위직에 있는 사람들까지도 이때
에 이르러 모두 흑초방립黑草方笠을 쓰도록 명하고 있다.

① 李基白, 「高麗 京軍考」 『이병도화갑기념논총』, 1963 ;『고려병제사연
구』, 일조각, 1968.

② 閔賢九, 「高麗後期의 班主制」『천관우환역기념 한국사학논총』, 정음문
화사, 1985.

③ 박용운, 『고려사 백관지 역주』, 신서원, 2009, 639·642·643쪽.

-5) (恭愍王)二十三年四月 命宰相·臺省·重房·閣門著笠 : 이때에 이르러 갓
(립笠)을 착용할 범위를 더욱 넓히고 있다. 즉, 문하부(전기의 중서문하성)
와 밀직사(전기의 추밀원)의 2품 이상 재상들인 재신宰臣과 추밀樞密(위의
2)항), 어사대 대관과 중서문하성 낭사의 간관들인 대성臺省(위의 2)항),
그리고 경군의 최고직인 상장군(정3품)과 대장군(종3품)으로 구성되는
중방원重房員들(『고려사』 권77, 백관지 2 서반) 및 각문의 요원들(『고려사』 권
76, 백관지 1 통례문通禮門)에게도 갓을 쓰도록 명하고 있는 것이다.

[原文] 2-10-8. 辛禑元年十二月 始令各司胥吏著白方笠 八年七月 憲府與書雲
觀啓 我國木性 不宜服黃白赤色衣 十三年六月 始革胡服 依大明制 自一品
至九品皆服紗帽團領 其品帶有差 一品重大匡以上釱花金帶 二品兩府以上
素金帶 自開城尹及三品大司憲至常侍釱花銀帶 判事至四品素銀帶 五六品
至七品門下錄事注書密直堂後三司都事藝文春秋館典校寺成均館八九品外方
縣令監務角帶 東西班七品以下氈帽絲帶 西班五六品高頂笠氈帽絲帶 其仕
諸都監各色者紗帽品帶 指諭行首內侍茶房及承命出外者東西班時散勿論祭

以上紗帽品帶 衆外角帶 兩府代言班主臺諫諸道按廉雨雪則高頂笠頂玉 三
都監五軍錄事宰樞所知印有角頭巾 祿官仕時同三館 各領尉正坎頭高頂笠直
領纏帶 白甲牽龍引駕及京外前衝正順以下高頂笠絲帶 兩府前衝與見任同兩
府封君 前衝奉翊通憲本品冠服 成均生員京外學生權務及無職士人高頂帽平
頂頭巾絲帶 別監小親侍給事紫羅頭巾細條纏帶 樂官綠羅頭巾 飯房水房燈
燭上所主宮中燈燭之人謂之燈燭上所高頂笠直領氈帽纏帶坎頭 諸司胥吏平頂頭巾
工商同 百姓雖有職者高頂笠絲帶直領纏帶 巡軍螺匠團領皂衣纏帶 唯所由
團領皂衣 丁吏黃衣 抄紫衣 其頭巾與帶仍元制 以其微賤不改抄者大內使令奴之
名 常著紫衣烏巾 內侍奉命出使者牽行

2-10-8. 신우 원년 12월에 각 사司의 서리들에게 흰 방립方笠을 쓰도록
명령하였다.[1]

8년 7월에 헌부憲府와 서운관書雲觀에서 계啓하여, 우리나라는 목성木性
(5행설에서 본 목木의 성질)이라 황색과 백색·적색의 옷을 입는 것은 마땅
치 않다고 하였다.[2]

13년 6월에 비로소 호복胡服(원나라 복식)을 혁파하고 대명大明(명나라)의
제도에 의거토록 하여 1품부터 9품에 이르기까지 모두 사모紗帽에 단령
團領(둥근 깃)의 옷을 입고, 그 품계에 따른 대帶(띠)에는 차등이 있었다.
3)-(1) 1품 중대광重大匡 이상은 삽화금대鈒花金帶(꽃무늬를 조각한 금판장식을
붙인 띠)를 띠고, (2) 2품인 양부兩府 이상은 소금대素金帶(무늬를 조각하지
않은 금판장식을 붙인 띠), (3) 개성윤開城尹 및 3품인 대사헌大司憲과 상시常
侍까지는 삽화은대鈒花銀帶(꽃무늬를 조각한 은판장식을 붙인 띠), (4) 판사判事
로부터 4품까지는 소은대素銀帶(무늬를 조각하지 않은 은판장식을 붙인 띠), (5)
5·6품에서 7품까지의 문하녹사·주서·밀직당후·삼사도사와 예문춘추
관·전교시·성균관의 8·9품 (및) 외방(지방)의 현령·감무는 각대角帶(뿔
띠), (6) 동·서반의 7품 이하는 전모氈帽(짐승 털 소재의 모자)에 사대絲帶,
(7) 서반의 5·6품은 고정립高頂笠·전모氈帽에 사대絲帶, (8) 여러 도감都監

과 각종 색色(관서官署)에서 근무하는 자는 사모紗帽에 품대品帶, (9) 지유指諭·행수行首·내시內侍·다방茶房 및 왕명을 받들고 외방에 나간 자는 동·서반과 시관時官·산관散官을 논할 것 없이 참參 이상이면 사모에 품대를 띠고 참외이면 각대를 띤다. (10) 양부·대언·반주·대간과 여러 도道의 안렴이 비나 눈이 올 때는 옥정자玉頂子를 단 고정립을 쓰고, (11) 3도감과 5군의 녹사와 재추소宰樞所 지인知印은 유각두건有角頭巾(각이 있는 두건)을 쓰며 녹관祿官도 근무시에는 3관館과 같다. (12) 각 영領의 위尉(교위)·정正(대정)은 감투(감두坎頭 ; 가죽 또는 천으로 만든 모자의 하나)·고정립에 직령直領(곧은 깃)의 옷을 입고 전대纏帶(무관이 군복에 두르는 띠)를 띠며, (13) 백갑白甲·견룡牽龍의 인가引駕 및 경·외(중앙과 지방)의 전함前銜이 정순正順 이하인 (사람은) 고정립에 사대絲帶를 띤다. (14) 양부의 전함자前銜者와 현임은 양부의 봉군자封君者와 같으며, 전함이 봉익奉翊·통헌通憲인 (자는) 본품本品의 관·복冠服대로 한다. (15) 성균관 생원과 경·외(중앙과 지방)의 학생·권무權務 및 직職이 없는 사인士人은 고정모高頂帽·평정두건平頂頭巾(윗 부분이 평평한 두건)에 사대絲帶, (16) 별감別監·소친시小親侍·급사給事는 자라두건紫羅頭巾(붉은 비단으로 만든 두건)에 세도전대細條纏帶(가느다란 끈목으로 만든 전대), (17) 악관樂官은 녹라두건綠羅頭巾, (18) 반방飯房·수방水房·등촉상소―궁중의 등촉을 주관하는 사람을 등촉상소라 한다―는 고정립高頂笠·직령直領(곧은 깃)·전모氈帽·전대纏帶·감두坎頭, (19) 여러 사司(관청)의 서리는 평정두건을 쓰는데, 공·상工商도 그와 같다. (20) 백성은 비록 직職이 있는 자라도 고정립·사대絲帶·직령·전대, (21) 순군巡軍과 나장螺匠은 단령(둥근 깃)·조의皂衣(검은 옷)에 전대를 띠는데 소유所由만은 단령·조의였으며, 정리丁吏는 황의黃衣였다. (22) 초抄는 자의紫衣(자주색 옷)에 그 두건과 대帶는 원나라 제도 그대로 두었으니 그 미천함 때문에 고치지 않은 것이다. 초抄란 자는 대내(궁궐 내)의 사령노使令奴 명칭으로 항상 자의(자주색 옷)·오건烏巾(검은 건) 차림이었는데, 내시로 왕명을 받들고 지방으로 나가는 사람을 따라가기도 하였다.

註 解   2-10-8-

-1) 辛禑元年十二月 始令各司胥吏著白方笠 : 공민왕 후년에 이르러 고위 관원들에게 립笠 또는 흑초방립黑草方笠을 쓰도록 조처하였거니와(2-10-7-4)·5), 90쪽), 우왕이 즉위하여서는 각 관서의 서리들에게 백방립白方笠을 쓰도록 명하고 있다.

-2) (禑王)八年七月 憲府與書雲觀啓 我國木性 不宜服黃白赤色衣 : 우리나라는 풍수지리·오행설 상으로 수덕水德·목성木性에 해당하여 색깔로는 흑黑·청靑이 토풍土風에 맞으므로(2-10-7-1), 87쪽) 황黃·백白·적赤 색色의 옷을 입는 것은 옳지 않다는 점을 풍속의 교정矯正 업무를 담당했던 헌부(사헌부·어사대)와 풍수와 음양학陰陽學 관계의 업무를 보았던 서운관(사천감)(『고려사』 권76, 백관지 1 사헌부·서운관)에서 건의하고 있다.

-3) (禑王)十三年六月 始革胡服 依大明制 自一品至九品 皆服紗帽團領 其品帶有差, 3)-(1) 一品重大匡以上鈒花金帶, (2) 二品兩府以上素金帶, (3) 自開城尹及三品大司憲至常侍鈒花銀帶, (4) 判事至四品素銀帶, (5) 五六品至七品門下錄事注書密直堂後三司都事藝文春秋館典校寺成均館八九品 外方縣令監務角帶, (6) 東西班七品以下氈帽絲帶, (7) 西班五六品高頂笠氈帽絲帶, (8) 其仕諸都監各色者紗帽品帶, (9) 指諭行首內侍茶房及承命出外者 東西班時散勿論 叅以上紗帽品帶 叅外角帶, (10) 兩府代言班主臺諫諸道按廉雨雪則高頂笠頂玉, (11) 三都監五軍錄事宰樞所知印有角頭巾 祿官仕時同三館, (12) 各領尉正坎頭高頂笠直領纏帶, (13) 白甲牽龍引駕及京外前銜正順以下高頂笠絲帶, (14) 兩府前銜與見任同 兩府封君 前銜奉翊通憲本品冠服, (15) 成均生員京外學生權務及無職士人高頂帽平頂頭巾絲帶, (16) 別監小親侍給事紫羅頭巾細條纏帶, (17) 樂官綠羅頭巾, (18) 飯房水房燈燭上所 主宮中燈燭之人 謂之燈燭上所 高頂笠直領氈帽纏帶坎頭, (19) 諸司胥吏平頂頭巾 工商同, (20) 百姓雖有職者高頂笠絲帶直領纏帶, (21) 巡軍螺匠團領皂衣纏帶 唯所由團領皂衣 丁吏黃衣, (22) 抄紫衣 其頭巾與帶仍元制 以其微賤不改 抄者大內

使令奴之名 常著紫衣烏巾 內侍奉命出使者率行 : 공민왕 16년(1367)에 교서敎書를 통해 토풍土風에 맞으면서도 존비尊卑가 잘 드러나도록한 관모冠帽의 정비가 있었고(2-10-7-2), 88쪽) 이후에도 고위 관원들에게 혹 초방립黑草方笠을 착용토록 하는(2-10-7-4), 90쪽) 등의 조처가 있었거니와, 그 사이에 원나라 간섭하에서 벗어나 왕 19년(1370)에는 명나라와 정식적인 외교관계가 성립됨과 동시에 명 태조가 고려의 왕과 왕비·여러 신하들에게 의례적인 의관衣冠의 사여가 이루어지면서 우리의「의관 문물이 환하게 새로워지는」계기가 되었다함은 앞서 언급한 바와 같다(1-3-1), 28쪽 및 2-2-3-1), 44쪽). 그 내용에 대해서는 앞의 각 항목에서 하나하나 살펴보았지마는, 그것은 왕·왕실·문무관료들이 공적인 의례에서 착용하는 복식의 변혁에 중점이 있었던 것인데, 이제 우왕 13년(1387)의 개혁은 이들 상급 신분계층뿐 아니라 학생과 하급서리·군인·무직無職 사인士人·공상인工商人·궁궐 내의 등촉인燈燭人 등등 광범위에 걸치는 인원들에게 미쳐온 원나라 복식인 호복을 혁파하고 명나라 제도를 원용토록 하는 것이었다. 그리하여 1품부터 9품까지는 모두 사모紗帽를 쓰고 단령團領의 옷을 입되 품계에 따라 대帶(띠)에 차등을 두는 것을 중심으로 하는 것이었는데, 이는 우왕 13년이 친원親元 경향의 구가舊家 세족世族과 친명親明 외교노선을 주장하는 신진사류新進士類가 대립하는 가운데서도 후자가 그 세력을 크게 넓혀가던 때라는 사실과도 관련이 깊었다. 이번 조처의 주창자가 정몽주鄭夢周·하륜河崙·이숭인李崇仁 등으로서, 바뀐 관복을 착용하고 명사明使를 맞았다고 한데서도 이점이 잘 드러나 있거니와(『고려사』 권136, 열전 우왕 13년 6월 ·『고려사절요』 권32, 우왕 13년 6월), 아래에 그 내용을 앞서 사안별로 번호를 붙여 구분하여 놓은대로 다시 정리하면 다음과 같다.

　(1) 삽화금대鈒花金帶… 1품 중대광重大匡 이상이 띤다. 중대광은 문·무관료들의 지위와 신분을 나타내는 공적 질서체계인 문산계文散階 종1품(『고려사』 권77, 백관지 2 문산계)이다.

(2) 소금대素金帶··· 2품 양부兩府 이상이 띤다. 양부는 문하부門下府(전기의 중서문하성)의 재부宰府와 밀직사(전기의 추밀원)의 추부樞府로서 그곳의 2품 이상관인 재신宰臣·추밀樞密(2-10-7-2), 88쪽)이 대상자이다.

(3) 삽화은대鈒花銀帶··· 개성윤開城尹(정3품) 및 3품인 대사헌(정3품)과 상시常侍(정3품)(『고려사』 권76, 백관지 1 개성부·사헌부·중서문하성 낭사)가 띤다.

(4) 소은대素銀帶··· 판사判事로부터 4품까지가 띤다, 판사는 전교시典校寺·종부시宗簿寺 등의 제시諸寺를 비롯한 여러 관서의 정3품 직위(『고려사』 권76, 백관지 1)이다.

(5) 각대角帶··· 5·6품부터 7품에 이르는 문하녹사(정7품)·중서주서(정7품)·밀직사密直司 당후관堂後官(정7품)·삼사도사三司都事(정7품)와, 예문관·춘추관·성균관의 8·9품(이상 위의 책, 해당조) 및 외방의 현령·감무監務(5·6품)(『고려사』 권77, 백관지 2 제현諸縣)가 띤다.

(6) 전모氈帽에 사대絲帶··· 동·서반 7품 이하가 착용한다.

(7) 고정립高頂笠·전모氈帽에 사대絲帶··· 서반 5·6품이 착용한다.

(8) 사모紗帽·품대品帶··· 여러 도감都監과 각종 색色의 근무자들이 착용한다. 『고려사』 권77, 백관지 2 제사도감각색諸司都監各色에 회의도감·영송도감 등 여러 도감과 정사색淨事色·추쇄색推刷色 등 각종 색이 소개되어 있다.

(9) 참參 이상은 사모紗帽·품대品帶, 참외參外는 각대角帶··· 지유指諭·행수行首·내시·다방 및 동반과 서반, 시관時官과 산관散官을 가릴 것 없이 왕명을 받들고 외방에 나간 사람들이 착용한다. 그 대상자 중 지유와 행수는 국왕 시위군侍衛軍의 지휘관인 견룡지유牽龍指諭(중금지유中禁指諭·도지지유都知指諭), 견룡행수(중금행수·도지행수)의 예와 같이 정6품~정8품의 무관들이 임용되던 직위(뒤의 5-1-1-3)-(7)·(8), 127·128쪽 참조),[1] 또는 피갑장지유皮甲匠指諭·피갑장행수의 예처럼 국가의 여러 아문衙門에 소속된 공장工匠들의 지휘자로 별사別賜의 대우를 받던(『고려사』 권80, 식화지食貨志 3 녹봉祿俸 제아문공장별사諸衙門工匠別賜) 직위의 명칭이고, 시·산

관時散官의 시관은 현재 관직에 재임하여 일을 보고있는 관원, 산관은 산계散階만을 띠고 직위는 지니고 있지 못한 관원을 말한다.② 그외의 내시·다방에 대해서는 2-8-2-2), 72쪽, 그리고 참叅(참상叅上·상참常叅)·참외叅外에 대해서는 2-8-2-1)·4), 71·73쪽 참조.

(10) 옥정자玉頂子를 단 고정립高頂笠… 양부兩府·대언代言·반주班主·대간臺諫과 여러 도道의 안렴사按廉使(전기의 안찰사)들이 비나 눈이 올 때에 쓴다. 양부에 대해서는 위의 (2)항, 대언과 반주에 대해서는 2-10-7-4), 90쪽, 대간 즉 대관과 간관에 대해서는 2-10-7-5), 90쪽 참조. 나머지 안렴사는 지방 도의 장관이다(『고려사』 권77, 백관지 2 외직外職)③

(11) 유각두건有角頭巾… 3도감都監·5군녹사五軍錄事·재추소 지인宰樞所知印이 쓴다. 『고려사』 권77, 백관지 2 제사도감각색諸司都監各色에 많은 숫자의 도감이 소개되어 있는데 그중 어느 것이 3도감으로 지칭되었는지 그점은 분명치가 않다. 다음 5군은 출정시의 편제인 중군·전군·후군·좌군·우군을 말하는데(『고려사』 권81, 병지兵志 1 5군), 정작 거기에 녹사는 보이지 않는다. 군사 동원시에는 경군인 6위도 해당될 것이므로 혹시 그곳의 녹사(정8품)가(『고려사』 권77, 백관지 2 서반 6위) 5군에 편성되어 업무를 보았기 때문에 그같은 기술이 있게 되었는지 그 내막은 역시 잘 모르겠다. 이들에 비해 재추소 지인은 재추소 즉 도당都堂(도평의사사都評議使司)에 편제되어 있는 직위여서 분명하게 확인되며 그 업무도 명칭으로 보아 이 관서의 인장印章을 담당하는 것이었음을 쉽사리 짐작할 수 있다.

유각두건을 쓰는 부류로「녹관祿官도 근무시에는 3관館과 같다」는 설명이 덧붙어 있다. 그 3관은 예문관禮文館(한림원翰林院)과 춘추관春秋館(사관史館)·성균관(국자감)을(『고려사』 권76, 백관지 1 해당조) 말하는 것 같은데, 그러나 그 기술이 무엇을 뜻했는지 내용은 잘 파악이 되지 않는다.

유각두건의 각角(脚)에 대해서는 2-10-3-1), 79쪽 참조.

(12) 감투(감두坎頭)·고정립高頂笠에 직령直領·전대纏帶… 각 영領의 위

尉·정正이 착용한다. 영은 경군 등의 1,000명 단위 부대 명칭이고, 위는 그곳의 정9품 교위校尉, 정은 대정隊正을 말한다(『고려사』 권77, 백관지 2 서반西班).

(13) 고정립高頂笠에 사대絲帶… 백갑白甲·견룡牽龍의 인가引駕 및 경·외(중앙과 지방)에 있는 전함前銜이 정순正順 이하인 인원이 착용한다. 이곳의 백갑과 견룡은 국왕 시위군의 부대 내지 조직으로서④ 인가는 거기에 소속하여 있으면서 수레·가마의 이동에 직접 종사한 사람들을 말한 것 같으며(뒤의 5-1-1-3)-(2), 124쪽 참조), 정순은 관인들의 지위와 신분을 나타내는 공적 질서체계인 문산계의 정3품으로(『고려사』 권77, 백관지 2 문산계) 여기서는 이전 직함이 이 정순대부 이하인 인원을 지적하고 있는 것이다.

(14) 이 항목은 양부兩府의 전함자前銜者와 현임이 다같이 양부의 봉군자封君者와 같다는 것과, 전함前銜이 봉익奉翊·통헌通憲인 사람도 본품本品의 관·복冠服대로 한다는 두 부분으로 되어 있다. 이중 전자는 양부의 2품 이상관을 역임했던 전함자도 현임과 동일하게 관·복을 착용토록 한다는 의미에서 설정한 규정 같은데, 그렇다면 현임은 이미 위의 (2)항에 밝힌바 있으므로 전함관도 그대로 한다고 하였으면 되었을 것이다. 그럼에도 여기서는 그것이 아니라 전함자와 현임자가 다같이 양부의 봉군자와 같게 한다고 기술하고 있다. 봉군자는 종1품이므로(『고려사』 권77, 백관지 2 이성제군異姓諸君) 혹 양부의 2품관도 1품관의 대우를 한다는 취지에서 재차 밝힌 것은 아닐까 싶다.

다음 후자는 이전 직함이 문산계[위의 (13)항] 종2품인 봉익대부奉翊大夫와 통헌대부通憲大夫의 경우 본품의⑤ 관·복대로 한다는 것인데, 그대로 이해하면 되겠다.

(15) 고정모高頂帽·평정두건平頂頭巾에 사대絲帶… 성균생원成均生員과 경·외(중앙과 지방)의 학생·권무權務 및 관직이 없는 사인士人이 착용한다. 이중 권무는 정직 소관 이외의 사무를 처리하기 위해 임시적으로

둔 직위였으나 곧 고정직화하였는데, 그들 가운데는 품관도 일부 있었지만 대체적으로는 그것과 이속吏屬 사이에 개재하여 있는 직위였다.[6]

(16) 자라두건紫羅頭巾에 세도전대細條纏帶… 별감別監·소친시小親侍·급사給事가 착용한다. 이중 별감의 경우 사온서司醞署에 참상별감叅上別監·참외별감叅外別監이 보이고(『고려사』 권77, 백관지 2 사온서) 또 우창별감右倉別監(위의 책, 풍저창)·좌창별감左倉別監(위의 책, 광흥창) 등이 보이며, 급사의 경우로는 내시부內侍府 급사(정9품)(위의 책, 내시부)와 제비주부諸妃主府 급사(위의 책, 제비주부) 등 여러 종류가 찾아져 이곳에서 어떤 별감·급사를 지칭한 것인지 그점은 분명치가 않다. 그리고 소친시는 2석石의 잡별사雜別賜를 받는 인원으로 등촉소노燈燭小奴와 함께 열거되고 있는 것을(『고려사』 권80, 식화지 3 녹봉 잡별사) 보면 궁궐 등에서 잡다한 일에 종사하는 소녀를 말하는 듯하다.

(17) 녹라두건綠羅頭巾… 악관樂官이 쓴다.

(18) 고정립高頂笠·직령直領·전모氈帽·전대纏帶·감두坎頭… 반방飯房·수방水房·등촉상소燈燭上所가 착용한다. 반방·수방은 주방에서 일하는 사람들을 지칭한 것으로 생각되며, 등촉상소는 이곳의 설명처럼 궁중에서 등촉을 주관하는 사람을 일컫는 말이었다.

(19) 평정두건平頂頭巾… 여러 관사官司의 서리들이 쓰는데, 공상인工商人도 그와 마찬가지였다.

(20) 고정립高頂笠·사대絲帶·직령直領·전대纏帶… 백성百姓 가운데에서 유직자有職者가 된 사람이 착용한다. 고려 때에는 일반 백성들도 명경과明經科·잡과雜科 등의 과거 급제나 전공戰功, 심지어는 납속보관納粟補官 등 여러 가지 방식으로 관리에 진출할 수 있었다.

(21) 단령團領·조의皁衣·전대纏帶… 순군巡軍과 나장螺匠이 착용한다.

단령·조의… 소유所由가 착용한다.

황의黃衣… 정리丁吏가 착용한다.

이들 중 순군은 치안유지를 위해 설치한 기구들이 제구실을 하지 못하게 되면서 충렬왕 초기에 몽골의 제도를 본따 그 업무를 대신할 순마소巡馬所가 설치되고 그곳에 속한 군인들을 순마군巡馬軍, 곧 순군이라 일컫게 된 데서 유래하는데, 뒤에 이 기구의 명칭은 순군만호부巡軍萬戶府로 바뀐다(『고려사』 권77, 백관지 2 제사도감각색 순군만호부).[7]

다음 나장은 「형관刑官의 졸도卒徒」로 알려져 있으며, 소유도 마찬가지인데,[8] 이 후자는 어사대의 이속吏屬에 편제되어 있기도 하다(『고려사』 권76, 백관지 1 사헌부). 그리고 정리丁吏도 이속직의 하나로 급사류給使類로 알려져 있다.[9]

(22) 자의紫衣에 두건頭巾·대帶는 원나라 제도를 그대로 둠… 궁궐의 사령노使令奴로서 봉명奉命 출사出使하는 내시內侍를 따라가기도 했던 초抄의 복식으로 그는 미천한 신분 출신이기 때문에 두건은 오건烏巾을 쓰게하는 등 원나라 제도를 그대로 두었다는 설명이 덧붙어 있다.

① 宋寅州,「高麗時代의 牽龍軍」『대구사학』 49, 1995.

김낙진,「高麗時代 禁軍의 組織과 性格 – 高麗史 輿服志 儀衛條의 分析을 중심으로 –」『국사관논총』 106, 2005.

金甫桃,「고려시대 牽龍의 운영과 무반관직」『역사교육』 117, 2011.

② 朴龍雲,「高麗時代의 文散階」『진단학보』 52, 1981 ;『高麗時代 官階·官職 研究』, 고려대출판부, 1997.

③ 邊太燮,「高麗按察使考」『역사학보』 40, 1968 ;『高麗政治制度史研究』, 일조각, 1971.

박용운,『고려사 백관지 역주』, 신서원, 2009, 672~679쪽.

④ 위의 ①과 같음.

⑤ 李鎭漢,「고려시대의 본품항두(本品行頭)」『역사와 현실』 제54호, 2004.

⑥ 金光洙,「高麗時代의 權務職」『한국사연구』 30, 1980.

李鎭漢,「高麗前期 權務職의 地位와 祿俸」『민족문화연구』 20, 1997 ;『고려시대 官職과 祿俸의 관계 연구』, 일지사, 1999.

崔貞煥,「權務官의 槪念에 대한 再檢討」『한국중세사연구』 11, 2001.

⑦ 韓沽劤, 「麗末鮮初 巡軍 硏究 – 麗初 巡檢制에서 起論하여 鮮初 義禁府
成立에까지 미침 – 」, 『진단학보』 22, 1961.

박용운, 『고려사 백관지 역주』, 신서원, 2009, 513~516쪽.

⑧ 洪承基, 「高麗時代의 雜類」, 『역사학보』 57, 1973 ; 『高麗社會史硏究』,
일조각, 2001.

⑨ 金光洙, 「高麗時代의 胥吏職」, 『한국사연구』 4, 1969.

[原文] 2-10-9. 恭讓王三年正月 都評議使司請 定平壤府土官冠服 東西班爲頭
各一人紗帽品帶 其餘五六品高頂笠品帶 七品以下高頂笠條兒 知印主事平
頂巾

2-10-9. 공양왕 3년 정월에 도평의사사에서 청하여 평양부 토관土官의
관·복을 정하였는데, 동·서반의 으뜸이 되는 각 1인씩은 사모에 품대,
그 나머지 5·6품은 고정립에 품대, 7품 이하는 고정립에 도아條兒, 지
인·주사는 평정건을 쓰도록 하였다.[1]

註 解 2-10-9-

-1) 恭讓王三年正月 都評議使司請 定平壤府土官冠服 東西班爲頭各一人紗
帽品帶 其餘五六品高頂笠品帶 七品以下高頂笠條兒 知印主事平頂巾 :
재추를 비롯한 최고의 관료들로 구성되어 국정을 총괄하던 도평의사
사都評議使司(도당都堂, 전기의 도병마사)(『고려사』 권77, 백관지 2 제사도감각색 도
평의사사)에서 건의하여 평양부平壤府(서경西京) 토관土官의 관·복에 대하
여 정하고 있는 기사이다. 토관은 변방지역의 토착민에게 주어진 관직
인데, 그 내용은 『고려사』 권77, 백관지 2 외직外職 서경유수관조西京留
守官條에 자세하게 언급되어 있다. 토관 7품 이하가 착용했다는 도아條
兒는 사대絲帶와 유사하게 실끈으로 만든 띠로 생각된다.

백관지 서경유수관조에는 공양왕 3년에 도당에서 아뢰어 문란해진

토관제도를 정비토록 했다는 기사만이 실려 있지마는, 그와 동시에 그들이 착용하는 관·복에 대해서도 건의했던 모양이다.

3. 여로輿輅(수레): 왕여로王輿輅 왕세자여로王世子輿輅 명부거命婦車

3-1. 왕 여로王輿輅

原文 3-1-1. 王輿輅 靖宗九年十一月 契丹主賜車輅

3-1-1. 왕 여로(국왕이 타는 수레). 정종 9년 11월에 거란 주(거란 임금)가 거로車輅(수레)를 사여하였다.[1]

註 解 3-1-1-

-1) 王輿輅 靖宗九年十一月 契丹主賜車輅 : 고려와 거란은 여러 차례의 전쟁을 치른 끝에 서로 화평을 바라게 되어 마침내 현종 10년(1019)에 화약和約이 성립되었다. 여기에서 고려는 거란에 사대를 취하기로 약속하였고, 이번 정종靖宗 9년(1043)의 거로車輅(수레) 사여는 그러한 관계 속에서 의례상으로 있게 마련인 한 사례로서 이미 관·복冠服을 사여한 것과(2-1-1-2), 29쪽) 동시에 이루어진 내용으로 생각된다.

　　이번에 사여자를 거란주契丹主(거란 임금) - 뒤에는 遼主(요 임금) - 라 표기한 것은 송의 경우 조·종祖宗이라 표기한 것보다 낮춘 명칭이라 함은 역시 앞에서 언급해 두었다(2-1-1-2), 29쪽).

原文 3-1-2. 文宗三年正月 契丹主賜車輅 九年五月又賜之 十一年三月又賜之 十九年四月契丹主賜象輅

3-1-2. 문종 3년 정월에 거란 임금이 거로車輅를 사여하였는데, 9년 5월
에 또 사여하였고, 11년 3월에 또 사여하였다. 19년 4월에는 거란 임금
이 상로象輅(상아로 장식한 수레)를 사여하였다.[1]

  註 解 3-1-2-

  -1) 文宗三年正月 契丹主賜車輅 九年五月又賜之 十一年三月又賜之 十九
    年四月契丹主賜象輅: 문종 3년(1049)과 9년(1055)·11년(1057)·19년(1065)
    에 역시 사대관계에 있는 거란 임금이 관冠·복服·규圭를 보내온바 있
    는데(2-1-2-1), 33쪽), 그와 동시에 수레도 사여하고 있는 기사이다. 그중
    상로象輅는 글자 그대로 상아로 장식한 수레로 이해된다.

  原文 3-1-3. 宣宗二年十一月 遼主賜車輅

3-1-3. 선종 2년 11월에 요나라 임금이 거로를 사여하였다.[1]

  註 解 3-1-3-

  -1) 宣宗二年十一月 遼主賜車輅: 선종 2년(1085)에 요(거란) 임금이 면류
    관·옷·띠(대帶)·규圭 등을 보내온바 있는데(2-1-3-1), 36쪽) 이때 거로車輅
    도 사여하였음을 전하는 기사이다.

  原文 3-1-4. 肅宗二年十二月 遼主賜車輅 九年四月又賜之

3-1-4. 숙종 2년 12월에 요나라 임금이 거로를 사여하였는데, 9년 4월
에 또 사여하였다.[1]

  註 解 3-1-4-

  -1) 肅宗二年十二月 遼主賜車輅 九年四月又賜之: 숙종 2년(1097) 12월에

요나라 임금이 관면과 장복·규를, 9년(1104) 4월에는 옷과 띠를 보내온 바 있는데(2-1-4-1), 37쪽) 그때에 거로도 함께 사여하였음을 전하는 기사이다.

原文 3-1-5. 睿宗三年二月　遼主賜車輅

3-1-5. 예종 3년 2월에 요나라 임금이 거로를 사여하였다.[1]

註 解 3-1-5-

-1) 睿宗三年二月　遼主賜車輅: 예종 3년(1108)에 요나라 임금이 면류관과 옷·띠를 사여한바 있는데(2-1-5-1), 37쪽) 이때에 거로도 함께 보내왔음을 알 수 있다.

原文 3-1-6. 仁宗二十年五月金主賜象輅　十月有事于大廟乘之　二十二年正月 乘象輅　祀圓丘

3-1-6. 인종 20년 5월에 금나라 임금이 상로象輅(상아로 장식한 수레)를 사여하였는데, 10월 태묘大廟에 제사가 있어 그것을 탔다. 22년 정월에 상로를 타고 가서 원구圓丘에 제사를 지냈다.[1]

註 解 3-1-6-

-1) 仁宗二十年五月　金主賜象輅　十月有事于大廟乘之　二十二年正月　乘象輅　祀圓丘: 요나라를 대신하여 중원中原에서 크게 세력을 키운 여진족의 금나라와 고려는 여러 차례 분쟁을 거듭하던 끝에 인종 3년(1125)에 이르러 군신관계를 맺게 된다. 그에 따른 사대관계 속에서 인종 20년(1142) 5월에 의례상으로 있게 마련인 관冠·복服·규圭의 사여가 있었거니와(2-1-6-1), 37쪽), 이곳의 기사는 그때에 상로象輅도 함께 보내왔음을

전하는 것이다. 그리하여 인종은 그 해 10월 태묘에 참배하러 가면서 그것을 이용하였고, 22년 정월에는 원구에 제사를 지내려 갈 때도 타고 있다. 이곳의 태묘와 원구에 대해서는 2-2-2-2), 42쪽 참조.

原文 3-1-7. 毅宗朝詳定 象輅朱漆金塗銀裝 以象飾諸末 駕赭白馬 六祀郊廟乘之 軺輬輦以椶栖爲屋 朱漆金塗銅龍鳳裝 金銀線織成黃盤龍䩞褥一案一 長竿一 並朱漆 案鋪以紅繡 長竿飾以銀龍頭 上元燃燈八關會御樓大赦乘之 其還闕乘平輦 其制如軺輬而無屋

3-1-7. 의종조에 자세하게 정하였다(상정詳定).[1] 상로象輅는 붉은 칠漆을 올리고 도금塗金에다 은으로 장식하며 상아로써 여러 끝 부분들을 꾸민다. 자백마赭白馬(검붉은 빛을 띤 흰 말)가 끄는데 6사六祀와 교사郊社·묘제廟祭 때에 탄다. 초요련軺輬輦은 종려(나무)로 지붕을 만들며, 붉은 칠을 올리고 도금에다 구리로 만든 용과 봉황으로 장식한다. 금실과 은실로 누런 반룡盤龍(서리고 있는 용)을 짜 넣은 모직으로 된 깔개 하나, (그리고) 책상 한 개, 장간長竿(장대) 하나가 (있는데) 모두 붉은 칠을 하며, 책상에는 붉은색으로 수놓은 비단을 깔고, 장간은 은으로 된 용의 머리로 장식한다. 상원上元(1월 15일) 날에 행하는 연등회와 (그리고) 팔관회, 누각에 행차하여 대사면령을 내릴 때 탄다. 궁궐로 돌아올 때에는 평련平輦을 타는데, 그 제도는 초요련과 같으나 지붕만은 없도록 한다.[2]

註 解 3-1-7-

-1) 毅宗朝詳定 : 의종조에 상정했다는 것은 이미 설명했듯이(1-2-4), 26쪽) 왕 15년경에 국가의 각종 제도와 문물을 전반적으로 정리한 예서禮書인 『상정고금례詳定古今禮』의 편찬을 지칭하여 한 말로 생각된다.

-2) 象輅朱漆金塗銀裝 以象飾諸末 駕赭白馬 六祀郊廟乘之 軺輬輦以椶栖爲屋 朱漆金塗銅龍鳳裝 金銀線織成黃盤龍䩞褥一·案一·長竿一 並朱漆

案鋪以紅繡 長竿飾以銀龍頭 上元燃燈八關會御樓大赦乘之 其還闕乘平
輦 其制如軺軨而無屋: 국왕이 타는 수레의 제도를 의종 15년경에 이
르러 자세하게 정했다는 것인데, 보다시피 세 종류로 구분하여 설명하
고 있다. 즉, 천지와 사방에 대한 제사인 6사六祀를 올리거나, 하늘과
땅에 지내는 교사郊社와 조상에게 드리는 묘제廟祭 때 등에 타는 상로
象輅와, 상원上元 날(1월 15일)의 연등회 및 팔관회와 누각에 행차하여
대사면령을 내릴 때 타는 초요련軺軨輦, 그리고 대궐로 돌아올 때에 타
는 평련平輦이 그들로서 이들의 형태와 비치하는 물품, 장식 등에 대해
비교적 자세하게 규정하고 있는 것이다.

原文 3-1-8. 明宗二年五月 金主賜象輅

3-1-8. 명종 2년 5월에 금나라 임금이 상로象輅를 사여하였다.[1]

註 解 3-1-8-

-1) 明宗二年五月 金主賜象輅: 명종 2년(1172)에 금나라 임금이 관·복·규
를 보내온바 있는데(2-1-7-1), 38쪽) 이때에 상로도 사여하였음을 전하는
기사이다.

原文 3-1-9. 神宗卽位問宰輔云 嗣王謁大廟 例乘上國所賜象輅 今未受賜而
卜禘有日 將修舊耶抑新製乎 宰輔曰 宜用仁宗舊物 從之 二年四月金主賜
車輅

3-1-9. 신종이 즉위하여 재보宰輔(재상)들에게 묻기를, "대를 이은 왕이
태묘를 배알할 때는 상국上國(금나라)에서 사여한바의 상로를 타는게 관
례인데, 지금은 아직 받지 못한 터에 받아놓은 체제禘祭 날짜는 임박했
으니 옛 것을 수리할 것인가, 아니면 새로이 제작할 것인가"하였다.

재보들이 말하기를, "마땅이 인종 때의 옛 물품(수레)을 써야 할 것입니다"하니 그에 좇았다.[1]

2년 4월에 금나라 임금이 거로를 사여하였다.[2]

註 解 3-1-9-

-1) 神宗卽位 問宰輔云 嗣王謁大廟 例乘上國所賜象輅 今未受賜而卜禘有日 將修舊耶抑新製乎 宰輔曰 宜用仁宗舊物 從之 : 의종조에 제정된 우리나라의 예제禮制는 태묘를 배알하러 갈 때 상로象輅를 타도록 되어 있었다(3-1-7-2), 104쪽). 그리하여 주로 상국(중국)에서 사여해준 상로를 이용했던 것 같은데, 신종이 새로 즉위하여서는 미처 받지 못한 때에 행사가 예정되어 있어 재상들과 의논해 인종 때의 것을 쓰도록 결정하고 있다. 다음 항목에 보이듯이 금나라에서 거로車輅를 보내준 것은 왕 2년 4월에 이르러서의 일이었다.

-2) (神宗)二年四月 金主賜車輅 : 신종 2년(1199)에 금나라 임금이 관·복을 사여한바 있는데(2-1-8-1), 39쪽) 이때에 거로車輅도 함께 내리고 있음을 알 수 있다.

原文 3-1-10. 康宗元年七月 金主賜車輅

3-1-10. 강종 원년 7월에 금나라 임금이 거로를 사여하였다.[1]

註 解 3-1-10-

-1) 康宗元年七月 金主賜車輅 : 강종 원년(1212)에 금나라 임금이 관·복을 사여한바 있는데(2-1-9-1), 39쪽) 이때 거로도 내리고 있음을 전하는 기사이다.

3-2. 왕세자 여로王世子輿輅

原文 3-2-1. 王世子輿輅 文宗十一年三月 契丹主賜車輅 十九年四月契丹主賜革輅

3-2-1. 왕세자가 타는 수레王世子輿輅. 문종 11년 3월에 거란 임금이 거로를 사여하였다. 19년 4월에 혁로革輅를 사여하였다.[1]

註 解 3-2-1-

-1) 王世子輿輅 文宗十一年三月 契丹主賜車輅 十九年四月 契丹主賜革輅 :
문종 11년(1057)과 19년(1065)에 거란 임금이 고려 국왕에게 관·복·규·홀 등과(2-1-2-1), 33쪽) 함께 거로車輅·상로象輅 등도 보내온바 있지마는 (3-1-2-1), 102쪽) 그때 왕세자에게 역시 동일한 물품의 사여와(2-5-1-1), 53쪽) 더불어 거로·혁로革輅를 보냈음을 전하는 기사이다. 혁로는 병거兵車로서 장식이 없이 가죽을 덮은 수레인데 전투나 순행 때 사용하였다.

原文 3-2-2. 肅宗五年十月遼主賜車輅 九年四月又賜之

3-2-2. 숙종 5년 10월에 요나라 임금이 거로를 사여하였는데, 9년 4월에 또 사하였다.[1]

註 解 3-2-2-

-1) 肅宗五年十月 遼主賜車輅 九年四月 又賜之 : 숙종 2년(1097)과 9년 (1104)에 요나라 임금이 고려 국왕에게 관·복·규·대(띠)와(2-1-4-1), 37쪽) 함께 거로車輅를 사여한바 있는데(3-1-4-1), 102쪽), 왕세자에게는 숙종 5년(1100)과 9년에 걸쳐 의衣·대帶와(2-5-2-1), 53쪽) 더불어 여기서도 거로車輅를 보냈음을 전하는 기사이다.

3-3. 명부거命婦車(명부가 타는 수레)

原文 3-3-1. 命婦車 忠烈王二十九年五月 依上國体例定 諸王宰樞承旨班主
夫人乘朱漆車 三四品夫人黑漆車 事竟不行

3-3-1. 명부가 타는 수레命婦車. 충렬왕 29년 5월에 상국(원나라)의 규례
에 의거하여 제왕諸王·재추·승지·반주의 부인夫人은 붉은 칠漆을 올린
수레를, 3·4품 (관원)의 부인은 검은 칠을 올린 수레를 타도록 정하였으
나 그 일이 결국 시행되지 못하였다.[1]

註 解 3-3-1-

-1) 命婦車 忠烈王二十九年五月 依上國体例定 諸王·宰樞·承旨·班主夫人
乘朱漆車 三·四品夫人黑漆車 事竟不行 : 고려 때 궁궐 내의 여인들이
받는 내명부內命婦로는 귀비貴妃·숙비淑妃·덕비德妃·현비賢妃(모두 정1품)
등등이 있었으며, 그에 상대되는 외명부外命婦로는 공주公主(정1품)·국대
부인國大夫人(정3품)·군대부인郡大夫人(정4품)·군군郡君(정4품)·현군縣君(정6
품) 등이 있었다.① 충렬왕 29년에 이르러 원나라 제도를 참작해 이들
이 타는 수레에 대한 규정을 정한 모양인데 상하 신료의 부인들이 대
상인 것으로 보아 이번의 제정은 외명부직에 한정된 것으로 생각된다.
그리하여 제왕諸王과 재추(2품 이상)·승지(정3품)·반주(정3품), 즉 추요직
의 정3품 이상 신료의 부인은 주칠거朱漆車를, 그렇지 못한 3·4품의 부
인은 흑칠거黑漆車를 타도록 하고 있으나 실제로 시행되지는 못하였다.
이곳의 제왕諸王은 왕작王爵을 받은 것은 아니지만 공公·후侯·백伯 등에
봉작封爵된 왕실 인원을 일컫거니와,② 재추에 대해서는 2-10-3-2), 80
쪽, 승지(대언)·반주에 대해서는 2-10-7-4), 90쪽 참조.
①『고려사』권77, 백관지 2 내직內職·박용운,『고려사 백관지 역주』, 신
서원, 2009, 470~475쪽.

②『고려사』권77, 백관지 2 종실제군宗室諸君·박용운, 『고려사 백관지
역주』, 신서원, 2009, 479쪽.

4. 인장印章(도장): 왕인장王印章 왕세자인장王世子印章
제아문인諸衙門印 부험符驗

4-1. 왕 인장王印章

原文 4-1-1. 王印章 靖宗九年十一月 契丹主賜印綬

4-1-1. 왕의 인장(도장). 정종 9년 11월에 거란 임금이 인수印綬를 사여
하였다.[1]

註 解 4-1-1-
-1) 王印章 靖宗九年十一月 契丹主賜印綬 : 정종 9년(1043) 11월에 거란 임
   금이 사대관계에 있는 고려 국왕에게 의례상으로 있게 마련인 관·복
   과(2-1-1-2), 29쪽) 거로車輅의 사여가(3-1-1-1), 101쪽) 있었거니와, 이때에
   인수印綬(꼭지에 끈이 달린 인장)도 보내왔음을 전하는 기사이다.

原文 4-1-2. 文宗三年正月 契丹主賜印綬

4-1-2. 문종 3년 정월에 거란 임금이 인수를 사여하였다.[1]

註 解 4-1-2-
-1) 文宗三年正月 契丹主賜印綬 : 문종 3년(1049) 정월에 거란 임금이 관·
   복과(2-1-2-1), 33쪽) 더불어 거로車輅를 보내온바(3-1-2-1), 102쪽) 있거니와,

그와 동시에 인수도 사여하였음을 전하는 기사이다.

原文 4-1-3. 宣宗二年十一月 遼主賜印

4-1-3. 선종 2년 11월에 요나라 임금이 인장을 사여하였다.[1]

註 解 4-1-3-

-1) 宣宗二年十一月 遼主賜印 : 선종 2년(1085) 11월에 요(거란) 임금이 면
류관·옷·띠(대帶)·규圭와(2-1-3-1), 36쪽) 함께 거로車輅도 보내온바(3-1-3-1),
102쪽) 있지마는, 그와 동시에 인장(도장)을 사여하고 있는 것이다.

原文 4-1-4. 肅宗二年十二月 遼主賜印

4-1-4. 숙종 2년 12월에 요(거란) 임금이 인장을 사여하였다.[1]

註 解 4-1-4-

-1) 肅宗二年十二月 遼主賜印 : 숙종 2년(1097) 12월에 요(거란) 임금이 면
류관·장복章服·규圭와(2-1-4-1), 37쪽) 함께 거로車輅를 사여한바(3-1-4-1),
102쪽) 있는데, 그와 동시에 인장도 보내오고 있는 것이다.

原文 4-1-5. 仁宗二十年五月 金主賜金印一面

4-1-5. 인종 20년 5월에 금金나라 임금이 금인장(금인金印) 한 개(1면面)를
사여하였다.[1]

註 解 4-1-5-

-1) 仁宗二十年五月 金主賜金印一面 : 인종 20년(1142) 5월에 금나라 임금

이 역시 사대관계에 있는 고려 국왕에게 관冠·복服·규圭와(2-1-6-1), 37쪽) 더불어 상로象輅를 보내온바(3-1-6-1), 103쪽) 있거니와, 이때 금인장(금도장)도 함께 사여하고 있음을 전하는 기사이다.

原文 4-1-6. 明宗二年五月 金主賜金印一面駝紐

4-1-6. 명종 2년 5월에 금나라 임금이 금인장 1개와 낙타 가죽으로 만든 끈(타뉴駝紐)을 사여하였다.[1]

註 解 4-1-6-
-1) 明宗二年五月 金主賜金印一面駝紐 : 명종 2년(1172) 5월에 금나라 임금이 관·복·규와(2-1-7-1), 38쪽) 더불어 상로象輅를 보내온바(3-1-8-1), 105쪽) 있는데, 그와 동시에 금인장과 타뉴駝紐(낙타 가죽으로 만든 끈)도 사여하고 있음을 전하는 기사이다.

原文 4-1-7. 神宗二年四月 金主賜金印

4-1-7. 신종 2년 4월에 금나라 임금이 금인장을 사여하였다.[1]

註 解 4-1-7-
-1) 神宗二年四月 金主賜金印 : 신종 2년(1199) 4월에 금나라 임금이 관·복과(2-1-8-1), 39쪽) 함께 거로車輅를 사여한바(3-1-9-2), 106쪽) 있는데, 그때에 금도장도 보내오고 있는 것이다.

原文 4-1-8. 康宗元年七月 金主賜金印

4-1-8. 강종 원년 7월에 금나라 임금이 금인장을 사여하였다.[1]

註 解 4-1-8-

-1) 康宗元年七月 金主賜金印 : 강종 원년(1212) 7월에 금나라 임금이 관·복과(2-1-9-1), 39쪽) 아울러 거로車輅를 사여한바(3-1-10-1), 106쪽) 있는데, 그와 동시에 금도장도 보내왔음을 전하는 기사이다.

原文 4-1-9. 忠烈王七年三月 元賜駙馬國王宣命征東行中書省印 先是王奏曰 臣旣尙公主 乞改宣命益駙馬二字 許之 八年九月 元賜駙馬國王印

4-1-9. 충렬왕 7년 3월에 원나라에서 「부마국왕 선명 정동행중서성 인駙馬國王宣命征東行中書省印」이라고 새긴 도장을 사여하였다. 이에 앞서 왕이 아뢰기를, "신이 이미 공주에게 장가들었으니 바라건대 내린 조칙詔勅(선명宣命)을 고쳐 '부마駙馬'두 글자를 덧붙여 주소서" 하니 허락한 것이다. 8년 9월에 원나라에서 「부마국왕인駙馬國王印」을 사여하였다.[1]

註 解 4-1-9-

-1) 忠烈王七年三月 元賜駙馬國王宣命征東行中書省印 先是 王奏曰 臣旣尙公主 乞改宣命益駙馬二字 許之 八年九月 元賜駙馬國王印 : 고려 조정은 몽골(원나라)과 오랜 동안의 전쟁을 치른 끝에 화약和約이 성립되어 피난의 수도 강화에서 개경으로 환도한 이후에도 독립국으로서의 지위는 유지하였으나 모든 면에서 저들의 간섭을 받지 않을 수 없었다. 충렬왕이 원 세조의 딸ー뒤의 제국대장공주齊國大長公主ー과 혼인하여 부마駙馬가 되면서 양국이 이른바 일가一家의 관계에 놓이게 되었다고 하지만① 고려가 저들의 간섭으로 인해 받는 시련은 이만저만한 것이 아니었던 것이다.

그 하나가 일본 원정에 많은 고려군이 동원되어 피해를 입은 일이거니와, 이 1차의 원정이 실패로 돌아간 이후에도 원 세조는 포기하지 않고 제2차 일본원정을 위해 충렬왕 6년(1280)에 정동행성征東行省(정동행중서성征東行中書省)을 고려에 설치하였다. 그 정동행성의 장에 해당하는 좌승상左丞相(종1품)에는 고려왕이 임명되어 전쟁 준비를 담당하였지마는, 그 이듬해인 왕 7년에 단행된 2차 원정도 결국 실패로 돌아가고, 그로부터 몇 년간 정동행성은 혁파된다.② 이같은 상황에서 고려왕의 요청으로 국왕의 인장에 이전에는 없었던 '부마駙馬'가 덧붙어 「부마국왕 선명 정동행중서성 인駙馬國王宣命征東行中書省印」이라는 새 도장이 내려지게 되었고, 왕 8년은 정동행성이 폐지된 시기이므로 다시 「부마국왕인駙馬國王印」이 사여된 것으로 생각된다.

① 高柄翊,「元과의 關係의 變遷」『한국사』7, 국사편찬위원회, 1973.

② 高柄翊,「麗代 征東行省의 研究(上)(下)」『歷史學報』14·19, 1961·1962 ; 『東亞交涉史의 研究』, 서울대출판부, 1970.

　　張東翼,「前期征東行省의 置廢에 대한 檢討」『대구사학』32, 1987 ;『고려후기 외교사 연구』, 일조각, 1994.

[原文] 4-1-10. 恭愍王十九年五月 太祖高皇帝賜金印一顆 龜紐綠綬 其文曰高麗國王之印

4-1-10. 공민왕 19년 5월에 태조 고황제(주원장)가 금인장 1개(1과顆)를 사여하였는데, 거북 모양에 초록색 인끈이 달렸고 그 글에는 「고려국왕지인高麗國王之印」이라 새겼다.[1]

註 解 4-1-10-

-1) 恭愍王十九年五月 太祖高皇帝賜金印一顆 龜紐綠綬 其文曰高麗國王之印 : 중국 대륙의 원·명 교체기에 즈음하여 공민왕이 반원친명정책反元親明政策을 추구함으로써 왕 18년 여·명 양국간에 국교가 열렸고, 그 이듬해인 왕 19년(1370, 명 태조 3년)에 정식 외교관계가 성립됨과 동시에 명 태조(주원장)가 왕과 왕비, 여러 신하들에게 의례적인 각종 의관

衣冠의 사여가 있었거니와(2-2-3-1), 44쪽·2-3-5-1), 50쪽·2-4-1-1), 52쪽·2-6-3-1), 65쪽), 이때에「고려국왕지인高麗國王之印」이라는 인장도 내렸음을 전하는 기사이다.

4-2. 왕세자 인장王世子印章

原文 4-2-1. 王世子印章 肅宗五年十月 遼主賜印綬

4-2-1. 왕세자의 인장(도장). 숙종 5년 10월에 요(거란)나라 임금이 인수印綬를 사여하였다.[1]

註 解 4-2-1-

-1) 王世子印章 肅宗五年十月 遼主賜印綬 : 숙종 5년(1100)에 거란 임금이 왕세자에게 의衣·대帶와(2-5-2-1), 53쪽) 함께 거로車輅를 사여한바(3-2-2-1), 107쪽) 있는데, 그와 동시에 인수印綬(꼭지에 끈이 달린 인장)도 사여하고 있음을 전하는 기사이다.

原文 4-2-2. 忠烈王十七年九月 元賜金印

4-2-2. 충렬왕 17년 9월에 원나라에서 금인장金印章을 사여하였다.[1]

註 解 4-2-2-

-1) 忠烈王十七年九月 元賜金印 : 충렬왕 17년(1291) 9월에 당시 원 세조의 외손이면서 고려의 세자이던 장璋에게 원나라에서 특별히 금인장을 내리고 있다.

4-3. 제아문인諸衙門印

原文 4-3-1. 諸衙門印 忠烈王五年五月 元賜僉議府正四品銅印一顆 七年九月 元陞僉議府爲從三品鑄印賜之 十九年三月 元賜兩臺銀印一顆

4-3-1. 여러 아문(관서)의 인장. 충렬왕 5년 5월에 원나라에서 첨의부 정4품 동인銅印(구리 도장) 한 개(1과顆)를 사賜하였다. 7년 9월에 원에서 첨의부를 종3품으로 승격시키고 인장을 주조하여 사하였다.[1]

19년 3월, 원에서 양대兩臺에 은인장銀印章 한 개(1과顆)를 사하였다.[2]

註 解 4-3-1-

-1) 諸衙門印 忠烈王五年五月 元賜僉議府正四品銅印一顆 七年九月 元陞僉議府爲從三品鑄印賜之 : 고려와 몽골 간에 오랜 동안의 전쟁을 끝내고 강화한 뒤에 고려 국왕이 원의 부마駙馬가 되는 등 관계가 긴밀해지면서 우리는 모든 면에서 저들의 간섭을 받게 된다. 왕실에서 쓰는 용어나 관제도 그 일부로서 충렬왕 원년(1275)에 원은 자기네와 같거나 동급同級의 칭호를 낮출 것을 요구하여 왔다(『고려사』 권76, 백관지 1 서문). 그리하여 왕실 용어 중 '조祖'나 '종宗' 대신에 '왕王'자를 붙이도록 하였고 태자太子도 세자世子 등으로 바꾸었으며, 관제 역시 마찬가지여서 중서문하성과 상서성을 합쳐 첨의부僉議府로 만들고 중추원(추밀원)은 밀직사密直司로 고쳤으며, 이부吏部 등의 6부는 4사司로 축소·개칭하는 등 전반에 걸쳐 대대적인 개정이 있었다.①

　이중 첨의부와 그 장관인 첨의중찬僉議中贊(종1품)은 중서문하성과 그 장관인 문하시중門下侍中(종1품)의 후신으로서(『고려사』 권76, 백관지 1 문하부門下府) 원래대로라면 그 관아는 종1품 아문이 되어야 한다. 그럼에도 원은 고려의 최고 관부인 첨의부를 격을 훨씬 낮추어 정4품 아문에 위치하게 한다는 의미에서 첨의부 정4품 동인銅印을 내리고 있는

것이다. 그 2년여 뒤에 종3품으로 승격시킨 인장을 주조하여 보내고
있지만 그 격이 크게 떨어진 상태라는 점은 여전한 상황이었다고 하
겠다.

① 朴龍雲,『高麗史 百官志 譯註』, 신서원, 2009, 53·54쪽.

-2) (忠烈王)十九年三月 元賜兩臺銀印一顆: 충렬왕 19년(1293)에 이르러 원
은 양대兩臺에 은인장 한 개를 내렸다는 기사이다. 한데 고려 때의 기
구로 양대라는 용어의 아문은 찾아지지 않는다. 은인장을 내렸다는 것
으로 미루어 보면 그 기구는 최상급의 아문이었을 듯싶은데, 그렇다면
그 양대는 혹 양부兩府(2-10-8-3)-(2), 95쪽)를 말하는게 아닐까 짐작해볼
여지가 없지 않으나 물론 분명하게 이야기할 것은 못된다.

原文 4-3-2. 恭愍王十八年六月 以諸衙門印信体小並收 禮儀司改鑄新印 賜
之

4-3-2. 공민왕 18년 6월에 여러 아문의 인신印信(인장)이 크기가 작다고
하여 모두 거두어들이고 예의사에서 새 인장을 다시 주조하여 내려주
었다.[1]

註 解 4-3-2-

-1) 恭愍王十八年六月 以諸衙門印信体小 並收 禮儀司改鑄新印 賜之: 여
러 아문이 쓰는 인장의 크기를 늘리는 조처가 있었음을 전하는 기사
인데, 그것을 주관한 예의사禮儀司는 전기 상서예부의 후신이다.

原文 4-3-3. 辛禑二年五月 改鑄六曹印 以舊印小也 七年九月 以中外官印制
無等 改鑄之

4-3-3. 신우 2년 5월에 6조의 인장을 새로 주조하였는데, 이전 인장이

작았기 때문이었다. 7년 9월에 중앙과 지방의 관인官印 제도에 등급이 없다고 하여 고쳐 주조하였다.[1]

註 解 4-3-3-

-1) 辛禑二年五月 改鑄六曹印 以舊印小也 七年九月 以中外官印制無等 改鑄之 : 6조(전기의 상서6부)의 인장이 작거나, 중앙과 지방에서 쓰는 관인 官印 사이에 등급이 없다고 하여 개주改鑄한 사실을 전하고 있다.

4-4. 부험符驗

原文 4-4-1. 符驗 辛禑十二年正月 太祖高皇帝收納前元給付鋪馬蒙古文字八道 頒降符驗 雙馬四道 玄字四十七號玄字四十八號玄字四十九號玄字五十號 單馬二道 洪字二十二號洪字二十三號 起船二道 安字一千三百三十六號安字一千三百三十七號

4-4-1. 부험符驗.[1] 신우 12년 정월에 태조 고황제가 이전 원나라에서 급부給付한바 몽고문자로 된 포마鋪馬(역말 ; 말을 탈 수 있는 증표) 8통을 거두어들이고 부험을 내려주었는데 쌍마雙馬는 4통으로 현자玄字 47호·현자 48호·현자 49호·현자 50호였고, 단마單馬는 2통으로 홍자洪字 22호·홍자 23호였으며, 기선起船(배를 이용할 수 있는 증표)은 2통으로 안자安字 1336호·안자 1337호였다.[2]

註 解 4-4-1-

-1) 符驗 : 성문을 통과하기 위해서거나 역마驛馬의 이용 또는 사행使行을 떠날 때 등에 가지고 가던 증표證票를 말한다.

-2) 辛禑十二年正月 太祖高皇帝 收納前元給付鋪馬蒙古文字八道 頒降符驗 雙馬四道 玄字四十七號 玄字四十八號 玄字四十九號 玄字五十號 單馬

二道 洪字二十二號 洪字二十三號 起船二道 安字一千三百三十六號 安字一千三百三十七號 : 고려의 외교 대상이 원나라에서 명나라로 바뀌어 있던 우왕 12년(1386)에 이르러 부험符驗도 교체되고 있다. 즉, 이때에 명 태조 고황제(주원장)가 원나라에서 급부해 준바 몽고문자로 된 포마鋪馬 증표를 모두 거두어들이고 새로이 현자玄字 47호 등의 쌍마雙馬 부험 4통과 홍자洪字 22호 등의 단마單馬 부험 2통 및 안자安字 1336호 등 배를 이용할 수 있는 증표 2통을 아울러 내려주고 있는 것이다. 이곳의 현자 47호·홍자 22호 등은 해당 증표의 발급 관계 기호인 것으로 생각된다.

5. 의위儀衞: 조회의장朝會儀仗 법가위장法駕衞仗 연등위장燃燈衞仗 팔관위장八關衞仗 서남경 순행위장西南京巡幸衞仗 봉영위장奉迎衞仗 선사의장宣赦儀仗

5-1. 조회 의장朝會儀仗

原文 5-1-1. 凡遇大禮大朝會則有內外儀仗 毅宗朝詳定 大觀殿朝會節日正至賀禮 殿庭水精杖一在左 鉞斧一在右 都將各二人放角紫衣束帶 大傘一在左 陽傘一在右 軍士六人皂紗帽子紫小袖衣束帶 罕一在左 畢一在右 軍士四人衣帶同前 莊嚴弓十二 將校十二人分左右放角紫衣束帶 白甲隊 領都將二人放角紫衣佩刀執旗 將校二人衣服同前 軍士五十人分左右衣甲把小旗槍 銀粧長刀隊 領將校二人放角紫衣束帶佩刀執旗 軍士十人分左右立角寶祥花衣假銀帶 銀骨朶子隊 領將校二人服執同前隊 軍士十人分左右皂紗帽子紫小袖衣束帶 黑幈硏子紅羅號隊 領將校二人服執同銀粧長刀隊 軍士十人分左右紫冠紅背子綠羅汗衫 哥舒捧二十 軍士二十人分左右立角寶祥花大袖衣假銀帶 絞床一 軍士二人皂紗帽子紫小袖衣束帶 筆硏案一 軍士二人衣服同前 銀毬仗 殿省南班貝二十人分左右紫公服紅鞓 衙仗一百人放角紫

公服皂鞓執杖子 中禁班 領指諭二人放角紫衣束帶佩刀 行首二人衣帶同上執旗 班士
十四人放角紫衣束帶 八人佩刀 先排六人執彈弓 都知班 領指諭二人衣帶與中禁指諭同
行首二人衣服與中禁行首同 班士十人放角紫衣束帶 把黑幹紅羅號斫子 殿上上將軍二
人 千牛大將軍二人 並分左右放角紫衣紅鞓 千牛備身將軍四人 備身將軍四人
各分左右放角紫衣束帶佩刀 殿門外儀衛 如常儀 宣麻朝會 則上將軍二人大將軍
二人紫衣紅鞓 備身將軍八人 分立於殿上左右紫衣束帶佩刀 中禁十人 都知十人
各分立於殿庭左右 儀衛只設陽雨傘絞床筆硏案 若立春及人日凡殿門外朝會
上將軍二大將軍二備身將軍八 分立於殿庭左右 中禁十人 都知十人 分立於
殿門內外 凡儀注如上儀

5-1-1. 무릇 큰 예식이나 큰 조회가 있게 되면 (궁궐) 내외(안팎)에 의장
儀仗을 세운다.[1]

의종조에 자세하게 정하였다.[2]

3)-(1) 대관전大觀殿의 조회는 절일節日(국왕의 생일)과 정월 (초하루)·동지
(12월 22일 또는 23일)의 축하례에서 (있게 되는데 그 의장은 다음과 같다).

궁전 뜰에 수정장水精杖 1개를 왼쪽에 두고, 월부鉞斧 1개는 오른쪽에
두는데 도장都將이 각각 2인씩이다-방각放角 모자에 자주색 옷(자의紫衣)을 입
고 띠(대帶)를 두른다-. 대산大傘 1개는 왼쪽에 두고, 양산陽傘 1개는 오른
쪽에 두는데 군사는 6인이다-조사皂紗(검은 깁) 모자에 자주색 소수의小袖衣를
입고 띠를 두른다-. 한꾸 1개는 왼쪽에 두고, 필畢 1개는 오른쪽에 두는데
군사는 4인이다-옷과 띠는 앞과 같다-. 장엄궁莊(莊?)嚴弓은 12개로 장교
12인이 좌우로 나누어 선다-방각 모자에 자주색 옷을 입고 띠를 두른다-.

3)-(2) 백갑대白甲隊에는 영도장領都將이 2인이고-방각 모자에 자주색 옷을
입으며 칼을 차고 기旗를 든다-, 장교가 2인이며-의복은 앞과 같다-, 군사는
50인으로서 좌우에 나누어 선다-갑옷을 입고 작은 기를 단 창을 잡는다-.

3)-(3) 은장장도대銀粧長刀隊는 영장교領將校가 2인이고-방각 모자에 자주색
옷을 입으며 칼을 차고 기旗를 든다-, 군사는 10인으로 좌우에 나누어 선다

-입각立角 (모자)에 보상화의寶祥花衣를 입고 가은대假銀帶를 띤다-.

3)-(4) 은골타자대銀骨朶子隊에는 영장교가 2인이고-복장과 집물執物은 앞의
부대와 같다-, 군사는 10인으로 좌우에 나누어 선다-조사皂紗(검은 깁) 모
자에 자주색 소수의小袖衣를 입고 띠를 두른다-.

3)-(5) 흑간작자홍라호대黑幹斫子紅羅號隊에는 영장교가 2인이고-복장과 집
물執物은 은장장도대와 같다-, 군사는 10인으로 좌우에 나누어 선다-자관紫
冠에 홍배자紅背子·녹라한삼綠羅汗衫을 착용한다-.

3)-(6) 가서봉哥舒捧은 20인으로 군사 20인이 좌우에 나누어 선다-입각
立角 (모자)에 보상화寶祥花 대수의大袖衣를 입고 가은대假銀帶를 띤다-. 교상絞床
1개에 군사는 2인이고-조사皂紗(검은 깁) 모자에 자주색 소수의小袖衣를 입고
띠를 두른다-. 필연안筆研案도 1개에 군사 역시 20인이다-의·복은 앞과 같
다-. 은구장銀毬伏을 잡은 전성殿省 남반원南班員은 20인으로 좌우에 나
누어 선다-자주색 공복에 붉은 띠(홍정紅鞓)를 두른다-. 아장衙伏은 100인이다
-방각 (모자에) 자주색 공복을 입고 검은 띠(조정皂鞓)를 두르며 장자杖子(막대)를
잡는다-.

3)-(7) 중금반中禁班에는 영지유領指諭가 2인이고-방각放角 (모자)에 자주색
옷을 입고 띠(대帶)를 두르며 칼을 찬다-, 행수行首도 2인이며-의·대는 위와 같
고, (따로) 기를 잡는다-, 반사班士는 14인이다-방각放角 (모자)에 자주색 옷을
입고 띠(대帶)를 두르며, 8인은 칼을 차고 선배先排(앞장에 배열한) 6인은 탄궁彈弓을
잡는다-.

3)-(8) 도지반都知班에는 영지유領指諭가 2인이고-의·대는 중금中禁의 지유指
諭와 같다-, 행수行首도 2인이며-의·복은 중금中禁의 행수와 같다-, 반사班士
는 10인이다-방각放角 (모자)에 자주색 옷을 입고 띠(대帶)를 두르며 흑간홍라호
黑幹紅羅號의 작자斫子를 잡는다-.

3)-(9) 전상殿上(전각 위)에 상장군 2인과 천우위 대장군千牛衛大將軍 2인이
함께 좌우로 나누어 서고-방각放角 (모자)에 자주색 옷을 입고 홍정紅鞓을 두른
다-, 천우비신군千牛備身將軍 4인과 비신장군備身將軍 4인도 각각 좌우

로 나누어선다-방각放角 (모자)에 자주색 옷을 입고 띠를 두르며 칼을 찬다-.

3)-(10) 전문殿門 밖의 의위儀衛는 평상의 의장儀仗과 같다.

4) 선마조회宣麻朝會인즉은 상장군 2인과 대장군 2인-자주색 옷에 홍정을 띤다-, 비신장군備身將軍 8인이 전상殿上의 좌우에 나누어 서고-자주색 옷에 띠를 두르고 칼을 찬다-, 중금中禁 10인과 도지都知 10인은 각각 전정殿庭 (궁전 뜰)의 좌우에 나누어 서며, 의위儀衛로는 다만 양산과 우산·교상· 필연안을 설치한다.

5) 입춘 및 인일人日 같은 때의 무릇 전문殿門 밖 조회에서는 상장군 2 인과 대장군 2인·비신장군備身將軍 8(인)이 전정殿庭의 좌우에 나누어 서 고, 중금中禁 10인·도지都知 10인은 전문殿門의 내외(안팎)에 나누어 서며, 무릇 의주儀注(예식)는 위의 의장儀仗과 같다.

註 解 5-1-1-

-1) 凡遇大禮大朝會 則有內外儀仗 : 의장儀仗은 예식을 장엄하게 하기 위 하여 참렬參列시키는 무기와 기旗 또는 도구 등 전체를 일컫는 말이지 만, 넓게는 그것들을 지니고 시위侍衛·호위를 비롯해 여러 분야에 참 여하는 인원들까지도 포괄하는 개념이다. 그리하여 예식이 궁궐 내에 서 이루어질 때는 자연히 의장 부분에 무게가 실리게 되겠지마는 국 왕이 궁궐 밖으로 나가게 될 경우 시위·호위에 한층 주의가 기우려지 게 마련이었을 것이다. 그런 점에서 의위조儀衛條도 조회의장朝會儀仗· 법가위장法駕衛仗의 예와 같이 의장儀仗과 위장衛仗으로 나누어 규정하 고 있다.

-2) 毅宗朝 詳定 : 의종조에 상정하였다는 것은 이미 여러 차례 설명했듯 이(1-2-4), 26쪽 등) 왕 15년(1161)경에 국가의 각종 제도와 문물을 전반 적으로 정리한 예서禮書인 『상정고금례詳定古今禮』의 편찬을 지칭하여 한 말로 생각된다.

-3)-(1) 大觀殿朝會 節日正至賀禮 殿庭 水精杖一在左 鉞斧一在右 都將各

二人 放角紫衣束帶 大傘一在左 陽傘一在右 軍士六人 皂紗帽子紫小袖
衣束帶 罕一在左 畢一在右 軍士四人 衣帶同前 莊嚴弓十二. 將校十二
人 分左右 放角紫衣束帶 : 조회의장의 하나로 절일節日(국왕의 생일)과
정월 초하루 및 동지의 축하례에서 행해지는 대관전大觀殿(초기의 건덕
전乾德殿)(2-3-3-1), 48쪽) 조회 때의 의장儀仗을 소개하고 있는데 그것은
다음과 같은 것이었다.

즉, 전각의 뜰(전정殿庭)에 먼저 수정장水精杖 1개를 왼쪽에, 월부鉞斧
1개를 오른쪽에 두는데, 그 각각에 도장都將 2인씩이 배치되었다. 이곳
의 수정장은 의장儀仗의 한 종류로서 나무로 자루를 만들어 은銀으로
둘러싸고는 그 상단에 수정 구슬을 박아 넣은 뒤 그 사방에 금도금한
철사로 굴곡屈曲지게 하여 불꽃 모양을 내게한 것을 말하며, 월부는 역
시 나무로 도끼를 만들어 금이나 은으로 도금하고 붉은 칠을 한 막대
를 박아넣은 것이다(『조선세종실록朝鮮世宗實錄』 권132, 5례五禮·가례 서례
嘉禮序例 노부鹵簿 287쪽 참조. 이 책 286쪽)).

이 두 의장을 위해 도장都將이 각각 2인씩 배치되고 있지마는, '도都'
는 우두머리 또는 '크다'·'거느리다(영솔領率)'는 의미이므로 도장都將은
도장교都將校, 즉 장교將校보다 한 단계 위의 상급 장교를 말하는게 아
닐까 짐작된다. 『고려사』 권81, 병지兵志 1 병제兵制 5군五軍에 도장교
都將校가 설치되어 있는 사실로 미루어 볼 때 실제로 그러했을 가능성
은 높을 듯싶은데, 대체적으로 장교는 하급 무관을 가리키는 경우가
많으므로[①] 도장은 그보다는 상급 직위였을 것이라는 생각인 것이다.
이 의장조儀仗條의 이어지는 기사들을 보면 영장교領將校도 보이는데
그도 도장과 거의 같은 직위일 것으로 이해된다. 양자간의 다른 점이
라면 도장은 단순한 장교의 상급자라는 의미인데 비해 영장교는 그같
은 위치에 있으면서 아래의 부류들을 영솔領率하는 임무를 맡고 있었
기 때문에 그같은 칭호가 붙게 아닐까 추측되는데 그들은 한결같이
깃발을 지니고 있다. 이들 도장(도장교)·영장교 다음의 위치에는 장교

들이 배치되고 있으며 다시 그 다음에는 군사軍士들이 배치되어 일을
보고 있다. 그런 한편으로 여기에는 영도장領都將의 존재도 찾아지는데
그들은 도장의 한 단계 위 직위로 생각된다. 이들은 그 예하에 장교를
거느리고 있기도 하거니와, 명칭상으로 보아 도장의 상급 직위가 분명
하기 때문이다. 그리고 이 영도장 위에는 영장군領將軍이, 다시 그 위
에 대장군과 상장군이 위치하고 있음도 확인된다. 결국 의위儀衛에 동
원되는 무관들의 서열·체계는 상장군·대장군 – 영장군 – 영도장 – 도장
都將·영장교領將校 – 장교로 되어 있었으며 그 맨 하위에 군사들이 위치
했다고 하겠는데, 이를 중앙군의 서열·체계와 비교하면 상장군(정3품)·
대장군(종3품)은 그대로 이해하면 되겠고, 영장군은 장군(정4품)에, 영
도장은 중랑장中郎將(정5품)에, 도장·영장교는 낭장郎將(정6품)·별장別將
(정7품)에, 장교는 산원散員(정8품)·교위校尉(정9품)·대정隊正(품외品外)(『고
려사』 권77, 백관지 2 서반西班)과 유사한 직위였다고 보면 어떨까 한다.

　그들 수정장과 월부를 담당하고 있던 도장은 방각모放角帽를 쓰고 자
주색 옷(자의紫衣)을 입으며 띠(대帶)를 두르도록 되어 있었다. 그중 방
각모는 모체 좌우에 각角(귀)이 달린 형태의 모자로서 장교 이상의 상
급 지휘관들이 착용하는 것이었다.

　수정장·월부에 이어서 역시 좌우에 각각 대산大傘 1개와 양산陽傘 1
개를 설치하였다. 그 대산은 자루가 긴 큰 일산日傘의 일종이고, 양산
陽傘(陽繖)은 또한 일산과 비슷한 것으로 변두리에 넓은 천을 둘러 꾸
며서 아래로 늘어뜨렸는데(『조선세종실록朝鮮世宗實錄』 권132, 5례五禮·가
례 서례嘉禮序例 노부鹵簿 288쪽, 이 책 289쪽), 이를 위해 군사軍士 6명이
배치되었다. 그들 군사는 조사皂紗(검은 깁) 모자에 자주색의 소수의小
袖衣(소매가 좁은 옷)를 입고 띠를 둘렀거니와, 이같은 조사모나 소수의
는 군사와 같은 하급자들의 복식이었다.

　다음은 역시 좌우 각각에 한罕 1개와 필畢 1개를 설치하였는데, 그중
한은 검은 칠을 한 장대의 위쪽 끝머리에 둥글고 얇은 판板을 대고 청

색 모시 실로 만든 수건을 덮어씌우고는 또 띠를 만들어 그것을 묶은 다음 양쪽 끝은 드리우도록 한 의장의 하나이다. 그리고 필도 또한 붉은 칠을한 장대의 위쪽 끝머리에 네모진 얇은 판을 대고 녹색 모시 실로 만든 수건을 덮어씌우고는 또 띠를 만들어 그것을 묶은 다음 양쪽 끝은 드리우도록 한 것이다(『조선세종실록朝鮮世宗實錄』 권132, 5례五禮·가례 서례 嘉禮序例 노부鹵簿 286쪽, 이 책 286쪽)). 이 한·필의 담당자로 군사 4인이 배치되었지마는, 이들의 의衣·대帶는 대산·양산의 그들과 동일하였다.

다음은 장엄궁莊(莊?)嚴弓으로, 이는 장식이 화려한 활로 생각되는데 12개가 설치되었다. 그리하여 여기에는 장교 12인이 배치되어 좌우로 나뉘어 분담하였지마는, 이들 복식은 방각모放角帽에 자의紫衣를 입고 띠를 둘렀다(속대束帶).

① 이기백·김용선, 『고려사 병지 역주』, 일조각, 2011, 72쪽.

-3)-(2) 白甲隊 領都將二人 放角紫衣佩刀執旗 將校二人 衣服同前 軍士五十人分左右 衣甲把小旗槍 : 위에 든 수정장·월부와 장엄궁 등에 동원된 군사들은 국왕의 위엄과 권위를 드러내는데 좀더 무게가 실린 의장병儀仗兵의 성격이 컸던데 비하여 백갑대白甲隊는 금군禁軍의 하나로 (2-10-8-3)-(13), 97쪽) 국왕의 신변 보호에 중점을 둔 시위군侍衛軍이었다.[①] 그리하여 여기에는 방각모放角帽·자의紫衣에 칼을 차고 기旗를 든 영도장領都將(위의 (1)항 참조) 2인이 배치되어 영솔領率을 맡고, 그 아래에 장교 2인(의복은 앞과 같다 ; 방각모放角帽·자의紫衣·속대束帶)과 군사가 좌우에 각각 25인씩 합계 50인이 소속하여 임무를 담당하였는데, 그들 군사는 임무에 맞게 갑옷을 입고 작은 기를 단 창을 지니고 있었다.

① 김낙진, 「高麗時代 禁軍의 組織과 性格-『高麗史』 輿服志 儀衛條의 分析을 중심으로-」『國史館論叢』 106, 2005.

송인주, 「금군의 성립과 구성부대」『고려시대 친위군 연구』, 일조각, 2007.

-3)-(3) 銀粧長刀隊 領將校二人 放角紫衣束帶佩刀執旗 軍士十人 分左右 立角寶祥花衣假銀帶 : 은장장도대銀粧長刀隊는 명칭 그대로 은으로 장식한 긴 칼을 소지하고 위용을 보여주던 의장대로 생각된다.[1] 여기에는 방각모에 자의紫衣를 입고 띠를 두른(속대束帶) 다음 칼을 차고 기旗를 든 영장교領將校(위의 -3)-(1)항) 2인과 함께 군사 10인이 좌우에 나누어 섰는데, 이들은 모체 좌우에 달린 각角(귀)이 위로 올라간 형태를 띤 입각立角 모자를 쓰고, 불교미술에서 흔히 쓰이는 상상의 꽃으로 인도에서 생겨나 중국을 거쳐 우리나라에도 전래된 보상화寶祥花 무늬를 넣은 옷을 입었으며,[2] 가은대假銀帶를 두르고 있었다.

① 김낙진, 위의 논문.

② 『국역 고려사』 권17, 지 5, 경인문화사, 2011, 246쪽.

-3)-(4) 銀骨朶子隊 領將校二人 服執同前隊 軍士十人 分左右 皂紗帽子紫小袖衣束帶 : 골타자骨朶子는 나무 끝에 마늘 모양의 둥근 쇠를 붙인 타격무기의 하나이지만 거기에 은을 입혀 화려하게 만든 것을 보면 실전용이라기 보다는 화려함과 위엄을 보이려던 의장용 병기로 짐작되는데,[1] 이 은골타자銀骨朶子 이외에 금을 입힌 금골타자金骨朶子, 표범 가죽을 입힌 표골타자豹骨朶子, 곰가죽을 입힌 웅골타자熊骨朶子 등도 있었다(『조선세종실록朝鮮世宗實錄』 권132, 5례五禮·가례 서례嘉禮序例 노부鹵簿 285쪽, 이 책 286쪽).[2] 이곳 은골타자대銀骨朶子隊에는 영장교領將校(위의 -3)-(1)항) 2인(복장·집물執物은 앞의 부대와 같다 ; 방각모放角帽·자의紫衣·속대束帶·패도佩刀·집기執旗))과 군사가 좌우 합하여 10인(조사모자皂紗帽子·자소수의紫小袖衣·속대束帶 ; 위의 -3)-(1)항)이 배치되어 있었다.

① 김낙진, 위의 논문.

② 『국역 고려사』 권17, 지 5, 경인문화사, 2011, 246쪽.

-3)-(5) 黑幹斫子紅羅號隊 領將校二人 服執同銀粧長刀隊 軍士十人分左右 紫冠紅背子綠羅汗衫 : 흑간黑幹은 검은 창대, 작자斫子는 양날이 있는 도끼이며 홍라紅羅는 왕의 수레에 치는 장막을 의미하므로 결국 흑간

작자홍라호대黑鞐斫子紅羅號隊는 양날을 세운 나무도끼에 검은 장대를 끼워넣어 만든 의장용 병기를 소지한 국왕의 시위부대라는 말이 되겠다.[1] 여기에는 영장교領將校(위의 -3)-(1)항) 2인(복장·집물執物은 은장장도대銀粧長刀隊와 같다)과 함께 군사가 좌우 합하여 10인이 배치되었는데, 이들은 자주색 관(자관紫冠)을 쓰고 붉은 배자(홍배자紅背子)와 녹색 나직 한삼(녹라한삼綠羅汗衫)을 입었다. 이중 배자背子는 소매·섶·고름이 없는 등걸이 조끼 모양의 의복을 말하며[2] 한삼汗衫은 속옷(땀받이)(2-1-2, 32쪽)을 일컫는다.

① 『조선세종실록朝鮮世宗實錄』 권132, 5례五禮 가례·서례嘉禮序例 노부鹵簿 287쪽.

김낙진, 위의 논문.

② 『국역 고려사』 권17, 지 5, 경인문화사, 2011, 246쪽.

-3)-(6) 哥舒捧二十 軍士二十人 分左右 立角寶祥花大袖衣假銀帶 絞床一 軍士二人 皂紗帽子紫小袖衣束帶 筆硏案一 軍士二人 衣服同前 銀毬仗 殿省南班貝二十人 分左右 紫公服紅鞓 衙仗一百人 放角紫公服皂鞓執杖子 : 가서봉哥舒捧은 붉은 칠을한 장대에 철조鐵條를 입히고 거기에 동전 22개를 꿴 다음 자주색 생초生綃로 수건을 만들어 씌우고는 또 자주색 생초로 만든 띠로 묶은 뒤에 양쪽 끝은 드리우도록 한 의장의 하나를 말한다(『조선세종실록朝鮮世宗實錄』 권132, 5례五禮·가례 서례嘉禮序例 노부鹵簿 285쪽, 이 책 286쪽). 이 가서봉은 20개로 군사도 좌우 합하여 20인이 배치되었는데, 그들은 입각모자立角帽子에 보상화寶祥花 무늬를 넣은 소매가 넓은 옷(대수의大袖衣)을 입었으며 가은대假銀帶를 두르고 있었다(위의 3)-(3)항 참조).

교상絞床은 1개로 여기에는 조사皂紗(검은 깁) 모자에 자주색의 소수의小袖衣를 입고 띠를 두른(위의 -3)-(1)항 참조) 군사 2인이 배치되었고, 필연안筆硏案(붓·벼루 등을 놓는 책상)도 1개로 여기 역시 복장이 동일한 군사 2인이 배치되어 있었다.

다음은 은빛을 칠하고 꼭대기에 손잡이 끈을 붙여 만든 의장용 막대
인 은구장銀毬仗에 대해서인데, 여기에는 그것을 지닌 사람들이「전성
殿省 남반원南班員 20인二十人」으로 기술되어 있어서 그 '전성'을 '전중
성殿中省'(『고려사』권76, 백관지 1 종부시宗簿寺=전중성)으로 이해해야할 듯싶
기는 하나 고려에서는 남반이 전중성이 아니라 액정국掖庭局(『고려사』
권77, 백관지 2)과 연결되어 있는 관계로 주저되는 점이 많다. 자세한 내
용은 뒷날 더 살피기로 하고, 이 은구장의 담당자인 남반원은 본래 전
중殿中의 당직이나 왕명의 전달과 함께 국왕을 호종하는 임무도 맡고
있었으므로 이처럼 동원되고 있음을 알 수 있거니와, 이들은 자주색
공복公服(2-8-2, 70쪽)에 붉은 띠(홍정紅鞓)를 두르도록 되어 있었다.

아장衙仗을 소지한 인원은 100명이나 배치되었다. 그리하여 이들은
방각모放角帽에 자주색 공복(자공복紫公服)을 입고 있었으며, 검은 띠(조정
皂鞓)를 두르고, 장자杖子(막대)를 지니고 있었던 것이다.

-3)-(7) 中禁班 領指諭二人 放角紫衣束帶佩刀 行首二人 衣帶同上執旗 班
士十四人 放角紫衣束帶 八人佩刀 先排六人執彈弓 : 중금반中禁班은 국
왕에 대한 숙위와 의장儀仗·시위侍衛 등을 담당한 금군禁軍의 하나로서
반班으로 편제되고 있음이 주목된다. 반班은 문반文班·무반武班·군반軍
班과 같이 특정한 직능을 수행하는 집단의 의미를 지닌다고 하거니와,
이들 역시 그같은 성격을 띤 부대로 그 소속 군사인 중금군中禁軍을 반
사班士라 지칭하고도 있는 것이다. 그리하여 이 반사 위에 행수行首, 다
시 그 위에 (영)지유(領)指諭를 두는 체계로 되어 있지마는, (영)지유는
중앙군의 낭장(정6품)과 별장(정7품), 행수는 산원(정8품)·교위(정9품) 내외
에 위치하는 직위였던 것 같다(2-10-8-3)-(9), 95쪽 및 위의 -3)-(1)항, 121쪽).[1]

이들중 영지유는 2인으로 방각모放角帽에 자의紫衣를 입고 띠를 둘렀
으며 칼을 찼고(위의 -3)-(1)항), 행수도 2인으로 의衣·대帶는 지유와 동일
하나 따로 기旗를 들었다. 그리고 반사班士는 14인으로 방각모에 자의
를 입고 띠를 둘렀는데, 8인은 칼을 차고, 앞장에 배열된 6인은 탄환

을 발사하는 활인 탄궁彈弓을 지니고 있었다.

① 김낙진, 위의 논문.

    송인주, 「금군의 성립과 구성부대」『고려시대 친위군 연구』, 일조각, 2007.

    송인주, 「금군의 군관조직과 병졸집단의 구성」『고려시대 친위군 연구』, 일조각, 2007.

-3)-(8) 都知班 領指諭二人 衣帶與中禁指諭同 行首二人 衣服與中禁行首同 班士十人 放角紫衣束帶 把黑鞊紅羅號斫子 : 도지반都知班은 바로 위의 중금반中禁班과 유사한 직무와 체계로 되어 있는 금군의 하나였다. 그리하여 여기에도 영지유領指諭가 2인, 행수行首도 2인이 배치되었는데 의衣·대帶 역시 도지지유는 중금지유와, 도지행수는 중금행수와 동일하였다. 반사는 10인으로 이들도 또한 방각모에 자의紫衣를 입고 띠를 두른 점은 같았으나 흑간홍라호黑鞊紅羅號 작자斫子(위의 -3)-(5)항)를 지니고 있었다는 부분이 달랐다.

① 김낙진, 위의 논문.

② 송인주, 위의 두 논문.

-3)-(9) 殿上 上將軍二人 千牛大將軍二人 並分左右 放角紫衣紅鞓 千牛備身將軍四人 備身將軍四人 各分左右 放角紫衣束帶佩刀 : 국왕이 임하는 전각 위에는 방각모에 자의紫衣를 입고 붉은 띠(홍정紅鞓)를 두른 최고의 무장인 상장군(정3품) 2인과 왕에 대한 시종과 함께 의장부대로도 알려진 천우위千牛衛의 대장군(종3품) 2인이 좌우에 나누어 서고, 아울러 방각모에 자의를 입고 띠를 두른(속대束帶) 위에 칼을 찬 천우위의 국왕 신변에 대비한 장군(천우위비신장군千牛衛備身將軍) 4인과 천우위 이외의 비신장군備身將軍 4인(2-10-7-2), 88쪽), 합계 8인이 역시 좌우로 나누어 서도록 하고 있다.

-3)-(10) 殿門外儀衛 如常儀 : 전문殿門 밖의 의위儀衛는 일상 때와 같이 하도록 되어 있었다.

-4) 宣麻朝會 則上將軍二人 大將軍二人 紫衣紅鞓 備身將軍八人 分立於殿
上左右 紫衣束帶佩刀 中禁十人 都知十人 各分立於殿庭左右 儀衛只設
陽雨傘絞床筆硏案: 선마宣麻는 재상·장군 등 대신을 임명하는 조칙을
삼(麻)으로 만든 황백색의 종이에다 썼으므로 그같은 명칭이 붙은 것
인데, 이곳 기사는 그를 위한 조회의 의장儀仗을 소개하고 있는 것이
다. 즉, 앞서와 마찬가지로 전상殿上에는 자의紫衣에 홍정紅鞓을 두른
상장군 2인과 대장군 2인 및 역시 자의에 띠를 두르고 칼을 찬 비신장
군備身將軍 8인이 좌우에 나누어 선다(위의 -3)-(9)항, 128쪽). 그리고 전정殿
庭(궁전 뜰)에는 중금中禁 10인과 도지都知 10인(위의 -3)-(7)·(8), 127·128쪽)
이 각기 좌우에 나누어 서며, 의위儀衛는 단지 양산과 우산(위의 -3)-(1)
항, 121쪽), 교상絞床·필연안筆硏案(위의 -3)-(6)항, 126쪽)만을 설치하였다.

-5) 若立春及人日 凡殿門外朝會 上將軍二大將軍二備身將軍八 分立於殿庭
左右 中禁十人 都知十人 分立於殿門內外 凡儀注如上儀: 입춘과 함께
정월 초하루·대보름(15일)처럼 인일人日(정월 초이렛날 ; 제7일째 날)도 중시
하여 기념하였는데, 이 날 전문殿門 밖에서 행하는 조회 때의 의장儀仗
에 관한 것이다. 즉 이번에는 전문 밖에서의 행사이므로 상장군 2인과
대장군 2인 및 비신장군 8인이 전정殿庭에 좌우로 나누어 서고, 중금
10인과 도지 10인은 전문의 내외(안팎)에 나누어 서지마는(위의 -4)항, 129
쪽), 그 이외의 나머지 의주儀注(예식·절차)는 위의 의장儀仗과 동일하게
하도록 되어 있었다.

原文 5-1-2. 高宗十六年十一月詔 諸備身將軍上大將軍指諭牽龍引駕 復着錦
衣

5-1-2. 고종 16년 11월에 조詔하여 여러 비신장군과 상장군·대장군·지
유와 견룡의 인가引駕에게 다시 금의錦衣(비단 옷)를 입도록 하였다.[1]

註 解 5-1-2-

-1) 高宗十六年十一月詔 諸備身將軍上大將軍指諭牽龍引駕 復着錦衣 : 고
    종 16년(1229)에 이르러 조서를 내려 여러 비신장군과 상장군·대장군
    (5-1-1-3)-(9) 및 -4), 128쪽), 그리고 지유(5-1-1-3)-(7)·(8), 127·128쪽)와 견룡의
    인가引駕(2-10-8-3)-(13), 93쪽)에게 그 시말은 잘 알 수가 없지만 조서로써
    다시 금의錦衣(비단 옷)를 착용토록 조처하고 있다.

原文 5-1-3. 恭讓王二年正月 衛尉判事李敏道倣中國制 製新儀仗 持仗人皆
着靑紅染布衣畫以錦紋 或着帽或着笠 文宗元年七月門下省奏 謹按前典 載
之爲制如槍 兩歧施刃其端 魏武帝門戟用蝦蟆頭 以懸旛旒 長一丈二尺 雜以
靑黃 今宮殿及大廟門戟 皆作鬼面 實無所據 乞依古制 改畫爲蝦蟆頭 從之

5-1-3. 공양왕 2년 정월에 위위판사衛尉判事 이민도李敏道가 중국의 제도
를 본따 새 의장儀仗을 만들었는데, 의장을 잡는 사람들은 모두 청홍색
으로 물들인 베옷에 비단 무늬를 그린 옷을 입고 혹 모자를 쓰거나 혹
갓을 쓰게 하였다.

   문종 원년 7월에 문하성에서 아뢰기를, "삼가 예전 전적典籍을 살펴
보건데 극戟의 형태는 창과 같으나 두 갈래로 그 끝에 날이 있습니다.
위나라 무제의 문극門戟은 두꺼비 머리(하마두蝦蟆頭) 모양에 깃발을 달았
는데 길이는 1장丈 2척尺이고 청색과 황색을 섞었습니다. 지금 궁전과
태묘의 문극門戟 모양이 모두 귀면鬼面(귀신 얼굴)을 하도록 한 것은 사실
근거가 없습니다. 옛 제도에 의거하여 두꺼비 머리로 고쳐 그리도록
하소서"하니 그에 좇았다.[1]

註 解 5-1-3-

-1) 恭讓王二年正月 衛尉判事李敏道倣中國制 製新儀仗 持仗人皆着靑紅染
    布衣畫以錦紋 或着帽或着笠 文宗元年七月門下省奏 謹按前典 載之爲

制如槍 兩歧施刀其端 魏武帝門戟用蝦蟆頭 以懸旛旒 長一丈二尺 雜以
靑黃 今宮殿及大廟門戟 皆作鬼面 實無所據 乞依古制 改畫爲蝦蟆頭
從之: 이곳 공양왕 2년(1390)에 위위시판사衛尉寺判事(정3품)(『고려사』 권
76, 백관지 1) 이민도가 새 의장儀仗을 만든 기사와 문종 원년(1047)에 중
서문하성에서 중국 위나라 무제武帝(조조曹操)의 문극門戟 모양을 본따
우리의 귀면鬼面을 저들의 두꺼비 머리로 바꾸도록 건의한 기사와 사
실 내용상의 직접적인 관련성은 적어 보인다. 다만 문종조에 그러했듯
이 지금에 의장제도를 바꾸는 것도 옳은 일이라는 것을 강조하기 위
함인 듯 하나의 사안으로 묶어놓고 있는 것이다. 문극門戟은 궁전과
사당 또는 고관들 저택 등의 문 앞에 위의威儀를 표시하기 위해 배열
했던 장식물의 하나이다.

5-2. 법가 위장法駕衛仗

原文 5-2-1. 凡法駕衛仗 毅宗朝詳定 先排隊 領將軍一錦衣束帶佩長刀執旗騎 將
校六人放角紫衣束帶佩刀執旗 軍士一百人分左右紫衣執刀 淸遊隊 領都將二人紫
衣佩長刀執旗騎 將校十人紫衣束帶佩刀執旗騎 軍士二百人靑衣同心弢鞬騎 金吾折衝
都尉將軍二人衣紫甲佩長刀執旗騎 將校四人衣服同前 軍士八十人弢鞬鐵甲騎 金吾
果毅將校二人服色同前隊 軍士八十人分左右甲騎與折衝隊同 行漏輿一中道 淸道
一人揷角紫衣束帶執杖 軍士八人立角紫寶祥花衣假銀帶 太史局吏二人分左右放角紫衣
虞侯俠飛隊 領將校二人衣甲佩刀執旗騎 軍士四十八人分左右弢鞬甲騎 防牌隊
領都將二人衣甲佩刀執旗騎 將校六人衣服同前 軍士一百人衣皮甲持小旗槍 俠飛將
校二人鐵甲執旗騎 軍士二十四人分左右衣甲佩刀騎 前行繡鞍馬十二匹 甲馬八
匹 控軍士四十人立角紫寶祥花大袖衣假銀帶 景靈殿判官中道 淸道一人揷角紫衣紅
鞓束帶執杖子 軍士九人皂紗帽紫小袖衣束帶 行爐茶擔各一 軍士四人服與前行馬控軍
士同 彩羅幡十分左右 軍士二十人立角繡抹額隨幡色大袖衣銅鍍金帶 引將校二人放
角紫衣佩刀執旗 黃繡幡十分左右 軍士二十人 引將校二人衣服並同前 靑曲柄大傘

一中道 靑陽傘二分左右 拱鶴八人金畫帽子錦衣束帶 平輦一 引駕一人放角錦衣束
帶執杖子 護輦都將二人 將校二人分前後並放角錦衣束帶佩長刀 拱鶴三十二人立角
寶祥花衣假銀帶 銀毬仗四十 殿省南班員分左右紫公服紅鞓騎 御甲擔一中道 拱鶴
四人立角寶祥花大袖衣假銀帶 靑曲柄大傘一中道 黃傘一在左 紅傘一在右 拱鶴
八人金畫冒子錦衣束帶 輕輦一中道 引駕一人 護輦都將二人 將校二人 拱鶴四
十八人衣帶並如奉平輦人 銀粧長刀隊 領將校二人放角紫衣束帶佩刀執旗 軍士二十
人立角寶祥花大袖衣假銀帶 絞床水灌子各一分左右 軍士四人金畫冒子錦衣假銀帶 國
印書詔寶擔各一分左右 中書主寶吏一人紫衣皂鞓陪其後 軍士十六人立角紫寶祥花
大袖衣假銀帶 符寶郎一在道右具公服騎 中衛軍旗一在左 軍士二人衣甲兜牟 拱鶴
軍旗一在右 軍士二人衣服同前 靑龍幢二 白虎幢二 朱雀幢二 玄武幢二 紅繡
幢二 分左右 軍士二十人立角繡抹額大袖衣各隨幢色假銀帶 靑幢十 赤幢十 白幢十
黃幢十 黑幢十 分左右 軍士一百人服色同前 引將校二人服色與銀粧長刀隊將校同
銀骨朶子隊 領將校二人衣服同前 軍士四十人金畫冒子紫窄袖衣假銀帶 銀粧長刀隊
領將校二人放角紫衣束帶佩刀執旗 軍士二十人分左右立角寶祥花大袖衣假銀帶 銀斫
子紅羅號隊 領將校二人服執同前隊 軍士二十人紫羅冠緋羅背子綠羅汗衫紫繡包肚 絲
戟小旗槍隊 領將校二人服執同前隊 軍士四十人分左右衣鐵甲 銀斫子紅羅號四
軍士八人衣朱甲 莊嚴弓十二 將校十二人分左右放角錦衣束帶 戟幡四 軍士八人
衣白甲 罕一在左 畢一在右 軍士四人錦冒子錦衣紅鞓帶 靜鞭承旨四人分左右放角
錦衣束帶 節六 旌二 各分左右 旌節郎八人紫公服紅鞓騎 水精杖一在左 郎將一
員 鉞斧一在右 郎將一員並放角錦衣束帶 中禁班 領指諭二人放角錦衣束帶佩刀 行
首二人衣紫甲佩刀執旗 班士三十六人竝分左右衣紫甲佩刀先排執彈弓 都知班 領指
諭二人衣服與中禁指諭同 班士二十人分左右放角錦衣把黑鞢紅羅號斫子 行首二人佩刀
執旗 紅繡扇十二 孔雀扇四 蟠龍扇二 承旨三十六人分左右放角錦衣束帶 孔雀
傘二分左右 黃傘一在左 紅傘一在右 軍士十二人金畫帽子錦衣束帶 御牽龍二十
二人金畫帽子錦衣金塗銀束帶 御輅一中道 奉輅都將二人 將校二人放角錦衣束帶佩
刀 拱鶴一百五十人武弁冠緋寶祥花衣銅鍍金帶 銀斫子紅羅號四 郎將四人分左右
金畫帽子錦衣或別將充 內侍官分左右 御弓箭將軍一人中道錦衣束帶騎 承制員仗內

横行 雨傘二在玄武幢後 分左右 夾傘四人金畫帽子錦衣束帶 後行馬八匹 控軍
士十六人立角寶祥花大袖衣假銀帶 後擁馬四匹分左右 控軍士八人錦帽子寶祥花衣假
銀帶 左上將軍一人 右上將軍一人 千牛大將軍二人分左右並錦衣紅鞓騎 千牛備
身將軍四人 備身將軍四人分左右並衣紫甲佩長刀執旗騎 龍虎衛身隊 領都將二
人衣甲佩刀執旗騎 將校三十人衣甲佩刀執旗騎 軍士六百人弢鞬甲騎 白鐵甲小旗槍
隊 領都將二人 將校十二人並衣甲佩刀執旗 軍士二百人分左右 後殿祗應官分
左右 監察御史二人分左右 駕後金吾折衝都尉二人衣皮甲佩刀執旗騎 將校四人
衣服同上騎 軍士八十人衣鐵甲騎 玄武隊 領都將二人衣甲佩刀執旗 將校六人衣服同
前 軍士二百人衣甲翊衛鷹揚軍充 太僕馬二十四 控軍士四十人帽子小袖衣束帶 雨
傘二十 軍士二十人衣服同前 後殿領將軍一錦衣紅鞓束帶佩刀執旗騎 將校五人放角
紫衣佩長刀執旗 軍士一百人紫衣執長刀 郊廟則册祝教書樓子若干 在鹵簿赤龍大
旗之次 中道清道一人揷角紫衣執杖子 護樓子將校若干放角紫衣束帶佩刀執旗 軍士
若干立角緋大袖衣假銀帶 引駕教坊樂官一百人分左右放角紫公服紅鞓 安國伎一部
雜伎一部 各四十人分左右 高昌伎一部十六人在左 天竺伎一部十八人在右
宴樂伎一部四十人分左右 吹角軍一部二十人分左右 並在駕前立角紫寶祥花大
袖衣假銀帶 吹螺軍一部二十四人在駕後皂紗帽子紫衣假銀帶 駕後中道太子公侯伯
宰臣 左文班 右武班 郊廟親祀回駕 至儀鳳門頒德音 環列爲充庭之儀

5-2-1. 무릇 법가위장法駕衛仗[1]은 의종조에 상정하였다.[2]

3)-(1) 선배대先排隊에는 영장군領將軍이 1(인)이고-금의錦衣(비단 옷)에 띠를
두르고(속대束帶) 장도長刀(긴 칼)를 차며, 기를 들고(집기執旗) 말을 탄다-, 장교가
6인이며-방각모放角帽에 자주색 옷(자의紫衣)을 입고, 띠를 두르며(속대束帶), 칼을
차고 기旗를 든다-, 군사軍士는 100인으로 좌우에 나누어 선다-자의紫衣를
입고 장도長刀를 든다-.

3)-(2) 청유대淸遊隊에는 영장군領將軍이 2인이고-자의紫衣를 입고, 장도長刀
를 차며, 기를 들고(집기執旗) 말을 탄다-, 장교가 10인이며-자의紫衣에 띠를 두
르고(속대束帶) 칼을 차며 기旗를 들고 말을 탄다-, 군사는 200인이다-푸른색

옷(청의靑衣)을 입고, 매듭지어 풀리지 않도록 맨(동심결同心結) 활집(도건弢鞬)을 메며, 말을 탄다-.

3)-(3) 금오절충(대)金吾折衝(隊)에는 도위장군都尉將軍이 2인이고-자주색 갑옷(자갑紫甲)을 입고, 긴 칼(장도長刀)을 차며, 기旗를 들고 말을 탄다-, 장교가 4인이며-의복은 앞과 같다-, 군사는 80인이다-활집(도건弢鞬)을 메며, 철갑옷(철갑鐵甲)을 입고 말을 탄다-. 금오金吾의 과의·장교果毅將校는 2인이고-복색은 앞의 대隊와 같다-, 군사는 80인으로 좌우에 나누어 선다-갑옷을 입고 말을 타는 것은 절충대折衝隊와 같다-.

3)-(4) 행루여行漏輿는 하나로 길 가운데로 가는데 청도淸道가 1인이고-삽각揷角 모자에 자의紫衣를 입고 띠(대帶)를 두르며 막대(장杖)를 든다-, 군사가 8인이며-입각立角 모자에 자주색 보상화 무늬의 옷(자보상화의紫寶祥花衣)을 입고 가은대假銀帶를 두른다-, 태사국太史局의 이吏 2인이 좌우로 나누어 선다-방각모放角帽에 자의紫衣를 입는다-.

3)-(5) 우후차비대虞侯伙飛隊에는 영장교領將校가 2인이고-갑옷을 입고 칼을 차며 기를 들고 말을 탄다-, 군사는 48인으로 좌우에 나누어 선다-활집(도건弢鞬)을 메고 갑옷을 입으며 말을 탄다-.

3)-(6) 방패대防牌隊에는 영도장領都將이 2인이고-갑옷을 입고 칼을 차며 기를 들고 말을 탄다-, 장교가 6인이며-의복은 앞과 같다-, 군사는 100인이다-가죽 갑옷을 입고 작은 기가 달린 창을 지닌다-. 차비장교伙飛將校도 2인이고-철갑옷을 입고 기를 들며 말을 탄다-, 군사는 24인인데 좌우에 나누어 서며-갑옷을 입고 칼을 차며 말을 탄다-, 앞 줄(전행前行)에 수놓은 안장을 갖춘 말 12필과 갑옷을 두른 말 8필에 공군사控軍士는 40인이다-입각모立角帽에 자주색 보상화紫寶祥花 무늬가 있는 대수의大袖衣를 입고 가은대假銀帶를 두른다-.

3)-(7) 경령전景靈殿 판관判官은 길 가운데로 가는데, 청도淸道가 1인이고-삽각揷角 모자에 자의紫衣를 입으며 홍정대紅鞓帶를 두르고 막대(장杖)를 든다-, 군사는 9인이다-조사모皁紗帽(검은 깁 모자)에 자주색 소수의(자소수의紫小袖衣)

를 입고, 띠를 두른다(속대束帶) - .

행로行爐(가지고 다니는 화로)와 다담茶擔(다과 짐)은 각각 하나로, 군사는 4인이다 - 복식은 전행마前行馬의 공군사控軍士와 같다 - .

채라번彩羅幡(채색 비단의 표식기)은 10개로 좌우에 나누어 세우는데, 군사가 20인이고 - 입각모立角帽와 수놓은 머리띠(수말액繡抹額)에 채라번 색깔을 따른 대수의大袖衣를 입고 구리로 도금한 띠를 두른다 - , 인장교引將校(인도하는 장교)가 2인이며 - 방각모放角帽에 자의紫衣를 입으며, 칼을 차고 기를 든다 - , 황수번黃繡幡(누른 수를 놓은 표식기)도 10개로 좌우에 나누어 세우는데, 군사가 20인이고 인장교引將校도 2인이다 - 의복은 앞과 같다 - .

청곡병대산靑曲柄大傘(푸른색에 자루가 굽은 대산)은 1개로 길 가운데에, 청양산靑陽傘은 2개로 좌우에 나누어 세우는데 공학拱鶴은 8인이다 - 금화金畫(금분을 아교에 풀어 그린 그림) 모자에 비단 옷(금의錦衣)을 입고 띠를 두른다(속대束帶) -

평련平輦은 하나로 인가引駕는 1인이며 - 방각모放角帽에 금의錦衣를 입으며 띠를 두르고 막대(장자枚子)를 든다 - , 호련도장護輦都將 2인, 장교도 2인으로 앞 뒤에 나누어 서고 - 모두 방각모에 금의를 입으며 띠를 두르고 장도長刀(긴 칼)를 찬다 - , 공학拱鶴은 32인이다 - 입각立角 모자에 보상화寶祥花 무늬의 옷을 입고, 가은대假銀帶를 두른다 - .

은구장銀毬仗은 40개로 전성殿省의 남반원南班員이 좌우로 나누어 서며 - 자주색 공복公服에 홍정紅鞓을 띠고 말을 탄다 - , 어갑담御甲擔(왕의 갑옷을 담은 짐)은 하나로 길 가운데에 위치하는데 공학拱鶴은 4인이다 - 입각 모자에 보상화 무늬를 넣은 대수의大袖衣를 입고 가은대를 두른다 - .

청곡병대산靑曲柄大傘은 하나로 길 가운데에, 황산黃傘 하나는 왼쪽에, 홍산紅傘 하나는 오른쪽에 세우는데, 공학拱鶴은 8인이다 - 금화金畫 모자에 금의錦衣를 입고 띠를 두른다 - .

초요軺輻는 하나로 길 가운데에 위치하는데, 인가引駕는 1인이며, 호련도장護輦都將 2인, 장교도 2인이고, 공학拱鶴은 48인이다 - 의衣·대帶는 모두 평련平輦을 모시는 사람들과 같다-.

3)-(8) 은장장도대銀粧長刀隊에는 영장교領將校가 2인이고-방각放角 (모자)에 자주색 옷을 입고 띠를 두르며 칼을 차고 기를 든다-, 군사는 20인이다-입각 (모자)에 보상화 무늬를 넣은 대수의大袖衣를 입고 가은대假銀帶를 두른다-.

3)-(9) 교상絞床과 수관자水灌子(물 주전자)가 각각 하나씩으로, 좌우에 나누어 세웠는데, 군사는 4인이다-금의錦衣를 입고 가은대假銀帶를 두른다-.

국인國印과 조서용 어보御寶를 담은 짐(서조보담書詔寶擔)이 각각 하나씩으로, 좌우에 나누어 세우고, 중서성에서 어보를 주관하는 서리胥吏(중서주보리中書主寶吏)는 1인이며-자의紫衣에 조정皁鞓(검은 띠)을 두르고 그 뒤를 따른다-, 군사는 16인이다-입각모立角帽에 자보상화 대수의紫寶祥花大袖衣를 입고 가은대를 두른다-.

부보랑符寶郎은 1(인)으로 길 오른쪽에 둔다-공복公服을 갖추어 입고 말을 탄다-.

3)-(10) 중위군기中衛軍旗는 하나로 왼쪽에 두는데 군사는 2인이고-갑옷을 입고 투구를 쓴다-, 공학군기拱鶴軍旗도 하나로 오른쪽에 두는데 군사는 2인이다-앞과 같다-.

3)-(11) 청룡당靑龍幢이 2이고, 백호당白虎幢도 2, 주작당朱雀幢도 2, 현무당玄武幢도 2, 홍수당紅繡幢도 2로, 좌우에 나누어 세우는데 군사는 20인이다-입각모立角帽와 수놓은 머리띠(수말액繡抹額)에 각기 당幢의 색깔에 따른 대수의大袖衣를 입고 가은대假銀帶를 두른다-.

청당靑幢이 10이고, 적당赤幢도 10, 백당白幢도 10, 황당黃幢도 10, 흑당黑幢도 10으로 좌우에 나누어 세우는데, 군사는 100인이고-복색服色은 앞과 같다-, 인장교引將校는 2인이다-복색은 은장장도대銀粧長刀隊의 장교와 같다-.

3)-(12) 은골타자대銀骨朶子隊에는 영장교領將校가 2인이고-의복은 앞과 같다-, 군사는 40인이다-금화모자金畫冒子에 자착수의紫窄袖衣를 입고 가은대假銀帶를 두른다-.

3)-(13) 은장장도대銀粧長刀隊에는 영장교가 2인이고-방각 (모자)에 자주색
옷을 입고 띠를 두르며 칼을 차고 기를 든다-, 군사는 20인으로 좌우에 나누
어 선다-입각 (모자)에 보상화寶祥花 무늬를 넣은 대수의大袖衣를 입고 가은대假銀
帶를 두른다-.

3)-(14) 은작자홍라호대銀斫子紅羅號隊에는 영장교가 2인이고-복장·집물執
物은 앞의 대열과 같다-, 군사는 20인이다-자주색 나직(자라紫羅)의 관관冠에 붉
은 나직(비라緋羅)의 배자背子와 푸른 나직(녹라綠羅)의 한삼汗衫을 입고, 자주색의 무
늬(자수紫繡)를 넣은 포두包肚를 착용한다-.

3)-(15) 사극소기창대絲戟小旗槍隊에는 영장교領將校가 2인이고-복장·집물
執物은 앞의 대열과 같다-, 군사는 40인으로 좌우에 나누어 선다-철갑 옷을
입는다-. 은작자홍라호銀斫子紅羅號는 넷으로 군사가 8인이고-붉은 갑옷
(주갑朱甲)을 입는다-, 장엄궁莊嚴弓은 12개로 장교 12인이 좌우에 나누어
서며-방각모에 금의錦衣를 입고 띠를 두른다-, 극번戟幡은 넷으로 군사가 8
인이다-흰 갑옷(백갑白甲)을 입는다-.

한罕은 하나로 왼쪽에 두고, 필畢도 하나로 오른쪽에 두는데 군사가
4인이고-금모자錦冒子에 금의錦衣를 입고 홍정대紅鞓帶를 두른다-, 정편승지靜
鞭承旨도 4인으로 좌우에 나누어 선다-방각모에 금의錦衣를 입고 띠(대帶)를
두른다-.

절節은 6개이고 정旌은 2개로 각각 좌우로 나누어 세우는데 정절랑旌
節郞은 8인이다-자공복紫公服에 홍정紅鞓을 두르고 말을 탄다-.

수정장水精杖은 1개로 왼편에 두는데 낭장郞將이 1원-員이고, 월부鉞斧
도 1개로 오른편에 두는데 낭장郞將이 1원-員이다-모두 방각모에 금의錦衣
를 입고 띠를 두른다-.

3)-(16) 중금반中禁班에는 영지유領指諭가 2인이고-방각 (모자)에 금의錦衣를
입으며, 띠(대帶)를 두르고 칼을 찬다-, 행수行首도 2인이며-자주색 갑옷(자갑紫
甲)을 입고 칼을 차며 기를 든다-, 반사班士는 36인으로 모두 좌우에 나누어
선다-자주색 갑옷을 입고 칼을 차며 앞장에 배열된 (인원은) 탄궁彈弓을 지닌다-.

3)-(17) 도지반都知班에는 영지유領指諭가 2인이고-의복은 중금지유中禁指諭와 같다-, 반사班士는 26인으로 좌우에 나누어 서며-방각모에 금의錦衣를 입고 흑간홍라호작자黑幹紅羅號斫子를 지닌다-, 행수行首는 2인이다-칼을 차고 기를 든다-.

3)-(18) 홍수선紅繡扇(붉은 수를 놓은 부채) 12개, 공작선孔雀扇(공작을 그린 부채) 4개, 반룡선蟠龍扇(서리고 있는 용을 그린 부채) 2개에 승지承旨 36인이 좌우에 나누어 선다-방각모에 금의錦衣를 입고 띠(대帶)를 두른다-.

공작산孔雀傘 2개를 좌우에 나누어 세우고, 황산黃傘 1개는 왼편에, 홍산紅傘 1개는 오른편에 두는데, 군사는 12인이고-금화모자金畫帽子에 금의錦衣를 입고 띠를 두른다-, 어견룡御牽龍은 22인이다-은銀으로 도금한 띠(대帶)를 두른다-.

3)-(19) 어로御輅(왕의 수레) 1대가 길 가운데로 가는데 봉로도장奉輅都將(수레를 모시는 도장)이 2인이고 장교도 2인이며-방각 (모자)에 금의錦衣를 입으며 띠(대帶)를 두르고 칼을 찬다-, 공학拱鶴은 150인이다-무변관武弁冠에 비색緋色(붉은색) 보상화寶祥花 무늬를 넣은 옷을 입고 동銅(구리)으로 도금한 띠(대帶)를 두른다-. 은작자홍라호銀斫子紅羅號는 4개로 낭장郎將 4인이 좌우에 나누어 서고-금화모자金畫帽子에 금의錦衣를 입는데, 혹 별장으로 충원된다-, 내시관內侍官도 좌우에 나누어 선다. 어궁전장군御弓箭將軍(왕의 활과 화살 담당 장군)은 1인으로 길 가운데 서며-금의錦衣에 띠(대帶)를 두르고 말을 탄다-, 승제원承制員은 의장儀仗 대열의 안을 가로질러 간다. 우산雨傘은 2개로 현무당玄武幢의 뒤에 좌우로 나누어 세우고, 협산夾傘 (담당자는) 4인이다-금화모자金畫帽子에 금의錦衣를 입고 띠(대帶)를 두른다-.뒤 행렬(후행後行)의 말 8필에 공군사控軍士가 16인이고-입각立角 (모자)에 보상화 대수의寶祥花大袖衣를 입고 가은대假銀帶를 두른다-, 뒤를 옹위하는(후옹後擁) 말은 4필로 좌우에 나누어 세우는데 공군사控軍士는 8인이다-금모자錦帽子(비단 모자)에 보상화의寶祥花衣를 입고 가은대假銀帶를 두른다-. 좌상장군左上將軍 1인과 우상장군右上將軍 1인에 천우대장군千牛大將軍 2인이 좌우에 나누어 서고-모두

금의錦衣에 홍정紅鞓을 두르고 말을 탄다-, 천우비신장군千牛備身將軍 4인과 비신장군備身將軍 4인이 좌우에 나누어 선다-모두가 자주색 갑옷(자갑紫甲)에 장도長刀(긴 칼)를 차며 기旗를 들고 말을 탄다-.

3)-(20) 용호위신대龍虎衛身隊에는 영도장領都將이 2인이고-갑옷을 입고 칼을 차며 기를 들고 말을 탄다-, 장교가 30인이며-갑옷을 입고 칼을 차며 기를 들고 말을 탄다-, 군사는 600인이다-활집(도건弢鞬)을 메고 갑옷을 입으며 말을 탄다-.

3)-(21) 백철갑소기창대白鐵甲小旗槍隊에는 영도장領都將이 2인, 장교가 12인이고-모두가 갑옷을 입고 칼을 차며 기를 든다-, 군사는 200인으로 좌우에 나누어 서며, 후전지응관後殿祗應官(후전에서 왕명을 받드는 관원)도 좌우로 나뉘어 서고, 감찰어사監察御史 2인도 좌우로 나뉘어 선다.

3)-(22) 어가御駕 뒤에는 금오절충도위金吾折衝都尉가 2인이고-가죽 갑옷(피갑皮甲)을 입고 칼을 차며 기를 들고 말을 탄다-, 장교가 4인이며-의복은 위와 같고 말을 탄다-, 군사는 80인이다-철갑 옷을 입고 말을 탄다-.

3)-(23) 현무대玄武隊에는 영도장領都將이 2인이고-갑옷을 입고 칼을 차며 기를 든다-, 장교가 6인이며-의복은 앞과 같다-, 군사는 200인이다-갑옷을 입는데 익위翊衛 응양군鷹揚軍으로 충원한다-. 태복太僕의 말(태복마太僕馬)이 20필로 공군사控軍士는 40인이고-모자에 소수의小袖衣를 입고 띠(대帶)를 두른다-, 우산雨傘은 20개로 군사도 20인이다-의복은 앞과 같다-.

3)-(24) 후전後殿에 영장군領將軍이 1(인)이고-금의錦衣에 홍정대紅鞓帶를 두르고, 칼을 차며 기를 들고 말을 탄다-, 장교는 5인이며-방각放角 (모자)에 자의紫衣를 입으며 장도長刀를 차고 기를 잡는다-, 군사는 100인이다-자의紫衣를 입고 장도長刀를 지닌다-.

4) 교묘郊廟에서인즉 책축冊祝(축문)·교서敎書 등을 담는 층으로 된 함(누자樓子) 약간을 노부鹵簿인 적룡대기赤龍大旗 다음으로 길 가운데에 세우는데, 청도淸道는 1인이고-삽각揷角 (모자)에 자의紫衣를 입고 장자杖子(막대)를 지닌다-, 누자樓子를 호위하는 장교가 약간이며-방각 (모자)에 자의를 입고

띠(대帶)를 두르며, 칼을 차고 기를 든다-, 군사도 약간이다-입각立角 (모자)에
비(붉은)대수의緋大袖衣를 입고 가은대假銀帶를 두른다-.

인가引駕(수레를 끄는 사람)와 교방敎坊의 악관樂官 100인이 좌우에 나누
어 서며-방각放角 모자에 자주색 공복公服을 입고 홍정紅鞓을 두른다-, 안국기安
國伎 한 무리(1부一部)와 잡기雜伎 한 무리 각 40인이 좌우에 나누어 서고,
고창기高昌伎 한 무리 16인은 왼편에, 천축기天竺伎 한 무리 18인은 오른
편에 서며, 연락기宴樂伎 한 무리 40인은 좌우에 나누어 선다.

취각군吹角軍 한 무리 20인은 좌우로 나뉘어 모두 어가御駕 앞에 서고
-입각立角 (모자)에 자(자주색) 보상화 대수의紫寶祥花大袖衣를 입고 가은대假銀帶를
두른다-, 취라군吹螺軍 한 무리 24인은 어가 뒤에 선다-조사皂紗(검은 깁)
모자에 자의紫衣를 입고 가은대假銀帶를 두른다-.

어가御駕 뒤의 길 가운데에 태자太子와 공公·후侯·백伯·재신宰臣이 서는
데, 왼쪽에 문반文班, 오른쪽에 무반武班이 선다.

교묘郊廟에서 친히 제사를 지내고 어가御駕를 돌려 의봉문儀鳳門에 이
르러 덕음德音을 반포할 때에 대열을 둥글게하여 충정充庭의 의식을 거
행한다.

註 解 5-2-1-

-1) 凡法駕衛仗 : 법가法駕는 국왕이 의식을 위해 나갈 때 타는 수레의 하
   나를 말하거니와, 그에 따르는 의장儀仗·시위侍衛(5-1-1-1), 121쪽)의 규모
   에 따라 대가大駕·법가法駕·소가小駕로 구분되어 있었다.

-2) 毅宗朝 詳定 : 의종조에 상정하였다는 것은 앞서 설명했듯이(1-2-4, 26쪽
   및 5-1-1-2), 121쪽) 왕 15년(1161)경에 국가의 각종 제도와 문물을 전반적
   으로 정리한 예서禮書인 『상정고금례詳定古今禮』의 편찬을 지칭하여 한
   말로 생각되는데, 그때 제정된 법가위장法駕衛仗의 내용을 사안별로 구
   분하여 살펴보면 아래와 같았다.

-3)-(1) 先排隊 領將軍一 錦衣束帶佩長刀執旗騎 將校六人 放角紫衣束帶佩

刀執旗 軍士一百人 分左右 紫衣執長刀 : 선배대先排隊는 명칭 그대로 어가御駕 행렬의 맨 앞에 배열되어 위험 요소를 관찰·제거함으로써 행렬이 안전하게 진행되어 나갈 수 있도록 할 목적에서 설치한 부대로 생각된다.[①] 그리하여 여기에는 금의錦衣(비단 옷)에 띠를 두르고(속대束帶) 장도長刀(긴 칼)를 찬 데다가 깃발을 들고(집기執旗) 말을 탄 영장군領將軍(5-1-1-3)-(1), 121쪽) 1인의 지휘하에, 모체帽體 좌우에 각角(귀)이 달린 형태의 방각모자放角帽子(위와 같음)에 자주색 옷(자의紫衣)을 입고, 띠를 두른 위에다 칼을 차고 말을 탄 장교 6인과, 역시 자의紫衣에 장도長刀를 지닌 군사 100인이 좌우로 나뉘어 배치돼 있었다.

① 김낙진, 「高麗時代 禁軍의 組織과 性格－『고려사』 輿服志 儀衛條의 分析을 중심으로－」『國史館論叢』106, 2005.

-3)-(2) 淸遊隊 領都將二人 紫衣佩長刀執旗騎 將校十人 紫衣束帶佩刀執旗騎 軍士二百人 靑衣同心弢鞬騎 : 청유대淸遊隊에는 200명이나 되는 많은 군사들이 활집(도건弢鞬)을 메고 있는 것으로 볼 때 선배대先排隊 다음의 위치에서 어가御駕 행렬의 안전에 위협이 되는 요소의 제거에 대비하는 부대였던 것으로 짐작된다. 여기에는 자의紫衣에 장도長刀를 찬 데다가 기旗를 들고 말을 탄 영도장領都將(5-1-1-3)-(1), 121쪽) 2인의 지휘하에, 역시 자의紫衣에 띠를 두르고, 칼을 찬 데다가 기旗를 들고 말을 탄 장교 10인과 거듭 말하지만, 푸른색 옷(청의靑衣)에 두 번 코를 지어 맞춰서 풀리지 않게 맺은 매듭(동심결同心結)으로 된[①] 끈으로 묶은 활집(도건弢鞬)을 메고, 말을 탄 군사 200인이 소속하여 있었다.

①『국역 고려사』권17, 지 5, 경인문화사, 2011, 249·250쪽.

-3)-(3) 金吾折衝 都尉將軍二人 衣紫甲佩長刀執旗騎 將校四人 衣服同前 軍士八十人 弢鞬鐵甲騎 金吾果毅將校二人 服色同前隊 軍士八十人 分左右 甲騎與折衝隊同 : 이곳의 금오金吾는 중앙군인 2군 6위 가운데 하나로서 경찰부대로 알려진 금오위金吾衛(『고려사』권77, 백관지 2 서반西班)로 생각된다. 현재 그 금오위의 조직을 구체적으로 알 수는 없으나 그

안에는 아마 국왕의 호위를 위한 절충대折衝隊도 존재했던 모양이다. 절충折衝은 적의 창 끝을 꺾어 막는다는 의미이거니와, 금오절충대金吾折衝隊는 그처럼 어가 행렬의 갑작스러운 사변에 대비하는 부대였던 듯싶으며 그 도위都尉는 이 부대의 군관이었던 것 같다. 절충도위折衝都尉는 『고려사』 권78, 식화지食貨志 1 전제田制 전시과조田柴科條의 목종 원년 전시과 제9과에 중랑장(정5품)과 나란히 들어있기도 하다. 이곳 법가위장조의 「절충도위장군折衝都尉將軍」은 절충대의 도위가 장군(정4품)을 겸임하고 있어서 그와 같이 기술된 듯하거니와, 그들은 2인으로서 자주색 갑옷을 입고, 장도長刀를 찼으며, 기旗를 들고 말을 타도록 되어 있었다. 그리고 그 아래의 장교는 4인으로 의복은 앞과 같았으며, 군사는 80인인데, 활집(도건弢鞬)을 메고, 철갑을 입었으며, 말을 탔다.

금오과의金吾果毅는 역시 금오위의 과의로서, 당해 과의果毅도 위에 든 전시과조의 목종 원년 전시과 제10과에 낭장(정6품)과 나란히 들어 있거니와 「금오과의장교金吾果毅將校」라한 것은 여전히 금오위의 과의로서 장교를 겸하고 있다는 의미로 해석하는게 옳을 듯하다. 이 과의果毅·장교將校는 2인으로 복색은 앞의 대隊와 동일했으며, 그 밑의 군사는 80인으로 좌우로 나뉘어 섰는데 갑옷을 입고 말을 타는 것은 절충대와 마찬가지였다.

① 김낙진, 앞의 논문 166쪽.

-3)-(4) 行漏輿一 中道 淸道一人 揷角紫衣束帶執杖 軍士八人 立角紫寶祥花衣假銀帶 太史局吏二人 分左右 放角紫衣 : 물시계를 실은 수레인 행루여行漏輿는 1대로, 길 가운데로 가는데, 거기에는 뿔(각角)을 낸 모자인 삽각모揷角帽에 자의紫衣를 입고 띠를 두른 데다가 막대(장杖)를 든 청도淸道 1인과, 모체 좌우에 달린 각角(귀)이 위로 올라간 형태를 띤 입각立角 모자를 쓰고, 불교미술에서 흔히 쓰이는 상상의 꽃으로 인도에서 생겨나 중국을 거쳐 우리나라에도 전래된 보상화寶祥花 무늬를 넣은 옷을 입었으며(5-1-1-3)-(3), 125쪽), 가은대假銀帶를 두른 군사 8인과

함께 방각모放角帽(위의 (1)항)에 자의紫衣를 입은 태사국太史局의 이吏 2
인이 좌우로 나뉘어 배치돼 있었다. 이곳의 청도는 명칭으로 보아 길
을 깨끗하게 정리하는 일을 맡은 관원으로 짐작되며, 태사국은 측후測
候(기상 관측)와 각루刻漏(시각時刻) 등을 담당하는 관서였으므로(『고려사』
권76, 백관지 1 서운관書雲觀) 물시계와 관련하여 그 이吏도 배치된 것으로
생각된다.

-3)-(5) 虞侯伙飛隊 領將校二人 衣甲佩刀執旗騎 軍士四十八人 分左右 弢
鞬甲騎 : 우후虞侯는 척후를 맡아보는 직위이고 차비伙飛는 나는 듯 민
첩한 검사劍士·무관을 말하므로 역시 우후차비대虞侯伙飛隊는 불의의 변
고에 대비하는 시위군 부대로 생각된다. 그러므로 그의 상급 지휘관인
영장교領將校(5-1-1-3)-(1), 121쪽) 2인은 갑옷을 입고 칼을 차며 기旗를 들
고 말을 탔으며, 좌우에 나누어 선 군사 48인도 활집(도건弢鞬)을 메고
갑옷을 입었으며 말을 타도록 되어 있었다.

-3)-(6) 防牌隊 領都將二人 衣甲佩刀執旗騎 將校六人 衣服同前 軍士一百
人 衣皮甲持小旗槍 伙飛將校二人 鐵甲執旗騎 軍士二十四人 分左右
衣甲佩刀騎 前行繡鞍馬十二匹 甲馬八匹 控軍士四十人 立角紫寶祥花
大袖衣假銀帶 : 방패대防牌隊는 국왕의 신변을 보호하는 방패와 같은
역할을 맡은 부대라는 뜻에서 이같은 칭호가 붙여진 것 같다. 그런 연
유 때문인 듯 이곳의 영도장領都將(5-1-1-3)-(1), 121쪽) 2인과 장교 6인 및
군사들 모두가 갑옷을 착용하고 있다. 거기에다가 철갑옷을 입은 차비
장교伙飛將校(위의 (5)항) 2인까지 배치되고 그 예하의 군사 24인도 갑옷
을 입고 있는 것이다. 이들 앞 줄에는 수놓은 안장을 갖춘 말 12필과
갑옷을 두른 말 8필을 예비로 세우고 있으며, 그들 말을 다루는 공군
사控軍士 역시 40인이 배치되어 있었다. 공군사의 복식인 입각모立角帽·
자보상화 대수의紫寶祥花大袖衣·가은대假銀帶에 대해서는 5-1-1-3)-(3), 125
쪽 및 위의 (4)항 참조.

-3)-(7) 景靈殿判官 中道 淸道一人 揷角紫衣紅鞓束帶執杖子 軍士九人 皀

紗帽紫小袖衣束帶 行爐茶擔各一 軍士四人 服輿前行馬控軍士同 彩羅幡十 分左右 軍士二十人 立角繡抹額隨幡色大袖衣銅鍍金帶 引將校二人 放角紫衣佩刀執旗 黃繡幡十 分左右 軍士二十人 引將校二人 衣服並同前 靑曲柄大傘一中道 靑陽傘二分左右 拱鶴八人 金畫帽子錦衣束帶 平輦一 引駕一人 放角錦衣束帶執杖子 護輦都將二人 將校二人分前後 並放角錦衣束帶佩長刀 拱鶴三十二人 立角寶祥花衣假銀帶 銀毬仗四十 殿省南班員分左右 紫公服紅鞓騎 御甲擔一中道 拱鶴四人 立角寶祥花大袖衣假銀帶 靑曲柄大傘一中道 黃傘一在左 紅傘一在右 拱鶴八人 金畫冒子錦衣束帶 輻輬一中道 引駕一人 護輦都將二人 將校二人 拱鶴四十八人 衣帶並如奉平輦人 : 다른 항목들과 마찬가지로 법가에 따르는 몇몇 위장물衛仗物과 그에 수반된 인원들에 대한 기술이다.

먼저 길 가운데에 서는 경령전景靈殿 판관判官이 소개되고 있는데, 경령전은 알려진대로 태조太祖와 현종顯宗을 비롯한 선왕先王들의 진영眞影을 모셨던 전각으로, 그곳 판관을 백관지에서는 찾아볼 수 없으나 식화지 3, 권무관록權務官祿 문종 30년조에 사使·부사副使와 함께 10석 10두를 받는 관원으로 올라 있다(『고려사』 권80, 녹봉).[1] 그를 위한 청도淸道와 그가 쓴 삽각揷角 모자 등에 대해서는 위의 (4)항, 142쪽, 군사들의 복식인 조사모皂紗帽와 자소수紫小袖衣 등에 대해서는 5-1-1-3)-(1), 121쪽을 참조하면 되겠다.

다음은 가지고 다니는 화로인 행로行爐와 다과 짐인 다담茶擔이 따르는데, 이를 담당한 군사들의 복식은 전행마前行馬의 공군사控軍士(위의 (6)항)와 동일하였다.

이어지는 채색 비단으로 된 표식기인 채라번彩羅幡과 누른 수를 놓은 표식기인 황수번黃繡幡을 담당한 군사와 인도하는 장교인 인장교引將校들이 쓴 입각모立角帽와 방각모放角帽에 대해서는 5-1-1-3)-(3)·(1), 121·125쪽, 대수의大袖衣와 자의紫衣 등에 대해서도 앞의 (1)항을 참조하면 되겠다.

청곡병대산靑曲柄大傘은 명칭 그대로 푸른색에 자루가 굽은 큰 산傘으로서 길 가운데에 위치하고, 푸른 양산인 청양산靑陽傘은 좌우에 나누어 세웠는데, 이들은 공학拱鶴 8인이 담당하였다. 이곳의 공학은 금군禁軍의 하나인 공학군拱鶴軍을 말하는 것으로[2] 그들은 금분을 아교에 풀어 그린 그림을 넣은 금화모자金畵帽子를 쓰고 비단 옷(금의錦衣)을 입었으며 띠를 두르고 있었다.

다음 평련平輦은 국왕이 타는 수레의 하나로 그에 대한 제도는 앞서 살핀 왕 여로王輿輅 의종조毅宗條에 자세하게 전하고 있다(3-1-7, 104쪽). 여기에는 수레를 끄는 인가引駕 1인과 수레를 호위하는 도장(호련도장護輦都將)(5-1-1-3-(1), 121쪽) 2인, 장교 2인, 공학군 32인이 배치되었는데, 이들의 복식에 대해서는 위의 (4)항과 이곳 (7)에서 이미 언급한 바와 같다.

은구장銀毬仗과 그것을 지닌 전성殿省 남반원南班員 및 왕의 갑옷을 담은 짐인 어갑담御甲擔과 그것을 담당한 공학군, 그리고 이들의 복식은 5-1-1-3)-(6), 126쪽에서 살핀바 있으므로 역시 그것을 참조하면 되겠다.

청곡병대산靑曲柄大傘과 황산黃傘·홍산紅傘, 그리고 이들의 담당자인 공학군의 복식은 바로 위에서 언급한 내용과 대동소이하다.

초요련軺輶輦에 대해서도 3-1-7, 104쪽에서 자세하게 소개하였는데, 이곳의 평련平輦과도 거의 동일한 내용으로 되어 있다.

[1] 許興植, 「佛敎와 融合된 高麗王室의 祖上崇拜」『동방학지』 45, 1983 ; 『高麗佛敎史硏究』, 일조각, 1986, 61·62쪽.

　　박용운,『고려사 백관지 역주』, 신서원, 2009, 626쪽.

[2] 김낙진, 앞의 논문.

-3)-(8) 銀粧長刀隊 領將校二人 放角紫衣束帶佩刀執旗 軍士二十人 立角寶祥花大袖衣假銀帶 : 5-1-1-3)-(3), 125쪽 참조.

-3)-(9) 絞床水灌子各一 分左右 軍士四人 金畵冒子錦衣假銀帶 國印書詔寶擔各一 分左右 中書主寶吏一人 紫衣皂輕陪其後 軍士十六人 立角紫寶

祥花大袖衣假銀帶 符寶郞一在道右 具公服騎: 위장衛仗 가운데는 상상床
의 일종인 교상絞床과 물 주전자인 수관자水灌子도 포함되고 있는데, 여
기에는 군사 4인이 배치되어 있었다. 이들 군사가 쓰는 금화모자金畫冒
子에 대해서는 위의 (7)항에서 언급한 바와 같다.

국인國印과 어보御寶 역시 동행하는데 그 담당자는 중서주보리中書主寶
吏, 즉 중서문하성에서 어보를 주관하는 일을 맡은 서리로서, 주보注寶
가 바로 그 당해자였다고 생각된다(『고려사』 권76, 백관지 1 문하부門下府 연
속掾屬). 그리고 길 오른쪽에 배치되었던 부보랑符寶郞도 왕부王府 인신
印信을 관장하는 관원으로(『고려사』 권77, 백관지 2 제사도감각색諸司都監各色
인부랑印符郞) 뒤에 인부랑이라 호칭되기도 하거니와, 직위는 종6품 정
도였다. 이곳 군사들의 복식인 입각모立角帽나 자보상화 대수의紫寶祥花
大袖衣·가은대假銀帶 등에 대해서는 역시 위의 (7)항에서 살핀바 있다.

-3)-(10) 中衛軍旗一 在左 軍士二人 衣甲兜牟 拱鶴軍旗一 在右 軍士二人
衣服同前: 위의 (7)항에서 언급한바 금군禁軍의 하나인 공학군拱鶴軍과
같이 중위군中衛軍도 그런 부대라 짐작되는데, 이들 군기軍旗를 각각 좌
우에 세우고 있다. 그 담당자로 군사 2인씩이 배치되었거니와, 그들은
갑옷을 입고 투구를 착용하였다.

-3)-(11) 靑龍幢二 白虎幢二 朱雀幢二 玄武幢二 紅繡幢二 分左右 軍士二
十人 立角繡抹額大袖衣各隨幢色假銀帶 靑幢十 赤幢十 白幢十 黃幢十
黑幢十 分左右 軍士一百人 服色同前 引將校二人 服色與銀粧長刀隊將
校同: 당幢은 청색·홍색·백색 등 세 가지 색깔의 저사紵絲로 4겹의 처
마를 작은 일산日傘처럼 만든 위에 청색 생초生綃로 덮고 청룡이나 백
호·주작·현무 등을 그린 다음 사방 옆으로는 이두螭頭를 설치하고 유
소流蘇(기 등에 다는 술)를 드리우는 등의 몇몇 장식을 한 뒤에 당간幢竿
은 붉은 빛깔로 칠하고 아래쪽 끝은 쇠로써 장식한 것이다(『조선세종실
록朝鮮世宗實錄』 권132, 5례五禮·가례 서례嘉禮序例 노부鹵簿 284·285쪽, 이 책 287
쪽). 그리하여 이곳 법가위장에서는 그들 청룡당靑龍幢·백호당白虎幢·주

작당朱雀幢·현무당玄武幢과 붉은색의 수를 놓은 홍수당紅繡幢을 각각 좌
우로 나누어 한 개씩 세우고 있지마는, 그에 배당된 군사는 20인이었
다. 이들 군사는 입각모立角帽와 수놓은 머리띠(수말액繡抹額)에 각 당幢
의 색깔에 따른 대수의大袖衣를 입고 가은대假銀帶를 두르고 있었는데,
이에 대해서는 위의 (7)항에서도 다룬바 있다.

　다음에 청당靑幢과 적당赤幢·백당白幢·황당黃幢·흑당黑幢은 각각 10개
씩으로 좌우에 나누어 세웠는데, 이들 각 당幢의 5색色은 중앙을 의미
하는 황黃을 중심으로 하여 청은 동방, 백은 서방, 적은 남방, 흑은 북
방 등 5방方을 나타내기도 하였다. 이곳에는 군사가 모두 100인이 배
치되었지마는 그들 복색服色은 앞의 청룡당 등과 동일하였으며, 2인이
배치된 인장교引將校의 복색은 은장장도대銀粧長刀隊의 장교(위의 (8)항,
145쪽)와 같았다.

-3)-(12) 銀骨朵子隊 領將校二人 衣服同前 軍士四十人 金畵冒子紫窄袖衣
假銀帶 : 은골타자대銀骨朵子隊는 대관전의 조회의장朝會儀仗에도 설치되
었고(5-1-1-3)-(4), 125쪽), 거기에 배치된 영장교의 숫자(2인)와 복식·장비
(방각모放角帽·자의紫衣·속대束帶·패도佩刀·집기執旗 ; 이곳의 앞前이란 위의 (8)항
은장장도대銀粧長刀隊의 영장교領將校를 뜻한다)도 동일하지마는, 그러나 군사
숫자는 훨씬 많고 복식 역시 좀 달라서 금화모자金畵帽子(위의 (7)항, 144
쪽)에 자주색의 소매가 좁은 옷(자착수의紫窄袖衣)을 입고 가은대假銀帶를
둘렀다.

-3)-(13) 銀粧長刀隊 領將校二人 放角紫衣束帶佩刀執旗 軍士二十人分左右
立角寶祥花大袖衣假銀帶 : 위의 (8)항과 동일한 부대이다.

-3)-(14) 銀斫子紅羅號隊 領將校二人 服執同前隊 軍士二十人 紫羅冠緋羅
背子綠羅汗衫紫繡包肚 : 대관전의 조회의장朝會儀仗에는 흑간작자홍라
호대黑簳斫子紅羅號隊가 설치되었던데(5-1-1-3)-(5), 125쪽) 대해 여기서는
'흑간작자'대신에 '은작자銀斫子'라는 점만 다를뿐(5-3-1-3)-(9)항을 참작할
때 이곳의 '은작자'는 '은간작자銀簳斫子'와 같은 것으로 생각됨), 나머지는 거의

동일한 내용으로 되어 있다. 영장교領將校도 2인으로 같고 이들의 복장·집물執物도 동일하며(위의 (13)항 은장장도대의 영장교와도 동일함), 숫자가 좀 늘어난 군사들의 복식도 거의 같으나 단지 전자가 자관紫冠인데 비해 이곳은 자라관紫羅冠, 또 홍배자紅背子에 비해 비라배자緋羅背子, 녹라한삼綠羅汗衫이라는 부분은 동일하며, 여기에는 그 뒤에 자수포두紫繡包肚가 추가되어 있을 뿐인 것이다. 포두包肚는 앞서 언급한 일이 있듯이(2-1-2, 32쪽) 배싸개, 즉 배가리개를 말한다.

-3)-(15) 絲戟小旗槍隊 領將校二人 服執同前隊 軍士四十人 分左右 衣鐵甲銀斫子紅羅號四 軍士八人 衣朱甲 莊嚴弓十二 將校十二人 分左右 放角錦衣束帶 戟幡四 軍士八人 衣白甲 罕一在左 畢一在右 軍士四人 錦冒子錦衣紅鞓帶 靜鞭承旨四人 分左右 放角錦衣束帶 節六 旌二 各分左右 旌節郎八人 紫公服紅鞓騎 水精杖一在左 郎將一員 鉞斧一在右 郎將一員 竝放角錦衣束帶 : 사극소기창대絲戟小旗槍隊는「작은 '극戟'으로 만들고 (거기에) 작은 기를 단 창」을 지닌 부대라는 뜻인듯한데 명확치는 않다. 여기에는 영장교領將校 2인이 배치되었는데 그들 복장·집물執物은 은장장도대 등의 영장교와 동일했으며 40명의 군사는 철갑옷을 입도록 되어 있었다.

　다음 은작자홍라호銀斫子紅羅號는 바로 위의 (14)항목에서 다루었고, 장엄궁莊嚴弓은 5-1-1-3)-(1), 121쪽에서 소개한바 있는데, 후자를 맡은 장교와 그들 복식은 일치하나 전자의 경우는 많이 달라서 이곳의 군사 8인은 주갑朱甲(붉은 갑옷)을 입도록 하고 있다. 이어지는 극번戟幡은 창에 단 표식기로서 여기에 배치된 8인은 백갑白甲(흰 갑옷)을 입었다.
　한罕과 필畢에 대해서도 역시 대관전의 조회의장朝會儀仗(5-1-1-3)-(1), 121쪽)에서 다룬바 있지마는, 그것을 담당한 군사가 4인이라는 점은 동일하나 복식은 여전히 많이 달라서 여기서는 금모자錦帽(冒)子(비단 모자)에 금의錦衣(비단 옷)를 입고 홍정대紅鞓帶를 두르도록 하고 있으며, 추가로 방각모放角帽에 금의錦衣를 입고 띠를 두른 정편승지靜鞭承旨 4인이

더 배치되고 있다. 정편승지는 정숙을 유지시킬 목적에서 채찍을 지닌 인원으로, 바로 조회의 의례儀禮를 관장한 통례문通禮門(각문閣門) 소속의 승지(『고려사』 권76, 백관지 1)를 말한게 아닐까 짐작된다

다음에 절節 6개와 정旌 2개를 좌우에 나누어 세우고 있는데, 전자는 붉은 색으로 물들인 상모象毛로써 만드는데, 무릇 7층으로서 매 층마다 위에 도금한 구리의 덮개를 설치하고 연꽃을 새겨서 붉은 색깔을 칠한 간두竿頭의 용구龍口 고리에 매어 단 의장용 장식물의 일종이다(『조선세종실록朝鮮世宗實錄』 권132, 5례五禮·가례 서례嘉禮序例 노부鹵簿 285쪽, 이 책 288쪽). 그리고 정旌 역시 홍색·흑색·백색 등 세 가지 빛깔의 저사紵絲로서 3겹의 처마를 작은 일산과 같이 만드는데, 무릇 5층으로서 매 층마다 위에는 도금한 구리의 덮개를 설치하고 연꽃을 새기며, 가죽으로 꿰어서 간두竿頭의 용구龍口 고리에 매어 단 의장용 기의 하나를 말한다(『조선세종실록朝鮮世宗實錄』 권132, 5례五禮·가례 서례嘉禮序例 노부鹵簿 285쪽, 이 책 288쪽). 이들을 위해 자공복紫公服에 홍정紅鞓을 두르고 말을 탄 정절랑旌節郎 8인이 배치되어 있었다.

이어지는 수정장水精杖과 월부鉞斧는 대관전의 조회의장朝會儀仗(5-1-1-3)-(1), 121쪽)에서 소개한 바와 같은데, 다만 이곳은 그들의 담당자가 도장都將이 아니라 낭장郎將(정6품)으로, 옷도 자의紫衣가 아니라 금의錦衣로 되어 있다

-3)-(16) 中禁班 領指諭二人 放角錦衣束帶佩刀 行首二人 衣紫甲佩刀執旗 班士三十六人竝分左右 衣紫甲佩刀先排執彈弓 : 대관전 조회의장朝會儀仗에 배치된 중금반中禁班과 동일한 부대인데(5-1-1-3)-(7), 127쪽), 다만 이곳의 영지유는 자의紫衣가 아니라 금의錦衣를 입고 있으며, 행수도 자의가 아닌 자갑紫甲을 입고 있고, 반사의 경우 인원이 대폭 증가되어 있을 뿐더러 복장 또한 자의가 아니라 자갑을 입고 있는 등의 작은 차이점을 보이고 있다.

-3)-(17) 都知班 領指諭二人 衣服與中禁指諭同 班士二十人 分左右 放角錦

衣把黑幹紅羅號斫子 行首二人 佩刀執旗: 역시 대관전 조회의장朝會儀
仗에 배치된 도지반都知班과 동일한 부대인데(5-1-1-3)-(8), 128쪽), 이곳에
서도 바로 위에서 살핀 중금반에서와 거의 같은 차이점을 보이고 있
다. 참고로 이곳의 흑간홍라호작자는 3)-(14)에서 언급되고 있으며, 또
행수와 반사의 기술 순서가 어떤 착오로 인해 뒤바뀌어 있는 듯싶어
첨언하여 둔다.

-3)-(18) 紅繡扇十二 孔雀扇四 蟠龍扇二 承旨三十六人 分左右 放角錦衣束
帶 孔雀傘二分左右 黃傘一在左 紅傘一在右 軍士十二人 金畫帽子錦衣
束帶 御牽龍二十二人 金畫帽子錦衣金塗銀束帶: 위장물衛仗物 가운데
공작이나 용 등의 무늬를 그려넣은 부채(『조선세종실록朝鮮世宗實錄』 권
132, 5례五禮·가례 서례嘉禮序例 노부鹵簿 288·289쪽, 이 책 288쪽)와 무늬 또는
색깔을 달리하는 양산陽傘(陽繖)(『조선세종실록朝鮮世宗實錄』 권132, 5례五禮·
가례 서례嘉禮序例 노부鹵簿 288쪽, 이 책 289쪽)에 대한 기술이다. 이 관계의
일을 맡아본 인원 가운데 승지承旨의 경우 추밀원樞密院(밀직사密直司)의
정3품으로 편제되어 있는(『고려사』 권76, 백관지 1) 당사자는 아닌 듯싶고,
조회의 의례儀禮를 관장한 통례문通禮門(각문閣門)의 이속吏屬이던 승지 4
인(위와 같음)과 빈객賓客에 대한 연향燕享을 관장한 예빈시禮賓寺의 이속
이던 승지 4인(위와 같음) 또는 내구內廐를 관장하던 봉거서奉車署(상승국
尙乘局)의 이속이던 승지 50인, 그중에서도 후자가 그들이지 않았을까
짐작이 되나 분명치는 않지만, 다른 한 부류인 어견룡御牽龍은 금군禁軍
의 하나인 견룡군牽龍軍이었음에 틀림이 없을 것 같다.[1] 복식의 하나
인 금화모자金畫帽子에 대해서는 위에서 몇 차례 언급한 바와 같다.
① 김낙진, 앞의 논문.

　　　宋寅州,「高麗時代의 牽龍軍」『대구사학』 49, 1995.

-3)-(19) 御輅一中道 奉輅都將二人 將校二人 放角錦衣束帶佩刀 拱鶴一百
五十人 武弁冠緋寶祥花衣銅鍍金帶 銀斫子紅羅號四 郞將四人 分左右
金畫帽子錦衣或別將充 內侍官分左右 御弓箭將軍一人 中道 錦衣束帶

騎 承制員仗內橫行 雨傘二在玄武幢後 分左右 夾傘四人 金畫帽子錦衣
束帶 後行馬八匹 控軍士十六人 立角寶祥花大袖衣假銀帶 後擁馬四匹
分左右 控軍士八人 錦帽子寶祥花衣假銀帶 左上將軍一人 右上將軍一
人 千牛大將軍二人 分左右 並錦衣紅鞓騎 千牛備身將軍四人 備身將軍
四人 分左右 並衣紫甲佩長刀執旗騎 : 국왕이 타는 수레인 어로御輅와
그것을 모시는 도장都將(5-1-1-3)-(1), 121쪽)과 장교, 그리고 그에 배치된
금군인 공학군拱鶴軍에 대한 설명이다. 그들 공학군은 150명이나 되고
있는데, 이들이 착용하는 무변관武弁冠은 무관들을 위한 관冠의 일종으
로 이해된다. 이어지는 은작자홍라호銀斫子紅羅號는 위의 (14)·(17)항에
서 다룬바 있지마는, 나머지 사안들도 이미 대략 살핀 내용으로 특히
후행마後行馬와 공군사控軍士 등에 대해서는 위의 -3)-(6), 143쪽을, 상
장군上將軍과 천우대장군千牛大將軍·천우비신장군千牛備身將軍·비신장군備
身將軍 등에 대해서는 5-1-1-3)-(9) 및 -4), 128·129쪽을 참조하면 이해
가 가능할 것 같다.

-3)-(20) 龍虎衛身隊 領都將二人 衣甲佩刀執旗騎 將校三十人 衣甲佩刀執
旗騎 軍士六百人 弢鞭甲騎 : 용호위신대龍虎衛身隊는 명칭 그대로 국왕
의 친위군親衛軍으로 편제되어 있던 경군京軍 2군 가운데 하나인 용호
군龍虎軍(『고려사』 권77, 백관지 2 서반西班)으로서 왕의 신변 호위를 전담한
부대로 생각된다.[1] 그런 관계 때문인 듯 지휘관인 영도장領都將(5-1-1-3)-
(1), 121쪽) 2인을 비롯하여 장교 30명과 군사 600명까지 모두가 갑옷을
입고 말을 타고 있기도 하다. 그런데다가 보다시피 숫자 또한 다수에
이르고 있다는 점 역시 주목할만하다.

　① 김낙진, 앞의 논문.

-3)-(21) 白鐵甲小旗槍隊 領都將二人 將校十二人 並衣甲佩刀執旗 軍士二
百人 分左右 後殿祗應官分左右 監察御史二人分左右 : 백철갑소기창대
白鐵甲小旗槍隊는 명칭으로 미루어 백철白鐵 갑옷을 입고 작은 깃발을 단
창을 지닌 위장衛仗 부대의 하나로서, 영도장領都將(5-1-1-3)-(1), 121쪽) 2

인과 장교 12인이 모두 갑옷을 입고 칼을 차고 있으며 휘하의 군사도 200인이나 되고 있다. 그리고 후전後殿에서 왕명을 받드는 관원 2인과 감찰어사 2인이 좌우로 나뉘어 서는데, 후자는 시정時政의 논집論執과 백관百官들에 대한 규찰·탄핵 등을 맡고 있는 감찰사監察司(어사대御史臺)의 종6품 직위이다(『고려사』 권76, 백관지 1 사헌부司憲府).

① 金塘澤, 「武臣執權時代의 軍制」 『高麗軍制史』, 육군본부, 1983.
　　김낙진, 앞의 논문.

-3)-(22) 駕後金吾折衝都尉二人 衣皮甲佩刀執旗騎 將校四人 衣服同上騎 軍士八十人 衣鐵甲騎 : 어가御駕의 뒤를 호위하는 금오절충대金吾折衝隊에 관한 것인데, 그 금오절충대와 이곳 군관이던 도위都尉 및 그들의 복식·집물執物에 대해서는 앞의 (3)항, 141쪽 참조.

-3)-(23) 玄武隊 領都將二人 衣甲佩刀執旗 將校六人 衣服同前 軍士二百人 衣甲翊衛鷹揚軍充 太僕馬二十匹 控軍士四十人 帽子小袖衣束帶 雨傘 二十 軍士二十人 衣服同前 : 현무대玄武隊에는 영도장領都將(5-1-1-3)-(1), 121쪽)이 2인이고, 장교가 5인이며, 군사는 200인인데, 그 군사가 익위翊衛 응양군鷹揚軍으로 충원된다고 한 점으로 보아 국왕의 친위군인 경군京軍 2군 가운데 하나인 응양군鷹揚軍(『고려사』 권77, 백관지 2 서반西班) 바로 그곳 소속원으로 편성된 부대로 생각된다.[1] 이어지는 태복마太僕馬는 임금이 타는 수레와 말 등을 관리하는 관서官署인 태복시太僕寺(사복시司僕寺)(『고려사』 권76, 백관지 1)와 그곳 말을 말하는 것 같다.

① 김낙진, 위의 논문.

-3)-(24) 後殿領將軍一 錦衣紅鞓束帶佩刀執旗騎 將校五人 放角紫衣佩長刀 執旗 軍士一百人 紫衣執長刀 : 어가 행렬의 맨 뒷부분을 담당하는 부대라는 뜻에서 후전대後殿隊라고 칭한 듯하다.[1] 여기에는 영장군領將軍(5-1-1-3)-(1), 121쪽) 1인에 장교가 5인, 군사 100인이 편성되어 있었는데, 그들 복식·집물執物은 앞의 부대들과 대동소이하다.

① 김낙진, 위의 논문.

-4) 郊廟 則册祝敎書樓子若干 在鹵簿赤龍大旗之次 中道 淸道一人 揷角紫
衣執杖子 護樓子將校若干 放角紫衣束帶佩刀執旗 軍士若干 立角緋大
袖衣假銀帶 引駕敎坊樂官一百人分左右 放角紫公服紅鞓 安國伎一部
雜伎一部 各四十人 分左右 高昌伎一部十六人在左 天竺伎一部十八人
在右 宴樂伎一部四十八人分左右 吹角軍一部二十人分左右 並在駕前 立
角紫寶祥花大袖衣假銀帶 吹螺軍一部二十四人在駕後 皂紗帽子紫衣假
銀帶 駕後中道 太子公侯伯宰臣 左文班 右武班 郊廟親祀回駕 至儀鳳
門頒德音 環列爲充庭之儀 : 교묘郊廟에 국왕이 친히 제사를 지내기 위
해 나가는 법가法駕의 위장衛仗에 대한 것으로, 책축册祝(축문)·교서敎書
등을 담은 층으로 된 함인 누자樓子가 노부鹵簿의 하나인 적룡대기赤龍
大旗 다음의 길 가운데에 섰다는 데서부터 기술하고 있다. 노부鹵簿는
의장儀仗을 갖춘(노鹵) 국왕 거둥 때의 행렬(부簿),[①] 또는 「궁중 행사 때
사용한 각종 물품과 편성 인원 및 운용 방식」을[②] 말하는 것으로서 알
려져 있지마는, 거기에 동원된 적룡대기 다음에 누자樓子가 위치했음
을 알 수 있다. 이를 위해 길을 깨끗하게 정리하는 일을 맡은 청도淸道
(앞의 (4)항, 142쪽) 1인과 누자를 호위하는 장교 약간 명에, 군사도 몇
명 배치되고 있는데, 이들이 쓰는 삽각揷角 모자와 방각放角 또는 입각
立角 모자, 그리고 대수의大袖衣 등에 대해서는 위에서 여러 차례에 걸
쳐 언급한 바와 같다.

이어서 어가御駕를 끄는 인가引駕와 가무歌舞를 담당한 기관인 교방敎
坊의[③] 악관樂官 100여 명이 좌우에 서며, 그 뒤를 10여 명 내지 40명으
로 구성되어 각종 가무인 안국기安國伎·잡기雜伎·고창기高昌伎·천축기天
竺伎·연락기宴樂伎를 직접 베푸는 인원이 따랐다. 그리고 악기樂器로는
관악기를 부는 부대라할 취각군吹角軍이 어가의 앞에 서고, 소라 모양
으로 생긴 취주악기를 부는 부대인 취라군吹螺軍이 어가 뒤에 섰다.

고위직자로는 어가 뒤의 길 가운데에 태자와 함께 공작·후작·백작
(모두 정1품) 등의 작위爵位(『고려사』 권77, 백관지 2 작爵)를 받은 인원과 재

신宰臣(종2품 이상관)(『고려사』 권76, 백관지 1 문하부門下府)이 위치하는데 문반은 왼쪽에, 무반은 오른쪽에 서도록 되어 있었다.

교묘郊廟에서 제사를 마치고 돌아옴에 미쳐 궁궐 내의 문門인 의봉문儀鳳門(신봉문神鳳門)에④ 이르러 덕음德音을 반포할 때에는 국왕의 행차가 밖으로부터 돌아오면 의장 대렬을 한곳에 둥글게 집합시키도록 하는 의식인 충정充庭을 거행하였다.

① 白英子, 『우리나라 鹵簿儀衛에 관한 硏究-儀仗, 儀禮服의 制度 및 그 象徵性을 中心으로-』, 이화여대 박사학위논문, 1985, 序論.

② 『국역 고려사』 권17, 지 5, 경인문화사, 2011, 255·256쪽.

③ 김창현, 「고려시대 음악기관에 대한 제도사적 연구」, 『國樂院論文集』 12, 2000.

박용운, 『고려사 백관지 역주』, 신서원, 2009, 397~399쪽.

④ 박용운, 「開京 定都와 시설」, 『고려시대 開京 연구』, 일지사, 1996, 27~33쪽.

原文 5-2-2. 高宗十二年九月 王幸乾聖寺 崔瑀在其家樓上 望見駕前拱駕軍 着黑帽 曰 此亦近衛 不宜着黑帽 因奏請 盖陪拱鶴軍依牽龍例 着金畫帽 從之 非法駕着金畫帽始此

5-2-2. 고종 12년 9월에 왕이 건성사乾聖寺로 행차하는데 최우崔瑀가 자기 집 누각 위에서 어가御駕 앞의 공가군拱駕軍이 검은 모자(흑모黑帽)를 쓴 것을 바라보고는 말하기를, "이들 역시 근위近衛인데 검은 모자를 쓰는 것은 마땅치 않다"고 하고 인하여 아뢰어 청하기를, "배행陪行하는 공학군拱鶴軍도 견룡牽龍의 예에 따라 금화모金畫帽를 착용토록 하십시오" 하니 좇았다. 법가法駕가 아닌데도 금화모를 쓰는 것은 여기에서 비롯되었다.[1]

註 解 5-2-2-

-1) 高宗十二年九月 王幸乾聖寺 崔瑀在其家樓上 望見駕前拱駕軍着黑帽
日 此亦近衛 不宜着黑帽 因奏請 盖陪拱鶴軍依牽龍例 着金畫帽 從之
非法駕着金畫帽 始此 : 법가法駕가 아닌데도 배행陪行하는 군사들이 금
화모金畫帽(5-2-1-3)-(7), 145쪽)를 착용하게 된 시말에 관한 기사이다. 즉,
사찰로 가는 국왕의 어가를 모시는 공가군拱駕軍이 검은 모자를 쓴 것
을 본 당시의 무인집정武人執政 최우가 그들도 근위군近衛軍이니 견룡군
牽龍軍과 마찬가지로 금화모金畫帽를 쓰도록 하는게 마땅하다고 건의하
여 그처럼 되었다는 것이다. 이곳의 공가군은 그 뒤의 설명에 비추어
어떤 다른 근위군이 아니라 어가를 모신 공학군拱鶴軍(위와 같은 항목 참
조)이라는 뜻에서 그처럼 표기한 것 같다.

原文 5-2-3. 忠烈王二十七年五月 黃傘僭擬上國 以紅傘代之 遂除舞蹈警蹕
之禮 三十年復用黃傘

5-2-3. 충렬왕 27년 5월에, 황산黃傘은 상국(원나라)과 비길만한 참람한
것이라 하여 홍산紅傘으로 대신토록 하고, 드디어 무도舞蹈·경필警蹕의
의례도 없앴다. 30년에 다시 황산을 사용토록 하였다.[1]

註 解 5-2-3-

-1) 忠烈王二十七年五月 黃傘僭擬上國 以紅傘代之 遂除舞蹈警蹕之禮 三
十年復用黃傘 : 양산의 색깔 문제는 복색服色을 가지고도 비슷한 조처
가 있었던 것에서(2-3-4-1), 49쪽) 그 연유와 시말을 이해할 수 있다. 한
편 무도舞蹈와 경필警蹕은 왕 27년에 아주 없어지는데, 전자는 신하가
임금 앞에서 기뻐 발을 구르며 춤추는 행위를 말하며, 후자는 왕이 거
둥할 때에 경호를 위해 행인을 경계하고 교통을 차단시키는 것을 말
한다.

5-3. 연등 위장燃燈衛仗

原文 **5-3-1.** 上元燃燈 奉恩寺眞殿親幸衛仗 毅宗朝詳定 先排隊 領將軍一錦衣束帶佩刀執旗騎 將校六人放角紫衣束帶佩刀執旗 軍士一百人 分左右紫衣把長刀 清遊隊 領都將二人紫衣束帶佩刀執旗騎 將校六人衣服同前 軍士一百人青衣同心弢韈騎 防牌隊 領將校十人衣甲佩刀執旗 軍士二百人 分左右衣甲白斡小旗槍 白甲隊 領都將二人 將校十人衣服同前隊 軍士一百五十人 分左右衣鐵甲把小旗槍 銀骨朶子隊 領將校二人放角紫衣佩刀執旗 軍士四十人 分左右皂紗帽子紫小袖衣 景靈殿判官 中道 淸道一人揷角紫衣執杖子 軍士九人皂紗帽子紫小袖襴衫假銀帶 行爐茶擔中道 軍士四人立角寶祥花大袖衣假銀帶 前行馬十四匹 引將校二人放角紫衣佩刀執旗 拱軍士二十八人 分左右服同行爐茶擔軍士 銀粧長刀隊 領將校二人服執同銀骨朶子隊 軍士二十人 分左右服同前行馬控軍士 絞床水灌子各一 分左右 軍士四人錦帽子錦衣假銀帶 御甲擔一 中道 軍士四人服同銀粧長刀隊 銀斡斫子紅羅號隊 領將校二人服同銀粧長刀隊 軍士二十人 分左右紫羅冠紅背子綠羅汗衫紫繡包肚 國印書詔寶擔各一 分左右 軍士十二人皂紗帽子小袖襴衫假銀帶 銀毬杖四十 殿省南班員分左右紫公服紅鞓騎 莊嚴弓十二 將校十二人 分左右放角錦衣束帶 次左右侍臣罕一在左 畢一在右 軍士四人錦帽子錦衣束帶 戟幡四 軍士四人 分左右白甲兜牟紅羅號銀斫子四 軍士四人 分左右衣朱甲 孔雀傘一 中道 軍士四人金畫帽子錦衣束帶 黃傘一在左 紅傘一在右 各軍士二人衣服同前 引駕一人放角錦衣束帶執杖子 平兜鍪一 中道 護鍪都將二人 將校二人放角錦衣束帶佩刀 軍士三十二人服同御甲擔 紅繡扇十二 孔雀扇四 盤龍扇二 各分左右 承旨十八人放角錦衣束帶 水精杖一在左 鉞斧一在右 郎將各二人服同前 靜鞭承旨四人服同前 節六 旌二各分左右 旌節郎八人紫公服紅鞓騎 孔雀傘一 中道 軍士四人金畫帽子錦衣束帶 黃傘一在左 紅傘一在右 各軍士二人衣服同前 引駕一人服執同平兜鍪引駕 軺輵鍪一中道 護鍪都將二人 將校二人 軍士四十八人衣服與護平鍪人同 中禁班 領指諭二人放角錦衣束帶佩刀 行首二人衣紫甲佩刀執旗 班士二十人衣甲十二人佩刀先排八人執彈弓 都知班 領指諭二人衣服與中禁指諭同 行首二人放角錦衣束帶佩刀執旗 班士二

十人放角錦衣束帶把黑幇紅羅號斫子 御牽龍二十二人金畫帽子錦衣束帶 紅羅號銀斫子
四 郎將四人金畫帽子錦衣束帶 內侍官分左右 御弓箭將軍一人 中道錦衣束帶騎
承制員伏內橫行 左右上將軍二人錦衣紅鞓騎 左右千牛大將軍二人衣服同前 千
牛備身將軍四人 備身將軍四人 各分左右錦衣束帶佩刀騎 後殿祗應官分左右
監察御史二分左右 玄武隊 領都將二人衣紫甲佩刀執旗 將校十人衣服同前 軍士
一百人 分左右衣皮甲把長刀 後行馬四匹 控軍士八人皂紗帽子小袖衣腰帶 衛身馬
隊 領都將二衣甲佩刀執旗騎 將校二人分左右服執同上騎 軍士四百人 分左右弢韃
甲騎 後殿隊 領將軍一放角錦衣佩刀執旗騎 將校五人紫衣束帶佩刀執旗 軍士一百人
分左右紫衣執刀 引駕教坊樂官一百人 分左右 安國伎雜伎各四十人 分左右
吹角軍士十六人 分左右 並在駕前 吹螺軍士二十四人 在駕後

5-3-1. 상원上元(정월 보름날) 연등燃燈에 봉은사奉恩寺 진전眞殿으로 친히
거둥할 때의 위장衛仗은[1] 의종조에 상정詳定하였다.[2]
3)-(1) 선배대先排隊에는 영장군領將軍이 1인이고-금의錦衣(비단 옷)에 띠를
두르고(속대束帶), 칼을 차며(패도佩刀), 기를 들고(집기執旗), 말을 탄다-, 장교가
6인이며-방각모放角帽에 자주색 옷(자의紫衣)을 입고, 띠를 두르며(속대束帶), 칼을
차고, 기旗를 든다-, 군사는 100인인데 좌우로 나누어 선다-자의紫衣를 입
고 장도長刀를 든다-.
3)-(2) 청유대淸遊隊에는 영도장領都將이 2인이고-자의紫衣에 띠를 두르고(속
대束帶), 칼을 차며, 기를 들고(집기執旗), 말을 탄다-, 장교가 6인이며-의복은
앞과 같다-, 군사는 100인이다-푸른색 옷(청의靑衣)을 입고, 매듭지어 풀리지
않도록 맨(동심결同心結) 활집(도건弢韃)을 메며, 말을 탄다-.
3)-(3) 방패대防牌隊에는 영장교領將校가 10인이고-갑옷을 입고, 칼을 차며,
기旗를 든다-, 군사는 200인으로 좌우에 나누어 선다-갑옷을 입고, 흰 장대
(백간白幇)에 작은 기旗를 단 창을 지닌다-.
3)-(4) 백갑대白甲隊에는 영도장領都將 2인, 장교 10인이고-의복은 앞의 대
(방패대 ; 갑옷을 입고(衣甲), 칼을 차며(패도佩刀), 기를 든다)와 같다-, 군사는

150인으로 좌우에 나누어 선다-철갑 옷을 입고 작은 기를 단 창을 지닌다-.

3)-(5) 은골타자대銀骨朶子隊에는 영장교領將校가 2인이고-방각모放角帽에 자주색 옷(자의紫衣)을 입고 칼을 차며 기旗를 든다-, 군사는 40인으로 좌우에 나누어 선다-조사皂紗(검은 깁) 모자에 자주색의 소매가 좁은 옷(자소수의紫小袖衣)을 입는다-.

3)-(6) 경령전景靈殿 판관判官은 길 가운데로 가는데, 청도淸道가 1인이고 -삽각모揷角帽에 자의紫衣를 입고 장자杖子(막대)를 든다-, 군사는 9인이다-조사모자皂紗帽子(검은 깁 모자)에 자주색의 소매가 좁은 난삼(자소수紫小袖 난삼襴衫)을 입고 가은대假銀帶를 두른다-.

행로行爐(가지고 다니는 화로)와 다담茶擔(다과 짐)도 길 가운데로 가는데 군사는 4인이며-입각모立角帽에 보상화 대수의寶祥花大袖衣를 입고 가은대假銀帶를 두른다-, 앞 줄의 말(전행마前行馬)은 14필인데 인장교引將校(인도하는 장교)가 2인이고-방각모放角帽에 자의紫衣를 입고 칼을 차며 기旗를 든다-, 공군사拱軍士는 28인으로 좌우에 나누어 선다-의복은 행로行爐와 다담茶擔의 군사와 같다-.

3)-(7) 은장장도대銀粧長刀隊에는 영장교領將校가 2인이고-복장·집물執物은 은골타자대銀骨朶子隊와 같다 ; 방각모放角帽·자의紫衣·패도佩刀·집기執旗-, 군사는 20인으로 좌우에 나누어 선다-복장은 전행마前行馬의 공군사拱軍士와 같다 ; 입각모立角帽·보상화 대수의寶祥花大袖衣·가은대假銀帶-.

3)-(8) 교상絞床과 수관자水灌子(물 주전자)가 각각 하나씩으로, 좌우에 나누어 세웠는데 군사는 4인이고-금모자錦帽子(비단 모자)에 금의錦衣(비단 옷)를 입고, 가은대假銀帶를 두른다-, 어갑담御甲擔(왕의 갑옷을 담은 짐)은 하나로 길 가운데에 위치하는데 군사는 4인이다-복장은 은장장도대銀粧長刀隊와 같다 ; 입각모立角帽에 보상화 대수의寶祥花大袖衣를 입고, 가은대假銀帶를 두른다-.

3)-(9) 은간작자홍라호대銀幹斫子紅羅號隊에는 영장교領將校가 2인이고-복장은 은장장도대銀粧長刀隊와 같다-, 군사는 20인으로 좌우에 나누어 선다-자주색 나직(자라紫羅)의 관冠에 붉은 배자(홍배자紅背子)와 푸른 나직(녹라綠羅)의 한

삼汗衫을 입고, 자주색 무늬(자수紫繡)를 넣은 포두包肚를 착용한다-.

3)-(10) 국인國印과 조서용 어보를 담은 짐(서조보담書詔寶擔)은 각각 하나
씩으로 좌우에 나누어 세우는데 군사는 12인이다-조사모자皂紗帽子(검은
깁 모자)에 소매가 좁은 난삼(소수난삼小袖襴衫)을 입고 가은대假銀帶를 두른다-.

3)-(11) 은구장銀毬杖은 40개로 전성殿省의 남반원南班員이 좌우에 나누어
선다-자주색 공복公服에 홍정紅鞓을 띠고 말을 탄다-.

3)-(12) 장엄궁莊嚴弓은 12개로 장교 12인이 좌우에 나누어 서며-방각모
放角帽에 금의錦衣(비단 옷)를 입고, 띠를 두른다(속대束帶)-, 다음에 좌우 시신左
右侍臣이 선다.

3)-(13) 한箏은 1개로 왼쪽에 두고 필篳도 1개로 오른쪽에 두는데 군사
는 4인이며-금모자錦帽子(비단 모자)에 금의錦衣(비단 옷)를 입고 띠를 두른다(속
대束帶)-, 극번戟幡은 넷으로 군사 4인이 좌우에 나누어 서고-흰 갑옷(백
갑白甲)을 입고 투구를 쓴다-, 홍라호은작자紅羅號銀斫子도 넷으로 군사 4인
이 좌우에 나누어 선다-붉은 갑옷(주갑朱甲)을 입는다-.

3)-(14) 공작산孔雀傘은 하나로서 길 가운데로 가는데 군사는 4인이고-
금화모자金畫帽子에 금의錦衣(비단 옷)를 입고 띠를 두른다(속대束帶)-, 황산黃傘
하나는 왼쪽에, 홍산紅傘 하나는 오른쪽에 위치하는데 각각 군사는 2인
씩이며-의복은 앞과 같다-, (인가引駕는 1인이다-방각모放角帽에 금의錦衣를
입고 띠를 두르며(속대束帶), 장자杖子(막대)를 든다-). (* ( ) 부분은 그 다음 항목인
「平兜輦一 中道」 뒤에 들어가야 하는 내용이다.)

3)-(15) 평두련平兜輦은 하나로 길 가운데에 위치하는데 (인가引駕가 1인이
고-방각모放角帽에 금의錦衣를 입고 띠를 두르며(속대束帶), 장자杖子(막대)를 든
다-)(* ( ) 부분은 바로 윗 항목의 끝 부분으로 이곳에 들어와야할 내용임), 호련도
장護輦都將 2인, 장교도 2인이며-방각모放角帽에 금의錦衣를 입고 띠를 두르며
(속대束帶) 칼을 찬다-, 군사는 32인이다-복장은 어갑담御甲擔과 같다 ; 입각모
立角帽에 보상화 무늬를 넣은 대수의寶祥花大袖衣를 입고, 가은대假銀帶를 두른다-.

3)-(16) 홍수선紅繡扇(붉은 수를 놓은 부채) 12개, 공작선孔雀扇(공작을 그린 부

채) 4개, 반룡선盤龍扇(서리고 있는 용을 그린 부채) 2개를 각각 좌우에 나누어 세우는데, 승지承旨는 18인이다-방각모放角帽에 금의錦衣를 입고 띠를 두른다(속대束帶)-.

3)-(17) 수정장水精杖은 1개로 왼편에 두고, 월부鉞斧도 1개로 오른편에 두는데, 낭장이 각각 2인씩이며-복장은 앞과 같다-, 정편승지靜鞭承旨는 4인이다-복장은 앞과 같다-.

절節은 6개이고 정旌은 2개로 각각 좌우에 나누어 세우는데 정절랑旌節郎은 8인이다-자공복紫公服에 홍정紅鞓을 두르고 말을 탄다-.

3)-(18) 공작산孔雀傘은 하나로서 길 가운데로 가는데 군사는 4인이고-금화모자金畫帽子에 금의錦衣(비단 옷)를 입고 띠를 두른다(속대束帶)-, 황산黃傘 하나는 왼쪽에, 홍산紅傘 하나는 오른쪽에 위치하는데, 군사는 각각 2인씩이며-의복은 앞과 같다-, (인가引駕는 1인이다-복식·집물執物은 평두련平兜輦 인가引駕와 같다-). (앞 항목의 끝 부분인 ( ) 내용은 역시 다음 항목의 「軺輧輦一中道」뒤에 들어가야할 내용이다).

3)-(19) 초요련軺輧輦은 하나로 길 가운데에 위치하는데 (인가引駕는 1인이고-복식·집물執物은 평두련平兜輦 인가引駕와 같다-)(* 윗 항목의 끝 부분인 ( ) 내용은 이곳에 들어가야 한다), 호련도장護輦都將 2인, 장교도 2인이며, 군사는 48인이다-의복은 평련平輦을 호위하는 사람들과 같다-.

3)-(20) 중금반中禁班에는 영지유領指諭가 2인이고-방각放角 (모자)에 금의錦衣를 입으며, 띠(대帶)를 두르고 칼을 찬다-, 행수行首도 2인이며-자주색 갑옷(자갑紫甲)을 입고 칼을 차며 기旗를 잡는다-, 반사班士는 20인이다-갑옷을 입고, 12인은 칼을 차며, 앞장에 배열된 8인은 탄궁彈弓을 지닌다-.

3)-(21) 도지반都知班에는 영지유領指諭가 2인이고-의복은 중금지유中禁指諭와 같다-, 행수行首도 2인이며-방각모放角帽에 금의錦衣를 입고, 띠를 두르며(속대束帶) 칼을 차고 기를 잡는다-, 반사班士는 20인이다-방각모放角帽에 금의錦衣를 입고, 흑간홍라호작자黑簳紅羅號斫子를 지닌다-.

3)-(22) 어견룡御牽龍은 22인이고-금화모자金畫帽子에 금의錦衣(비단 옷)를 입

고 띠를 두른다(속대束帶) - , 홍라호은작자紅羅號銀斫子는 4개로 낭장郎將이 4
인이며 - 금화모자金畵帽子에 금의錦衣(비단 옷)를 입고 띠를 두른다(속대束帶) - ,
내시관內侍官은 좌우에 나누어 서고, 어궁전장군御弓箭將軍(왕의 활과 화살
담당 장군)은 1인으로 길 가운데 서며 - 금의錦衣에 띠를 두르고 말을 탄다 - ,
승제원承制員은 의장儀仗 대열의 안을 가로질러 간다.

3)-(23) 좌·우 상장군上將軍이 2인이고 - 금의錦衣에 홍정紅鞓을 두르고 말을 탄
다 - , 좌·우 천우대장군千牛大將軍도 2인이며 - 의복은 앞과 같다 - , 천우비신
장군千牛備身將軍 4인에 비신장군備身將軍도 4인으로 각각 좌우에 나누어
선다 - 금의錦衣(비단 옷)에 띠를 두르고(속대束帶), 칼을 차며 말을 탄다 - .

　후전지응관後殿祇應官(후전에서 왕명을 받드는 관원)이 좌우에 나누어 서고,
감찰어사監察御史 2인도 좌우로 나뉘어 선다.

3)-(24) 현무대玄武隊에는 영도장領都將이 2인이고 - 자주색 갑옷(자갑紫甲)을
입고 칼을 차며 기旗를 든다 - , 장교가 10인이며 - 의복은 앞과 같다 - , 군사는
100인으로 좌우에 나누어 선다 - 가죽 갑옷(피갑皮甲)을 입고 장도長刀(긴 칼)를
지닌다 - .

　뒤 행렬(후행後行)의 말 4필에 공군사控軍士는 8인이다 - 조사皂紗(검은 깁)
모자에 소수의小袖衣(소매가 좁은 옷)를 입고 허리띠를 두른다(요대腰帶) - .

3)-(25) 위신마대衛身馬隊에는 영도장領都將이 2(인)이고 - 갑옷을 입고 칼을
차며 기旗를 들고 말을 탄다 - , 장교는 2인으로 좌우에 나누어 서며 - 복식·집
물執物은 위와 같고 말을 탄다 - , 군사는 400인으로 좌우에 나누어 선다 - 활
집(도건弢鞬)을 메고 갑옷을 입으며 말을 탄다 - .

3)-(26) 후전대後殿隊에는 영장군領將軍이 1(인)이고 - 방각모放角帽에 금의錦衣
를 입고, 칼을 차며 기旗를 들고 말을 탄다 - , 장교는 5인이며 - 자의紫衣에 띠를
두르고(속대束帶), 칼을 차며 기旗를 든다 - , 군사는 100인으로 좌우에 나누어
선다 - 자의紫衣에 칼을 든다(집도執刀) - .

3)-(27) 인가引駕(수레를 끄는 사람)와 교방敎坊의 악관樂官 100인이 좌우에
나누어 서며, 안국기安國伎와 잡기雜伎는 각각 40인씩으로 좌우에 나누

어 서고, 취각군사吹角軍士는 16인으로 좌우에 나누어 서는데, 모두 어가
御駕 앞에 위치하며, 취라군사吹螺軍士는 24인으로 어가 뒤에 위치한다.

註 解 5-3-1-

-1) 上元燃燈 奉恩寺眞殿 親幸衛仗 : 연등회燃燈會는 팔관회와 함께 고려에
서 가장 성대하게 거행된 불교행사의 하나로, 본래는 등燈에 불을 켜
놓음으로써 번뇌와 무지로 가득찬 어두운 세계를 밝게 비춰주는 부처
의 공덕을 기려 선업善業을 쌓고자 하는 공양供養의 한 방법이었다. 이
것이 인도로부터 중국에 전래되면서 연중행사화하고 또 신에 대한 제
사를 함께 지내는 등의 성격 변화가 있게 되는데,[①] 이런 점은 우리나
라의 경우에도 마찬가지였다. 그리하여 고려에서는 처음에 매년 1월
15일, 즉 상원일上元日에 행사를 가지던 것이 거란의 침입으로 인해 현
종顯宗이 피난길에 올랐다가 돌아오던 도중 청주의 별궁에서 2월 15일
에 열었으므로 이후부터는 대회일이 이 날짜로 바뀌었다. 물론 그뒤에
도 다시 나라의 형편에 따라 혹 1월 15일에, 또는 2월 15일에 열려 날
짜는 일정치 않았지만, 최승로崔承老의 건의에 의해 폐지되었던 성종 6
년(987)부터 현종 즉위년(1009)까지의 얼마 동안을 제외하면 연등회는
고려말까지 연중행사로 거행되었던 것이다.[②]

그리고 그 성격에 있어서도 정종靖宗 4년(1038)의 연등회 때 왕이 태
조의 원당願堂인 봉은사奉恩寺에 나아가 진영眞影을 모신 사당을 배알한
이후부터 으레껏 이 대회는 건국자에 대해 배례를 행하는 국가적·정
치적 의의를 지닌 날로 지켜졌다. 아울러 이 날에는 대궐에 많은 등롱
을 밝히고 술과 다과를 마련한 가운데 음악과 춤 및 연극을 베풀어 군
신이 함께 즐기는 한편으로 부처와 천지신명天地神明을 또한 즐겁게 하
여 국가와 왕실의 태평을 빌었던 것이며, 백성들 역시 그들 나름으로
법회에 참례하고 연등을 하면서 복을 빌었다.[③] 이능화李能和가 고려의
연등을 「사천신사事天神」하는 행사로 본 것도 이러한 변모된 성격을 말

한 것이라 이해된다.[④] 비슷한 행사는 서울뿐 아니라 각 지방에서도 거행되어 연등회는 고려의 일반화된 문화제전으로서 국속國俗의 하나가 되고 있었다. 이곳의 기사는 그 날 국왕이 진전사원眞殿寺院인 봉은사奉恩寺로 거둥할 때의 위장衛仗을 기술한 것이다.

① 洪淳昶, 「燃燈考－특히 上元燃燈의 由來에 대하여－」『金載元回甲紀念論叢』, 을유문화사, 1969.

② 安智源, 「고려 燃燈會의 기원과 성립」『진단학보』 88, 1999.

③ 安啓賢, 「燃燈會攷」『白性郁頌壽記念 불교학논문집』, 동국문화사, 1959.
   안지원, 「연등회의 의례 내용과 사회적 성격」『고려의 국가 불교의례와 문화』, 서울대 출판부, 2005.

④ 李能和, 『朝鮮佛敎通史』하편, 新文館, 1918, 1082쪽.

-2) 毅宗朝 詳定 : 의종조에 상정하였다는 것은 앞서 설명했듯이(1-2-4, 26쪽 및 5-1-1-2), 121쪽) 왕 15년(1161)경에 국가의 각종 제도와 문물을 전반적으로 정리한 예서禮書인 『상정고금례詳定古今禮』의 편찬을 지칭하여 한 말로 생각되는데, 그때 제정된바 연등회를 위해 국왕이 봉은사로奉恩寺로 거둥할 때의 위장衛仗 내용을 사안별로 구분하여 살펴보면 아래와 같았다.

-3)-(1) 先排隊 領將軍一 錦衣束帶佩刀執旗騎 將校六人 放角紫衣束帶佩刀執旗 軍士一百人 分左右 紫衣把長刀 : 5-2-1-3)-(1), 141쪽의 법가위장 선배대와 동일한 내용이다.

-3)-(2) 淸遊隊 領都將二人 紫衣束帶佩刀執旗騎 將校六人 衣服同前 軍士一百人 靑衣同心弢韀騎 : 장교와 군사 숫자가 좀 적어지고 있을뿐 5-2-1-3)-(2), 141쪽의 법가위장 청유대와 거의 동일한 내용이다.

-3)-(3) 防牌隊 領將校十人 衣甲佩刀執旗 軍士二百人 分左右 衣甲白幬小旗槍 : 5-2-1-3)-(6), 143쪽의 법가위장 방패대와 동일한 부대인데, 다만 인원수와 집물執物은 양자 간에 얼마간 차이가 보인다.

-3)-(4) 白甲隊 領都將二人 將校十人 衣服同前隊 軍士一百五十人 分左右

衣鐵甲把小旗槍 : 대관전 조회의장朝會儀仗에 배치된 백갑대白甲隊(5-1-1-3)-(2), 124쪽)와 동일한 부대인데, 다만 인원수와 집물執物은 양자간에 얼마간 차이가 보인다.

-3)-(5) 銀骨朶子隊 領將校二人 放角紫衣佩刀執旗 軍士四十人 分左右 皀紗帽子紫小袖衣 : 대관전 조회의장朝會儀仗(5-1-1-3)-(4), 125쪽)과 법가위장(5-2-1-3)-(12), 147쪽)에 배치된 은골타자대銀骨朶子隊와 동일한 부대인데, 다만 인원수와 집물執物 등은 삼자 간에 여전히 얼마간씩의 차이를 보이고 있다.

-3)-(6) 景靈殿判官 中道 淸道一人 揷角紫衣執杖子 軍士九人 皀紗帽子紫小袖襴衫假銀帶 行爐茶擔 中道 軍士四人 立角寶祥花大袖衣假銀帶 前行馬十四匹 引將校二人 放角紫衣佩刀執旗 拱軍士二十八人 分左右 服同行爐茶擔軍士 : 역시 인원수와 집물執物에는 얼마간의 차이를 보이고 있으나 대체적으로 법가위장조의 경령전 판관·행로行爐·다담茶擔(5-2-1-3)-(7), 144쪽)과 방패대에 이어져 있는 전행마前行馬(5-2-1-3)-(6), 143쪽)에 관한 기술과 유사한 내용으로 되어 있다. 다만 경령전 판관과 관련하여 동원된 군사들이 난삼襴衫을 입었다고 한 부분만은 좀 색다른 것인데, 그것은 적삼의 하단에 다른 천을 덧댄 사인士人의 옷, 또는 수재秀才와 거인擧人의 공복으로 알려져 있다.

-3)-(7) 銀粧長刀隊 領將校二人 服執同銀骨朶子隊 軍士二十人 分左右 服同前行馬控軍士 : 5-1-1-3)-(3), 121쪽 및 5-2-1-3)-(8), 145쪽 참조.

-3)-(8) 絞床·水灌子各一 分左右 軍士四人 錦帽子錦衣假銀帶 御甲擔一 中道 軍士四人 服同銀粧長刀隊 : 5-2-1-3)-(9), 145쪽 및 5-2-1-3)-(7), 144쪽 참조.

-3)-(9) 銀鞾矴子紅羅號隊 領將校二人 服同銀粧長刀隊 軍士二十人 分左右 紫羅冠紅背子綠羅汗衫紫繡包肚 : 5-2-1-3)-(14), 147쪽 참조.

-3)-(10) 國印·書詔寶擔各一 分左右 軍士十二人 皀紗帽子小袖襴衫假銀帶 : 국인國印과 서조보담書詔寶擔에 대해서는 5-2-1-3)-(9), 145쪽에서 소개

한바 있으며, 이들을 담당한 군사들의 복식인 조사모자皂紗帽子와 소수
난삼小袖襴衫은 위의 (6)항에서 이미 언급하였다.

-3)-(11) 銀毬杖四十 殿省南班員分左右 紫公服紅鞓騎 : 5-1-1-3)-(6), 126쪽
및 5-2-1-3)-(7), 144쪽 참조.

-3)-(12) 莊嚴弓十二 將校十二人 分左右 放角錦衣束帶 次左右侍臣 : 5-1-
1-3)-(1), 121쪽 및 5-2-1-3)-(15), 148쪽 참조.

-3)-(13) 罕一在左 畢一在右 軍士四人 錦帽子錦衣束帶 戟幡四 軍士四人
分左右 白甲兜牟 紅羅號銀斫子四 軍士四人 分左右 衣朱甲 : 5-1-1-3)-
(1), 121쪽 및 5-2-1-3)-(15), 148쪽 참조.

-3)-(14) 孔雀傘一 中道 軍士四人 金畫帽子錦衣束帶 黃傘一在左 紅傘一在
右 各軍士二人 衣服同前 (引駕一人 放角錦衣束帶執杖子) : 5-2-1-3)-(7),
144쪽 및 5-2-1-3)-(18), 150쪽 참조. * 끝 부분의「引駕一人 放角錦衣
束帶執杖子」는 다음 항목의「平兜輦一 中道」뒤에 들어가야할 내용
이다.

-3-(15) 平兜輦一 中道 護輦都將二人 將校二人 放角錦衣束帶佩刀 軍士三
十二人 服同御甲擔 : 5-2-1-3)-(7), 144쪽 참조. *「平兜輦一 中道」다
음에 윗 항목의 끝 부분인「引駕一人 放角錦衣束帶執杖子」가 들어가
야한다 함은 위에서 언급하였다.

-3)-(16) 紅繡扇十二 孔雀扇四 盤龍扇二 各分左右 承旨十八人 放角錦衣束
帶 : 5-2-1-3)-(18), 150쪽 참조.

-3)-(17) 水精杖一在左 鉞斧一在右 郞將各二人 服同前 靜鞭承旨四人 服同
前 節六 旌二 各分左右 旌節郞八人 紫公服紅鞓騎 : 5-2-1-3)-(15), 148
쪽 참조.

-3)-(18) 孔雀傘一 中道 軍士四人 金畫帽子錦衣束帶 黃傘一在左 紅傘一在
右 各軍士二人 衣服同前 (引駕一人 服執同平兜輦引駕) : 위의 (14)항
과 동일한 내용으로 이곳의 끝 부분인「引駕一人 服執同平兜輦引駕」
는 역시 다음 항목의「輨輬輦一 中道」뒤에 들어가야할 내용이다.

-3)-(19) 軺輬輦一 中道 護輦都將二人 將校二人 軍士四十八人 衣服與護平
    輦人同：5-2-1-3)-(7), 144쪽 참조.「軺輬輦一 中道」다음에 윗 항목의
    끝 부분인「引駕一人 服執同平兜輦引駕」가 들어가야한다 함은 위에서
    언급하였다.

-3)-(20) 中禁班 領指諭二人 放角錦衣束帶佩刀 行首二人 衣紫甲佩刀執旗
    班士二十人 衣甲 十二人佩刀 先排八人執彈弓：5-1-1-3)-(7), 127쪽 및
    5-2-1-3)-(16), 149쪽 참조.

-3)-(21) 都知班 領指諭二人 衣服與中禁指諭同 行首二人 放角錦衣束帶佩
    刀執旗 班士二十人 放角錦衣束帶把黑幹紅羅號斫子：5-1-1-3)-(8), 128
    쪽 및 5-2-1-3)-(17), 150쪽 참조.

-3)-(22) 御牽龍二十二人 金畫帽子錦衣束帶 紅羅號銀斫子四 郞將四人 金
    畫帽子錦衣束帶 內侍官分左右 御弓箭將軍一人 中道 錦衣束帶騎 承制
    員仗內橫行：5-2-1-3)-(18)·(19), 150쪽 참조.

-3)-(23) 左右上將軍二人 錦衣紅鞓騎 左右千牛大將軍二人 衣服同前 千牛
    備身將軍四人 備身將軍四人 各分左右 錦衣束帶佩刀騎 後殿祗應官分
    左右 監察御史二分左右：5-2-1-3)-(19), 150쪽 및 5-2-1-3)-(21), 151쪽
    참조.

-3)-(24) 玄武隊 領都將二人 衣紫甲佩刀執旗 將校十人 衣服同前 軍士一百
    人 分左右 衣皮甲把長刀 後行馬四匹 控軍士八人 皂紗帽子小袖衣腰帶：
    5-2-1-3)-(23), 152쪽 및 5-2-1-3)-(19), 150쪽 참조.

-3)-(25) 衛身馬隊 領都將二 衣甲佩刀執旗騎 將校二人 分左右 服執同上騎
    軍士四百人 分左右 弢鞭甲騎：인원수에 있어서 얼마간의 차이가 나지
    만 법가위장에서의 용호위신대龍虎衛身隊와 거의 같은 부대이다(5-2-1-3)-
    (20), 151쪽). 그러므로 혹자는 이 부대 역시 왕의 신변 호위를 전담한
    용호군 소속의 기병으로 보고 있다.[1]
    [1] 김낙진,「高麗時代 禁軍의 組織과 性格－『高麗史』興服志 儀衛條의 分
    析을 중심으로－」『국사관논총』106, 2005.

-3)-(26) 後殿隊 領將軍一 放角錦衣佩刀執旗騎 將校五人 紫衣束帶佩刀執旗 軍士一百人 分左右 紫衣執刀: 5-2-1-3)-(24), 152쪽 참조.

-3)-(27) 引駕·教坊樂官一百人 分左右 安國伎·雜伎各四十人 分左右 吹角軍士十六人 分左右 並在駕前 吹螺軍士二十四人 在駕後: 5-2-1-4), 153쪽 참조.

5-4. 팔관 위장 八關衛仗

原文 5-4-1. 仲冬八關會 出御看樂殿衛仗 毅宗朝詳定 儀衛士三千二百七十六人 左右黃龍大旗各一 植在殿階之東西稍南 護旗將校二人放角紫衣束帶佩刀執旗 軍士四十人平巾幘扞袴緋衣 衙仗將校一百人放角紫公服執藤杖子 坐殿後分立銀毬仗之次 先排隊 領將軍一錦衣束帶佩刀執旗 將校六人放角紫衣束帶佩刀執旗 軍士一百人紫衣束帶執刀 淸遊隊 領都將二人 將校六人衣佩並同前隊 軍士一百人靑衣同心束帶弢鞭 防牌隊 領都將二人衣甲佩刀執旗 將校十人衣服同前 軍士二百人衣甲防牌執小旗槍 在白甲隊外 白甲隊 領都將二人 將校十二人衣服並同前隊 軍士一百五十人衣甲執旗槍 至駕後環衛 坐殿後 擁立第三階左右 前行馬十四匹 引將校二人放角紫衣束帶執旗佩刀 控軍士二十八人立角紫寶祥花大袖衣假銀帶 分左右 在仗內 駕前景靈殿員一中道 國印書詔寶擔各一 分左右 軍士十六人皂紗帽子紫小袖衣束帶 中書主寶吏一人 陪其後 行爐茶擔各一 軍士四人 御甲擔一中道 軍士四人立角寶祥大袖衣假銀帶 絞床水灌子各一 軍士四人衣服同前 孔雀大傘一 在輦前中道 拱鶴四人 黃傘一在左 紅傘一在右 軍士六人金畫帽子錦衣束帶 平兜輦一 引駕一人放角錦衣束帶執杖子 奉輦都將二人放角錦衣束帶佩長刀 將校二人衣服同前 骨朵子隊 領將校二人放角紫衣佩刀執旗 軍士四十人 分左右黑帽子紫小袖衣 在毬仗外 銀毬仗四十 殿省南班員分左右紫公服紅鞓 銀粧長刀隊 領將校二人服執同前隊 軍士二十八人 在侍臣行外服與奉輦拱鶴同 銀斫子紅羅號四 軍士四人衣朱甲 粧嚴弓十二 將校十二人放角錦衣紅鞓束帶 戟幡四 軍士八人衣白甲 銀斧斫子紅羅號隊 領將校二人服執同銀粧長刀隊 軍士二十人 分左右紫羅冠紅背子綠羅汗衫紫繡包肚

罕一在左 畢一在右 拱鶴軍士四人錦帽子錦衣紅鞓束帶 靜鞭承旨四人 分左右放
角錦衣束帶 旌二 節六 分左右 旌節郞八人紫公服紅鞓具穿執 水精杖一在左 鉞斧
一在右 郞將各二人並放角錦衣束帶 郞將或別將充 中禁班 領指諭二人 分左右放角
錦衣束帶佩刀 行首二人衣紫甲佩刀執旗 班士二十人衣紫甲 先排六人執彈弓 十四人佩刀
都知班 領指諭二人 分左右放角錦衣束帶佩刀 行首二人放角錦衣束帶佩刀執旗 班士
二十人 分左右放角錦衣束帶把黑鞓紅羅號䂌子 紅繡扇八 孔雀扇四 蟠龍扇二 承旨
十四人 分左右放角錦衣束帶 孔雀大傘一 在輦前中道 指諭將校一人服同前 拱
鶴軍士四人金畫帽子錦衣束帶 千牛備身將軍四人 備身將軍四人 各分左右衣紫甲
佩刀執旗 坐殿後升上階 分左右 左右上將軍二人 千牛大將軍二人 並分左右錦
衣紅鞓 坐殿後升立負扆左右 黃傘一在左 紅傘一在右 軍士六人金畫帽子錦衣束
帶 輻輬輦一 引駕及都將將校與平輦同 奉輦拱鶴四十八人衣服與奉平輦軍士同
銀䂌子四 分左右 都將四人金畫帽子錦衣束帶 御牽龍班二十二人服同前 玄武隊
領都將二人衣紫甲佩刀執旗 將校十人衣佩同前 軍士一百人靑衣同心束帶把長刀 衛身
隊 領都將二人 將校二十人 分左右衣甲佩長刀執旗 軍士四百人 分左右衣甲佩弓
箭 後殿隊 領將軍一錦衣束帶佩長刀執旗 將校五人放角紫衣佩刀執旗 軍士一百人紫
衣束帶執長刀 並在環衛後 引駕敎坊樂官一百人 分左右 坐殿後第二階左右升立
吹角軍士三十人 在駕前 分左右 吹螺軍士三十人 在駕後 宣勅後 敎坊樂官
曲直華盖 近仗儀衛 以次上階

5-4-1. 중동仲冬(음력 11월 15일) 팔관회八關會에 국왕이 간악전看樂殿으로
나갈 때의 위장衛仗은[1] 의종조에 상정詳定하였다.[2]

3)-(1) 의위사儀衛士는 3,276인이다.

3)-(2) 좌우에 황룡대기黃龍大旗가 각각 하나씩으로 전각殿閣 계단의 동서
쪽에서 약간 남쪽 위치에 세우는데, 호기장교護旗將校(기를 호위하는 장교)
가 2인이고-방각모放角帽에 자주색 옷(자의紫衣)을 입고, 띠를 두르며(속대束帶),
칼을 차고(패도佩刀), 기를 잡는다(집기執旗)-, 군사는 40인이며-평건책平巾幘에
한고扞袴와 비의緋衣(붉은색 옷)를 입는다-, 아장장교衙仗將校는 100인이다-방

각모에 자주색 공복(자공복紫公服)을 입고, 등장자藤杖子(등나무 막대)를 들며, 좌전坐殿 뒤의 은구장銀毬仗 다음에 나누어 선다-.

3)-(3) 선배대先排隊에는 영장군領將軍이 1(인)이고-금의錦衣(비단 옷)에 띠를 두르고(속대束帶), 칼을 차며(패도佩刀), 기를 든다(집기執旗)-, 장교는 6인이며-방각모放角帽에 자의紫衣를 입고, 띠를 두르며(속대束帶), 칼을 차고(패도佩刀), 기를 든다(집기執旗)-, 군사는 100인이다-자의紫衣에 띠를 두르고, 칼을 든다(집도執刀)-.

3)-(4) 청유대淸遊隊에는 영도장領都將 2인, 장교 6인이고-의복과 패물佩物은 모두 앞의 대隊와 같다-, 군사는 100인이다-푸른색 옷(청의靑衣)을 입고, 동심결同心結로 맨 띠를 두르며, 활집(도건弢鞬)을 멘다-.

3)-(5) 방패대防牌隊에는 영도장領都將이 2인이고-갑옷을 입고(의갑衣甲), 칼을 차며, 기旗를 든다-, 장교가 10인이며-의복은 앞과 같다-, 군사는 200인이다-갑옷을 입고 방패防牌를 지니며, 작은 기가 달린 창(소기창小旗槍)을 들고, 백갑대白甲隊 바깥에 위치한다-.

3)-(6) 백갑대白甲隊에는 영도장領都將 2인, 장교 12인이고-의복은 모두 앞의 대隊와 같다-, 군사는 150인이다-갑옷을 입고 기旗가 달린 창槍을 든다-. 어가御駕가 도착한 후에 둘러싸고 호위하며 좌전坐殿 뒤에는 세 번째 계단 좌우에 옹위하여 선다.

3)-(7) 앞 줄의 말(전행마前行馬)은 14필인데 인장교引將校(인도하는 장교)가 2인이고-방각모放角帽에 자의紫衣를 입고, 띠를 두르며, 기旗를 들고 칼을 찬다-, 공군사控軍士(말을 다루는 군사)는 28인이다-입각모立角帽에 자보상화 대수의紫寶祥花大袖衣(자주색 보상화 무늬를 넣은 소매가 넓은 옷)를 입고, 가은대假銀帶를 두르며, 위장衛仗 행렬 안의 좌우에 나누어 선다-.

3)-(8) 어가御駕 앞에는 경령전景靈殿의 관원 1(인)이 길 가운데에 서고, 국인國印과 조서용 어보御寶를 담은 짐(서조보담書詔寶擔)은 각각 하나씩으로 좌우에 나누어 세우는데 군사는 16인이며-조사皂紗(검은 깁) 모자에 자소수의紫小袖衣(자주색의 소매가 좁은 옷)를 입고 띠를 두른다-, 중서성中書省에서

어보御寶를 주관하는 서리(중서주보리中書主寶吏) 1인이 그 뒤를 따른다.

행로行爐(가지고 다니는 화로)와 다담茶擔(다과 짐)은 각각 하나로서 군사는 4인이고, 어갑담御甲擔(왕의 갑옷을 담은 짐)은 하나로 길 가운데에 위치하는데 군사는 4인이다-입각모立角帽에 보상화 무늬를 넣은 대수의寶祥花大袖衣를 입고 가은대假銀帶를 두른다-.

교상絞床과 수관자水灌子(물 주전자)도 각각 하나씩인데 군사는 4인이다-의복은 앞과 같다-.

3)-(9) 공작대산孔雀大傘은 하나로서 어련御輦 앞 길 가운데에 두는데 공학拱鶴은 4인이고, 황산黃傘 하나는 왼쪽에, 홍산紅傘 하나는 오른쪽에 위치하는데 군사는 6인이다-금화모자金畫帽子에 금의錦衣를 입고 띠를 두른다-.

3)-(10) 평두련平兜輦은 하나로 인가引駕(수레를 끄는 사람)가 1인이고-방각모放角帽에 금의錦衣(비단 옷)를 입고 띠를 두르며(속대束帶), 장자杖子(막대)를 든다-, 봉련도장奉輦都將(연을 모시는 도장)이 2인이며-방각모放角帽에 금의錦衣를 입고, 띠를 두르며 장도長刀(긴 칼)를 찬다-, 장교가 2인-의복은 앞과 같다-, 공학拱鶴은 32인이다-입각모立角帽에 보상화 대수의寶祥花大袖衣를 입고 가은대假銀帶를 두른다-.

3)-(11) 골타자대骨朶子隊에는 영장교領將校가 2인이고-방각모에 자의紫衣를 입고 칼을 차며 기旗를 든다-, 군사는 40인으로 좌우에 나누어 선다-검은(흑黑) 모자에 자소수의紫小袖衣(자주색의 소매가 좁은 옷)를 입고 구장毬仗 바깥에 선다-.

3)-(12) 은구장銀毬仗은 40개로 전성殿省의 남반원南班員이 좌우에 나누어 선다-자공복紫公服(자주색 공복)을 입고 홍정紅鞓을 두른다-.

3)-(13) 은장장도대銀粧長刀隊에는 영장교領將校가 2인이고-복장·집물執物은 앞의 대隊와 같다 ; 방각모에 자의紫衣를 입고 칼을 차며 기旗를 든다-, 군사는 20인으로 시신侍臣 행렬의 바깥에 선다-복장은 봉련공학奉輦拱鶴과 같다-.

3)-(14) 은작자홍라호銀斫子紅羅號는 넷으로 군사는 4인이다-붉은 갑옷(주갑朱甲)을 입는다-.

장엄궁(莊?)嚴弓은 12개로 장교도 12인이다-방각모放角帽에 금의錦衣를 입고 홍정대紅鞓帶를 두른다-.

극번戟幡은 넷으로 군사는 8인이다-흰 갑옷(백갑白甲)을 입는다-.

3)-(15) 은간작자홍라호대銀簳斫子紅羅號隊에는 영장교領將校가 2인이고-복장·집물執物은 은장장도대銀粧長刀隊와 같다-, 군사는 20인으로 좌우에 나누어 선다-자주색 나직(자라紫羅)의 관冠에 붉은 배자(홍배자紅背子)와 푸른 나직(녹라綠羅)의 한삼汗衫을 입고, 자주색의 무늬(자수紫繡)를 넣은 포두包肚를 착용한다-.

3)-(16) 한罕은 1개로 왼쪽에 두고 필畢도 1개로 오른쪽에 두는데 공학군사拱鶴軍士는 4인이며-금모자錦帽子(비단 모자)에 금의錦衣(비단 옷)를 입고 홍정대紅鞓帶를 두른다-, 정편승지靜鞭承旨는 4인으로 좌우에 나누어 선다-방각모放角帽에 금의錦衣를 입고 띠를 두른다(속대束帶)-.

3)-(17) 정旌은 2개이고 절節은 6개로 좌우에 나누어 세우는데 정절랑旌節郞은 8인이다-자공복紫公服(자주색 공복)에 홍정紅鞓을 두르고 천穿(신는 것)과 집執(잡는 것 ; 홀笏)을 갖춘다-.

수정장水精杖은 1개로 왼편에 두고, 월부鉞斧도 1개로 오른편에 두는데 낭장郞將이 각각 2인씩이다-모두 방각모放角帽에 금의錦衣를 입고 띠를 두르는데(속대束帶), 낭장은 혹 별장으로 충당되기도 한다-.

3)-(18) 중금반中禁班에는 영지유領指諭가 2인으로 좌우에 나누어 서고-방각모放角帽에 금의錦衣를 입고 띠를 두르며 칼을 찬다-, 행수行首도 2인이며-자주색 갑옷(자갑紫甲)을 입고 칼을 차며 기旗를 잡는다-, 반사는 20인이다-자주색 갑옷(자갑紫甲)을 입고, 앞장에 배열된 8인은 탄궁彈弓을 지니며 14인은 칼을 찬다-.

3)-(19) 도지반都知班에는 영지유領指諭가 2인으로 좌우에 나누어 서고-방각모放角帽에 금의錦衣를 입고 띠를 두르며 칼을 찬다-, 행수行首도 2인이며-방각모放角帽에 금의錦衣를 입고 띠를 두르며 칼을 차고 기旗를 든다-, 반사는 20인으로 좌우에 나누어 선다-방각모放角帽에 금의錦衣를 입고 띠를 두르며 혹간 홍라호작자黑簳紅羅號斫子를 지닌다-.

3)-(20) 홍수선紅繡扇(붉은 수를 놓은 부채) 8개, 공작선孔雀扇(공작을 그린 부채)

4개, 반룡선蟠龍扇(서리고 있는 용을 그린 부채) 2개인데, 승지承旨는 14인으로 좌우에 나누어 선다-방각모放角帽에 금의錦衣를 입고 띠를 두른다(속대束帶)-.

3)-(21) 공작대산孔雀大傘은 하나로서 어련御輦 앞 길 가운데에 두는데 지유指諭·장교將校가 1인이고-복장은 앞과 같다-, 공학군사拱鶴軍士는 4인이다-금화모자金畵帽子에 금의錦衣를 입고 띠를 두른다-.

3)-(22) 천우비신장군千牛備身將軍 4인과 비신장군備身將軍 4인이 각각 좌우에 나누어 섰다가-자주색 갑옷(자갑紫甲)을 입고 칼을 차며 기旗를 든다- 좌전坐殿의 뒤편 위층계로 올라가 좌우에 나누어 서고, 좌·우상장군左右上將軍 2인과 천우대장군千牛大將軍 2인도 함께 좌우로 나누어 섰다가-금의錦衣를 입고 홍정紅鞓을 두른다-, 좌전坐殿 뒤에 올라가 부의負扆(도끼 모양을 수놓은 병풍) 좌우에 나누어 선다.

황산黃傘 하나는 왼쪽에, 홍산紅傘 하나는 오른쪽에 위치하는데 군사는 6인이다-금화모자金畵帽子에 금의錦衣를 입고 띠를 두른다-.

3)-(23) 초요련軺軺輦은 하나인데 인가引駕(수레를 끄는 사람)와 도장都將·장교將校는 평련平輦과 같으며, 봉련공학奉輦拱鶴(연을 모시는 공학군)은 48인이다-의복은 봉평련군사奉平輦軍士와 같다-. 은작자銀斫子는 넷으로 좌우에 나누어 세우고, 도장都將은 4인이며-금화모자金畵帽子에 금의錦衣를 입고 띠를 두른다-, 어견룡반御牽龍班은 22인이다-복장은 앞과 같다-.

3)-(24) 현무대玄武隊에는 영도장領都將이 2인이고-자주색 갑옷(자갑紫甲)을 입고 칼을 차며 기旗를 든다-, 장교는 10인이며-옷과·패물佩物은 앞과 같다-, 군사는 100인이다-청의靑衣를 입고 동심결同心結로 맨 띠를 두르며 장도長刀(긴 칼)를 지닌다-.

3)-(25) 위신대衛身隊에는 영도장領都將 2인, 장교 20인으로 좌우에 나누어 서고-갑옷을 입고 장도長刀를 차며 기旗를 든다-, 군사 400인이 좌우에 나누어 선다-갑옷을 입고 활과 화살을 지닌다-.

3)-(26) 후전대後殿隊에는 영장군領將軍이 1(인)이고-금의錦衣를 입고 띠를 두르며(속대束帶), 장도長刀를 차고, 기旗를 든다-, 장교가 5인이며-방각모放角帽에

자의紫衣를 입고, 칼을 차며, 기旗를 든다-, 군사는 100인이다-자의紫衣에 띠를 두르고(속대束帶), 장도長刀를 들었는데, 모두 후방에 둘러서서 호위한다-.

3)-(27) 인가引駕(수레를 끄는 사람)와 교방敎坊의 악관樂官 100인이 좌우에 나누어 섰다가 좌전坐殿의 뒤편 둘째 계단의 좌우에 올라가 선다. 취각 군사吹角軍士 30인은 어가御駕 앞 좌우에 나누어 서고, 취라군사吹螺軍士 30인은 어가御駕 뒤에 선다. 칙서勅書를 선포한 뒤에는 교방敎坊의 악관 樂官과 곡화개曲華盖(자루가 굽은 양산)·직화개直華盖(자루가 곧은 양산) (및) 근 위하던 의장儀仗·의위儀衛가 차례차례 윗 계단으로 올라간다.

註 解 5-4-1-

-1) 仲冬八關會 出御看樂殿 衛仗 : 팔관회八關會도 연등회와 마찬가지로 고 려에서 가장 성대하게 거행된 불교행사의 하나로, 개경開京에서는 중 동仲冬, 즉 11월 15일에, 그리고 서경西京(평양)에서는 이보다 한달 전인 10월 15일에 베풀어졌다. 그리하여 이 역시 최승로崔承老의 건의에 의 하여 성종 6년(987)부터 현종 원년(1010)에 부활될 때까지 얼마동안 폐 지된 기간을 제외하고는 고려의 전시기에 걸쳐 거의 매년 거행되었다.

　팔관회 역시 본래는 불가佛家에서 속인들이 1일1야一日一夜 동안 불살 생不殺生·불투도不偸盜·불음주不飮酒 등의 8계를 지키는 불교의식의 하 나였으나, 태조가 그의 훈요십조訓要十條에서 「천령天靈 및 오악五嶽·명 산名山·대천大川·용신龍神을 섬기는 대회大會」라고 말하고 있듯이 이미 고려초부터 토속신土俗神에 대한 제례를 행하는 날로 그 성격이 많이 바뀌어져 있었다. 그리하여 상하가 이같은 재회齋會를 통해 호국護國의 뜻을 새기고 복을 비는 한편 연락宴樂하였던 것이다.

　본 대회의 호국적 성격은 무엇보다 이 날에 왕이 법왕사法王寺에 가 서 예불한 사실에 잘 나타난다.① 아울러 궁궐에는 불을 찬란히 밝힌 가운데 술과 다과의 자리를 마련하고 음악과 춤을 베풀어 군신이 다 같이 즐기면서 여러 신께 나라의 태평과 왕실의 안태를 기원하는 행

사가 있었던 것이다.[②] 이렇게 볼 때 팔관회 역시 연등대회와 별 차이
가 없는 행사였다는 것을 알 수 있다. 다만 팔관회 때에는 지방의 장
관들이 글을 올려 하례하였고, 또 송나라 상인이나 여진 및 탐라의 사
절이 와서 각기 축하의 선물을 왕께 바치고 크게 무역을 행하여 국제
적 행사가 되고 있었다는 점에서 좀 다른 특징이 나타나 있다.[③]

이곳의 기사는 국왕이 행사를 위해 간악전看樂殿-궁궐 내의 의봉문루儀
鳳門樓인 듯 함-으로 거둥할 때의 위장衛仗을 기술한 것이다.

① 安啓賢, 「八關會攷」『동국사학』4, 1956.

② 안지원, 「팔관회의 의례 내용과 사회적 성격」『고려의 국가 불교의례
와 문화』, 서울대 출판부, 2005.

③ 二宮啓任, 「高麗の八關會について」『조선학보』9, 1956.

-2) 毅宗朝 詳定 : 의종조에 상정하였다는 것은 앞서 설명했듯이(1-2-4, 26쪽
및 5-1-1-2), 121쪽) 왕 15년(1161)경에 국가의 각종 제도와 문물을 전반적
으로 정리한 예서禮書인 『상정고금례詳定古今禮』의 편찬을 지칭하여 한
말로 생각되는데, 그때 제정된바 팔관회를 위해 국왕이 간악전看樂殿으
로 거둥할 때의 위장衛仗 내용을 사안별로 구분하여 살펴보면 아래와
같았다.

-3)-(1) 儀衛士 三千二百七十六人 : 다른 경우와는 달리 팔관회 때의 의
위儀衛에 동원되는 군사를 비롯한 전체 인원수가 3,276명이라 밝혀놓
고 있다. 한 연구에 의하면[①] 이곳 기사에 드러나 있는 인원수를 합산
한즉 1,964명이었다 한다. 언급된 전체 숫자와 1,300여 명의 차이가
나는 셈인데, 그것이 기록상 내용을 빠짐없이 정확하게 기록하지 않은
데 따른 것인지, 아니면 실제로 그 정도만 동원되었기 때문에 그같은
결과가 나온 것인지 그점은 분명치가 않다. 앞 대목(5-3)에서 살펴본바
연등회 때에 동원된 의위사儀衛士를 합산한 숫자는 1,883명으로 팔관
회 때의 합산한 수와 비슷하다. 반면에 법가위장(5-2)에 실제로 동원된
숫자는 3,148명으로 나와 이 의례가 다른 것에 비해 중시되었음을 짐

작케 한다.

① 안지원, 앞의 글(5-4-1-1), 173쪽) 172·173쪽.

-3)-(2) 左右黃龍大旗各一 植在殿階之東西稍南 護旗將校二人 放角紫衣束
帶佩刀執旗 軍士四十人 平巾幘扞袴緋衣 衛仗將校一百人 放角紫公服
執藤杖子 坐殿後分立銀毬仗之次 : 먼저 전각殿閣 계단의 동서쪽에서
약간 남쪽에 위치한 자리의 좌우에 황룡대기黃龍大旗를 각각 하나씩 세
우는데, 그것은 황색 바탕에 황룡과 운기雲氣가 그려 있고, 청색·적색·
황색·백색의 네가지 빛깔로 채색을 하였으며 화염각火焰脚이 있었다(『조
선세종실록朝鮮世宗實錄』 권132, 5례五禮·가례 서례嘉禮序例 노부鹵簿 280쪽, 이 책
289쪽). 이 기旗를 호위하는 장교인 호기장교護旗將校 2인이 배치되었는
데 이들은 모체帽體 좌우에 각角(귀)이 달린 형태의 모자인 방각모放角帽
(5-1-1-3)-(1), 121쪽)에 자의紫衣(자주색 옷)를 입고, 띠를 두르며(속대束帶),
칼을 차고(패도佩刀), 기旗를 들도록 되어 있었으며, 군사는 40인으로 평
건책平巾幘을 쓰고 한고扞袴와 비의緋衣를 입도록 되어 있었다. 이중 한
고는 활동을 편리하게 하기 위해 무릎 아래를 묶은 바지를 말하며, 비
의의 비색緋色은 등급상 자색紫色·단색丹色 다음의 색깔로 녹색綠色보다
는 위였다. 다음 100명이 배치된 아장衙仗을 소지한 아장장교衙仗將校와
은구장銀毬仗에 대해서는 5-1-1-3)-(6), 127쪽 참조.

-3)-(3) 先排隊 領將軍一 錦衣束帶佩刀執旗 將校六人 放角紫衣束帶佩刀執
旗 軍士一百人 紫衣束帶執刀 : 5-2-1-3)-(1), 141쪽 및 5-3-1-3)-(1), 163
쪽 참조.

-3)-(4) 淸遊隊 領都將二人 將校六人 衣佩並同前隊 軍士一百人 靑衣同心
束帶弢韄 : 5-2-1-3)-(2), 140쪽 및 5-3-1-3)-(2), 163쪽 참조.

-3)-(5) 防牌隊 領都將二人 衣甲佩刀執旗 將校十人 衣服同前 軍士二百人
衣甲防牌執小旗槍 在白甲隊外 : 5-2-1-3)-(6), 143쪽 및 5-3-1-3)-(3),
163쪽 참조.

-3)-(6) 白甲隊 領都將二人 將校十二人 衣服並同前隊 軍士一百五十人 衣

甲執旗槍 至駕後環衛 坐殿後 擁立第三階左右: 5-1-1-3)-(2), 124쪽 및
5-3-1-3)-(4), 164쪽 참조.

-3)-(7) 前行馬十四匹 引將校二人 放角紫衣束帶執旗佩刀 控軍士二十八人
立角紫寶祥花大袖衣假銀帶 分左右 在仗內: 5-1-1-3)-(3)·(4), 125쪽 및
5-2-1-3)-(6), 143쪽 참조.

-3)-(8) 駕前 景靈殿員一中道 國印書詔寶擔各一 分左右 軍士十六人 皂紗
帽子紫小袖衣束帶 中書主寶吏一人 陪其後 行爐茶擔各一 軍士四人 御
甲擔一中道 軍士四人 立角寶祥花大袖衣假銀帶 絞床水灌子各一 軍士
四人 衣服同前: 5-2-1-3)-(7)·(9), 144·145쪽 및 5-3-1-3)-(6)·(8)·(10),
164쪽 참조.

-3)-(9) 孔雀大傘一 在輦前中道 拱鶴四人 黃傘一在左 紅傘一在右 軍士六
人 金畫帽子錦衣束帶: 5-2-1-3)-(18), 150쪽 및 5-3-1-3)-(14)·(18), 165
쪽 참조.

-3)-(10) 平兜輦一 引駕一人 放角錦衣束帶執杖子 奉輦都將二人 放角錦衣
束帶佩長刀 將校二人 衣服同前: 5-2-1-3)-(7), 144쪽 및 5-3-1-3)-(15),
165쪽 참조.

-3)-(11) 骨朶子隊 領將校二人 放角紫衣佩刀執旗 軍士四十人 分左右 黑帽
子紫小袖衣 在毬仗外: 5-1-1-3)-(4), 125쪽과 5-2-1-3)-(12), 147쪽 및
5-3-1-3)-(5), 163쪽 참조. 이곳의 골타자대骨朶子隊는 은골타자대銀骨朶
子隊와, 그리고 구장毬仗도 은구장銀毬仗과 유사한 집물執物로 생각된다.

-3)-(12) 銀毬仗四十 殿省南班員分左右 紫公服紅鞓: 5-1-1-3)-(6), 126쪽과
5-2-1-3)-(7), 144쪽 및 5-3-1-3)-(11), 165쪽 참조.

-3)-(13) 銀粧長刀隊 領將校二人 服執同前隊 軍士二十人 在侍臣行外 服與
奉輦拱鶴同: 5-1-1-3)-(3), 125쪽과 5-2-1-3)-(8), 145쪽 및 5-3-1-3)-(7),
164쪽 참조.

-3)-(14) 銀斫子紅羅號四 軍士四人 衣朱甲 粧嚴弓十二 將校十二人 放角錦
衣紅鞓束帶 戟幡四 軍士八人 衣白甲: 5-1-1-3)-(1), 121쪽과 5-2-1-3)-

(15), 148쪽 및 5-3-1-3)-(12)·(13), 165쪽 참조.

-3)-(15) 銀幞斫子紅羅號隊 領將校二人 服執同銀粧長刀隊 軍士二十人 分左
右 紫羅冠紅背子綠羅汗衫紫繡包肚: 5-2-1-3)-(14), 147쪽 및 5-3-1-3)-(9),
164쪽 참조.

-3)-(16) 罕一在左 畢一在右 拱鶴軍士四人 錦帽子錦衣紅鞓束帶 靜鞭承旨
四人 分左右 放角錦衣束帶: 5-1-1-3)-(1), 121쪽과 5-2-1-3)-(15), 148쪽
및 5-3-1-3)-(13)·(17), 165쪽 참조.

-3)-(17) 旌二 節六 分左右 旌節郎八人 紫公服紅鞓具穿執 水精杖一在左
鉞斧一在右 郎將各二人 並放角錦衣束帶 郎將或別將充: 5-1-1-3)-(1),
121쪽과 5-2-1-3)-(15), 148쪽 및 5-3-1-3)-(17), 165쪽 참조.

-3)-(18) 中禁班 領指諭二人 分左右 放角錦衣束帶佩刀 行首二人 衣紫甲佩
刀執旗 班士二十人 衣紫甲 先排六人執彈弓 十四人佩刀: 5-1-1-3)-(7),
127쪽과 5-2-1-3)-(16), 149쪽 및 5-3-1-3)-(20), 166쪽 참조.

-3)-(19) 都知班 領指諭二人 分左右 放角錦衣束帶佩刀 行首二人 放角錦衣
束帶佩刀執旗 班士二十人 分左右 放角錦衣束帶把黑幞紅羅號斫子:
5-1-1-3)-(8), 128쪽과 5-2-1-3)-(17), 150쪽 및 5-3-1-3)-(21), 166쪽 참조.

-3)-(20) 紅繡扇八 孔雀扇四 蟠龍扇二 承旨十四人 分左右 放角錦衣束帶:
5-2-1-3)-(18), 150쪽 및 5-3-1-3)-(16), 165쪽 참조.

-3)-(21) 孔雀大傘一 在輦前 中道 指諭將校一人 服同前 拱鶴軍士四人 金
畫帽子錦衣束帶: 위의 (9)항(176쪽)에서 언급된 의장儀仗 가운데 공작
대산孔雀大傘이 다시 설치되고 있음을 보여주는 내용이다.

-3)-(22) 千牛備身將軍四人 備身將軍四人 各分左右 衣紫甲佩刀執旗 坐殿
後升上階 分左右 左右上將軍二人 千牛大將軍二人 並分左右 錦衣紅鞓
坐殿後升立負扆左右 黃傘一在左 紅傘一在右 軍士六人 金畫帽子錦衣
束帶: 천우비신장군千牛備身將軍 등에 대해서는 5-2-1-3)-(19)·(21), 150·
151쪽 및 5-3-1-3)-(23), 166쪽을 참조하면 되겠고, 황산黃傘·홍산紅傘은
역시 위의 (9)항(176쪽)에서 이미 다룬 내용이다.

-3)-(23) 輣輬輦一 引駕及都將將校與平輦同 奉輦拱鶴四十八人 衣服與奉平

　　　輦軍士同 銀斫子四 分左右 都將四人 金畫帽子錦衣束帶 御牽龍班二十

　　　二人 服同前： 5-2-1-3)-(7)，144쪽과 5-2-1-3)-(18)·(19)，150쪽 및

　　　5-3-1-3)-(19)·(22)，166쪽 참조.

-3)-(24) 玄武隊 領都將二人 衣紫甲佩刀執旗 將校十人 衣佩同前 軍士一百

　　　人 靑衣同心束帶把長刀： 5-2-1-3)-19)·(23)，150·152쪽 및 5-3-1-3)-(24)，

　　　166쪽 참조.

-3)-(25) 衛身隊 領都將二人 將校二十人 分左右 衣甲佩長刀執旗 軍士四百

　　　人 分左右 衣甲佩弓箭： 5-2-1-3)-(20)，151쪽 및 5-3-1-3)-(25)，166쪽

　　　참조.

-3)-(26) 後殿隊 領將軍一 錦衣束帶佩長刀執旗 將校五人 放角紫衣佩刀執

　　　旗 軍士一百人 紫衣束帶執長刀 並在環衛後： 5-2-1-3)-(24)，152쪽 및

　　　5-3-1-3)-(26)，167쪽 참조.

-3)-(27) 引駕敎坊樂官一百人 分左右 坐殿後第二階左右升立 吹角軍士三十

　　　人 在駕前 分左右 吹螺軍士三十人 在駕後 宣勑後 敎坊樂官 曲直華盖

　　　近仗儀衛 以次上階： 5-2-1-4)，153쪽 및 5-3-1-3)-(27)，167쪽 참조.

5-5. 서·남경 순행위장西南京巡幸衛仗

原文 5-5-1. 西南京巡幸衛仗 毅宗朝詳定 先排隊 領將軍一放角紫衣束帶佩刀執

旗騎 將校二人紫衣束帶佩刀執旗 軍士二十人 分左右紫衣執刀 五方旗各一 引將校

五人服執同前隊 夾軍士十人平巾幘緋衣扞袴 淸遊隊 領都將四人放角紫衣束帶佩刀執

旗騎 將校四人紫衣束帶佩刀執旗騎 軍士四十人 分左右靑衣同心束帶弢韉騎 白甲隊

領都將二人放角紫衣佩刀執旗 將校二人紫衣束帶佩刀執旗 軍士八十人 分左右靑衣

同心束帶把絲戟小旗槍 骨朶子隊 領將校二人服執同前隊 軍士十二人分左右皂紗帽

子紫紬小袖衣束帶 景靈殿判官中道 淸道一人揷角紫衣束帶執杖子 軍士六人服與骨朶

子隊軍士同 行爐茶擔各一 中道 軍士六人立角寶祥花大袖衣假銀帶 前行馬十二匹

控軍士二十四人 分左右衣帶同前 銀粧長刀隊 領將校二人紫衣佩刀執旗 軍士十

人 分左右立角寶祥花大袖衣束帶 絞床水灌子各一 中道 軍士四人服與骨朶子隊軍士

同 御甲擔一中道 軍士四人服同前隊 白鞃斫子紅羅號隊 領將校二人紫衣佩刀執

旗 軍士十二人 分左右紫羅冠紅背子綠羅汗衫 國印書詔寶擔各一 分左右 中書主

寶吏一人 陪其後 軍士十二人服與絞床水灌子軍士同 細弓箭將校六人紫衣束帶 紫

繡扇一十 分左右 承旨十人放角紫衣束帶 靑大傘一 夾軍士六人皀紗帽子紫衣束帶

陽傘一 軍士四人衣服同前 靜鞭承旨四人服與前隊承旨同 水精杖一在左 鉞斧一

在右 都將二人紫衣放角束帶 引駕一人放角紫衣束帶執杖子 中禁班 領指諭二人紫衣

束帶佩刀 行首二人紫衣束帶佩刀執旗 班士二十人 分左右紫衣束帶佩刀 先排執彈弓 都

知班 領指諭二人放角紫衣束帶佩刀 行首一人紫衣束帶佩刀執旗 班士十六人 分左

右紫衣束帶把紅羅號黑鞃斫子 御輦中道 護輦牽龍班 班士十四人金畫帽子紫衣束帶

控鶴二十四人紫羅冠紫衣束帶 輦子一中道 護輦子將校一人紫衣束帶佩刀 軍士三

十人服與御輦拱鶴同 內侍官分左右 御弓箭將軍一人 中道放角紫衣束帶騎 承制員

仗內橫行 左右上將軍二人放角紫衣束帶騎 千牛大將軍二人 千牛備身將軍四人

備身將軍四人 並分左右衣服同前 後殿官監察御史 分左右 玄武隊 領都將二

人放角紫衣束帶佩刀執旗 將校二人紫衣束帶佩刀執旗 軍士三十人 分左右靑衣同心束帶

執刀 後行馬四匹 控軍士十二人皀紗帽子紫紬小袖衣束帶 衛身馬隊 領都將二人放

角紫衣束帶佩刀執旗騎 將校二人紫衣束帶佩刀執旗騎 軍士三十人靑衣同心弢鞬騎 細弓

箭軍士四十六人 分左右靑衣束帶 雨傘一 軍士四人服與後行馬控軍士同 後殿隊

領將軍一人 都將二人並放角紫衣束帶佩刀執旗騎 將校二人紫衣束帶佩刀執旗 軍士三

十人 分左右紫衣束帶佩刀 巡檢左右府 領都將二人放角紫衣佩刀執旗騎 指諭六人

郎將別將散員交差 衣佩同上 軍士一百五十人靑紫衣執兵仗 隨駕敎坊樂官四十五人

淸樂五人 吹角軍士一十人 在駕前分左右 吹螺軍士一十人 在駕後

5-5-1. 서경西京과 남경南京을 순행巡幸할 때의 위장衛仗은[1] 의종조에 상

정詳定하였다.[2]

3)-(1) 선배대先排隊에는 영장군領將軍이 1(인)이고 – 방각모放角帽에 자의紫衣

(자주색 옷)를 입은데다, 띠를 두르고(속대束帶), 칼을 차며(패도佩刀), 기를 들고(집기
執旗) 말을 탄다-, 장교는 2인이며-자의紫衣를 입고, 띠를 두르며, 칼을 차고, 기
旗를 든다-, 군사는 20인으로 좌우에 나누어 선다-자의紫衣를 입고 칼을 잡
는다(執刀)-.

3)-(2) 5방기五方旗는 각각 하나씩으로 인장교引將校가 5인이고-복장·집물
執物은 앞의 대隊와 같다 ; 자의紫衣를 입고 띠를 두르며, 칼을 차고, 기旗를 든다-,
협군사夾軍士(기를 좌우에서 드는 군사)는 10인이다-평건책平巾幘을 쓰고 비의緋
衣와 한고扞袴를 입는다-.

3)-(3) 청유대淸遊隊에는 영도장領都將이 4인이고-방각모放角帽에 자의紫衣를
입고, 띠를 두르며 칼을 찬데다, 기旗를 들고 말을 탄다-, 군사는 40인으로 좌우
에 나누어 선다-청의靑衣에 동심결同心結로 맨 띠를 두르며, 활집(도건弢鞬)을 메
고 말을 탄다-.

3)-(4) 백갑대白甲隊에는 영도장領都將이 2인이고-방각모에 자의紫衣를 입고
띠를 두르며 칼을 차고 기旗를 든다-, 장교도 2인이며-자의紫衣를 입고 띠를 두
르며 칼을 차고 기旗를 든다-, 군사는 80인으로 좌우에 나누어 선다-청의靑
衣를 입고 동심결同心結로 맨 띠를 두르고, 사극소기창絲戟小旗槍(작은 '극'으로 만들
고 거기에 작은 기를 단 창)을 지닌다-.

3)-(5) 골타자대骨朶子隊에는 영장교領將校가 2인이고-복장·집물執物은 앞의
대隊와 같다-, 군사는 12인으로 좌우에 나누어 선다-조사皂紗(검은 깁) 모
자에 자주 소수의紫紬小袖衣(자주색 명주로 만든 소매가 좁은 옷)를 입고 띠를 두른다-.

3)-(6) 경령전景靈殿 판관判官은 길 가운데로 가는데, 청도淸道가 1인이고
-삽각모揷角帽에 자의紫衣를 입고, 띠를 두르며 장자杖子(막대)를 든다-, 군사는 6
인이다-복장은 골타자대骨朶子隊 군사와 같다-.

　　행로行爐(가지고 다니는 화로)와 다담茶擔(다과 짐)도 길 가운데로 가는데
군사는 6인이다-입각모立角帽에 보상화 대수의寶祥花大袖衣를 입고 가은대假銀帶
를 두른다-. 앞 줄의 말(전행마前行馬)은 12필인데 공군사控軍士(말을 다루는
군사)는 24인으로 좌우에 나누어 선다-의衣·대帶(띠)는 앞과 같다-.

3)-(7) 은장장도대銀粧長刀隊에는 영장교領將校가 2인이고 - 자의紫衣를 입고, 칼을 차며 기旗를 든다 -, 군사는 10인으로 좌우에 나누어 선다 - 입각모立角帽에 보상화 대수의寶祥花大袖衣를 입고 띠를 두른다 -.

3)-(8) 교상絞床과 수관자水灌子(물 주전자)는 각각 하나씩으로 길 가운데에 위치하는데 군사는 4인이며 - 복장은 골타자대骨朶子隊 군사와 같다 ; 조사皂紗(검은 깁) 모자에 자주 소수의紫紬小袖衣(자주색 명주로 만든 소매가 좁은 옷)를 입고 띠를 두른다 -, 어갑담御甲擔(왕의 갑옷을 담은 짐)도 하나로 길 가운데에 위치하는데 군사 (또한) 4인이다 - 복장은 앞의 대隊와 같다 -.

3)-(9) 백간작자홍라호대白簳斫子紅羅號隊에는 영장교領將校가 2인이고 - 자의紫衣를 입고 칼을 차며 기旗를 든다 -, 군사는 12인으로 좌우에 나누어 선다 - 자주색 나직(자라紫羅)의 관冠에 홍배자紅背子와 푸른 나직(녹라綠羅)의 한삼汗衫을 입는다 -.

3)-(10) 국인國印과 조서용 어보御寶를 담은 짐(서조보담書詔寶擔)이 각각 하나씩으로 좌우에 나누어 세우고, 중서성에서 어보御寶를 주관하는 서리(중서주보리中書主寶吏)가 그 뒤를 따르는데, 군사는 12인이며 - 복장은 교상絞床·수관자水灌子의 군사와 같다 -, 세궁전細弓箭을 지닌 장교가 6인이다 - 자의紫衣에 띠를 두른다 -.

3)-(11) 자수선紫繡扇(붉은 수를 놓은 부채)은 10개로 좌우에 나누어 세우는데, 승지承旨가 10인이며 - 방각모放角帽에 자의紫衣를 입고 띠를 두른다 -, 청대산靑大傘 하나에 협군사夾軍士(대산을 좌우에서 잡는 군사)는 6인이고 - 조사皂紗(검은 깁) 모자에 자의紫衣를 입고 띠를 두른다 -, 양산陽傘도 하나에 군사 4인 - 의복은 앞과 같다 -, 정편승지靜鞭承旨도 4인이다 - 복장은 앞 대隊의 승지承旨와 같다 -.

3)-(12) 수정장水精杖 하나는 왼쪽에 두고, 월부鉞斧 하나는 오른쪽에 두는데, 도장都將이 2인이고 - 자의紫衣를 입고 방각모放角帽를 쓰며 띠를 두른다 -, 인가引駕는 1인이다 - 방각모에 자의紫衣를 입고 띠를 두르며, 장자杖子(막대)를 지닌다 -.

3)-(13) 중금반中禁班에는 영지유領指諭가 2인이고-자의紫衣를 입고 띠를 두르며 칼을 찬다-, 행수行首도 2인이며-자의紫衣를 입고 띠를 두르며 칼을 차고 기旗를 든다-, 반사班士는 20인으로 좌우에 나누어 선다-자의紫衣를 입고 띠를 두르며 칼을 차는데, 앞장에 배열된 (인원은) 탄궁彈弓을 지닌다-.

3)-(14) 도지반都知班에는 영지유領指諭가 2인이고-방각모放角帽에 자의紫衣를 입고, 띠를 두르며 칼을 찬다-, 행수行首는 1인이며-자의紫衣에 띠를 두르고 칼을 차며 기旗를 든다-, 반사班士는 16인으로 좌우에 나누어 선다-자의紫衣에 띠를 두르고 홍라호흑간작자紅羅號黑簳斫子를 지닌다-.

3)-(15) 어련御輦(왕의 수레)이 길 가운데에 위치하는데 호련견룡반護輦牽龍班(연을 호위하는 견룡반)의 반사班士는 14인이고-금화모자金畫帽子에 자의紫衣를 입고 띠를 두른다-, 공학控鶴은 24인이며-자주색 나직(자라紫羅) 관冠에 자의紫衣를 입고 띠를 두른다-, 교자轎子 하나도 길 가운데에 위치하는데 호교자護轎子(교자를 호위하는) 장교가 1인이고-자의紫衣에 띠를 두르고 칼을 찬다-, 군사는 30인이며-복장은 어련공학御輦控鶴과 같다-, 내시관內侍官은 좌우에 나누어 선다. 어궁전장군御弓箭將軍(왕의 활과 화살 담당 장군)도 1인으로 길 가운데에 서며-방각모에 자의紫衣를 입고 띠를 두르며 말을 탄다-, 승제원承制員은 의장儀仗 대열의 안을 가로질러 간다.

3)-(16) 좌·우 상장군 2인과-방각모에 자의紫衣를 입고, 띠를 두르며 말을 탄다-, 천우대장군千牛大將軍 2인, 천우비신장군千牛備身將軍 4인, 비신장군備身將軍 4인 모두가 좌우에 나누어 서며-의복은 앞과 같다-, 후전관後殿官과 감찰어사監察御史도 좌우에 나누어 선다.

3)-(17) 현무대玄武隊에는 영도장領都將이 2인이고-방각모放角帽에 자의紫衣를 입고, 띠를 두르며 칼을 차고 기旗를 든다-, 장교가 2인이며-자의紫衣에 띠를 두르고 칼을 차며 기旗를 든다-, 군사는 30인으로 좌우에 나누어 선다-청의靑衣를 입고 동심결同心結로 맨 띠를 두르며 칼을 잡는다-. 행렬 뒤(후행後行)의 말 4필에 공군사控軍士는 12인이다-조사皂紗(검은 깁) 모자에 자주 소수의紫紬小袖衣(자주색 명주로 만든 소매가 좁은 옷)를 입고 띠를 두른다-.

3)-(18) 위신마대衛身馬隊에는 영도장領都將이 2인이고 - 방각모放角帽에 자의
紫衣를 입고, 띠를 두르며 칼을 찬데다, 기旗를 들고 말을 탄다 -, 장교가 2인이며
- 자의紫衣를 입고 띠를 두르며, 칼을 찬데다, 기旗를 들고 말을 탄다 -, 군사는 30
인이다 - 청의靑衣를 입고 동심결同心結로 맺은 활집(도건弢鞬)을 메고 말을 탄다 -.
세궁전細弓箭을 지닌 군사 46인이 좌우에 나누어 서며 - 청의靑衣를 입고 띠
를 두른다 -, 우산은 하나로 군사는 4인이다 - 복장은 후행後行의 공군사控軍士
와 같다 ; 조사皁紗(검은 깁) 모자에 자주 소수의紫紬小袖衣(자주색 명주로 만든 소매
가 좁은 옷)를 입고 띠를 두른다 -.

3)-(19) 후전대後殿隊에는 영장군領將軍 1인, 도장都將 2인이고 - 모두 방각모
放角帽에 자의紫衣를 입고, 띠를 두르며 칼을 찬데다, 기旗를 들고 말을 탄다 -, 장교
가 2인이며 - 자의紫衣를 입고 띠를 두르며, 칼을 차고 기旗를 든다 -, 군사는 30
인으로 좌우에 나누어 선다 - 자의紫衣를 입고 띠를 두르며 칼을 찬다 -.

3)-(20) 순검좌우부巡檢左右府에는 영도장領都將이 2인이고 - 방각모放角帽에
자의紫衣를 입고, 칼을 찬데다 기旗를 들고 말을 탄다 -, 지유指諭가 6인이며 - 낭
장郎將·별장別將·산원散員이 교대로 임명되는데, 의복과 패물佩物은 위와 같다 -, 군
사는 150인이다 - 청자의靑紫衣를 입고 병장兵仗을 지닌다 -.

3)-(21) 어가御駕를 따르는 교방敎坊의 악관樂官은 45인이고, 청악淸樂은 5
인, 취각군사吹角軍士는 10인인데 어가 앞에 좌우로 나누어 서며, 취라군
사吹螺軍士도 10인으로 어가 뒤에 위치한다.

註 解 5-5-1-

-1) 西·南京 巡幸衛仗 : 고려에서는 3경제三京制를 채택하여 개국開國 후 곧
   바로 개경開京(개성)을 수도로 삼은 불과 몇 년 뒤에 서경西京(평양)을 설
   치하고, 성종조에는 동경東京(경주)을 두어 3경을 삼았다가, 문종 때에
   이르러서 다시 남경南京(양주楊州, 지금의 서울)을 설치하여 새로운 3경제
   가 성립하게 된다. 그리하여 이들 3경은 상급 행정구역으로서 뿐 아니
   라 정치적·사상적으로 중요한 역할을 하였다.

그 가운데서도 고구려의 수도이기도 했던 서경이 특히 중시되었는데 그것은 옛 고구려 지역의 확보에 대한 염원 또는 독자적인 왕실의 후원세력 육성 등 몇 가지 점과 함께 나아가서는 장차 그곳을 수도로 삼으려는 의지까지 지니고 있었다는 데서 잘 드러나고 있거니와[1] 태조를 비롯한 역대 국왕들의 서경에 대한 관심은 각별한 것이었다. 그리고 남경 역시도 서경 만큼은 아니었지만 점차 그 중요성이 인정되어 위상을 높여갔다.[2]

사상적으로나 사회적인 측면에서 서경과 남경은 당시 크게 성행했던 풍수지리風水地理·도참설圖讖說과도 깊은 관련을 가지고 있었다. 서경의 경우 태조는 후대왕들에게 남긴 훈요10조訓要十條 제5조에서 "짐은 삼한 산천의 음우陰佑에 힘입어 대업을 이루었다. 서경은 수덕水德이 순조로워 우리나라 지맥地脉의 근본으로 대업만대大業萬代의 땅이 되니 마땅히 4중四仲에 순주巡駐하여 100일이 지나도록 머물러 안녕을 이루도록 하라"고 한데서 이점을 쉽게 알 수 있다. 이런 상황 등을 배경으로 3대 왕인 정종定宗 때에 벌써 서경으로의 천도가 시도된바 있었고, 또 인종 13년(1135)에도 묘청 등이 서경천도운동을 전개하다가 여의치 않자 반란을 일으키기도 하였었다.

남경과 관련하여서는 문종 21년(1067)에 그것을 설치하게 되는 배경을 통해 짐작할 수 있으며, 특히 그 얼마 뒤인 숙종 원년(1101)에 남경을 다시 두자는 논의에서 나온 김위제金謂磾의 상서에서 그런 점을 분명하게 살필 수 있다. 즉 그는 『도선기道詵記』에 이르기를, "고려의 땅에 3경이 있으니, 송악松嶽은 중경中京을 삼고, 목멱양木覓壤(남산 땅)은 남경, 평양은 서경을 삼아서, 11·12·1·2월은 중경에 머무르고, 3·4·5·6월은 남경에 머무르며, 7·8·9·10월은 서경에 머무르면 36국이 조천朝天하여 올 것이라" 하였고, 또 이르기를, "개국후開國後 160여년에는 목멱양에 도읍한다"고 하였사온데, 신은 지금이 바로 그 새 서울에 순주巡駐할 때라고 생각합니다"(『고려사』 권 122, 열전 김위제전) 라고 말하고 있는 것이다.

　태조의 당부나 김위제의 주장대로 3경으로의 국왕 순주巡駐가 이루
어진 것은 아니지만 서경과 남경, 특히 서경으로의 순주는 실제로 자
주 이행되었다. 이곳의 기사는 그때의 위장衛仗에 관하여 의종조에 이
르러 정리한 것이다.

　① 河炫綱,「高麗西京考」『歷史學報』35·36 합집, 1967 ;『韓國中世史研
　　　究』, 일조각, 1988.

　② 최혜숙,「南京의 設置」『高麗時代 南京 硏究』, 경인문화사, 2004.

-2) 毅宗朝 詳定 : 의종조에 상정하였다는 것은 앞서 설명했듯이(1-2-4, 26쪽
　　및 5-1-1-2), 121쪽) 왕 15년(1161)경에 국가의 각종 제도와 문물을 전반적
　　으로 정리한 예서禮書인『상정고금례詳定古今禮』의 편찬을 지칭하여 한
　　말로 생각되는데, 그때 제정된바 국왕이 서경과 남경으로 거동할 때의
　　위장衛仗 내용을 사안별로 구분하여 살펴보면 아래와 같다.

-3)-(1) 先排隊 領將軍一 放角紫衣束帶佩刀執旗騎 將校二人 紫衣束帶佩刀
　　　　執旗 軍士二十人 分左右 紫衣執刀 : 5-1-1-3)-(1), 121쪽 및 5-2-1-3)-(1),
　　　　141쪽 참조.

-3)-(2) 五方旗各一 引將校五人 服執同前隊 夾軍士十人 平巾幘緋衣扞袴 :
　　　　5방기五方旗는 동·서·남·북·중 5방을 상징하는 기로, 중앙의 황룡기黃
　　　　龍旗와 동방의 청룡기靑龍旗, 서방의 백호기白虎旗, 남쪽의 주작기朱雀旗,
　　　　북쪽의 현무기玄武旗를 말한다(『조선세종실록朝鮮世宗實錄』권132, 5례五禮·가
　　　　례 서례 嘉禮序例 노부鹵簿 280쪽, 이 책 289·290쪽). 군사들이 입는 웃옷인 비
　　　　색緋色의 비의緋衣와 바지인 한고扞袴에 대해서는 5-4-1-3)-(2), 175쪽에
　　　　서 설명한 바와 같다.

-3)-(3) 淸遊隊 領都將四人 放角紫衣束帶佩刀執旗騎 將校四人 紫衣束帶佩
　　　　刀執旗騎 軍士四十人 分左右 靑衣同心束帶發鞭騎 : 5-1-1-3)-(1), 121
　　　　쪽 및 5-2-1-3)-(2), 141쪽 참조.

-3)-(4) 白甲隊 領都將二人 放角紫衣佩刀執旗 將校二人 紫衣束帶佩刀執旗

軍士八十人 分左右 靑衣同心束帶把絲戟小旗槍：5-1-1-3)-(2), 124쪽 및
5-2-1-3)-(2)·(15), 141·148쪽 참조.

-3)-(5) 骨朶子隊 領將校二人 服執同前隊 軍士十二人 分左右 皂紗帽子紫
紬小袖衣束帶：5-1-1-3)-(4), 125쪽 및 5-4-1-3)-(11), 176쪽 참조.

-3)-(6) 景靈殿判官中道 淸道一人 揷角紫衣束帶執杖子 軍士六人 服與骨朶
子隊軍士同 行爐茶擔各一 中道 軍士六人 立角寶祥花大袖衣假銀帶 前
行馬十二匹 控軍士二十四人 分左右 衣帶同前：5-2-1-3)-(6)·(7), 143·
144쪽 및 5-3-1-3)-(6), 164쪽 참조.

-3)-(7) 銀粧長刀隊 領將校二人 紫衣佩刀執旗 軍士十人 分左右 立角寶祥
花大袖衣束帶：5-1-1-3)-(3), 124쪽 및 5-2-1-3)-(8), 145쪽 참조.

-3)-(8) 絞床水灌子各一 中道 軍士四人 服與骨朶子隊軍士同 御甲擔一中道
軍士四人 服同前隊：5-1-1-3)-(6), 126쪽과 5-2-1-3)-(7)·(9), 144·145쪽
및 5-3-1-3)-(8), 164쪽 참조.

-3)-(9) 白镙斫子紅羅號隊 領將校二人 紫衣佩刀執旗 軍士十二人 分左右
紫羅冠紅背子綠羅汗衫：5-1-1-3)-(5), 125쪽 및 5-2-1-3)-(14), 147쪽 참
조.

-3)-(10) 國印書詔寶擔各一 分左右 中書主寶吏一人 陪其後 軍士十二人 服
與絞床水灌子軍士同 細弓箭將校六人 紫衣束帶：5-2-1-3)-(9), 145쪽
및 5-3-1-3)-(10), 164쪽 참조.

-3)-(11) 紫繡扇一十 分左右 承旨十人 放角紫衣束帶 靑大傘一 夾軍士六人
皂紗帽子紫衣束帶 陽傘一 軍士四人 衣服同前 靜鞭承旨四人 服與前隊
承旨同：5-2-1-3)-(7), 144쪽과 (15)·(18), 148·150쪽 및 5-3-1-3)-(16)·
(17), 165쪽 참조.

-3)-(12) 水精杖一在左 鉞斧一在右 都將二人 紫衣放角束帶 引駕一人 放角
紫衣束帶執杖子：5-1-1-3)-(1), 121쪽 및 5-2-1-3)-(15), 148쪽 참조.

-3)-(13) 中禁班 領指諭二人 紫衣束帶佩刀 行首二人 紫衣束帶佩刀執旗 班
士二十人 分左右 紫衣束帶佩刀 先排執彈弓：5-1-1-3)-(7), 127쪽 및

5-2-1-3)-(16), 149쪽 참조.

-3)-(14) 都知班 領指諭二人 放角紫衣束帶佩刀 行首一人 紫衣束帶佩刀執
旗 班士十六人 分左右 紫衣束帶把紅羅號黑䩞矸子: 5-1-1-3)-(8), 128
쪽 및 5-2-1-3)-(17), 150쪽 참조.

-3)-(15) 御輦中道 護輦牽龍班 班士十四人 金畫帽子紫衣束帶 控鶴二十四
人 紫羅冠紫衣束帶 轎子一中道 護轎子將校一人 紫衣束帶佩刀 軍士三
十人 服與御輦拱鶴同 內侍官分左右 御弓箭將軍一人 中道 放角紫衣束
帶騎 承制員仗內橫行: 5-2-1-3)-(19), 150쪽 참조.

-3)-(16) 左右上將軍二人 放角紫衣束帶騎 千牛大將軍二人 千牛備身將軍四
人 備身將軍四人 並分左右 衣服同前 後殿官·監察御史 分左右:
5-1-1-3)-(9), 128쪽 및 5-2-1-3)-(19)·(21), 150·151쪽 참조.

-3)-(17) 玄武隊 領都將二人 放角紫衣束帶佩刀執旗 將校二人 紫衣束帶佩
刀執旗 軍士三十人 分左右 青衣同心束帶執刀 後行馬四匹 控軍士十二
人 皂紗帽子紫紬小袖衣束帶: 5-2-1-3)-(19)·(23), 150·152쪽 참조.

-3)-(18) 衛身馬隊 領都將二人 放角紫衣束帶佩刀執旗騎 將校二人 紫衣束
帶佩刀執旗騎 軍士三十人 青衣同心弢鞭騎 細弓箭軍士四十六人 分左
右 青衣束帶 雨傘一 軍士四人 服與後行馬控軍士同: 5-2-1-3)-(20),
151쪽 및 5-3-1-3)-(25), 166쪽 참조.

-3)-(19) 後殿隊 領將軍一人 都將二人 並放角紫衣束帶佩刀執旗騎 將校二
人 紫衣束帶佩刀執旗 軍士三十人 分左右 紫衣束帶佩刀: 5-2-1-3)-(24),
152쪽 및 5-3-1-3)-(26), 167쪽 참조.

-3)-(20) 巡檢左右府 領都將二人 放角紫衣佩刀執旗騎 指諭六人 郎將別將
散員交差 衣佩同上 軍士一百五十人 青紫衣執兵仗: 이곳의 순검좌우
부巡檢左右府는 금군禁軍의 하나인 순검군巡檢軍의 관부官府로 생각된다.[1]
그리하여 국왕의 시위侍衛를 위해 동원되었을 때 영도장領都將(5-1-1-3)-(1),
121쪽)의 지휘를 받았는데, 그 예하에 낭장(정6품)이나 별장(정7품)·산원
(정8품) 등이(『고려사』 권77, 백관지 2 서반西班) 맡는 지유指諭의 존재가 주

목된다. 동일한 금군인 견룡군·도지반都知班(도지군) 등에도 지유와 행
수行首 등이 지휘관으로 존재했다는 점에서이다. 그들은 업무상 칼을
차거나, 군사들의 경우 병장기를 지니고 있었다.

① 김낙진, 「高麗時代 禁軍의 組織과 性格-『高麗史』輿服志 儀衛條의 分
析을 중심으로-」『국사관논총』106, 2005.

-3)-(21) 隨駕敎坊樂官四十五人 淸樂五人 吹角軍士一十人 在駕前 分左右
吹螺軍士一十人 在駕後 : 5-2-1-4), 153쪽 및 5-3-1-3)-(27), 167쪽 참조.

5-6. 서·남경순행 회가봉영위장西南京巡幸回駕奉迎衛仗(봉영위장奉迎衛仗)

原文 5-6-1. 西南京巡幸 回駕 奉迎衛仗 毅宗朝詳定 先排隊 領將軍一錦衣束
帶佩刀執旗騎 將校六人放角紫衣束帶佩刀執旗 軍士一百人 分左右紫衣執刀 淸遊隊
領都將二人放角紫衣束帶佩刀執旗騎 將校六人衣服同前 軍士一百人 分左右靑衣同
心弢鞬騎 防牌隊 領將校十人衣甲佩刀執旗 軍士二百人 分左右衣甲白鞶小旗槍 白
甲隊 領都將二人 將校十人服執並同前隊 軍士一百五十人 分左右衣甲絲戟小旗槍
銀骨朶子隊 領將校二人放角紫衣束帶佩刀執旗 軍士四十人 分左右皂紗帽子紫小袖
衣 景靈殿判官中道 淸道一人揷角紫衣執杖子 軍士九人皂紗帽子紫小袖衣假銀帶 行
爐茶擔各一 軍士四人立角寶祥花大袖衣假銀帶 前行馬十四匹 控軍士二十八人
分左右服色與行爐茶擔軍士同 銀粧長刀隊 領將校二人放角紫衣佩刀執旗 軍士二十
人 分左右服色與前行馬軍士同 絞床水灌子各一 分左右 軍士四人錦帽子錦衣假銀帶
御甲擔一中道 軍士四人服同銀粧長刀隊 銀幹斫子紅羅號隊 領將校二人放角紫衣
束帶佩刀執旗 軍士二十人 分左右紫羅冠紅背子綠羅汗衫 國印書詔寶擔各一 分左
右 軍士十二人皂紗帽子紫小袖衣假銀帶 莊嚴弓十二 將校十二人放角錦衣束帶 孔雀
傘一中道 軍士六人 黃傘一在左 紅傘一在右 軍士四人金畫帽子錦衣束帶 引駕
一人放角錦衣束帶執杖子 平輦一中道 護輦都將二人 將校二人放角錦衣束帶佩刀 軍
士三十二人立角寶祥花大袖衣假銀帶 銀毬仗 殿省南班員四十人 分左右紫公服紅鞓
騎 孔雀傘一中道 軍士六人 紅黃傘各一 如平兜輦前 軺輶輦一中道 護輦都

將二人 將校二人 軍士四十八人衣服與護平輦人同 罕一在左 畢一在右 軍士四
人錦帽子錦衣束帶 靜鞭承旨四人放角錦衣束帶 水精杖一在左 鉞斧一在右 都將二
人服同靜鞭承旨 銀斫子紅羅號四 軍士四人衣朱甲 戟幡四 分左右 軍士八人衣白
甲 中禁班 指諭二人放角錦衣束帶佩刀 行首二人衣甲佩刀執旗 班士二十人衣甲佩刀
先排執彈弓 都知班 領指諭二人衣服與中禁都將同 行首二人放角錦衣束帶佩刀執旗 班
士二十人放角錦衣束帶把紅羅號黑緈斫子 紅繡扇十二 孔雀扇四 蟠龍扇二 承旨十
八人 分左右放角錦衣束帶 靑曲柄大傘一中道 夾軍士四人金畫帽子錦衣束帶 陽傘
一中道 夾軍士二人衣帶同前 御輦中道 牽龍班行首二人 軍士二十人衣帶並同前
銀斫子紅羅號四 郞將四人服同靑曲柄大傘夾軍士 上將軍二人 大將軍二人錦衣紅
鞓騎 千牛備身將軍四人 各分左右錦衣束帶佩刀騎 後行馬四匹 控軍士八人皂紗帽
子紫小袖衣假銀帶 玄武軍隊 領都將二人衣紫甲佩刀執旗 將校十人衣服同前 軍士一
百人 分左右衣皮甲執刀 衛身馬隊 領都將二人衣甲佩刀執旗騎 將校二十人服執騎
同前 軍士四百人 分左右弢韀甲騎 後殿隊 領將軍一放角錦衣束帶佩刀執旗騎 將校
五人紫衣束帶佩刀執旗 軍士一百人 分左右紫衣執刀 雨傘二 軍士二人皂紗帽子紫小
袖衣假銀帶 敎坊樂官一百人 分左右 安國伎四十人 雜劇伎一百六十人 各分左
右 吹角軍士十人 並在駕前 吹螺軍士十人 在駕後 各分左右 駕至儀鳳門 頒
德音 環衛爲充庭之儀

5-6-1. 서경과 남경을 순행巡幸하고 돌아오는 어가御駕를 맞이하여 모시
는 위장衛仗은[1] 의종조에 상정詳定하였다.[2]

3)-(1) 선배대先排隊에는 영장군領將軍이 1(인)이고 -금의錦衣(비단 옷)를 입고
띠를 두르며(속대束帶), 칼을 찬데(패도佩刀), 기를 들고(집기執旗) 말을 탄다-, 장
교가 6인이며 -방각모放角帽에 자의紫衣(자주색 옷)를 입고, 띠를 두르며, 칼을 차
고 기旗를 든다-, 군사는 100인으로 좌우에 나누어 선다 -자의紫衣를 입고
칼을 잡는다(집도執刀)-.

3)-(2) 청유대淸遊隊에는 영도장領都將이 2인이고 -방각모放角帽에 자의紫衣(자
주색 옷)를 입고, 띠를 두르며, 칼을 찬데(패도佩刀), 기를 들고(집기執旗) 말을 탄다-,

장교가 6인이며-의복은 앞과 같다-, 군사는 100인으로 좌우에 나누어 선다-청의靑衣에 동심결同心結로 맨 활집(도건弢鞬)을 메고 말을 탄다-.

3)-(3) 방패대防牌隊에는 영장교領將校가 10인이고-갑옷을 입고 칼을 차며 기旗를 든다-, 군사는 200인으로 좌우에 나누어 선다-갑옷을 입고, 흰 장대(백간白簳)에 작은 기旗를 단 창을 지닌다-.

3)-(4) 백갑대白甲隊에는 영도장領都將 2인, 장교 10인이고-복장·집물執物은 모두 앞 대隊와 같다-, 군사는 150인으로 좌우에 나누어 선다-갑옷을 입고, 사극소기창絲戟小旗槍(작은 '극'으로 만들고 거기에 작은 기旗를 단 창)을 지닌다-.

3)-(5) 은골타자대銀骨朵子隊에는 영장교領將校가 2인이고-방각모放角帽에 자의紫衣를 입고, 띠를 두르며, 칼을 차고 기旗를 든다-, 군사는 40인으로 좌우에 나누어 선다-조사皂紗(검은 깁) 모자에 자소수의紫小袖衣(자주색의 소매가 좁은 옷)를 입는다-.

3)-(6) 경령전景靈殿 판관判官은 길 가운데로 가는데, 청도淸道가 1인이고-삽각모揷角帽에 자의紫衣를 입고 장자杖子(막대)를 든다-, 군사는 9인이다-조사皂紗(검은 깁) 모자에 자소수의紫小袖衣(자주색의 소매가 좁은 옷)를 입고 가은대假銀帶를 두른다-.

행로行爐(가지고 다니는 화로)와 다담茶擔(다과 짐)은 각각 하나씩으로 군사는 4인이며-입각모立角帽에 보상화 대수의寶祥花大袖衣를 입고 가은대假銀帶를 두른다-, 앞 줄의 말(전행마前行馬)은 14필인데 공군사控軍士(말을 다루는 군사)는 28인으로 좌우에 나누어 선다-복색은 행로·다담의 군사와 같다-.

3)-(7) 은장장도대銀粧長刀隊에는 영장교領將校가 2인이고-방각모放角帽에 자의紫衣를 입고, 칼을 차며 기旗를 든다-, 군사는 20인으로 좌우에 나누어 선다-복색服色은 전행마前行馬 군사와 같다-.

3)-(8) 교상絞床과 수관자水灌子(물 주전자)는 각각 하나씩으로서 좌우로 나뉘어 위치하는데 군사는 4인이다-금모자錦帽子(비단 모자)에 금의錦衣(비단 옷)를 입고 가은대假銀帶를 두른다-.

어갑담御甲擔(왕의 갑옷을 담은 짐)도 하나로 길 가운데에 위치하는데 군사는 4인이다-복장은 은장장도대와 같다-.

3)-(9) 은간작자홍라호대銀䥕斫子紅羅號隊에는 영장교領將校가 2인이고-방각모放角帽에 자의紫衣를 입고, 띠를 두르며, 칼을 차고 기旗를 든다-, 군사는 20인으로 좌우에 나누어 선다-자주색 나직(자라紫羅)의 관冠에 홍배자紅背子와 푸른 나직(녹라綠羅)의 한삼汗衫을 입는다-.

3)-(10) 국인國印과 조서용 어보御寶를 담은 짐(서조보담書詔寶擔)이 각각 하나씩으로서 좌우로 나뉘어 위치하는데 군사는 12인이다-조사皂紗(검은 깁) 모자에 자소수의紫小袖衣 (자주색의 소매가 좁은 옷)를 입고 가은대假銀帶를 두른다-.

장엄궁莊嚴弓은 12개로 장교가 12인이다-방각모放角帽에 금의錦衣를 입고 띠를 두른다-.

3)-(11) 공작산孔雀傘은 하나로서 길 가운데로 가는데 군사는 6인이며, 황산黃傘 하나는 왼쪽에, 홍산紅傘 하나는 오른쪽에 위치하는데 군사는 4인이다-금화모자金畵帽子에 금의錦衣를 입고 띠를 두른다-. (인가引駕는 1인이다-방각모放角帽에 금의錦衣를 입고, 띠를 두르며, 장자杖子(막대)를 든다-.) * 끝 부분의 「引駕一人放角錦衣束帶執杖子」는 이어지는 항목인 「平輦一」 다음에 들어가야할 내용으로 판단된다.

3)-(12) 평련平輦은 하나로 길 가운데에 위치하는데 (인가引駕가 1인이고 -방각모放角帽에 금의錦衣를 입고, 띠를 두르며, 장자杖子(막대)를 든다-.)(윗 항목에서 온 것), 호련도장護輦都將 2인, 장교도 2인이며-방각모放角帽에 금의錦衣를 입고 띠를 두르며 칼을 찬다-, 군사는 32인이다-입각모立角帽에 보상화 대수의寶祥花大袖衣를 입고 가은대假銀帶를 두른다-.

3)-(13) 은구장銀毬仗을 잡은 전성殿省 남반원南班員은 40인으로 좌우에 나누어 선다-자공복紫公服에 홍정紅鞓을 두르고 말을 탄다-.

공작산孔雀傘은 하나로서 길 가운데로 가는데 군사는 6인이며, 홍산紅傘과 황산黃傘은 각각 하나씩으로 평두련平兜輦 앞과 같이 세운다.

3)-(14) 초요련軺轎輦은 하나로 길 가운데에 위치하는데, 호련도장護輦都將 2인, 장교도 2인이며, 군사는 48인이다-의복은 평련平輦을 호위하는 사람

들과 같다-.

3)-(15) 한쪽은 하나로 왼쪽에 두고, 필鞸도 하나로 오른쪽에 두는데 군사가 4인이고-금모자錦帽子에 금의錦衣를 입고 띠를 두른다-, 정편승지靜鞭承旨도 4인이다-방각모放角帽에 금의錦衣를 입고, 띠를 두른다-.

3)-(16) 수정장水精杖은 1개로 왼쪽에 두고, 월부鉞斧도 1개로 오른쪽에 두는데, 도장都將은 2인이다-복장은 정편승지靜鞭承旨와 같다-.

은작자홍라호銀斫子紅羅號는 넷으로 군사는 4인이고-붉은 갑옷(주갑朱甲)을 입는다-, 극번戟幡도 넷으로 좌우에 나누어 세우는데 군사는 8인이다-흰 갑옷(백갑白甲)을 입는다-.

3)-(17) 중금반中禁班에는 지유指諭가 2인이고-방각모放角帽에 자의紫衣를 입고 띠를 두르며 칼을 찬다-, 행수行首도 2인이며-갑옷을 입고 칼을 차며 기旗를 든다-, 반사班士는 20인이다-갑옷을 입고 칼을 차며, 앞장에 배열된 (인원은) 탄궁彈弓을 지닌다-.

3)-(18) 도지반都知班에는 영지유領指諭가 2인이고-의복은 중금도장中禁都將 (?)과 같다-, 행수行首도 2인이며-방각모放角帽에 금의錦衣를 입고 띠를 두르며, 칼을 차고 기旗를 든다-, 반사班士는 20인이다-방각모放角帽에 금의錦衣를 입고 띠를 두르며, 홍라호흑간작자紅羅號黑幹斫子를 지닌다-.

3)-(19) 홍수선紅繡扇(붉은 수를 놓은 부채) 12개, 공작선孔雀扇(공작을 그린 부채) 4개, 반룡선盤龍扇(서리고 있는 용을 그린 부채) 2개에 승지承旨는 18인이 좌우에 나누어 선다-방각모放角帽에 금의錦衣를 입고 띠를 두른다(속대束帶)-.

청곡병대산靑曲柄大傘(푸른색에 자루가 굽은 대산)은 1개로 길 가운데에 위치하는데 협군사夾軍士는 4인이고-금화金畫(금분을 아교에 풀어 그린 그림) 모자에 비단 옷(금의錦衣)을 입고 띠를 두른다(속대束帶)-, 양산陽傘도 하나로 (역시) 길 가운데에 위치하는데 협군사夾軍士는 2인이다-의衣·대帶는 앞과 같다-.

3)-(20) 어련御輦(왕의 수레)이 길 가운데로 가는데 견룡반牽龍班의 행수行首가 2인이고 군사는 20인이며-의衣·대帶는 모두 앞과 같다-, 은작자홍라

호은사자홍라호銀祈子紅羅號는 4개로 낭장郎將도 4인이다-복장은 청곡병대산靑曲柄大傘의 협군사夾軍士와 같다-.

3)-(21) 상장군上將軍이 2인, 대장군大將軍도 2인이고-금의錦衣에 홍정紅鞓을 두르고 말을 탄다-, 천우비신장군千牛備身將軍은 4인으로 각각 좌우에 나누어 선다-금의錦를 입고 띠를 두르며, 칼을 차고 말을 탄다-. 뒤 행렬(후행後行)의 말 4필에 공군사控軍士는 8인이다-조사皂紗(검은 깁) 모자에 자소수의紫小袖衣(자주색의 소매가 좁은 옷)를 입고 가은대假銀帶를 두른다-.

3)-(22) 현무군대玄武軍隊에는 영도장領都將이 2인이고-자주색 갑옷(자갑紫甲)을 입고 칼을 차며 기旗를 든다-, 장교가 10인이며-의복은 앞과 같다-, 군사는 100인으로 좌우에 나누어 선다-피갑皮甲(가죽 갑옷)을 입고 칼을 잡는다(집도執刀)-.

3)-(23) 위신마대衛身馬隊에는 영도장領都將이 2인이고-갑옷을 입고 칼을 차며 기旗를 들고 말을 탄다-, 장교가 20인이며-복장과 집물執物, 말을 타는 것은 앞과 같다-, 군사는 400인으로 좌우에 나누어 선다-활집(도건弢鞬)을 메고 갑옷을 입으며, 말을 탄다-.

3)-(24) 후전대後殿隊에는 영장군領將軍이 1(인)이고-방각모放角帽에 금의錦衣를 입고, 띠를 두르며 칼을 찬데다, 기旗를 들고 말을 탄다-, 장교가 5인이며-자의紫衣를 입고 띠를 두르며, 칼을 차고 기旗를 든다-, 군사는 100인으로 좌우에 나누어 선다-자의紫衣를 입고 칼을 잡는다(집도執刀)-. 우산이 2개로 군사도 2인이다-조사皂紗(검은 깁) 모자에 자소수의紫小袖衣(자주색의 소매가 좁은 옷)를 입고 가은대假銀帶를 두른다-.

3)-(25) 교방敎坊의 악관樂官 100인이 좌우에 나누어 서고, 안국기安國伎 40인, 잡극기雜劇伎 160인도 각각 좌우에 나누어 서며, 취각군吹角軍은 10인으로 모두 어가御駕 앞에 위치하고, 취라군사吹螺軍士 10인은 어가 뒤에 각각 나누어 서는데, 어가御駕가 의봉문儀鳳門에 이르러 덕음德音을 반포할 때에는 대열을 둥글게하여 충정充庭의 의식을 거행한다.

註 解 5-6-1-

-1) 西南京巡幸 回駕奉迎 衛仗：고려의 국왕들이 서경(평양)과 남경(양주 ; 지금의 서울)을 자주 순행巡幸하게된 연유·배경에 대해서는 앞서 설명한 바와 같거니와(5-5-1-1), 183쪽), 그들이 순행을 마치고 수도인 개경으로 되돌아올 때에 맞이하여 모시는 위장衛仗에 관한 것이다.

-2) 毅宗朝 詳定：의종조에 상정詳定하였다는 것은 앞서 설명했듯이(1-2-4, 26쪽 및 5-1-1-2), 121쪽) 왕 15년(1161)경에 국가의 각종 제도와 문물을 전반적으로 정리한 예서禮書인 『상정고금례詳定古今禮』의 편찬을 지칭하여 한 말로 생각되는데, 거기에 제정된바 순행을 마치고 개경으로 돌아오는 국왕을 맞이하여 모실 때의 위장衛仗에 관한 내용을 사안별로 구분하여 살펴보면 아래와 같다.

-3)-(1) 先排隊 領將軍一 錦衣束帶佩刀執旗騎 將校六人 放角紫衣束帶佩刀執旗 軍士一百人 分左右 紫衣執刀：5-1-1-3)-(1), 121쪽 및 5-5-1-3)-(1), 185쪽 참조.

-3)-(2) 清遊隊 領都將二人 放角紫衣束帶佩刀執旗騎 將校六人 衣服同前 軍士一百人 分左右 青衣同心弢鞭騎：5-1-1-3)-(1), 121쪽 및 5-5-1-3)-(3), 185쪽 참조.

-3)-(3) 防牌隊 領將校十人 衣甲佩刀執旗 軍士二百人 分左右 衣甲白䃃小旗槍：5-2-1-3)-(6), 134쪽 및 5-3-1-3)-(3), 163쪽 참조.

-3)-(4) 白甲隊 領都將二人 將校十人 服執並同前隊 軍士一百五十人 分左右 衣甲絲戟小旗槍：5-1-1-3)-(2), 124쪽 및 5-5-1-3)-(4), 185쪽 참조.

-3)-(5) 銀骨朵子隊 領將校二人 放角紫衣束帶佩刀執旗 軍士四十人 分左右 皂紗帽子紫小袖衣：5-1-1-3)-(4), 125쪽과 5-2-1-3)-(12), 147쪽 및 5-5-1-3)-(5), 186쪽 참조.

-3)-(6) 景靈殿判官 中道 清道一人 揷角紫衣執杖子 軍士九人 皂紗帽子紫小袖衣假銀帶 行爐茶擔各一 軍士四人 立角寶祥花大袖衣假銀帶 前行 馬十四匹 控軍士二十八人 分左右 服色與行爐茶擔軍士同：5-2-1-3)-(6)·

(7), 143·144쪽 및 5-5-1-3)-(6), 186쪽 참조.

-3)-(7) 銀粧長刀隊 領將校二人 放角紫衣佩刀執旗 軍士二十人 分左右 服
色與前行馬軍同: 5-1-1-3)-(3), 125쪽 및 5-5-1-3)-(7), 186쪽 참조.

-3)-(8) 絞床水灌子各一 分左右 軍士四人 錦帽子錦衣假銀帶 御甲擔一 中
道 軍士四人 服同銀粧長刀隊: 5-1-1-3)-(6), 126쪽과 5-2-1-3)-(7)·(9),
144·145쪽 및 5-5-1-3)-(8), 186쪽 참조.

-3)-(9) 銀斧斫子紅羅號隊 領將校二人 放角紫衣束帶佩刀執旗 軍士二十人
分左右 紫羅冠紅背子綠羅汗衫: 5-1-1-3)-(5), 125쪽과 5-2-1-3)-(14), 147
쪽 및 5-5-1-3)-(9), 186쪽 참조.

-3-(10) 國印書詔寶擔各一 分左右 軍士十二人 皂紗帽子紫小袖衣假銀帶 莊
嚴弓十二 將校十二人 放角錦衣束帶: 5-1-1-3)-(1), 121쪽과 5-2-1-3)-
(9)·(15), 145·148쪽 및 5-5-1-3)-(10), 186쪽 참조.

-3)-(11) 孔雀傘一中道 軍士六人 黃傘一在左 紅傘一在右 軍士四人 金畫帽
子錦衣束帶 引駕一人 放角錦衣束帶執杖子: 5-2-1-3)-(18), 150쪽에도
유사한 내용이 기술되고 있지만, 특히 5-3-1-3)-(18), 165쪽과는 거의
동일한 내용으로 되어 있다. 한데 후자의 경우에서 언급했듯이 이곳의
끝 부분인 「引駕一人 放角錦衣束帶執杖子」는 다음 항목의 「平輦一」
다음에 들어가야할 내용으로 판단되므로 그같이 처리하는게 옳을 것
같다.

-3)-(12) 平輦一中道 護輦都將二人 將校二人 放角錦衣束帶佩刀 軍士三十
二人 立角寶祥花大袖衣假銀帶: 5-2-1-3)-(7), 144쪽에도 유사한 내용
이 기술되고 있지만, 특히 5-3-1-3)-(15), 165쪽과는 대부분이 합치되는
내용으로 되어 있다. 한데 후자의 경우에서 언급했듯이 윗 항목의 끝
부분인 「引駕一人 放角錦衣束帶執杖子」는 이곳의 「平輦一」 다음에
와야할 내용으로 판단되어 그같이 처리하였다.

-3)-(13) 銀毬仗 殿省南班員四十人 分左右 紫公服紅鞓騎 孔雀傘一 中道
軍士六人 紅黃傘各一 如平兜輦前: 은구장銀毬仗에 대해서는 5-1-1-3)-

(6), 126쪽과 5-2-1-3)-(7), 144쪽 및 5-3-1-3)-(11), 165쪽 참조. 공작산
孔雀傘 등은 위의 -3)-(11), 195쪽에서 언급된 것이다.

-3)-(14) 輜輞輦一 中道 護輦都將二人 將校二人 軍士四十八人 衣服與護平
輦人同: 5-2-1-3)-(7), 144쪽 및 5-3-1-3)-(19), 166쪽 참조.

-3)-(15) 罕一在左 畢一在右 軍士四人 錦帽子錦衣束帶 靜鞭承旨四人 放角
錦衣束帶: 5-1-1-3)-(1), 121쪽 및 5-2-1-3)-(15), 148쪽 참조.

-3)-(16) 水精杖一在左 鉞斧一在右 都將二人 服同靜鞭承旨 銀斫子紅羅號
四 軍士四人 衣朱甲 戟幡四 分左右 軍士八人 衣白甲: 5-1-1-3)-(1),
121쪽과 5-2-1-3)-(15), 148쪽 및 5-5-1-3)-(12), 186쪽 참조.

-3)-(17) 中禁班 指諭二人 放角錦衣束帶佩刀 行首二人 衣甲佩刀執旗 班士
二十人 衣甲佩刀 先排執彈弓: 5-1-1-3)-(7), 127쪽과 5-2-1-3)-(16), 149
쪽 및 5-5-1-3)-(13), 186쪽 참조. 이곳의 지유指諭는 이들 여러 사례에
비추어 영지유領指諭의 잘못일 것으로 짐작된다.

-3)-(18) 都知班 領指諭二人 衣服與中禁都將同 行首二人 放角錦衣束帶佩
刀執旗 班士二十人 放角錦衣束帶把紅羅號黑斡斫子: 5-1-1-3)-(8), 128
쪽과 5-2-1-3)-(17), 150쪽 및 5-5-1-3)-(14), 187쪽 참조. 이곳의 중금
도장中禁都將은 이들 여러 사례에 비추어 중금지유中禁指諭의 잘못일 것
으로 짐작된다.

-3)-(19) 紅繡扇十二 孔雀扇四 蟠龍扇二 承旨十八人 分左右 放角錦衣束帶
靑曲柄大傘一中道 夾軍士四人 金畫帽子錦衣束帶 陽傘一中道 夾軍士二
人 衣帶同前: 5-2-1-3)-(7)·(18), 144·150쪽과 5-3-1-3)-(16), 165쪽 및
5-5-1-3)-(11), 186쪽 참조.

-3)-(20) 御輦中道 牽龍班行首二人 軍士二十人 衣帶並同前 銀斫子紅羅號
四 郎將四人 服同靑曲柄大傘夾軍士: 5-2-1-3)-(19), 150쪽과 5-3-1-3)-
(22), 166쪽 및 5-5-1-3)-(15), 187쪽 참조.

-3)-(21) 上將軍二人 大將軍二人 錦衣紅鞓騎 千牛備身將軍四人 各分左右
錦衣束帶佩刀騎 後行馬四匹 控軍士八人 皂紗帽子紫小袖衣假銀帶:

5-1-1-3)-(9), 128쪽과 5-2-1-3)-(19), 150쪽 및 5-5-1-3)-(16)·(17), 187

쪽 참조.

-3)-(22) 玄武軍隊 領都將二人 衣紫甲佩刀執旗 將校十人 衣服同前 軍士一

百人 分左右 衣皮甲執刀: 5-2-1-3)-(23), 152쪽 및 5-5-1-3)-(17), 187쪽

참조.

-3)-(23) 衛身馬隊 領都將二人 衣甲佩刀執旗騎 將校二十人 服執騎同前 軍

士四百人 分左右 弢鞭甲騎: 5-2-1-3)-(20), 151쪽 및 5-5-1-3)-(18), 187

쪽 참조.

-3)-(24) 後殿隊 領將軍一 放角錦衣束帶佩刀執旗騎 將校五人 紫衣束帶佩

刀執旗 軍士一百人 分左右 紫衣執刀 雨傘二 軍士二人 皂紗帽子紫小

袖衣假銀帶: 5-2-1-3)-(24), 152쪽 및 5-5-1-3)-(19), 187쪽 참조.

-3)-(25) 教坊樂官一百人 分左右 安國伎四十人 雜劇伎一百六十人 各分左

右 吹角軍士十人 並在駕前 吹螺軍士十人 在駕後 各分左右 駕至儀鳳

門 頒德音 環衛爲充庭之儀: 5-2-1-4), 153쪽 및 5-5-1-3)-(21), 188쪽

참조.

5-7. 선사 의장宣赦儀仗

原文 5-7-1. 宣赦儀仗 高宗八年十月 御儀鳳樓 宣赦 儀仗用執擎軍一千六百

九十三人 指諭將校一百四人 中禁都知二十人 左右旌節南班員十人 左右銀

毬仗南班員四十人 並分毬庭左右 其儀 軺軬輦指諭二人軍士四十八人 平兜

輦指諭二人軍士三十二人 大傘指諭一人軍士八人 追傘軍士四人 陽傘軍士

八人 雨傘軍士四人 戟幡白甲軍八人 銀槍朱甲軍八人 黃繡幡軍士四人 御

甲擔軍士四人 絞床水灌子軍士四人 書册筆硯軍士四人 行爐茶擔軍士四人

紅背子二十人指諭二人 長刀軍士二十人指諭二人 骨朵子軍士四十人指諭二

人 金畫帽子軍士四人指諭二人 注陪軍士十二人 前行馬軍士二十八人指諭

二人 後行馬軍士八人 彩羅幡十軍士二十人指諭二人 黃羅幡六軍士十二人

指諭二人 白羅幡四軍士八人指諭二人 黑羅幡黃羅幡靑幡幢紅羅幡白幡幢各
十 軍士各二十人指諭各二人 印陪軍士十二人 秘書省淸坪軍士四人 尙舍倚
子軍士九人 馬一軍士四人 先排軍一百人指諭六人 前遊馬軍一百人指諭六
人 防牌軍二百人 玄武軍一百五十人指諭各十人 白甲軍一百五十人指諭十
二人 衛身馬軍四百人指諭五人 弓箭將校十二人 赦旨都監直將校二人

5-7-1. 사면령赦免令을 선포할 때의 의장儀仗. 고종 8년에 의봉루儀鳳樓에
거둥하여 사면령을 선포하였는데, 그 의장儀仗에는 집경군執擎軍(의장을
든 군사)이 1,693인이고, 지유指諭·장교將校가 104인, 중금中禁·도지都知가
20인, 좌우에서 정旌·절節을 맡은 남반원南班員이 10인, 좌우에서 은구장
銀毬仗을 맡은 남반원이 40인 배치되어, 모두 구정毬庭의 좌우에 나뉘어
섰다.[1]

그 의장儀仗을 보면[2]

(1) 초요련軺輶輦에 지유指諭 2인과 군사軍士 40인

(2) 평두련平兜輦에 지유 2인과 군사 32인

(3) 대산大傘에 지유 1인과 군사 8인

(4) 추산追傘(대산에 따르는 양산)에 군사 4인

(5) 양산陽傘에 군사 8인

(6) 우산雨傘에 군사 4인

(7) 극번戟幡에 백갑군白甲軍 8인

(8) 은창銀槍(도은한 의장용 창)에 주갑군朱甲軍(붉은 갑옷을 입은 군사) 8인

(9) 황수번黃繡幡에 군사 4인

(10) 어갑담御甲擔에 군사 4인

(11) 교상絞床과 수관자水灌子에 군사 4인

(12) 서책書册과 필연筆硯에 군사 4인

(13) 행로行爐와 다담茶擔에 군사 4인

(14) 홍배자紅背子를 입은 (인원) 20인과 지유 2인

(15) 장도長刀 군사 20인과 지유 2인

(16) 골타자骨朶子 군사 40인과 지유 2인

(17) 금화모자金畵帽子를 쓴 군사 4인과 지유 2인

(18) 주배注陪(의장 대열의 하나) 군사 12인

(19) 전행마前行馬에 군사 28인과 지유 2인

(20) 후행마後行馬에 군사 8인

(21) 채라번彩羅幡 10에 군사 28인과 지유 2인

(22) 황라번黃羅幡 6에 군사 12인과 지유 2인

(23) 백라번白羅幡 4에 군사 8인과 지유 2인

(24) 흑라번黑羅幡 10에 군사 20인과 지유 2인

(25) 황라번黃羅幡 10에 군사 20인과 지유 2인

(26) 청번당靑幡幢 10에 군사 20인과 지유 2인

(27) 홍라번紅羅幡 10에 군사 20인과 지유 2인

(28) 백번당白幡幢 10에 군사 20인과 지유 2인

(29) 인배印陪(국인國印을 받드는 함)에 군사 12인

(30) 비서성秘書省 청평淸坪에 군사 4인

(31) 상사尙舍 의자倚子에 군사 9인

(32) 말(마馬) 한필에 군사 4인

(33) 선배군先排軍 100인에 지유 6인

(34) 전유마군前遊馬軍 100인에 지유 6인

(35) 방패군防牌軍 200인에 지유 10인

(36) 현무군玄武軍 150인에 지유 10인

(37) 백갑군白甲軍 150인에 지유 12인

(38) 위신마군衛身馬軍 400인에 지유 5인

(39) 궁전弓箭에 장교 12인

(40) 사지도감赦旨都監에 직장교直將校 2인

註 解 5-7-1-

-1) 宣赦儀仗 高宗八年十月 御儀鳳樓 宣赦 儀仗用執擎軍一千六百九十三
人 指諭將校一百四人 中禁都知二十人 左右旌節南班貝十人 左右銀毬
仗南班貝四十人 並分毬庭左右 : 사면령을 선포할 때의 의장儀仗에 대
해서는 고종 8년(1221)에 국왕이 의봉루儀鳳樓에 행차하여 반포한 사례
를 들어 설명하고 있다. 즉, 거기에는 여러 의장儀仗을 담당하는 군사
1,693명이 동원되었고, 지유指諭(5-1-1-3)-(7), 127쪽)와 장교將校(5-1-1-3)-(1),
121쪽)가 104명, 중금반中禁班(5-1-1-3)-(7), 127쪽)·도지반都知班(5-1-1-3)-(8),
128쪽) 관련의 인원 20명이 배치되었으며, 정旌·절節(5-2-1-3)-(15), 148쪽)
을 맡은 남반원南班貝(5-1-1-3)-(6), 126쪽) 10명과, 은구장銀毬仗(5-1-1-3)-(6),
126쪽) 담당 10명도 배치되었음을 먼저 언급하고 있다. 그리하여 이들
이 구정毬庭의 좌우에 나뉘어 섰다고 설명하고 있거니와, 국왕이 사면
령을 선포하기 위해 행차하는 의봉루는 궁궐 내의 정전正殿인 회경전
會慶殿에서 얼마 떨어지지 않은 의봉문儀鳳門(뒤의 신봉문神鳳門)의 문루門
樓로서 그 앞의 넓은 광장이 바로 구정이었다.[①] 행사가 이곳에서 이루
어졌던 것인데, 앞서 팔관회를 위해 국왕이 거둥하는 간악전看樂殿도
이곳 의봉루에 있었으리라고 설명한바 있다(5-4-1-1), 173쪽).

① 朴龍雲,「開京 定都와 시설」『고려시대 開京 연구』, 일지사, 1996, 27·
33쪽.

이현정,「고려시대 毬庭에 관한 연구」『역사학보』212, 2011.

-2) 其儀 : 선사 의장宣赦儀仗의 내용을 40항목으로 나누어 구체적으로 열
거하고 있는데 보다시피 그 대부분은 앞선 의장儀仗·위장衛仗에서 살펴
본 것들을 간략하게 소개하는데 그치고 있다. 그러므로 여기서는 설명
의 중복을 피해 저들의 기술 순서에 따라 앞서의 출처를 밝히는 일을
중심으로 하여 언급토록 한다.

(1) 軺輬輦 指諭二人 軍士四十八人 : 초요련軺輬輦은 5-2-1-3)-(7), 144쪽)
및 5-3-1-3)-(19), 166쪽) 등에서 여러 차례 언급되고 있다.

(2) 平兜鍪 指諭二人 軍士三十二人 : 평두련平兜鍪은 5-2-1-3)-(7), 144쪽 및 5-3-1-3)-(15), 165쪽 등에서 여러 차례 언급되고 있다.

(3) 大傘 指諭一人 軍士八人 : 대산大傘은 5-1-1-3)-(1), 121쪽 등에서 여러 차례 언급되고 있다.

(4) 追傘 軍士四人 : 추산追傘은 대산大傘에 따르는 양산陽傘으로 짐작된다.

(5) 陽傘 軍士八人 : 양산陽傘은 5-1-1-3)-(1), 121쪽 등에서 여러 차례 언급되고 있다.

(6) 雨傘 軍士四人 : 우산雨傘은 5-2-1-3)-(19), 150쪽 등에서 여러 차례 언급되고 있다.

(7) 戟幡 白甲軍八人 : 극번戟幡과 백갑군白甲軍은 5-1-1-3)-(2), 124쪽 및 5-2-1-3)-(15), 148쪽 등에서 여러 차례 언급되고 있다.

(8) 銀槍 朱甲軍八人 : 은창銀槍(도은한 의장용 창)과 주갑군朱甲軍(붉은 갑옷을 입은 군사)은 5-2-1-3)-(15), 148쪽 및 5-3-1-3)-(3), 163쪽 등에서 여러 차례 언급되고 있다.

(9) 黃繡幡 軍士四人 : 황수번黃繡幡은 5-2-1-3)-(7), 144쪽 등에서 여러 차례 언급되고 있다.

(10) 御甲擔 軍士四人 : 어갑담御甲擔은 5-2-1-3)-(7), 144쪽 등에서 여러 차례 언급되고 있다.

(11) 絞床·水灌子 軍士四人 : 교상絞床과 수관자水灌子는 5-1-1-3)-(6), 126쪽 및 5-2-1-3)-(9), 145쪽 등에서 여러 차례 언급되고 있다.

(12) 書册·筆硯 軍士四人 : 서책書册과 필연안筆硯案은 5-1-1-3)-(6), 126쪽 등에서 언급되고 있다.

(13) 行爐·茶擔 軍士四人 : 행로行爐와 다담茶擔은 5-2-1-3)-(7), 144쪽 등에서 여러 차례 언급되고 있다.

(14) 紅背子 (軍士?)二十人 指諭二人 : 홍배자紅背子를 입은 군사는 5-1-1-3)-(5), 125쪽 등에서 여러 차례 언급되고 있다.

(15) 長刀 軍士二十人 指諭二人 : 장도長刀는 5-1-1-3)-(3), 125쪽 및 5-2-

1-3)-(1), 141쪽 등에서 여러 차례 언급되고 있다.

(16) 骨朶子 軍士四十人 指諭二人 : 골타자骨朶子는 5-1-1-3)-(4), 125쪽 등
에서 여러 차례 언급되고 있다.

(17) 金畫帽子 軍士四人 指諭二人 : 금화모자金畫帽子는 5-2-1-3)-(7), 144
쪽 등에서 여러 차례 언급되고 있다.

(18) 注陪 軍士十二人 : 주배注陪는 의장儀仗 대열의 하나로 짐작되나 그
실 내용은 잘 파악이 되지 않는다.

(19) 前行馬 軍士二十八人 指諭二人 : 전행마前行馬는 5-2-1-3)-(6)·(7),
143·144쪽 등에서 여러 차례 언급되고 있다.

(20) 後行馬 軍士八人 : 후행마後行馬는 5-2-1-3)-(19), 150쪽 등에서 여러
차례 언급되고 있다.

(21) 彩羅幡十 軍士二十人 指諭二人 : 채라번彩羅幡은 5-2-1-3)-(7), 144쪽
등에서 여러 차례 언급되고 있다.

(22) 黃羅幡六 軍士十二人 指諭二人 : 황라번黃羅幡은 황색 비단의 표식기
를 말한다.

(23) 白羅幡四 軍士八人 指諭二人 : 백라번白羅幡은 백색 비단의 표식기를
말한다.

(24) 黑羅幡十 軍士二十人 指諭二人 : 흑라번黑羅幡은 흑색 비단의 표식기
를 말한다.

(25) 黃羅幡十 軍士二十人 指諭二人 : 위의 (22)와 동일한 것이다.

(26) 靑幡幢十 軍士二十人 指諭二人 : 청번당靑幡幢에 대해서는 5-2-1-3)-
(12), 147쪽 참조.

(27) 紅羅幡十 軍士二十人 指諭二人 : 홍라번紅羅幡은 홍색 비단의 표식기
를 말한다.

(28) 白幡幢十 軍士二十人 指諭二人 : 백번당白幡幢에 대해서는 5-2-1-3)-
(12), 147쪽 참조.

(29) 印陪 軍士十二人 : 5-2-1-3)-(9), 145쪽 등 참조. 이곳의 인배印陪는

국인國印을 받들어 보관하는 함으로 짐작된다.

(30) 秘書省 淸坪 軍士四人 : 비서성秘書省(전교시典校寺)은 경적經籍과 축소 祝疏를 관장하는 기구인데(『고려사』 권76, 백관지 1), 정작 그곳의 청평淸坪 이 어떠한 존재인지 기록상 찾아지지 않아 실체를 잘 알 수가 없다.

(31) 尙舍 倚子 軍士九人 : 상사국尙舍局(사설서司設署)은 포설鋪設 관계를 담당하는 기구였으므로(『고려사』 권77, 백관지 2) 의례 때의 의자倚子 공급 역시 맡았던 듯, 그를 위해 군사 9인이 배치되고 있다.

(32) 馬一 軍士四人 : 의장儀仗에 필요한 별도의 말(마馬)로 짐작된다.

(33) 先排軍一百人 指諭六人 : 선배군先排軍은 5-2-1-3)-(1), 141쪽 등에서 여러 차례 언급되고 있다.

(34) 前遊馬軍一百人 指諭六人 : 전유마군前遊馬軍은 5-2-1-3)-(2), 141쪽 등에서 여러 차례 보이고 있는 청유대淸遊隊와 유사한 임무를 맡은 군 사로 짐작된다. 청유대의 군사는 물론 마군으로 편제되어 있었다.

(35) 防牌軍二百人 指諭十人 : 방패군防牌軍은 5-2-1-3)-(6), 143쪽 등에서 여러 차례 언급되고 있다.

(36) 玄武軍一百五十人 指諭十人 : 현무군玄武軍은 5-2-1-3)-(23), 152쪽 등에서 여러 차례 언급되고 있다.

(37) 白甲軍一百五十人 指諭十二人 : 백갑군白甲軍은 5-1-1-3)-(2), 124쪽 등에서 여러 차례 언급되고 있다.

(38) 衛身馬軍四百人 指諭五人 : 위신마군衛身馬軍은 5-2-1-3)-(20), 151쪽 및 5-3-1-3)-(25), 166쪽 등에서 여러 차례 언급되고 있다.

(39) 弓箭 將校十二人 : 궁전弓箭은 5-2-1-3)-(19), 150쪽 및 5-3-1-3)-(22), 166쪽 등에서 여러 차례 언급되고 있다.

(40) 赦旨都監 直將校二人 : 사지도감赦旨都監이 『고려사』 권77, 백관지 2 제사도감각색諸司都監各色에는 올라있지 않지만 사면에 즈음하여 교지敎 旨 등의 일을 맡을 필요성에서 그같은 명칭의 임시기관이 설치되었던 것 같으며, 거기에 당직當直과 관련이 있는 듯싶은 직장교直將校가 2인

배치되었다고 생각된다.

6. 노부鹵簿: 법가노부法駕鹵簿 연등노부燃燈鹵簿 팔관노부八關鹵簿 순행·봉영노부巡幸奉迎鹵簿 선사노부宣赦鹵簿 소가노부小駕鹵簿 왕태자노부王太子鹵簿 백관의종百官儀從 외관아종外官衙從

6-1. 법가 노부法駕鹵簿

原文 6-1-1. 法駕鹵簿 毅宗朝詳定 第一引開城令 中道 淸道拱鶴一人揷角紫衣束帶執杖 錦絡縫衣軍十人 冷里軍六人 分左右皁紗帽子紫小袖衣假銀帶 散手軍十人分左右立角寶祥花大袖衣假銀帶 第二引開城尹 中道 淸道拱鶴一人 錦絡縫衣軍十人 冷里軍十人 散手軍十人 並分左右衣服與令儀注同 第三引御史大夫 中道 淸道控鶴一人儀注與開城尹同 指揮儀仗使正郎二貟具公服騎 指揮貟二十二紫衣 淸道電吏二十人分左右放角紫衣執杖子 紅門大旗二 分左右 引將校各一人放角紫衣束帶佩長刀執旗 夾軍士各二十人平巾幘抹額緋衣扞袴 五方旗各一 依其方色 在紅門大旗間 引將校各一人 夾軍士十人 朱雀中旗一 中道 引將校一人 夾軍士十人 彩旗十分左右 引將校二人 白澤旗二 分左右 夾軍士二十四人 黃麒麟中旗一 中道 引將校一人 夾軍士十人 白象大旗二 分左右 引將校各一人 夾軍士四十人 左右龍旗各五 引將校二人 左右彩旗各五 引將校二人 夾軍士四十人 白龍大旗二 分左右 引將校二人 夾軍士四十人 天下大平大旗一 中道 引將校一人 左右西王母大旗各一 引將校二人 夾軍士六十人 駕雲執拍仙人大旗二 分左右 引將校二人 夾軍士四十人 彩旗十 分左右 引將校二人 夾軍士二十人 捧寶珠仙人大旗 分左右 引將校二人 夾軍士四十人 四海永淸大旗一 中道 引將校一人 夾軍士二十人 白澤大旗二 分左右 引將校二人 夾軍士四十人 彩旗十 分左右 引將校二人 夾軍士二十人 二儀交泰大

旗一 中道 引將校一人 夾軍士二十人 捧如意珠仙人大旗二 分左右 引將校
二人 夾軍士四十人 五方龍中旗五 各依方色 引將校各一人 夾軍士五十人
彩旗十 分左右 引將校二人 夾軍士二十人 雙舞仙人大旗二 分左右 引將校
二人 夾軍士四十人 彩旗二十 分左右 引將校四人 夾軍士四十人 赤龍大旗
一 中道 引將校一人 夾軍士二十人 孔雀大旗二 分左右 引將校二人 夾軍士
四十人 彩旗十 分左右 引將校二人 夾軍士二十人 左靑龍中旗一 右白虎中
旗一 引將校二人 夾軍士二十人 碧鳳大旗二 分左右 引將校二人 夾軍士四
十人 彩旗十 分左右 引將校二人 夾軍士二十人 金雞旗二 寶珠旗二 火珠旗
二 赤豹旗二 胡人旗二 各分左右 引將校二人 夾軍士二十人 駕雲吹笛仙人
大旗二 分左右 引將校二人 夾軍士四十人 火珠旗二 神龜負書旗二 彩旗十
分左右 引將校四人 夾軍士二十八人 黃龍大旗二 引將校二人 夾軍士四十
人 君王萬歲中旗二 引將校二人 夾軍士二十人 角端旗二 白象旗二 玄鶴旗
二 鳳旗二 夾軍士十六人 寶珠仙人大旗二 分左右 引將校各一人 夾軍士四
十人 金雞旗二 分左右 引將校二人 夾軍士二十人 鸞大旗二 引將校二人 夾
軍士四十人 白麒麟旗二 神龜含珠旗二 鸞旗二 黃獅子旗二 赤獅子旗二 赤
豹旗二 各分左右 引將校二人 夾軍士二十四人 龍馬大旗二 引將校二人 夾
軍士四十人 黑獅子旗二 白獅子旗二 靑獅子旗二 麒麟旗二 鳳旗二 各分左
右 引將校二人 夾軍士二十人 五色龍旗各二 分左右 引將校二人 夾軍士二
十人 黃龍負圖旗二 孔雀旗二 騘牙旗二 獬豸旗二 天鹿旗二 各分左右 引將
校二人 夾軍士二十人 神龍含珠旗二 辟邪圖旗二 黃龍負圖旗二 白鶴旗二
玄鶴旗二 各分左右 引將校二人 夾軍士二十人 鷺鷥旗二 周匝旗二 三角獸
旗二 龍馬旗二 黑旗二 各分左右 引將校二人 夾軍士二十人 玄旗一 中道
繡龜蛇合形 引將校一人 夾軍士十八人 白澤旗二 龍馬旗二 一角獸旗一 白鶴
旗一 綵旗五 引將校一人 夾軍士十八人 在左 白澤旗一 三角獸旗一 周匝旗
一 天鹿旗一 綵旗五 引將校一人 夾軍士十八人 在右 黑大旗四 分左右 引
將校四人 夾軍士八十人已上衣服竝與紅門大旗隊同 弓箭二十 軍士二十人狸頭冠衣
服同前 豹尾槍二十 軍士二十人 分左右 金鉦十 軍士十人 摑鼓十 軍士三十

人 分左右 鼜鼓二十 軍士二十人 分左右 銀錔槍二十 軍士二十人 分左右
班劍二十 軍士二十人 分左右已上衣服與夾旗軍士同 哥舒捧二十 軍士二十人 分
左右立角寶祥花衣假銀帶 銀斫子二十 軍士二十人 分左右平巾幘抹額緋衣扞袴 鐙杖
子二十 鍮石鉞斧二十 各分左右 軍士四十人衣服同前 蛙蟆幡二十 軍士二十
人 分左右 銀粧長刀二十 領將校二人放角紫衣束帶佩刀執旗 軍士二十人立角緋寶
祥花大袖衣假銀帶

6-1-1. 법가 노부法駕鹵簿는[1] 의종조에 상정詳定하였다.[2]

3)-(1) 제1인도引導는 개성령開城令이 길 가운데에 서는데, 청도공학淸道拱
鶴이 1인이고 -삽각모揷角帽에 자의紫衣(자주색 옷)를 입고, 띠를 두르며(속대束帶),
막대를 든다(집장執杖) -, 금락봉의군錦絡縫衣軍 10인, 냉리군冷里軍 6인이 좌
우로 나누어 서며 -조사皂紗(검은 깁) 모자에 자소수의紫小袖衣(자주색의 소매가
좁은 옷)를 입고, 가은대假銀帶를 두른다 -, 산수군散手軍 10인도 좌우에 나누
어 선다 -입각모立角帽에 보상화 대수의寶祥花大袖衣(보상화 무늬를 넣은 소매가 넓
은 옷)를 입고 가은대假銀帶를 두른다 -.

3)-(2) 제2인도引導는 개성윤開城尹이 길 가운데에 서는데, 청도공학淸道拱
鶴 1인, 금락봉의군錦絡縫衣軍 10인, 냉리군冷里軍 10인, 산수군散手軍 10인
으로 모두가 좌우에 나누어 선다 -의복은 영令(개성령)의 의주儀注(예식)와 같
다 -.

3)-(3) 제3인도引導는 어사대부御史大夫가 길 가운데에 서는데, 청도공학
淸道拱鶴이 1인이고 -의주儀注(예식)는 개성윤과 같다 -, 지휘의장사指揮儀仗使
인 정랑正郎은 2원員이며 -공복公服을 갖추고 말을 탄다 -, 지휘원指揮員은 22
(인)이고 -자의紫衣를 입는다 -, 청도전리淸道電吏는 20인으로 좌우에 나누
어 선다 -방각모放角帽에 자의紫衣를 입고 장자杖子(막대)를 든다 -.

3)-(4) 홍문대기紅門大旗는 두 개로 좌우에 나누어 세우는데 인장교引將校
(인도하는 장교)가 각각 1인씩이고 -방각모放角帽에 자의紫衣를 입고 띠를 두르며
(속대束帶), 장도長刀(긴 칼)를 차고, 기旗를 든다 -, 협군사夾軍士(기를 좌우에서 드

는 군사)는 각각 20인씩이다-평건책平巾幘에 말액抹額(머리띠)을 하고 비의緋衣
와 한고扞袴를 입는다-.

5방기五方旗는 각각 하나씩으로 그 방위의 색깔에 따라 홍문대기 사이
에 세우는데, 인장교引將校가 각각 1인씩이고, 협군사夾軍士는 10인이다.

3)-(5) 주작중기朱雀中旗는 하나로 길 가운데에 세우는데 인장교引將校(인
도하는 장교)가 1인이고 협군사夾軍士(기를 좌우에서 드는 군사)는 10인이다.

채기彩旗(채색을 한 기)는 10개로 좌우에 나누어 세우는데 인장교引將校
가 2인이다.

백택기白澤旗는 두 개로 좌우에 나누어 세우는데 협군사夾軍士는 24인
이다.

3)-(6) 황기린중기黃麒麟中旗는 하나로 길 가운데에 세우는데 인장교가 1
인이고 협군사는 10인이다.

백상대기白象大旗는 두 개로 좌우에 나누어 세우는데 인장교가 각각 1
인씩이고 협군사는 40인이며, 좌우 용기龍旗는 각각 5개씩으로 인장교
가 2인이다.

좌우 채기彩旗는 각각 5개씩으로 인장교가 2인이고 협군사는 40인이
며, 백룡대기白龍大旗는 두 개로 좌우에 나누어 세우는데 인장교가 2인
이고 협군사는 40인이다.

3)-(7) 천하태평대기天下大平大旗는 하나로 길 가운데에 세우는데 인장교
도 1인이다.

3)-(8) 좌우 서왕모대기西王母大旗는 각각 하나씩으로 인장교가 2인이고
협군사는 60인이다.

가운집박선인대기駕雲執拍仙人大旗는 두 개로 좌우에 나누어 세우는데
인장교가 2인이고 협군사는 40인이며, 채기彩旗는 10개로 좌우에 나누
어 세우는데 인장교가 2인이고 협군사는 20인이다.

3)-(9) 봉보주선인대기捧寶珠仙人大旗를 좌우에 나누어 세우는데 인장교가
2인이고 협군사는 40인이다.

　4해영청대기四海永淸大旗는 하나로 길 가운데에 세우는데 인장교가 1인이고 협군사는 20인이다.

　백택대기白澤大旗는 두 개로 좌우에 나누어 세우는데 인장교가 2인이고 협군사는 40인이며, 채기彩旗는 10개로 좌우에 나누어 세우는데 인장교가 2인이고 협군사는 20인이다.

3)-(10) 2의교태대기二儀交泰大旗는 하나로 길 가운데에 세우는데 인장교가 1인이고 협군사는 20인이다.

　봉여의주선인대기捧如意珠仙人大旗는 두 개로 좌우에 나누어 세우는데 인장교가 2인이고 협군사는 40인이다.

3)-(11) 5방룡중기五方龍中旗는 5개로 각각 그 방위 색깔에 세우는데 인장교가 각각 1인이고 협군사는 50인이다.

　채기彩旗는 10개로 좌우에 나누어 세우는데 인장교가 2인이고 협군사는 20인이다.

3)-(12) 쌍무선인대기雙舞仙人大旗는 두 개로 좌우에 나누어 세우는데 인장교가 2인이고 협군사는 40인이다.

　채기彩旗는 20개로 좌우에 나누어 세우는데 인장교가 4인이고 협군사는 40인이다.

3)-(13) 적룡대기赤龍大旗는 하나로 길 가운데에 세우는데 인장교가 1인이고 협군사는 20인이다.

　공작대기孔雀大旗는 두 개로 좌우에 나누어 세우는데 인장교가 2인이고 협군사는 40인이다.

　채기彩旗는 10개로 좌우에 나누어 세우는데 인장교가 2인이고 협군사는 20인이다.

3)-(14) 좌청룡중기左靑龍中旗는 하나이고, 우백호중기右白虎中旗도 하나인데, 인장교가 2인이고 협군사는 20인이다.

3)-(15) 벽봉대기碧鳳大旗는 두 개로 좌우에 나누어 세우는데 인장교가 2인이고 협군사는 40인이다.

채기彩旗는 10개로 좌우에 나누어 세우는데 인장교가 2인이고 협군사는 20인이다.

3)-(16) 금계기金雞旗 2, 보주기寶珠旗 2, 화주기火珠旗 2, 적표기赤豹旗 2, 호인기胡人旗 2개로, 각각 좌우에 나누어 세우는데 인장교가 2인이고 협군사는 20인이다.

가운취적선인대기駕雲吹笛仙人大旗는 두 개로 좌우에 나누어 세우는데 인장교가 2인이고 협군사는 40인이다.

3)-(17) 화주기火珠旗 2, 신구부서기神龜負書旗는 2개이고 채기彩旗는 10개로 좌우에 나누어 세우는데 인장교가 4인이고 협군사는 20인이다.

3)-(18) 황룡대기黃龍大旗는 두 개로 좌우에 나누어 세우는데 인장교가 2인이고 협군사는 40인이다.

군왕만세중기君王萬歲中旗도 두 개로 좌우에 나누어 세우는데 인장교가 2인이고 협군사는 20인이다.

3)-(19) 각단기角端旗 2, 백상기白象旗 2, 현학기玄鶴旗 2, 봉기鳳旗 2개로 협군사는 16인이다.

3)-(20) 보주선인대기寶珠仙人大旗는 두 개로 좌우에 나누어 세우는데 인장교가 각각 1인씩이고 협군사는 40인이다.

금계기金雞旗도 두 개로 좌우에 나누어 세우는데 인장교가 2인이고 협군사는 20인이다.

난대기鸞大旗도 두 개로 좌우에 나누어 세우는데 인장교가 2인이고 협군사는 40인이다.

3)-(21) 백기린기白麒麟旗 2, 신구함주기神龜含珠旗 2, 난기鸞旗 2, 황사자기黃獅子旗 2, 적사자기赤獅子旗 2, 적표기赤豹旗 2개로 각각 좌우에 나누어 세우는데 인장교가 2인이고 협군사는 24인이다.

3)-(22) 용마대기龍馬大旗는 두 개로 인장교가 2인이고 협군사는 40인이다.

3)-(23) 흑사자기黑獅子旗 2, 백사자기白獅子旗 2, 청사자기靑獅子旗 2, 기린

기麒麟旗 2, 봉기鳳旗 2개로 각각 좌우에 나누어 세우는데 인장교가 2인
이고 협군사는 20인이다.

3)-(24) 5색룡기五色龍旗는 각각 2개씩으로 좌우에 나누어 세우는데 인장
교가 2인이고 협군사는 20인이다.

3)-(25) 황룡부도기黃龍負圖旗 2, 공작기孔雀旗 2, 추아기騶牙旗 2, 해치기獬
豸旗 2, 천록기天鹿旗 2개로 각각 좌우에 나누어 세우는데 인장교가 2인
이고 협군사는 20인이다.

3)-(26) 신룡함주기神龍含珠旗 2, 벽사도기辟邪圖旗 2, 황룡부도기黃龍負圖旗
2, 백학기白鶴旗 2, 현학기玄鶴旗 2개로 각각 좌우에 나누어 세우는데 인
장교가 2인이고 협군사는 20인이다.

3)-(27) 악착기鸑鷟旗 2, 주잡기周匝旗 2, 삼각수기三角獸旗 2, 용마기龍馬旗
2, 흑기黑旗 2개로 각각 좌우에 나누어 세우는데 인장교가 2인이고 협
군사는 20인이다.

3)-(28) 현기玄旗 하나를 길 가운데에 세우는데 여기에는 거북과 뱀이
합쳐진 형상을 수 놓았으며, 인장교가 1인이고 협군사는 10인이다.

3)-(29) 백택기白澤旗 2, 용마기龍馬旗 2, 일각수기一角獸旗 하나, 백학기白
鶴旗 하나, 채기綵旗 5개로 인장교가 1인이고 협군사는 18인인데 왼쪽에
위치하며, 백택기白澤旗 하나, 삼각수기三角獸旗 하나, 주잡기周匝旗 하나,
천록기天鹿旗 하나, 채기綵旗 5개로 인장교가 1인이고 협군사는 18인인
데 오른쪽에 위치한다.

3)-(30) 흑대기黑大旗는 4개로 좌우에 나누어 세우는데 인장교가 4인이
고 협군사는 80인이다-이상의 의복은 홍문대기대紅門大旗隊와 같다-.

3)-(31) 궁전弓箭(활과 화살) 20에 군사는 20인이다-이두관貍頭冠을 쓰나 의복
은 앞과 같다-.

3)-(32) 표미창豹尾槍 20에 군사 20인이 좌우에 나누어 서고, 금정金鉦 10
에 군사가 10인이며, 강고摃鼓 10에 군사 30인이 좌우에 나누어 서고,
도고鼗鼓 20에 군사 20인이 좌우에 나누어 서며, 은간창銀簳槍 20에 군사

20인이 좌우에 나누어 서고, 반검班劍 20에 군사 20인이 좌우에 나누어
선다-이상의 의복은 협기군사夾旗軍士와 같다-.

3)-(33) 가서봉哥舒捧 20에 군사 20인이 좌우에 나누어 선다-입각모立角帽
에 보상화의寶祥花衣를 입고 가은대假銀帶를 두른다-.

3)-(34) 은작자銀斫子 20에 군사 20인이 좌우에 나누어 선다-평건책平巾幘
을 쓰고 말액抹額에 비의緋衣와 한고扞袴를 입는다-.

3)-(35) 등장자鐙杖子 20과 유석월부鍮石鉞斧 20을 각각 좌우에 나누어 세
우는데 군사는 40인이다-의복은 앞과 같다-.

3)-(36) 와마번蛙蟆幡 20에 군사 20인이 좌우에 나누어 선다.

3)-(37) 은장장도銀粧長刀 20에 영장교領將校가 2인이고-방각모放角帽에 자
의紫衣를 입고 띠를 두르며(속대束帶), 칼을 차고(패도佩刀) 기를 든다(집기執旗)-,
군사는 20인이다-입각모立角帽에 비보상화 대수의緋寶祥花大袖衣(붉은색 보상화
무늬를 넣은 소매가 넓은 옷)를 입고 가은대假銀帶를 두른다-.

註 解 6-1-1-

-1) 法駕鹵簿 : 법가法駕는 국왕이 의식을 위해 거둥할 때 타는 수레의 하
나를 말하거니와, 그에 따르는 의장儀仗·시위侍衛의 규모에 따라 대가
大駕·법가·소가小駕로 구분되고 있으며(5-2-1-1), 140쪽), 노부鹵簿는 글자
로만 보면 「의장儀仗을 갖춘(노鹵) 국왕 거둥 때의 행렬(부簿)」로 해석되
나 그 내용상 「궁중 행사 때 사용한 각종 물품과 편성 인원 및 운용
방식」을 말하는 것으로(5-2-1-4), 142쪽) 알려져 있다. 이 자리에서는 그
법가에 따른 노부에 대해 기술한 것인데, 실제 내용은 깃발을 중심으
로 하여 각종 집물執物과 그에 동원된 군사·인원을 소개하고 있다.

-2) 毅宗朝 詳定 : 의종조에 상정詳定하였다는 것은 앞서 설명했듯이(1-2-4,
26쪽 및 5-1-1-2), 124쪽) 왕 15년(1161)경에 국가의 각종 제도와 문물을 전
반적으로 정리한 예서禮書인 『상정고금례詳定古今禮』의 편찬을 지칭하
여 한 말로 생각되는데, 거기에 제정된바 법가노부法駕鹵簿의 위장衛仗

에 관한 내용을 사안별로 구분하여 살펴보면 아래와 같다.

-3)-(1) 第一引 開城令中道 淸道拱鶴一人 揷角紫衣束帶執杖 錦絡縫衣軍十
人 冷里軍六人 分左右 皂紗帽子紫小袖衣假銀帶 散手軍十人 分左右
立角寶祥花大袖衣假銀帶 : 법가노부法駕鹵簿에는 인도引導하는 대열 또
는 팀이라고 할 세 부류가 있어 제1인引·제2인·제3인으로 나누어 먼
저 소개하고 있다. 그 가운데 제1인도引導는 개성령開城令이 길 가운데
위치하여 중심을 잡고 있는데, 이 직위에는 약간의 문제가 있다. 수도
를 총괄하는 부서인 개성부開城府의 장관은 개성령이 아니라 바로 제2
인에 나오는 개성윤開城尹이었기 때문이다.[1] 아마 작은 착오가 있지
않았나 싶다.

다음에는 청도공학淸道拱鶴 1인이 배치되고 있지마는, 이미 소개한 일
도 있듯이 청도의 경우 명칭에도 드러나듯 길을 깨끗하게 정리하는
일을 맡고 있는 것을 말하고(5-2-1-3)-(4), 142쪽), 공학은 금군禁軍의 하나
이므로(5-2-1-3)-(7), 144쪽) 그는 도로 정비의 책임을 맡은 공학군으로 생
각된다. 이어서 금락봉의군錦絡縫衣軍·냉리군冷里軍·산수군散手軍 등이
보이고 있는데, 모두가 법가의 인도를 담당하는 인원들이었다는 점에
서 임무를 짐작할 수는 있으나 각각이 어떤 역할을 맡았는지 등은 지
금으로서는 잘 알 수가 없다.

여기에 배치된 군사들이 썼던 삽각모揷角帽는 모체에 뿔(각角)을 낸 모
자를 말하고(5-2-1-3)-(4), 142쪽), 입각모立角帽는 모체 좌우에 달린 각角
(귀)이 위로 올라간 형태를 띤 모자를 일컫는다(5-1-1-3)-(3), 125쪽). 그리
고 보상화의寶祥花衣는 불교미술에서 흔히 쓰이는 상상의 꽃인 보상화
가 인도에서 생겨나 중국을 거쳐 우리나라에도 전래되어 옷에 그 무
늬를 넣음으로써 비롯된 것인데(5-1-1-3)-(3), 125쪽) 대수의大袖衣는 옷 자
체의 소매가 넓은 옷이었고, 이와 달리 소수의小袖衣는 물론 소매가 좁
은 옷을 말하였다.

[1] 『고려사』 권76, 백관지 1 開城府·박용운, 『고려사 백관지 역주』, 신서

원, 2009, 198~200쪽.

-3)-(2) 第二引 開城尹中道 淸道拱鶴一人 錦絡縫衣軍十人 冷里軍十人 散手軍十人 並分左右 衣服與令儀注同 : 바로 위의 (1)항과 동일한 내용으로 되어 있다.

-3)-(3) 第三引 御史大夫中道 淸道控鶴一人 儀注與開城尹同 指揮儀仗使正郎二貝 具公服騎 指揮員二十二 紫衣 淸道電吏二十人 分左右 放角紫衣執杖子 : 제3인도는 감찰기관의 수장인 어사대부御史大夫(정3품)(『고려사』권76, 백관지 1 사헌부司憲府·어사대御史臺·감찰사監察司)가 길 가운데에 서고 다음에 역시 청도공학淸道控鶴(위의 (1)·(2)항)과 정랑正郎(5품급五品級)으로 임명되는 의장儀仗을 지휘하는 책임자인 지휘의장사指揮儀仗使 및 지휘원指揮員·청도전리淸道電吏 등이 배치되었다. 전리電吏는 중서문하성 등에 소속된 연속掾屬의 하나인데(『고려사』권76, 백관지 1 문하부門下府) 청도를 위해서도 그같은 서리들이 배당되었던 것을 알 수 있다. 이들이 쓰는 방각모放角帽는 모체 좌우에 각角(귀)이 달린 형태의 모자를 말한다(5-1-1-3)-(1), 121쪽).

-3)-(4) 紅門大旗二 分左右 引將校各一人 放角紫衣束帶佩長刀執旗 夾軍士各二十人 平巾幘抹額緋衣扦袴 五方旗各一 依其方色在紅門大旗間 引將校各一人 夾軍士十人 : 홍문대기紅門大旗는 의장용 깃발의 하나로서 그에 대해 『조선세종실록朝鮮世宗實錄』권132, 5례五禮·가례 서례嘉禮序例 노부鹵簿 280쪽에, 「적색赤色 바탕에 청룡靑龍과 운기雲氣를 그리고, 청색靑色·적색赤色·황색黃色·백색白色의 네가지 빛깔로 채색하였으며, 화염각火焰脚이 있다. 깃봉은 검은 칠을 하고, 둥근 머리에 붉은 칠을 했으며, 하단下端은 철로 장식한다」고 설명되어 있는데, 고려 때의 것도 여기에서 벗어난게 아니었다고 생각된다(이 책 290쪽). 이 홍문대기에는 인장교引將校 1인씩과 함께 협군사夾軍士 20인씩이 배치되었지마는, 후자가 입는 한고扦袴는 활동을 편리하게 하기 위해 무릎 아래를 묶은 바지를 말하며, 비의緋衣의 비색緋色은 등급상 자색紫色·단색丹色 다음

이고 녹색綠色 보다는 위의 색깔로, 그같은 빛깔의 상의上衣를 이른 것이다(5-4-1-3)-(2), 175쪽).

5방은 동·서·남·북·중을 말하며, 그 방위에 따른 깃발은 동방이 청룡기靑龍旗, 서방이 백호기白虎旗, 남방이 주작기朱雀旗, 북방이 현무기玄武旗, 중앙이 황룡기黃龍旗로서(5-2-1-3)-(11), 146쪽 및 5-5-1-3)-(2), 185쪽) 이들을 홍문대기 사이에 세우고 있다.

-3)-(5) 朱雀中旗一 中道 引將校一人 夾軍士十人 彩旗十 分左右 引將校二人 白澤旗二 分左右 夾軍士二十四人 : 바로 윗 항목에서 설명했듯이 주작기朱雀旗는 남쪽 방위를 나타내는 깃발로, 『조선세종실록朝鮮世宗實錄』 권132, 5례五禮·가례 서례嘉禮序例 노부鹵簿 280쪽에, 「적색赤色 바탕에 주작朱雀과 운기雲氣를 그리고, 청색靑色·적색赤色·황색黃色·백색白色의 네가지 빛깔로 채색하였으며, 화염각火焰脚이 있다」고 설명되어 있는데, 고려 때의 것도 여기에서 벗어난게 아니었다고 생각된다(이 책 290쪽).

다음 백택기白澤旗의 백택白澤은 만물의 뜻을 알아낸다고 하는 사자 비슷하게 생긴 상상의 동물인데, 그 깃발에 대해서는 역시 『조선세종실록朝鮮世宗實錄』 권132, 5례五禮·가례 서례嘉禮序例 노부鹵簿 282쪽에 「백색白色 바탕에 백택白澤과 운기雲氣를 그리고, 청색靑色·적색赤色·황색黃色·백색白色의 네가지 빛깔로 채색하였으며, 화염각火焰脚이 있다」고 설명되어 있는데, 고려 때의 것도 여기에서 벗어난게 아니었다고 생각된다(이 책 291쪽).

-3)-(6) 黃麒麟中旗一 中道 引將校一人 夾軍士十人 白象大旗二 分左右 引將校各一人 夾軍士四十人 左右龍旗各五 引將校二人 左右彩旗各五 引將校二人 夾軍士四十人 白龍大旗二 分左右 引將校二人 夾軍士四十人 : 각각의 해당 동물을 중심으로 하는 깃발과 채기彩旗(채색을 한 기)에 대한 소개이다.

-3)-(7) 天下大平大旗一 中道 引將校一人 : 의장용 깃발의 하나로서 『조선

세종실록朝鮮世宗實錄』 권132, 5례五禮·가례 서례嘉禮序例 노부鹵簿 282쪽
에, 「백색白色 바탕에다 가운데에는 '천하태평天下大平'이란 글자를 쓰
고 옆에는 운기雲氣를 그렸으며, 청색·적색·황색·백색의 네가지 빛깔
로 채색하고, 화염각火焰脚이 있다」고 설명되어 있는데, 고려 때의 것
도 여기에서 벗어난게 아니었다고 생각된다(이 책 291쪽).

-3)-(8) 左右西王母大旗各一 引將校二人 夾軍士六十人 駕雲執拍仙人大旗
二 分左右 引將校二人 夾軍士四十人 彩旗十 分左右 引將校二人 夾軍
士二十人 : 여기에 나오는 서왕모西王母는 서쪽의 곤륜산崑崙山에 사는
데 불로장생不老長生의 신약을 가지고 있다는 여신이며, 가운집박선인
駕雲執拍仙人은 글자 그대로 구름을 타고 박拍을 잡은 신선으로, 이들을
상징하는 각 깃발에 대한 기술이다.

-3)-(9) 捧寶珠仙人大旗 分左右 引將校二人 夾軍士四十人 四海永淸大旗一
中道 引將校一人 夾軍士二十人 白澤大旗二 分左右 引將校二人 夾軍
士四十人 彩旗十 分左右 引將校二人 夾軍士二十人 : 봉보주선인대기捧
寶珠仙人大旗와 사해영청대기四海永淸大旗는 글자 그대로 보물 구슬을 받
들고 있는 선인을 상징하거나 4해가 오래도록 맑기를 바라는 뜻이 담
긴 깃발들로 생각된다. 백택기는 위의 (5)항에서, 채기는 (6)항에서 이
미 소개한 바와 같다.

-3)-(10) 二儀交泰大旗一 中道 引將校一人 夾軍士二十人 捧如意珠仙人大
旗二 分左右 引將校二人 夾軍士四十人 : 2의교태대기二儀交泰大旗의 2의
二儀는 하늘과 땅 또는 음·양을 뜻하고, 교태交泰는 서로 크게 통한다
는 의미이므로 그것은 곧 천지·음양이 서로 크게 통함을 상징한 깃발
이라 생각되며, 봉여의주선인대기捧如意珠仙人大旗는 보물 구슬을 받들
고 있는 선인을 말하는 깃발로 이해된다.

-3)-(11) 五方龍中旗五 各依方色 引將校各一人 夾軍士五十人 彩旗十 分左
右 引將校二人 夾軍士二十人 : 5방룡기五方龍旗는 용이 그려진 다섯 방
위의 깃발로 청룡기靑龍旗(동방), 백룡기白龍旗(서방), 적룡기赤龍旗(남방),

흑룡기黑龍旗(북방), 황룡기黃龍旗(중앙)를 말한다. 채기彩旗에 대해서는 위에서 여러 차례 언급한 바와 같다.

-3)-(12) 雙舞仙人大旗二 分左右 引將校二人 夾軍士四十人 彩旗二十 分左右 引將校四人 夾軍士四十人: 쌍무선인대기雙舞仙人大旗는 둘이 춤추는 듯한 모습의 선인을 드러낸 큰 기로 짐작된다.

-3)-(13) 赤龍大旗一 中道 引將校一人 夾軍士二十人 孔雀大旗二 分左右 引將校二人 夾軍士四十人 彩旗十 分左右 引將校二人 夾軍士二十人: 적룡대기赤龍大旗는 바로 위의 (11)항에서 언급한 그 깃발이고, 공작대기孔雀大旗도 공작이 그려진 큰 기로 짐작된다.

-3)-(14) 左靑龍中旗一 右白虎中旗一 引將校二人 夾軍士二十人: 청룡기靑龍旗와 백호기白虎旗는 위의 (4)항에서도 언급한바 있지마는, 『조선세종실록朝鮮世宗實錄』 권132, 5례五禮·가례 서례嘉禮序例 노부鹵簿 280쪽에는 청룡기에 대하여 「청색靑色 바탕에 청룡靑龍과 운기雲氣를 그리고, 청색·적색·황색·백색의 네가지 빛깔로 채색하였으며, 화염각火焰脚이 있다」고 설명되어 있으며, 백호기에 대해서도 「백색白色 바탕에 백호와 운기雲氣를 그리고, 청색·적색·황색·백색의 네가지 빛깔로 채색하였으며, 화염각火焰脚이 있다」고 설명되어 있는데, 고려 때의 것도 여기에서 벗어난게 아니었다고 생각된다(이 책 289·290쪽).

-3)-(15) 碧鳳大旗二 分左右 引將校二人 夾軍士四十人 彩旗十 分左右 引將校二人 夾軍士二十人: 벽봉대기碧鳳大旗는 푸른색 봉황이 그려진 큰 깃발을 말한다. 그에 대해서도 『조선세종실록朝鮮世宗實錄』 권132, 5례五禮·가례 서례嘉禮序例 노부鹵簿 283쪽에 「황색 바탕에 벽봉碧鳳과 운기雲氣를 그리고, 청색·적색·황색·백색의 네가지 빛깔로 채색하였으며, 화염각火焰脚이 있다」고 설명되어 있는데, 고려 때의 것도 여기에서 벗어난게 아니었다고 생각된다(이 책 291쪽).

-3)-(16) 金雞旗二 寶珠旗二 火珠旗二 赤豹旗二 胡人旗二 各分左右 引將校二人 夾軍士二十人 駕雲吹笛仙人大旗二 分左右 引將校二人 夾軍士

四十人 : 이들 깃발 가운데에서 화주기火珠旗는 낮에 쑥을 대면 불을 일으킨다는 화주火珠라는 구슬을 그린 기를 말한다.[1] 가운취적선인대 기駕雲吹笛仙人大旗는 구름을 타고 피리를 부는 선인을 그린 큰 기를 일컫는데, 나머지도 명칭으로 미루어 대략 짐작이 가는 깃발들이다.

[1] 『北譯 高麗史』 제7책, 신서원, 1991, 43쪽.

-3)-(17) 火珠旗二 神龜負書旗二 彩旗十 分左右 引將校四人 夾軍士二十八 人 : 신구부서기神龜負書旗는 낙서洛書를 등에 지고 있는 신이神異한 거북 을 그린 기를 말한다.[1] 화주기는 바로 윗 항목에서 소개한 바와 같다.

[1] 위의 『北譯 高麗史』 43쪽 및 『국역 고려사』 권17, 지 5, 경인문화사, 2011, 274쪽.

-3)-(18) 黃龍大旗二 引將校二人 夾軍士四十人 君王萬歲中旗二 引將校二 人 夾軍士二十人 : 황룡기黃龍旗는 위의 (4)항에서도 언급한바 있지마 는, 『조선세종실록朝鮮世宗實錄』 권132, 5례五禮·가례 서례嘉禮序例 노부 鹵簿 280쪽에 「황색 바탕에 황룡과 운기雲氣를 그리고, 청색·적색·황 색·백색의 네가지 빛깔로 채색하였으며, 화염각火焰脚이 있다」고 설명 되어 있는데, 고려 때의 것도 여기에서 벗어난게 아니었다고 생각된다 (이 책 289쪽).

그리고 군왕만세중기君王萬歲中旗도 『조선세종실록朝鮮世宗實錄』 권132, 5례五禮·가례 서례嘉禮序例 노부鹵簿 284쪽에 군왕천세기君王千歲旗를 싣 고, 그에 대해 「백색白色 바탕에다 가운데에는 '군왕천세君王千歲'라는 글자를 쓰고 청색·적색·황색·백색의 네가지 빛깔로 채색하였으며, 화 염각火焰脚이 있다」고 설명되어 있는 것으로 미루어 짐작할 수 있다(이 책 291쪽).

-3)-(19) 角端旗二 白象旗二 玄鶴旗二 鳳旗二 夾軍士十六人 : 각단角端(觸) 은 코에 뿔이 있으며 사람의 말을 한다는 전설상의 짐승인데, 그 기旗 에 대하여는 『조선세종실록朝鮮世宗實錄』 권132, 5례五禮·가례 서례嘉禮 序例 노부鹵簿 282쪽에 「백색 바탕에 각단角端과 운기雲氣를 그리고, 청

색·적색·황색·백색의 네가지 빛깔로 채색하였으며, 화염각火焰脚이 있다」고 설명되어 있는데, 고려 때의 것도 여기에서 벗어난게 아니었다고 생각된다(이 책 292쪽).

다음 현학기玄鶴旗에 대해서도『조선세종실록朝鮮世宗實錄』권132, 5례五禮·가례 서례嘉禮序例 노부鹵簿 282쪽에「백색 바탕에 현학과 운기雲氣를 그리고, 청색·적색·황색·백색의 네가지 빛깔로 채색하였으며, 화염각火焰脚이 있다」고 설명되어 있는데, 역시 고려 때의 것도 여기에서 벗어난게 아니었다고 생각된다(이 책 292쪽).

백상기白象旗는 위의 (6)항, 214쪽에서 언급된바 있으며, 봉기鳳旗 역시 명칭으로 미루어 짐작이 가능할 듯싶다.

-3)-(20) 寶珠仙人大旗二 分左右 引將校各一人 夾軍士四十人 金雞旗二 分左右 引將校二人 夾軍士二十人 鸞大旗二 引將校二人 夾軍士四十人 : 보주선인대기寶珠仙人大旗는 위의 (9)항, 215쪽에서, 금계기金雞旗는 (16)항, 216쪽에서 소개된 바와 같다. 그리고 난대기鸞大旗의 난鸞은 봉황의 일종으로 전설상의 영조靈鳥인데, 그 기를 그린 깃발이 곧 난대기인 것이다.

-3)-(21) 白麒麟旗二 神龜含珠旗二 鸞旗二 黃獅子旗二 赤獅子旗二 赤豹旗二 各分左右 引將校二人 夾軍士二十四人 : 난기鸞旗는 바로 위의 (20)항에서, 적표기赤豹旗는 (16)항에서 언급한 깃발들이다. 신구함주기神龜含珠旗는 구슬을 머금고 있는 신이한 거북을 그린 기旗라 이해되거니와, 다른 깃발들도 그 명칭으로 미루어 대략 짐작이 가는 것들이다.

-3)-(22) 龍馬大旗二 引將校二人 夾軍士四十人 : 용마대기龍馬大旗의 용마는 중국 고대에 황하黃河에서 하도河圖를 등에 지고 나왔다는 용과 같이 생긴 말을 일컫는데 그 기旗는 바로 이 용마를 그린 깃발을 말하는 것이다.『조선세종실록朝鮮世宗實錄』권132, 5례五禮·가례 서례嘉禮序例 노부鹵簿 282쪽에는 그에 대해「백색 바탕에 용마龍馬와 운기雲氣를 그리고, 청색·적색·황색·백색의 네가지 빛깔로 채색하였으며, 화염각火焰脚

이 있다」고 설명되어 있는데, 역시 고려 때의 것도 여기에서 벗어난게
아니었다고 생각된다(이 책 292쪽).

-3)-(23) 黑獅子旗二 白獅子旗二 靑獅子旗二 麒麟旗二 鳳旗二 各分左右
引將校二人 夾軍士二十人 : 위의 (19)항에서 이미 언급된 봉기鳳旗를
비롯하여 나머지 깃발들도 그 명칭으로 미루어 대략 짐작이 가는 것
들이다.

-3)-(24) 五色龍旗各二 分左右 引將校二人 夾軍士二十人 : 5색룡기五色龍旗
는 내용상 5방룡기五方龍旗와 동일하다고 생각된다. 이 후자에 대해서
는 위의 (11)항, 215쪽에서 설명하였다.

-3)-(25) 黃龍負圖旗二 孔雀旗二 騶牙旗二 獬豸旗二 天鹿旗二 各分左右
引將校二人 夾軍士二十人 : 황룡부도기黃龍負圖旗는 하도河圖를 지고 있
는 황룡이 그려진 깃발이고, 공작기孔雀旗 역시 위의 (13)항에서 다루
었듯 공작이 그려진 기旗로 이해된다. 이어지는 추아기騶牙旗는 인정仁
政이 행하여지는 세상에 나타난다는 검은 무늬가 있는 상상의 동물인
추아騶牙가 그려진 기旗로 알려져 있으며, 해치기獬豸旗도 옳고 그름을
잘 판단한다는 전설상의 짐승인 해치獬豸, 곧 해태가 그려진 깃발이고,
천록기天鹿旗 또한 사슴과 비슷하면서 뿔이 하나가 있는 전설상의 동
물인 천록天鹿이 그려진 기旗를 말한다.

-3)-(26) 神龍含珠旗二 辟邪圖旗二 黃龍負圖旗二 白鶴旗二 玄鶴旗二 各分
左右 引將校二人 夾軍士二十人 : 신룡함주기神龍含珠旗는 구슬을 머금고
있는 신이한 용이 그려진 기旗이고, 벽사도기辟邪圖旗는 두 개의 뿔이
있으며 간사한 것을 물리치는 힘이 있다는 전설상의 신령한 짐승인
벽사辟邪가 그려진 깃발로 생각된다. 그리고 백학기白鶴旗는 『조선세종
실록朝鮮世宗實錄』 권132, 5례五禮·가례 서례嘉禮序例 노부鹵簿 283쪽에 「백
색 바탕에 백학과 운기雲氣를 그리고, 청색·적색·황색·백색의 네가지
빛깔로 채색하였으며, 화염각火焰脚이 있다」고 설명되어 있는데, 고려
때의 것도 여기에서 벗어난게 아니었다고 생각된다(이 책 292쪽). 황룡

부도기黃龍負圖旗는 바로 윗 항인 (25)에서, 현학기玄鶴旗는 (19)항, 217
쪽에서 다룬바 있다.

-3)-(27) 鸑鷟旗二 周帀旗二 三角獸旗二 龍馬旗二 黑旗二 各分左右 引將
校二人 夾軍士二十人 : 악착기鸑鷟旗는 봉황의 일종으로 상서로움을 나
타내는 전설상의 새인 악착鸑鷟이 그려진 기旗이고, 주잡기周帀旗도 유
사한 의미의 깃발이라고 짐작되나 그 실체는 분명치가 않다. 다음 삼
각수기三角獸旗와 관련하여서는 『조선세종실록朝鮮世宗實錄』 권132, 5례
五禮·가례 서례嘉禮序例 노부鹵簿 282쪽에 삼각기三角旗를 설명하여 「백
색 바탕에 삼각三角과 운기雲氣를 그리고, 청색·적색·황색·백색의 네가
지 빛깔로 채색하였으며, 화염각火焰脚이 있다」라고 적어놓고 있거니
와, 이것은 곧 삼각수기三角獸旗에 대한 기술로서 고려 때의 것도 여기
에서 벗어난게 아니었다고 생각된다(이 책 293쪽). 삼각수三角獸는 뿔이
세 개가 난 말과 유사한 모습의 짐승이다. 용마기龍馬旗는 위의 (22)항
에서 이미 소개한바 있다.

-3)-(28) 玄旗一 中道 繡龜蛇合形 引將校一人 夾軍士十人 : 기술한 그대로
이해하면 될 듯하다.

-3)-(29) 白澤旗二 龍馬旗二 一角獸旗一 白鶴旗一 綵旗五 引將校一人 夾
軍士十八人 在左 白澤旗一 三角獸旗一 周帀旗一 天鹿旗一 綵旗五 引
將校一人 夾軍士十八人 在右 : 대부분이 윗 항목에서 한 두 번씩 언급
된 것 들인데, 다만 일각수기一角獸旗는 (27)항의 삼각수기三角獸旗와 유
사한 내용으로 짐작되는 만큼 그것을 참조하면 되겠다.

-3)-(30) 黑大旗四 分左右 引將校四人 夾軍士八十人 已上衣服竝與紅門大
旗隊同 : 이곳의 흑대기黑大旗는 연등회燃燈會 노부鹵簿에 설치되는 후전
흑대기後殿黑大旗(6-2-1-3)-(9), 226쪽)나 서남경순행 봉영노부西南京巡幸奉迎
鹵簿에 설치되는 후전흑대기後殿黑大旗(6-4-1-3)-(12), 235쪽)와 계통을 같이
하는 것으로 생각된다. 아울러 -3)-(4)항의 홍문대기紅門大旗부터 이곳
의 -3)-(30)항 흑대기黑大旗까지 일률적으로 인장교引將校(인도하는 장교)와

협군사夾軍士(기旗를 좌우에서 드는 군사)가 배치되고 있지마는 그들의 의복이 동일했다고 기술하고 있는 점도 눈길을 끄는 대목이다.

-3)-(31) 弓箭二十 軍士二十人 貍頭冠衣服同前 : 군사들이 쓴 이두관貍頭冠은 삵괭이의 머리 형상을 한 관冠을 말한다.

-3)-(32) 豹尾槍二十 軍士二十人 分左右 金鉦十 軍士十人 搁鼓十 軍士三十人 分左右 鼗鼓二十 軍士二十人 分左右 銀幹槍二十 軍士二十人 分左右 班劍二十 軍士二十人 分左右 已上衣服與夾旗軍士同 : 이곳의 표미창豹尾槍은 표범의 꼬리 모양을 그려 장식한 창을 말하고, 금정金鉦은 금속 악기의 하나인 징이며, 강고搁鼓는 작은 북을 일컫는다. 그리고 도고鼗鼓는 북 자루를 잡고 흔들면 북의 좌우에 매단 구슬이 북면을 쳐서 소리를 내는 작은 북을 말하고, 은간창銀幹槍은 나무 자루에 은빛을 올린 창을 뜻하며, 반검班劍은 문채를 그린 나무 칼을 일컫는다.

-3)-(33) 哥舒捧二十 軍士二十人 分左右 立角寶祥花衣假銀帶 : 가서봉哥舒捧은 앞서 5-1-1-3)-(6), 126쪽에서, 『조선세종실록朝鮮世宗實錄』 권132, 5례五禮·가례 서례嘉禮序例 노부鹵簿 285쪽에 언급된바 그것은 「붉은 칠을 한 장대에 철조鐵條를 입히고 거기에 동전 22개를 꿴 다음 자주색 생초生綃로 수건을 만들어 씌우고는 또 자주색 생초로 만든 띠로 묶은 뒤에 양쪽 끝은 드리우도록 한」 의장의 하나라는 설명을 인용하여 소개한 바와 같다(이 책 286쪽). 그리고 거기에 배치된 군사들의 복식인 입각모立角帽와 보상화의寶祥花衣 및 가은대假銀帶에 대해서는 위의 (1)항에 역시 소개해 두었다.

-3)-(34) 銀斫子二十 軍士二十人 分左右 平巾幘抹額緋衣扞袴 : 은작자銀斫子는 은빛을 올린 창대를, 양날을 세운 나무 도끼에 끼워넣어 만든 의장용 병기를 일컫는데(5-1-1-3)-(5), 125쪽 및 5-2-1-3)-(14), 147쪽), 거기에 배치된 군사들의 복식인 비의緋衣와 한고扞袴에 대해서는 평건책平巾幘·말액抹額(머리띠)과 함께 위의 (4)항에서 이미 설명해 두었다.

-3)-(35) 鐙杖子二十 鍮石鉞斧二十 各分左右 軍士四十人 衣服同前 : 이곳

의 등장자鐙杖子는 말 안장에 있는 등자鐙子 모양의 막대기이고, 유석월
부鍮石鉞斧의 월부鉞斧는 나무를 도끼로 만들어 금이나 은으로 도금하
고 붉은 칠을 한 막대를 박아넣은 의장儀仗의 한 종류인데(『조선세종실록
朝鮮世宗實錄』 권132, 5례五禮·가례 서례嘉禮序例 노부鹵簿 287쪽)(5-1-1-3)-(1), 121
쪽), 여기서는 유석鍮石이라 했으므로 금·은이 아니라 구리(동銅)로 도
금한 월부鉞斧임을 알 수 있다.

-3)-(36) 蛙蟆幡二十 軍士二十人 分左右 : 와마蛙蟆는 개구리이고 번幡은 표
식기이므로(5-2-1-3)-(7), 144쪽) 와마번蛙蟆幡은 곧 개구리를 그려넣은 표
식기라 이해된다.

-3)-(37) 銀粧長刀二十 領將校二人 放角紫衣束帶佩刀執旗 軍士二十人 立
角緋寶祥花大袖衣假銀帶 : 은장장도銀粧長刀는 5-1-1-3)-(3), 125쪽에서
설명했듯이 은으로 장식한 긴 칼로서 의장儀仗의 위용을 보여주던 집
물執物로 생각되거니와, 거기에 배치된 영장교領將校에 대해서는 5-1-1
-3)-(1), 121쪽에서 비교적 자세하게 언급하였으며, 이들과 군사들의
복식인 방각모放角帽와 입각모立角帽 및 자의紫衣·비보상화 대수의緋寶祥
花大袖衣에 대해서도 위에서 지적한 5-1-1-3)-(3)과 이곳 법가노부 항목
의 앞머리 (1)·(3)항에서 언급한바 있다.

6-2. 연등 노부燃燈鹵簿

原文 6-2-1. 上元燃燈 奉恩寺眞殿親幸鹵簿 毅宗朝詳定 第一紅門大旗二 分
左右 引將校二人放角紫衣束帶佩刀執旗 凡將校服色下並同 夾軍士四十人平巾抹額緋
衣扞袴 凡夾旗人服色下並同 天下大平大旗一中道 引將校一人 夾軍士二十人 四
海永淸大旗一中道 引將校一人 夾軍士二十人 二儀交泰大旗一中道 引將校
一人 夾軍士二十人 五方旗各一 引將校一人 夾軍士十人 白澤大旗二 分左
右 引將校二人 夾軍士四十人 彩旗一百 分左右 引將校二十人 夾軍士二百
人 一角獸大旗二 騏牙大旗二 黃龍大旗二 天鹿大旗二 捧寶珠仙人大旗二

交龍大旗二　白龍大旗二　龍馬大旗二　鵞鸞大旗二　並分左右　引將校各二人 夾軍士各四十人　後殿黑大旗四　分左右　引將校四人　夾軍士八十人　弓箭二 十　軍士二十人　分左右貍頭冠緋衣扞袴　豹尾槍二十　軍士二十人　分左右平巾幘緋 衣扞袴　金鉦十　軍士十人　分左右　捫鼓十　軍士三十人　分左右　鼗鼓二十　軍士 二十人　分左右　銀斜小旗槍二十　軍士二十人　分左右衣服並同前　哥舒捧二十 軍士二十人　分左右立角紫寶祥花衣假銀帶　斫子二十　軍士二十人　分左右平巾幘抹 額緋衣扞袴　鐙杖二十　鍮石鉞斧二十　軍士四十人　各分左右　蛙蟆幡二十　軍士 二十人　分左右衣服並同前　銀粧長刀二十　領將校二人放角紫衣束帶佩刀執旗　軍士 二十人　分左右立角緋寶祥花(大)袖衣假銀帶　塗金粧長刀二十　領將校二人　軍士二 十人　分左右衣服並同前

6-2-1. 상원上元(정월 보름날) 연등에 국왕이 봉은사奉恩寺 진전眞殿으로 친히 거둥할 때의 노부鹵簿는[1] 의종조에 상정詳定하였다.[2]

3)-(1) 제1인 홍문대기紅門大旗는 두 개로 좌우에 나누어 세우는데 인장교引將校(인도하는 장교)가 2인이고-방각모放角帽에 자의紫衣를 입고 띠를 두르며(속대束帶), 칼을 차고(패도佩刀) 기를 든다(집기執旗). 무릇 장교의 복색服色은 이하 모두 같다-, 협군사夾軍士는 40인이다-평건책平巾幘을 쓰고 말액抹額(머리띠)에 비의緋衣와 한고扞袴를 입는다. 무릇 협기인夾旗人의 복색服色은 이하 모두 같다-.

3)-(2) 천하태평대기天下大平大旗는 하나로 길 가운데에 세우는데 인장교引將校가 1인이고 협군사夾軍士는 20인이다.

3)-(3) 4해영청대기四海永淸大旗는 하나로 길 가운데에 세우는데 인장교引將校가 1인이고 협군사夾軍士는 20인이다.

3)-(4) 2의교태대기二儀交泰大旗는 하나로 길 가운데에 세우는데 인장교引將校가 1인이고 협군사夾軍士는 20인이다.

3)-(5) 5방기五方旗는 각각 하나씩인데 인장교가 1인이고 협군사는 10인이다.

3)-(6) 백택대기白澤大旗는 두 개로 좌우에 나누어 세우는데 인장교가 2

인이고 협군사는 40인이다.

3)-(7) 채기彩旗(채색을 한 기)는 100개로 좌우에 나누어 세우는데 인장교가 20인이고 협군사는 200인이다.

3)-(8) 일각수대기一角獸大旗 2, 추아대기騶牙大旗 2, 황룡대기黃龍大旗 2, 천록대기天鹿大旗 2, 봉보주선인대기捧寶珠仙人大旗 2, 교룡대기交龍大旗 2, 백룡대기白龍大旗 2, 용마대기龍馬大旗 2, 악착대기鸑鷟大旗 2개로 모두 좌우에 나누어 세우는데 인장교가 각각 2인씩이고 협군사는 각각 40인씩이다.

3)-(9) 후전흑대기後殿黑大旗는 4개로 좌우에 나누어 세우는데 인장교가 4인이고 협군사는 80인이다.

3)-(10) 궁전弓箭(활과 화살) 20에 군사도 20인으로 좌우에 나누어 선다-이두관貍頭冠을 쓰고 비의緋衣와 한고扞袴를 입는다-.

3)-(11) 표미창豹尾槍 20에 군사 20인이 좌우에 나누어 서고-평건책平巾幘을 쓰고 비의緋衣와 한고扞袴를 입는다-, 금정金鉦 10에 군사도 10인으로 좌우에 나누어 서며, 강고摑鼓 10에 군사는 30인으로 좌우에 나누어 서고, 도고鼗鼓 20에 군사도 20인으로 좌우에 나누어 서며, 은간소기창銀簳小旗槍 20에 군사 20인이 좌우에 나누어 선다-의복은 모두 앞과 같다-.

3)-(12) 가서봉哥舒捧 20에 군사 20인이 좌우에 나누어 선다-입각모立角帽에 자보상화의紫寶祥花衣(자주색 보상화 무늬를 놓은 옷)를 입고 가은대假銀帶를 두른다-.

3)-(13) 작자斫子 20에 군사 20인이 좌우에 나누어 선다-평건책平巾幘을 쓰고 말액抹額(머리띠)에 비의緋衣와 한고扞袴를 입는다-.

3)-(14) 등장鐙杖 20과 유석월부鍮石鉞斧 20에 군사는 40인으로 각각 좌우에 나누어 선다.

3)-(15) 와마번蛙蟆幡 20에 군사 20인이 좌우에 나누어 선다-의복은 모두 앞과 같다-.

3)-(16) 은장장도銀粧長刀 20에 영장교領將校가 2인이고-방각모放角帽에 자의紫衣를 입고 띠를 두르며(속대束帶), 칼을 차고(패도佩刀) 기를 든다(집기執旗)-,

군사는 20인으로 좌우에 나누어 선다. – 입각모立角帽에 비보상화 (대)수의緋
寶祥花(大)袖衣(붉은색 보상화 무늬를 넣은 소매가 넓은 옷)를 입고 가은대假銀帶를 두
른다–.

3)-(17) 도금장장도塗金粧長刀(도금으로 장식한 긴 칼) 20에 영장교領將校가 2
인이고 군사는 20인으로 좌우에 나누어 선다–의복은 모두 앞과 같다–.

註 解 6-2-1-

-1) 上元燃燈 奉恩寺眞殿親幸鹵簿 : 연등회燃燈會와 그때에 국왕이 봉은사
奉恩寺 진전眞殿으로의 거동에 대해서는 5-3-1-1), 162쪽에서 비교적 자
세하게 설명하였다. 노부鹵簿에 대해서는 6-1-1-1), 211쪽 참조.

-2) 毅宗朝詳定 : 5-3-1-2), 163쪽 참조.

-3)-(1) 第一紅門大旗二 分左右 引將校二人 放角紫衣束帶佩刀執旗 凡將校
服色 下並同 夾軍士四十人 平巾幘抹額緋衣抈袴 凡夾旗人服色 下並同 :
6-1-1-3)-(4), 213쪽 참조.

-3)-(2) 天下大平大旗一 中道 引將校一人 夾軍士二十人 : 6-1-1-3)-(7), 214
쪽 참조.

-3)-(3) 四海永淸大旗一 中道 引將校一人 夾軍士二十人 : 6-1-1-3)-(9), 215
쪽 참조.

-3)-(4) 二儀交泰大旗一 中道 引將校一人 夾軍士二十人 : 6-1-1-3)-(10),
215쪽 참조.

-3)-(5) 五方旗各一 引將校一人 夾軍士十人 : 6-1-1-3)-(4), 213쪽 참조.

-3)-(6) 白澤大旗二 分左右 引將校二人 夾軍士四十人 : 6-1-1-3)-(5), 214쪽
참조.

-3)-(7) 彩旗一百 分左右 引將校二十人 夾軍士二百人 : 6-1-1-3)-(5)·(6),
214쪽 참조.

-3)-(8) 一角獸大旗二 騶牙大旗二 黃龍大旗二 天鹿大旗二 捧寶珠仙人大旗
二 交龍大旗二 白龍大旗二 龍馬大旗二 鸞鷟大旗二 並分左右 引將校

各二人 夾軍士各四十人：교룡대기交龍大旗는 두 용이 어울리는 모양을 그린 큰 기를 말한다. 나머지 깃발은 앞의 법가노부法駕鹵簿에서 나왔던 것들로 일각수기一角獸旗는 6-1-1-3)-(29) 220쪽, 추아기騶牙旗와 천록기天鹿旗는 6-1-1-3)-(25) 219쪽, 황룡기黃龍旗는 6-1-1-3)-(18) 217쪽, 봉보주선인대기捧寶珠仙人大旗는 6-1-1-3)-(9) 215쪽, 백룡대기白龍大旗는 6-1-1-3)-(6) 214쪽, 용마대기龍馬大旗는 6-1-1-3)-(22) 218쪽, 악착대기鷟鷟大旗는 6-1-1-3)-(27) 220쪽을 참조하면 되겠다.

-3)-(9) 後殿黑大旗四 分左右 引將校四人 夾軍士八十人：『조선세종실록朝鮮世宗實錄』권132, 5례五禮·가례 서례嘉禮序例 노부鹵簿 284쪽에 후전대기後殿大旗를 설명하여「흑색 바탕에 청룡靑龍과 운기雲氣를 그리고, 청색·적색·황색·백색의 네가지 빛깔로 채색하였으며, 화염각火焰脚이 있다」고 언급하고 있지마는, 이것은 곧 여기의 후전흑대기後殿黑大旗와 상통하는게 아닌가 짐작된다(이 책 293쪽). 아마 6-1-1-3)-(30), 220쪽의 흑대기黑大旗도 동일한 내용일 것 같다.

-3)-(10) 弓箭二十 軍士二十人 分左右 貍頭冠緋衣扞袴：6-1-1-3)-(31), 221쪽 참조.

-3)-(11) 豹尾槍二十 軍士二十人 分左右 平巾幘緋衣扞袴 金鉦十 軍士十人 分左右 捆鼓十 軍士三十人 分左右 鼗鼓二十 軍士二十人 分左右 銀罉小旗槍二十 軍士二十人 分左右 衣服並同前：6-1-1-3)-(32), 221쪽 참조.

-3)-(12) 哥舒捧二十 軍士二十人 分左右 立角紫寶祥花衣假銀帶：6-1-1-3)-(33), 221쪽 참조.

-3)-(13) 斫子二十 軍士二十人 分左右 平巾幘抹額緋衣扞袴：6-1-1-3)-(34), 221쪽 참조.

-3)-(14) 鐙杖二十 鋪石鈇斧二十 軍士四十人 各分左右：6-1-1-3)-(35), 221쪽 참조.

-3)-(15) 蛙蟆幡二十 軍士二十人 分左右 衣服並同前：6-1-1-3)-(36), 222쪽 참조.

-3)-(16) 銀粧長刀二十 領將校二人 放角紫衣束帶佩刀執旗 軍士二十人 分左右 立角緋寶祥花袖衣假銀帶: 6-1-1-3)-(37), 222쪽 참조. 다만 이곳의 비보상화수의緋寶祥花袖衣에는 '대大'자가 빠져 있어 비보상화(대)수의緋寶祥花(大)袖衣와 같이 수정하였다.

-3)-(17) 塗金粧長刀二十 領將校二人 軍士二十人 分左右 衣服並同前: 법가노부 항목에서는 보이지 않던 금장장도金粧長刀가 위의 은장장도銀粧長刀 이외에 더 배치되어 있다.

6-3. 팔관 노부八關鹵簿

原文 6-3-1. 仲冬八關會 出御看樂殿鹵簿 毅宗朝詳定 左右紅門大旗一 引將校二人放角紫衣束帶佩刀 軍士四十人平巾幘扦袴緋衣 弓箭隊 軍士二十人貍頭冠扦袴緋衣 彩旗一百 軍士二百人服與紅門大旗軍士同 引旗將校二十人服色與紅門大旗同 豹尾槍二十 軍士二十人平巾幘扦袴緋衣 鐙杖二十 軍士二十人 鼗鼓二十 軍士二十人 捌鼓一十 軍士三十人 金鉦一十 軍士十人衣服並與豹尾槍軍士同 吹角軍士十人立角寶祥花衣假銀帶 蛙蟆幡二十 軍士二十人 鍮石鉞斧二十 軍士二十人 小旗銀䩇槍二十 軍士二十人 黑䩇䂕子二十 軍士二十人衣服並同執鉦人 銀粧長刀二十 軍士二十人衣服與吹角軍士同 塗金粧長刀二十 軍士二十人衣服與銀粧長刀同 領將校二人服色與護旗將校同 哥舒捧二十 軍士二十人衣服與塗金粧長刀執軍士同 自紅門大旗至哥舒捧 並相次分左右 排列左右 小龍旗各一 夾軍士四人平巾幘扦袴緋衣 五方旗各一 引將校五人放角紫衣束帶佩刀執旗 夾軍士十人衣服與夾小龍旗軍士同

6-3-1. 중동仲冬(음력 11월 15일) 팔관회八關會에 국왕이 간악전看樂殿으로 나갈 때의 노부鹵簿는[1] 의종조에 상정詳定하였다.[2]

3)-(1) 좌우 홍문대기紅門大旗는 하나로 인장교引將校(인도하는 장교)가 2인이고 – 방각모放角帽에 자의紫衣를 입고 띠를 두르며(속대束帶), 칼을 찬다(패도佩刀) –,

군사軍士는 40인이다-평건책平巾幘을 쓰고 한고扞袴와 비의緋衣를 입는다-.

3)-(2) 궁전대弓箭隊(활과 화살 대열)는 군사가 20인이다-이두관狸頭冠을 쓰고 한고扞袴와 비의緋衣를 입는다-.

3)-(3) 채기彩旗(채색을 한 기) 100에 군사는 200인이고-복장은 홍문대기紅門大旗 군사와 같다-, 인기장교引旗將校는 20인이다-복색服色은 홍문대기紅門大旗와 같다-.

3)-(4) 표미창豹尾槍 20에 군사도 20인이고-평건책平巾幘을 쓰고 한고扞袴와 비의緋衣를 입는다-, 등장鐙杖 20에 군사가 20인이며, 도고鼗鼓 20에 군사도 20인이고, 강고掆鼓 10에 군사는 30인이며, 금정金鉦 10에 군사도 10인이다-의복은 모두 표미창豹尾槍 군사와 같다-.

3)-(5) 취각군사吹角軍士는 10인이다-입각모立角帽에 보상화의寶祥花衣를 입고 가은대假銀帶를 두른다-.

3)-(6) 와마번蛙螞幡 20에 군사도 20인이고, 유석월부鐌石鉞斧 20에 군사가 20인이며, 소기은간창小旗銀簳槍 20에 군사도 20인이고, 흑간작자黑簳斫子 20에 군사 (또한) 20인이다-의복은 모두 집정인執鉦人(정鉦(징)을 잡은 사람)과 같다-.

3)-(7) 은장장도銀粧長刀 20에 군사는 20인이다-의복은 취각군사吹角軍士와 같다-.

3)-(8) 도금장장도塗金粧長刀(도금으로 장식한 긴 칼) 20에 군사가 20인이고-의복은 은장장도銀粧長刀와 같다-, 영장교領將校는 2인이다-복색服色은 호기장교護旗將校와 같다-.

3)-(9) 가서봉哥舒捧에 군사 20인이다-의복은 도금장장도塗金粧長刀의 집(기)군사執(旗)軍士와 같다-. 홍문대기紅門大旗로부터 가서봉哥舒捧까지 모두 차례대로 좌우에 나누어 선다.

3)-(10) 배열排列의 좌우에 소룡기小龍旗가 각각 하나씩인데 협군사夾軍士는 4인이며-평건책平巾幘을 쓰고 한고扞袴와 비의緋衣를 입는다-, 5방기五方旗도 각각 하나씩인데 인장교引將校가 5인이고-방각모放角帽에 자의紫衣를 입

고 띠를 두르며(속대束帶), 칼을 차고 기旗를 든다-, 협군사는 10인이다-의복은
협소룡기夾小龍旗 군사와 같다-.

註 解 6-3-1-

-1) 仲冬八關會 出御看樂殿鹵簿 : 팔관회八關會와 그때에 국왕이 간악전看
   樂殿으로의 거둥에 대해서는 5-4-1-1), 173쪽에서 비교적 자세하게 설
   명하였다. 노부鹵簿에 대해서는 6-1-1-1), 211쪽 참조.

-2) 毅宗朝 詳定 : 5-4-1-2), 174쪽 참조.

-3-(1) 左右紅門大旗一 引將校二人 放角紫衣束帶佩刀 軍士四十人 平巾幘
   扦袴緋衣 : 6-1-1-3)-(4), 213쪽 참조.

-3)-(2) 弓箭隊 軍士二十人 狸頭冠扦袴緋衣 : 6-1-1-3)-(31), 221쪽 참조.

-3)-(3) 彩旗一百 軍士二百人 服與紅門大旗軍士同 引旗將校二十人 服色與
   紅門大旗同 : 6-1-1-3)-(5)·(6), 214쪽 참조.

-3)-(4) 豹尾槍二十 軍士二十人 平巾幘扦袴緋衣 鐙杖二十 軍士二十人 鼗
   鼓二十 軍士二十人 掆鼓一十 軍士三十人 金鉦一十 軍士十人 衣服並
   與豹尾槍軍士同 : 6-1-1-3)-(32)·(35), 221쪽 참조.

-3)-(5) 吹角軍士十人 立角寶祥花衣假銀帶 : 5-2-1-3)-(4), 142쪽 및 5-2-1-4),
   153쪽 참조.

-3)-(6) 蛙蟆幡二十 軍士二十人 鍮石鉞斧二十 軍士二十人 小旗銀䂎槍二十
   軍士二十人 黑䂎斫子二十 軍士二十人 衣服並同執鉦人 : 6-1-1-3)-(32)·
   (34)·(35)·(36), 221·222쪽 참조.

-3)-(7) 銀粧長刀二十 軍士二十人 衣服與吹角軍士同 : 6-1-1-3)-(37), 222쪽
   참조.

-3)-(8) 塗金粧長刀二十 軍士二十人衣服與銀粧長刀同 領將校二人 服色與
   護旗將校同 : 6-2-1-3)-(17), 227쪽 참조.

-3)-(9) 哥舒捧二十 軍士二十人 衣服與塗金粧長刀執(旗)軍士同 自紅門大
   旗至哥舒捧 並相次分左右 : 6-1-1-3)-(33), 221쪽 참조. 이곳의 집군사

執軍士는 '기旗'자가 누락된 것으로 생각되어 집(기)군사執(旗)軍士와 같이 추가하였다.

-3)-(10) 排列左右 小龍旗各一 夾軍士四人 平巾幘扞袴緋衣 五方旗各一 引將校五人 放角紫衣束帶佩刀執旗 夾軍士十人 衣服與夾小龍旗軍士同 : 6-1-1-3)-(4), 213쪽 참조. 소룡기小龍旗는 명칭 그대로 용을 그린 작은 깃발로 생각된다.

6-4. 서·남경순행 환궐봉영노부西南京巡幸 還闕奉迎鹵簿(순행·봉영노부巡幸奉迎鹵簿)

原文 6-4-1. 西南京巡幸 還闕奉迎鹵簿 毅宗朝詳定 紅門大旗二 分左右 引將校各一人放角紫衣佩刀執旗 夾軍士各二十人平巾幘抹額緋衣扞袴 天下大平大旗一中道 引將校一人服同紅門旗將校 夾軍士二十人服同前夾軍士 四海永淸大旗一 二儀交泰大旗一 並中道引將校夾軍士衣服並與天下大平旗同 五方旗各一 引將校各一人 夾軍士十人並衣服與大旗同 白澤大旗二 分左右 引將校各一人 夾軍士各二十人 彩旗九十 分左右 引將校十八人 夾軍士一百八十人 白獅子大旗二 分左右 引將校各一人 夾軍士四十人 胡人大旗二 分左右 引將校各一人 夾軍士各二十人 靑龍大旗二 分左右 引將校各一人 夾軍士各二十人 赤象大旗二 分左右 引將校各一人 夾軍士各二十人 彩鳳大旗二 分左右 引將校各一人 夾軍士各二十人 黃獅子大旗二 分左右 引將校各一人 夾軍士各二十人 駕龜仙人大旗二 分左右 引將校各一人 夾軍士各二十人 白騏騎大旗二 分左右 引將校各一人 夾軍士各二十人 彩鳳大旗二 分左右 引將校各一人 夾軍士各二十人 後殿黑大旗二 分左右 引將校各一人 夾軍士各二十人衣服並同上 冷里一十 分左右 軍士十人皂紗帽子紫紬小袖衣假銀帶 豹尾槍一十 分左右 軍士十人 鐙杖子一十 分左右 軍士十人衣服並同上 弓箭一十 分左右 軍士十人貍頭冠餘衣服同上 蛙蟆幡槍一十 分左右 軍士十人 銀斧槍一十 分左右 軍士十人 鍮石鉞斧一十 分左右 軍士十人 鼙鼓一十 分左右 軍士十人 搁鼓一十

分左右 軍士三十人 金鉦六 分左右 軍士六人 黑鞾斫子一十 分左右 軍士十

人衣服並與冷里軍同 銀粧長刀一十 分左右 軍士十人立角寶祥花大袖衣假銀帶 塗金

粧長刀一十 分左右 軍士一十人 哥舒捧一十 分左右 軍士十人衣服並同上

6-4-1. 서경西京과 남경南京으로의 순행巡幸과 궁궐로 돌아올 때 맞이하여 모시는 노부鹵簿는[1] 의종조에 상정詳定하였다.[2]

3)-(1) 홍문대기紅門大旗는 두 개로 좌우에 나누어 세우는데 인장교引將校(인도하는 장교)가 각각 1인씩이고-방각모放角帽에 자의紫衣를 입고 칼을 차며(패도佩刀), 기를 든다(집기執旗)-, 협군사夾軍士는 각각 20인씩이다-평건책平巾幘을 쓰고 말액抹額(머리띠)에 비의緋衣와 한고扞袴를 입는다-.

3)-(2) 천하태평대기天下大平大旗는 하나로 길 가운데에 세우는데 인장교引將校가 1인이고-복장은 홍문기紅門旗 장교와 같다-, 협군사夾軍士는 20인이다-복장은 앞의 협군사와 같다-.

3)-(3) 4해영청대기四海永淸大旗는 하나이고, 2의교태대기二儀交泰大旗도 하나인데 모두 길 가운데에 세운다-인장교와 협군사의 의복은 모두 천하태평기天下大平旗와 같다-.

3)-(4) 5방기五方旗는 각각 하나씩인데 인장교가 각각 1인씩이고 협군사는 10인이다-모두 의복은 대기大旗와 같다-.

3)-(5) 백택대기白澤大旗는 두 개로 좌우에 나누어 세우는데 인장교가 각각 1인씩이고 협군사는 각각 20인씩이다.

3)-(6) 채기彩旗(채색을 한 기)는 90으로 좌우에 나누어 세우는데 인장교가 18인이고 협군사는 180인이다.

3)-(7) 백사자대기白獅子大旗는 두 개로 좌우에 나누어 세우는데 인장교가 각각 1인씩이고 협군사는 40인이며, 호인대기胡人大旗도 두 개로 좌우에 나누어 세우는데 인장교가 각각 1인씩이고 협군사는 각각 20인씩이다.

3)-(8) 청룡대기靑龍大旗는 두 개로 좌우에 나누어 세우는데 인장교가 각

각 1인씩이고 협군사는 각각 20인씩이며, 적상대기赤象大旗도 두 개로 좌우에 나누어 세우는데 인장교가 각각 1인씩이고 협군사는 각각 20인 씩이다.

3)-(9) 채봉대기彩鳳大旗는 두 개로 좌우에 나누어 세우는데 인장교가 각각 1인씩이고 협군사는 각각 20인씩이다.

3)-(10) 황사자대기黃獅子大旗는 두 개로 좌우에 나누어 세우는데 인장교가 각각 1인씩이고 협군사는 각각 20인씩이며, 가구선인대기駕龜仙人大旗도 두 개로 좌우에 나누어 세우는데 인장교가 각각 1인씩이고 협군사는 각각 20인씩이다.

3)-(11) 백기린대기白騏驎大旗는 두 개로 좌우에 나누어 세우는데 인장교가 각각 1인씩이고 협군사는 각각 20인씩이며, 채봉대기彩鳳大旗도 두 개로 좌우에 나누어 세우는데 인장교가 각각 1인씩이고 협군사는 각각 20인씩이다.

3)-(12) 후전흑대기後殿黑大旗는 두 개로 좌우에 나누어 세우는데 인장교가 각각 1인씩이고 협군사는 각각 20인씩이다-의복은 모두 위와 같다-.

3)-(13) 냉리冷里는 10으로 좌우에 나누어 세우는데 군사는 10인이다-조사皂紗(검은 깁) 모자에 자주 소수의紫紬小袖衣(자주색 명주로 된 소매 좁은 옷)를 입고 가은대假銀帶를 두른다-.

3)-(14) 표미창豹尾槍은 10으로 좌우에 나누어 세우는데 군사가 10인이고, 등장자鐙杖子도 10으로 좌우에 나누어 세우는데 군사는 10인이며-의복은 모두 위와 같다-, 궁전弓箭(활과 화살) 10을 좌우에 나누어 세우는데 군사는 10인다-이두관狸頭冠을 쓰나 나머지 의복은 위와 같다-.

3)-(15) 와마번창蛙蟆幡槍은 10으로 좌우에 나누어 세우는데 군사는 10인이다.

3)-(16) 은간창銀簳槍은 10으로 좌우에 나누어 세우는데 군사가 10인이고, 유석월부鍮石鉞斧도 10으로 좌우에 나누어 세우는데 군사는 10인이며, 도고鼗鼓도 10으로 좌우에 나누어 세우는데 군사가 10인이고, 강고

桐鼓도 10으로 좌우에 나누어 세우는데 군사는 30인이며, 금정金鉦은 6
으로 좌우에 나누어 세우는데 군사도 6인이고, 혹간작자黑幹斫子는 10으
로 좌우에 나누어 세우는데 군사도 10인이다-의복은 모두 냉리군冷里軍과
같다-.

3)-(17) 은장장도銀粧長刀는 10으로 좌우에 나누어 세우는데 군사도 10
인이다-입각모立角帽에 보상화 대수의寶祥花大袖衣를 입고 가은대假銀帶를 두른다-.

3)-(18) 도금장장도鍍金粧長刀는 10으로 좌우에 나누어 세우는데 군사도
10인이며, 가서봉哥舒捧도 10으로 좌우에 나누어 세우는데 군사는 10인
이다-의복은 모두 위와 같다-.

註 解 6-4-1-

-1) 西南京巡幸 還闕奉迎鹵簿 : 고려 때의 국왕이 서경西京(평양)과 남경南京
(양주楊州, 지금의 서울)을 자주 순행巡幸하게된 배경·연유에 대해서는
5-5-1-1), 183쪽에서 비교적 자세하게 설명하였다. 그리하여 그때의 위
장衛仗에 대해서도 「5. 의위儀衛」조에 「서남경 순행위장西南京巡幸衛仗」
과 「봉영위장奉迎衛仗」이라 하여 이미 앞에서 살핀바 있듯 「서·남경을
순행할 때의 위장」과 「서·남경을 순행하고 회가回駕할 때의 봉영하는
위장」으로 구분해 서술해놓고 있다.

  그런데 이곳의 「6. 노부鹵簿」조에서는 「순행봉영노부巡幸奉迎鹵簿」라는
한 항목만을 설정해놓고 그 부분을 구체적으로 설명하는 자리에서는
보다시피 「서남경순행환궐봉영노부西南京巡幸還闕奉迎鹵簿」라 기술하고
있는데, 논자들 가운데는 이를 서·남경의 순행으로부터 궁궐로 돌아
올 때 어가御駕를 영접하는 노부로 보고 있다. 하지만 필자로서는 위장
조衛仗條도 참조하여 이곳의 내용 역시 「순행巡幸과 봉영奉迎 노부鹵簿」
로서 「서남경의 순행과 (그리고) 환궐할 때 봉영하는 노부」의 두 부분
으로 나누어 파악하는 것이 옳지 않을까 한다. 다만 여기서는 두 부분
이긴 하되 양자의 내용이 동일하기 때문에 한번의 기술로 그친게 아

닐까 하는 것이다.

-2) 毅宗朝 詳定: 5-5-1-2), 185쪽 및 5-6-1-2), 194쪽 참조.

-3)-(1) 紅門大旗二 分左右 引將校各一人 放角紫衣佩刀執旗 夾軍士各二十
人 平巾幘抹額緋衣扞袴: 6-1-1-3)-(4), 213쪽 참조.

-3)-(2) 天下大平大旗一 中道 引將校一人 服同紅門旗將校 夾軍士二十人
服同前夾軍士: 6-1-1-3)-(7), 214쪽 참조.

-3)-(3) 四海永淸大旗一 二儀交泰大旗一 並中道 引將校夾軍士衣服 並與天
下大平旗同: 6-1-1-3)-(9)·(10), 215쪽 참조.

-3)-(4) 五方旗各一 引將校各一人 夾軍士十人 並衣服與大旗同: 6-1-1-3)-
(4), 213쪽 참조.

-3)-(5) 白澤大旗二 分左右 引將校各一人 夾軍士各二十人: 6-1-1-3)-(5),
214쪽 참조.

-3)-(6) 彩旗九十 分左右 引將校十八人 夾軍士一百八十人: 6-1-1-3)-(5)·
(6), 214쪽 참조.

-3)-(7) 白獅子大旗二 分左右 引將校各一人 夾軍士四十人 胡人大旗二 分
左右 引將校各一人 夾軍士各二十人: 6-1-1-3)-(23), 219쪽 및 6-1-1-3)-
(16), 216쪽 참조.

-3)-(8) 靑龍大旗二 分左右 引將校各一人 夾軍士各二十人 赤象大旗二 分
左右 引將校各一人 夾軍士各二十人: 청룡기靑龍旗에 대해서는 6-1-1-3)-
(14), 216쪽 참조. 적상대기赤象大旗는 6-1-1-3)-(6), 214쪽의 백상대기白
象大旗와 비교하여 보면 어떨까 싶다.

-3)-(9) 彩鳳大旗二 分左右 引將校各一人 夾軍士各二十人: 채봉대기彩鳳大
旗도 6-1-1-3)-(15), 216쪽의 벽봉대기碧鳳大旗와 비교해 볼 수 있는 깃
발로 생각된다.

-3)-(10) 黃獅子大旗二 分左右 引將校各一人 夾軍士各二十人 駕龜仙人大
旗二 分左右 引將校各一人 夾軍士各二十人: 황사자대기黃獅子大旗에 대
해서는 6-1-1-3)-(21), 218쪽 참조. 가구선인대기駕龜仙人大旗는 6-1-1-3)-

(8), 215쪽의 가운집박선인대기駕雲執拍仙人大旗와 비교해 볼 수도 있을
것 같은데, 『조선세종실록朝鮮世宗實錄』권132, 5례五禮·가례 서례嘉禮序
例 노부鹵簿 283쪽에는 그에 대해 구체적으로 「백색 바탕에 선인仙人이
도관道冠을 쓰고 황의黃衣·주상朱裳의 차림으로 거북을 타고 구름 위에
있는 것을 그리고, 청색·적색·황색·백색의 네가지 빛깔로 채색하였으
며, 화염각火焰脚이 있다」고 설명되어 있다. 고려 때의 깃발도 여기에
서 벗어난게 아니었다고 생각된다(이 책 293쪽).

-3)-(11) 白騏驎大旗二 分左右 引將校各一人 夾軍士各二十人 彩鳳大旗二
分左右 引將校各一人 夾軍士各二十人 : 백기린대기白騏驎大旗에 대해서
는 6-1-1-3)-(21), 218쪽 참조. 채봉대기彩鳳大旗도 위의 (9)항에서 다룬
바 있다.

-3)-(12) 後殿黑大旗二 分左右 引將校各一人 夾軍士各二十人 衣服並同上 :
6-1-1-3)-(30), 220쪽 및 6-2-1-3)-(9), 226쪽 참조.

-3)-(13) 冷里一十 分左右 軍士十人 皂紗帽子紫紬小袖衣假銀帶 : 6-1-1-3)-
(1), 212쪽 참조.

-3)-(14) 豹尾槍一十 分左右 軍士十人 鎧杖子一十 分左右 軍士十人 衣服
並同上 弓箭一十 分左右 軍士十人 貍頭冠餘衣服同上 : 6-1-1-3)-(31)·
(32)·(35), 221쪽 참조.

-3)-(15) 蛙蟆幡槍一十 分左右 軍士十人 : 6-1-1-3)-(36), 222쪽 참조.

-3)-(16) 銀斧槍一十 分左右 軍士十人 鍮石鉞斧一十 分左右 軍士十人 鼗
鼓一十 分左右 軍士十人 搁鼓一十 分左右 軍士三十人 金鉦六 分左右
軍士六人 黑斧斫子一十 分左右 軍士十人 衣服並與冷里軍同 : 6-1-1-3)-
(32)·(34)·(35), 221쪽 참조.

-3)-(17) 銀粧長刀一十 分左右 軍士十人 立角寶祥花大袖衣假銀帶 : 6-1-1-3)-
(37), 222쪽 참조.

-3)-(18) 塗金粧長刀一十 分左右 軍士一十人 哥舒捧一十 分左右 軍士十人
衣服並同上 : 6-2-1-3)-(17), 227쪽 및 6-1-1-3)-(33), 221쪽 참조.

6-5. 선사 노부宣赦鹵簿

原文 6-5-1. 宣赦鹵簿 高宗八年十月 御儀鳳樓宣赦 用儀仗軍一千三百八十
人 鳳曳軍六十人 盤車軍二十人 指諭將校六十二人 並着繡衣 分列毬庭左
右 紅門大旗二 分左右 隊正各一人 夾軍士各二十人 五方中旗各一 依其方
色 排列紅門大旗間 隊正各一人 夾軍士各二人 彩旗十 分左右 隊正各一人
夾軍士各十人 冷里軍二十人 散手軍二十人 並分左右 黃質白澤大旗二 分
左右隊夾同紅門大旗 彩旗十 分左右隊夾同紅門隊彩旗 豹尾槍二十 軍士二十人 分
左右 綠質一角獸大旗二 彩旗十 並分左右隊夾並同前隊 引口吹幡二十 軍士二
十人 分左右 碧質驪牙大旗二 彩旗十 並分左右隊夾並同前隊 鐙杖二十 軍士
二十人 分左右 天下大平旗一 中道 隊正一人 夾軍士二十人 紅質黃龍大旗
二 彩旗十 並分左右隊夾與驪牙大旗同 貍頭弓箭二十 軍士二十人 分左右 四海
永淸大旗一 中道 隊正一人 軍士二十人 黃質天鹿大旗二 彩旗十 並分左右
隊夾與黃龍大旗同 捬鼓十 分左右 軍士各五人 金鉦十 分左右 軍士各五人 二
儀交泰大旗一 中道隊夾與四海永淸旗同 白質捧寶珠仙人大旗二 彩旗十 並分左
右隊夾並同天鹿大旗 搖鼓槍二十 軍士二十人 吹角二十 軍士二十人 並分左右
紅質鳥隼大旗二 彩旗十 並分左右隊夾並同前隊 鉞斧二十 軍士二十人 分左右
五方龍中旗 各依方色排列 中道 隊正各一人 夾軍士各二人 藍黃質白龍大
旗二 彩旗十 並分左右隊夾並同鳥隼大旗 銀槍二十 軍士二十人 分左右 黃質龍
馬大旗二 彩旗十 並分左右隊夾並同前隊 斫子二十 軍士二十人 分左右 碧質
鸞鷖大旗二 分左右隊夾同前隊 銀粧長刀二十 鍍金長刀二十 哥舒捧二十 軍士
各二十人 並分左右 黑大旗四 黃龍大旗二 並分左右 隊正各一人 夾軍士各
二十人

6-5-1. 사면령赦免令을 선포할 때의 노부鹵簿. 고종 8년 10월에 의봉루儀
鳳樓에 거둥하여 사면령을 선포하였는데, 그 의장군儀仗軍은 1,380인이
고, 봉예군鳳曳軍은 60인, 반거군盤車軍은 20인, 지유指諭·장교가 62인으

로 모두 수의繡衣(비단 옷)를 입고 구정毬庭의 좌우에 나뉘어 배열하였
다.[1]

2)-(1) 홍문대기紅門大旗는 2개로 좌우에 나누어 세우는데 대정隊正이 각
각 1인씩이고 협군사夾軍士(좌우에서 기旗를 드는 군사)는 각각 20인씩이다.

2)-(2) 5방중기五方中旗는 각각 하나씩으로 그 방위의 색깔에 따라 홍문
대기 사이에 배열하는데 대정隊正이 각각 1인씩이고, 협군사夾軍士는 각
각 2인씩이다.

2)-(3) 채기彩旗(채색을 한 기)는 10개로 좌우에 나누어 세우는데 대정隊正
이 각각 1인씩이고, 협군사夾軍士는 각각 10인씩이다.

2)-(4) 냉리군冷里軍 20인, 산수군散手軍 20인으로 모두 좌우에 나누어 세
운다.

2)-(5) 황색 바탕의 백택대기白澤大旗는 2개로 좌우에 나누어 세우며-대
정隊正과 협군사夾軍士는 홍문대기紅門大旗와 같다-, 채기彩旗(채색을 한 기)는 10
개로 좌우에 나누어 세운다-대정隊正과 협군사夾軍士는 홍문대紅門隊 채기와
같다-.

2)-(6) 표미창豹尾槍은 20개로 군사도 20인인데 좌우에 나누어 세운다.

2)-(7) 녹색 바탕의 일각수대기一角獸大旗 2개, 채기彩旗 10개를 함께 좌
우로 나누어 세운다-대정隊正과 협군사夾軍士는 모두 앞의 대隊와 같다-.

2)-(8) 인구취번引口吹幡은 20개로 군사도 20인인데 좌우에 나누어 세운다.

2)-(9) 푸른색 바탕의 추아대기騶牙大旗 2개와 채기彩旗 10개를 함께 좌우
로 나누어 세운다-대정隊正과 협군사夾軍士는 모두 앞의 대隊와 같다-.

2)-(10) 등장鐙杖은 20개로 군사도 20인인데 좌우에 나누어 세운다.

2)-(11) 천하태평기天下大平旗는 하나로 길 가운데에 세우는데 대정隊正이
1인이고, 협군사夾軍士는 20인씩이다.

2)-(12) 붉은 바탕의 황룡대기黃龍大旗 2개와 채기彩旗 10개를 함께 좌우
로 나누어 세운다-대정과 협군사는 추아대기騶牙大旗와 같다-.

2)-(13) 이두궁전貍頭弓箭(삵괭이 머리 모양의 활과 화살) 20개에 군사도 20인

인데 좌우에 나누어 세운다.

2)-(14) 4해영청대기四海永淸大旗는 하나로 길 가운데에 세우는데 대정이 1인이고 군사는 20인이다.

2)-(15) 누른색 바탕의 천록대기天鹿大旗 2개와 채기彩旗 10개를 함께 좌우로 나누어 세운다-대정과 협군사는 황룡대기黃龍大旗와 같다-.

2)-(16) 강고摃鼓는 10개로 좌우에 나누어 세우는데 군사는 각각 5인씩이다.

2)-(17) 금쟁金錚(징)은 10개로 좌우에 나누어 세우는데 군사는 각각 5인씩이다.

2)-(18) 2의교태대기二儀交泰大旗를 길 가운데에 세운다-대정과 협군사는 4해영청기四海永淸旗와 같다-.

2)-(19) 흰색 바탕의 봉보주선인대기捧寶珠仙人大旗 2개와 채기彩旗 10개를 함께 좌우로 나누어 세운다-대정과 협군사는 모두 천록대기天鹿大旗와 같다-.

2)-(20) 요고창搖鼓槍 20에 군사 20인, 취각吹角 20에 군사도 20인인데, 함께 좌우로 나누어 세운다.

2)-(21) 붉은색 바탕의 조준대기鳥隼大旗 2개와 채기彩旗 10개를 함께 좌우로 나누어 세운다-대정과 협군사는 모두 앞의 대隊와 같다-.

2)-(22) 월부鉞斧 20개에 군사도 20인으로 좌우에 나누어 선다.

2)-(23) 5방룡중기五方龍中旗를 각각 방위의 색깔에 따라 길 가운데에 배열하는데 대정이 각각 1인씩이고, 협군사는 각각 2인씩이다.

2)-(24) 남황색藍黃色 바탕의 백룡대기白龍大旗 2개와 채기彩旗 10개를 함께 좌우로 나누어 세운다-대정과 협군사는 모두 조준대기鳥隼大旗와 같다-.

2)-(25) 은창銀槍 20개에 군사도 20인으로 좌우에 나누어 선다.

2)-(26) 황색 바탕의 용마대기龍馬大旗 2개와 채기彩旗 10개를 함께 좌우로 나누어 세운다-대정과 협군사는 모두 앞의 대隊와 같다-.

2)-(27) 작자斫子 20개에 군사도 20인으로 좌우에 나누어 선다.

2)-(28) 푸른색 바탕의 악착대기鸑鷟大旗 2개를 좌우에 나누어 세운다-

대정과 협군사는 앞의 대隊와 같다-.

2)-(29) 은장장도銀粧長刀 20개, 도금장도鍍金長刀 20개, 가서봉哥舒捧도 20개로 군사 (역시) 각각 20인씩인데, 모두 좌우에 나누어 선다.

2)-(30) 흑대기黑大旗 4개, 황룡대기黃龍大旗는 2개로 모두 좌우에 나누어 세우는데 대정이 각각 1인씩이고, 협군사는 각각 20인씩이다.

註 解 6-5-1-

-1) 宣赦鹵簿 高宗八年十月 御儀鳳樓宣赦 用儀仗軍一千三百八十人 鳳曳軍六十人 盤車軍二十人 指諭將校六十二人 並着繡衣 分列毬庭左右:
사면령赦免令을 선포할 때의 노부鹵簿도 그것의 의장儀仗과 마찬가지로 (5-7-1-1), 200쪽) 고종 8년에 국왕이 의봉루儀鳳樓에 행차하여 반포한 사례를 들어 설명하고 있다. 즉, 거기에는 선사의장宣赦儀仗 때보다 몇 백 명이 적기는 하지만 의장군儀仗軍 1,380명이 동원되었고, 아울러 국왕의 수레를 끄는 군사인 듯 생각되는 봉예군鳳曳軍 60인 및 수레를 옹위하는 군사인 듯 짐작되는 반거군盤車軍 20인과 함께 지유指諭(5-1-1-3)-(7), 127쪽)와 장교將校(5-1-1-3)-(1), 121쪽) 62명이 모두 비단 옷(수의繡衣)을 입고 구정毬庭의 좌우에 나뉘어 배열되었음을 알 수 있다.

국왕이 사면령을 선포하기 위해 행차하는 의봉루는 궁궐 내의 정전正殿인 회경전會慶殿에서 얼마 떨어지지 않은 의봉문儀鳳門(뒤의 신봉문神鳳門)의 문루門樓로서 그 앞의 넓은 광장이 바로 구정이었다.[1] 행사가 바로 이곳에서 이루어졌던 것이다.

① 朴龍雲, 「開京 定都와 시설」『고려시대 開京 연구』, 일지사, 1996, 27·33쪽

이현정, 「고려시대 毬庭에 관한 연구」『역사학보』212, 2011.

-2)-(1) 紅門大旗二 分左右 隊正各一人 夾軍士各二十人: 6-1-1-3)-(4), 213쪽 참조. 단, 전자에서의 인장교引將校가 이곳에서는 대정隊正으로 구체화되어 있는 점이 좀 다르거니와, 당해 대정은 경군京軍인 2군軍 6위衛

의 정9품보다 하나 아래에 위치한 품외品外의 말단 장교이다(『고려사』 권76, 백관지 2 서반西班).

-2)-(2) 五方中旗各一 依其方色 排列紅門大旗閒 隊正各一人 夾軍士各二人: 6-1-1-3)-(4), 213쪽 참조. 대정에 대해서는 바로 위의 (1)항을 참조하면 되겠다.

-2)-(3) 彩旗十 分左右 隊正各一人 夾軍士各十人: 6-1-1-3)-(5)·(6), 214쪽 등 참조.

-2)-(4) 冷里軍二十人 散手軍二十人 並分左右: 6-1-1-3)-(1), 212쪽 참조.

-2)-(5) 黃質白澤大旗二 分左右 隊夾同紅門大旗 彩旗十 分左右 隊夾同紅門隊彩旗: 6-1-1-3)-(9), 215쪽 참조.

-2)-(6) 豹尾槍二十 軍士二十人 分左右: 6-1-1-3)-(32), 221쪽 참조.

-2)-(7) 綠質一角獸大旗二 彩旗十 並分左右 隊夾並同前隊: 6-1-1-3)-(27)·(29), 220쪽 참조.

-2)-(8) 引口吹幡二十 軍士二十人 分左右: 번幡은 표식기를 말하는데(6-1-1-3)-(36), 222쪽), 인구취번引口吹幡이 구체적으로 어떤 모습의 것이었는지는 잘 알 수가 없다.

-2)-(9) 碧質騶牙大旗二 彩旗十 並分左右 隊夾並同前隊: 6-1-1-3)-(25), 219쪽 참조.

-2)-(10) 鐙杖二十 軍士二十人 分左右: 6-1-1-3)-(35), 221쪽 참조.

-2)-(11) 天下大平旗一 中道 隊正一人 夾軍士二十人: 6-1-1-3)-(7), 214쪽 참조.

-2)-(12) 紅質黃龍大旗二 彩旗十 並分左右 隊夾與騶牙大旗同: 6-1-1-3)-(18), 217쪽 참조.

-2)-(13) 貍頭弓箭二十 軍士二十人 分左右: 이두궁전貍頭弓箭은 명칭으로 보아 삵괭이의 머리 형상을 한 활과 화살을 말하는 것이겠다. 이와 관련하여서는 6-1-1-3)-(31), 221쪽 참조.

-2)-(14) 四海永淸大旗一 中道 隊正一人 軍士二十人: 6-1-1-3)-(9), 215쪽 참조.

-2)-(15) 黃質天鹿大旗二 彩旗十 並分左右 隊夾與黃龍大旗同: 6-1-1-3)-

(25), 219쪽 참조.

-2)-(16) 搠鼓十 分左右 軍士各五人: 6-1-1-3)-(32), 221쪽 참조.

-2)-(17) 金錚十 分左右 軍士各五人: 6-1-1-3)-(32), 221쪽 참조.

-2)-(18) 二儀交泰大旗一 中道 隊夾與四海永淸旗同: 6-1-1-3-(10), 215쪽 참조.

-2)-(19) 白質捧寶珠仙人大旗二 彩旗十 並分左右 隊夾並同天鹿大旗: 6-1-1-3)- (9), 215쪽 참조.

-2)-(20) 搖鼓槍二十 軍士二十人 吹角二十 軍士二十人 並分左右: 요고搖鼓 가 달린 창槍으로 짐작되는 요고창搖鼓槍과 관악기의 일종인 취각吹角 에 군사가 각각 20인씩 배치되고 있다.

-2)-(21) 紅質鳥隼大旗二 彩旗十 並分左右 隊夾並同前隊: 조준대기鳥隼大 旗는 명칭 그대로 조준鳥隼(새매)이 그려진 큰 깃발로 생각된다.

-2)-(22) 鉞斧二十 軍士二十人 分左右: 6-1-1-3)-(35), 221쪽 참조.

-2)-(23) 五方龍中旗 各依方色排列 中道 隊正各一人 夾軍士各二人: 6-1- 1-3)-(11), 215쪽 참조.

-2)-(24) 藍黃質白龍大旗二 彩旗十 並分左右 隊夾並同鳥隼大旗: 6-1-1-3)- (6), 214쪽 참조.

-2)-(25) 銀槍二十 軍士二十人 分左右: 은창銀槍은 은간창銀幹槍(6-1-1-3)-(32), 221쪽)과 같은 종류로 생각된다.

-2)-(26) 黃質龍馬大旗二 彩旗十 並分左右 隊夾並同前隊: 6-1-1-3)-(22), 218쪽 참조.

-2)-(27) 斫子二十 軍士二十人 分左右: 6-1-1-3)-(34), 221쪽 참조.

-2)-(28) 碧質鷺鶿大旗二 分左右 隊夾同前隊: 6-1-1-3)-(27), 220쪽 참조.

-2-(29) 銀粧長刀二十 鍍金長刀二十 哥舒捧二十 軍士各二十人 並分左右: 6-1-1-3)-(33)·(37), 221·222쪽 및 6-2-1-3)-(17), 227쪽 참조.

-2)-(30) 黑大旗四 黃龍大旗二 並分左右 隊正各一人 夾軍士各二十人: 6-1- 1-3)-(30), 220쪽 및 6-1-1-3)-(18), 217쪽 참조.

6-6. 소가 노부小駕鹵簿

原文 6-6-1. 小駕鹵簿 毅宗朝詳定 只設紅門大旗二 後殿黑大旗二 其餘以次
差減 凡儀仗 有司各以令式 排列如常儀

6-6-1. 소가 노부小駕鹵簿는[1] 의종조에 상정詳定하였다.[2] 다만 홍문대기紅
門大旗 2개와 후전흑대기後殿黑大旗 2개만 설치하고 그 나머지는 차례로
삭감하였다. 무릇 의장儀仗은 해당 관청(유사有司)에서 각각 법령(영식令式)
에 따라 배열하였는데 평상시의 의례와 같았다.[3]

註 解 6-6-1-

-1) 小駕鹵簿 : 6-1-1-1), 211쪽 참조.

-2) 毅宗朝 詳定 : 6-1-1-2), 211쪽 참조.

-3) 只設紅門大旗二 後殿黑大旗二 其餘以次差減 凡儀仗 有司各以令式 排
列如常儀 : 홍문대기紅門大旗에 대해서는 6-1-1-3)-(4), 213쪽에서, 후전
흑대기後殿黑大旗에 대해서는 6-1-1-3)-(30), 220쪽에서 각각 설명한 바
와 같다.

6-7. 왕태자 노부王太子鹵簿

原文 6-7-1. 王太子鹵簿 文宗十年六月禮司奏 隊仗鼓吹當減大駕之半 乞令
衛尉寺分隷詹事府 從之

6-7-1. 왕태자 노부王太子鹵簿.[1] 문종 10년 6월에 예사禮司에서 아뢰기를,
"대열隊列의 위장衛仗과 고취鼓吹는 마땅히 대가大駕의 절반으로 감하도록
하고, 바라건대 위위시衛尉寺에 명령하여 (그 업무를) 첨사부詹事府에서 나
누어 맡도록 하소서" 하니 좇았다.[2]

註 解 6-7-1-

-1) 王太子 鹵簿 : 노부에 대해서는 (6-1-1-1), 211쪽 참조. 앞 항목인 의위조儀衛條(5, 118쪽)에는 왕태자에 대한 위장衛仗 규정이 보이지 않고 있지마는, 그 내용이 이곳 노부조에 함께 포함되고 있다.

-2) 文宗十年六月 禮司奏 隊仗鼓吹當減大駕之半 乞令衛尉寺分隷詹事府 從之 : 문종 10년(1056)에 이르러 예사禮司에서, 왕태자에 대한 위장衛仗과 고취鼓吹의 규모를 대가大駕의 절반으로 줄일 것과, 또 그 업무도 의식儀式·의장儀仗에 필요한 물건과 무구류武具類를 관장하는 기구인 위위시衛尉寺에서[1] 태자와 관련된 일을 전담하던 기구인 첨사부詹事府가[2] 나누어 맡도록 할 것을 건의하여 청종聽從을 받고 있다.

　[1] 『고려사』 권76, 백관지 1 衛尉寺·박용운, 『고려사 백관지 역주』, 신서원, 2009, 281~283쪽.

　[2] 『고려사』 권77, 백관지 2 동궁관東宮官.

原文 6-7-2. 毅宗朝詳定 先排隊 領將校四人放角紫衣束帶佩刀執旗 軍士一百人 分左右紫衣執長刀 清道電吏八人 分左右放角執杖子 白澤中旗二 三角獸中旗二 白獅子中旗二 騘牙中旗二 引將校二人 夾軍士各二人 雜彩旗二十 引將校四人 夾軍士各二人 並分左右引將校皆放角紫衣束帶佩刀執旗 軍士皆平巾幘抹額緋衣扞袴 銀骨朶子隊 領將校二人放角紫衣束帶佩刀執旗 軍士二十人皂紗帽子紫小袖衣假銀帶 銀粧長刀隊 領將校二人 軍士八人衣服各與銀骨朶子隊同 已上並分左右 行爐茶擔各一 軍士四人 中道立角寶祥花大袖衣假銀帶 絞床水灌子各一 分左右 軍士四人衣服同前 書函筆硏案各一 軍士四人衣服同前 銀斫子隊 軍士十六人 分左右 紫羅冠緋羅背子綠羅汗衫紫繡包肚 都知班十二人 分左右放角錦衣束帶把斫子 行首二人 佩刀執旗 中禁班十人 分左右衣甲佩刀 行首執旗 先排執彈弓 大傘二 拱鶴四人金畫帽子錦衣束帶 靑陽傘二 拱鶴四人衣服同前 牽龍班 指諭二人 將校八人 分左右 金畫帽子錦衣金塗銀束帶 雨傘二 拱鶴四人 茶房衣房軍士各十五人靑衣 後擁馬二匹 控軍士十四人立角寶祥花大袖衣假銀帶 玄武隊 領將校四人 軍士一百人 分左

右衣服並如先排隊

6-7-2. 의종조에 상정詳定하였다.[1]

2)-(1) 선배대先排隊에는 영장교領將校가 4인이고 - 방각모放角帽에 자의紫衣(자주색 옷)를 입고 띠를 두르며(속대束帶), 칼을 차고(패도束帶) 기를 든다(집기執旗) - , 군사는 100인으로 좌우에 나누어 서며 - 자의紫衣를 입고 긴 칼(장도長刀)을 든다 - , 청도전리淸道電吏도 8인으로 좌우에 나누어 선다 - 방각모에 막대(장자杖子)를 든다 - .

2)-(2) 백택중기白澤中旗 2개, 삼각수중기三角獸中旗 2개, 백사자중기白獅子中旗 2개, 추아중기騶牙中旗도 2개로 인장교引將校(인도하는 장교)가 2인이고, 협군사夾軍士(좌우에서 기旗를 잡는 군사)도 각각 2인씩이며, 잡채기雜彩旗(여러가지 채색을 한 기)는 20개로 인장교가 4인이고 협군사는 각각 2인씩인데 모두가 좌우에 나누어 선다 - 인장교는 모두가 방각모放角帽에 자의紫衣를 입고 띠(대帶)를 두르며, 칼을 차고 기旗를 든다. (그리고) 군사는 모두 평건책平巾幘에 말액抹額(머리띠)을 하고 비의緋衣와 한고扞袴를 입는다 - .

2)-(3) 은골타자대銀骨朶子隊에는 영장교領將校가 2인이고 - 방각모放角帽에 자의紫衣(자주색 옷)를 입고 띠를 두르며(속대束帶), 칼을 차고(패도束帶) 기를 든다(집기執旗) - , 군사는 20인이다 - 조사皂紗(검은 깁) 모자에 자소수의紫小袖衣(자주색의 소매가 좁은 옷)를 입고 가은대假銀帶를 두른다 - .

2)-(4) 은장장도대銀粧長刀隊에는 영장교領將校가 2인이고 군사는 8인이다 - 의복은 각각 은골타자대銀骨朶子隊와 같은데, 이상은 모두 좌우에 나누어 선다 - .

2)-(5) 행로行爐(가지고 다니는 화로)와 다담茶擔(다과 짐)은 각각 하나씩으로 군사는 4인인데 길 가운데에 선다 - 입각모立角帽에 보상화 대수의寶祥花大袖衣를 입고 가은대假銀帶를 두른다 -

2)-(6) 교상絞床(상床의 일종)과 수관자水灌子(물 주전자)는 각각 하나씩으로 좌우에 나누어 세우는데 군사는 4인이다 - 의복은 앞과 같다 - .

2)-(7) 서함書函과 필연안筆研案(붓·벼루 등을 놓는 책상)은 각각 하나씩으로

군사는 4인이다-의복은 앞과 같다-.

2)-(8) 은작자대銀斫子隊에는 군사가 16인으로 좌우에 나누어 선다-자주색 나직(자라紫羅)의 관관冠에 붉은 나직(비라緋羅)의 배자背子와 푸른 나직(녹라綠羅)의 한삼汗衫을 입고, 자주색의 무늬(자수紫繡)를 넣은 포두包肚를 착용한다-.

2)-(9) 도지반都知班에는 (* 반사班士가) 12인으로 좌우에 나누어 서며-방각모放角帽에 금의錦衣(비단 옷)를 입고 띠를 두르며, 작자斫子(양날이 있는 도끼)를 든다-, 행수行首는 2인이다-칼을 차고 기기旗를 든다-.

2)-(10) 중금반中禁班에는 (* 반사班士가) 10인으로 좌우에 나누어 선다-갑옷을 입고 칼을 차며, 행수行首는 기기旗를 드는데 앞장에 배열된 (인원은) 탄궁彈弓을 지닌다-.

2)-(11) 대산大傘은 2개로 공학拱鶴이 4인이고-금화金畫 모자에 금의錦衣(비단 옷)를 입고 띠(대帶)를 두른다-, 청양산靑陽傘도 2개로 공학 (역시) 4인이다-의복은 앞과 같다-.

2)-(12) 견룡반牽龍班에는 지유指諭가 2인이고 장교는 8인인데 좌우로 나누어 선다-금화金畫 모자에 금의錦衣(비단 옷)를 입고 도금塗金한 은대銀帶를 띤다-

2)-(13) 우산雨傘은 2개로 공학拱鶴이 4인이고, 다방茶房과 의방衣房에는 군사가 각각 15인씩이다-청의靑衣를 입는다-.

2)-(14) 후옹마後擁馬 2필에 공군사控軍士(말을 다루는 군사)가 14인이다-입각모立角帽에 보상화 대수의寶祥花大袖衣를 입고 가은대假銀帶를 두른다-.

2)-(15) 현무대玄武隊에는 영장교領將校가 4인이고, 군사는 100인인데 좌우에 나누어 선다-의복은 모두 선배대先排隊와 같다-.

註 解 6-7-2-

-1) 毅宗朝 詳定 : 왕태자王太子에 대한 노부鹵簿도 다른 여러 의위儀衛·노부들과 마찬가지로 의종조에 상정詳定하였다는 것인데, 이 부분에 대해서는 이미 여러 차례 설명했듯이 (1-2-4), 26쪽 등) 왕 15년(1161)경에 국가

의 각종 제도와 문물을 전반적으로 정리한 예서禮書인『상정고금례詳定
古今禮』의 편찬을 지칭하여 한 말로 생각된다. 아래에 그 내용들을 사
안별로 분류하여 소개하기로 한다.

-2)-(1) 先排隊 領將校四人 放角紫衣束帶佩刀執旗 軍士一百人 分左右 紫
衣執長刀 淸道電吏八人 分左右 放角執杖子 : 선배대先排隊는 앞서 법가
위장에서 설명한 일이 있듯이(5-2-1-3)-(1), 141쪽) 왕태자 행렬의 맨 앞에
배열되어 위험 요소를 관찰·제거함으로써 행렬이 안전하게 진행되어
나갈 수 있도록 할 목적에서 설치한 부대였다. 이곳의 지휘관으로 배
치된 영장교領將校에 대해서도 5-1-1-3)-(1), 121쪽에서 설명한바 있거
니와, 그들이 쓴 방각모放角帽는 모체帽體 좌우에 각角(귀)이 달린 형태
의 모자로서 일반적으로 장교 이상이 착용하는 것이었다(위와 같음).
그리고 청도전리淸道電吏는 앞서의 예들로 미루어(5-1-1-3)-(4), 125쪽 및
6-1-1-3)-(3), 213쪽) 길을 깨끗하게 정리하는 업무를 맡은 인원으로 짐작
된다.

-2)-(2) 白澤中旗二 三角獸中旗二 白獅子中旗二 驦牙中旗二 引將校二人
夾軍士各二人 雜彩旗二十 引將校四人 夾軍士各二人 並分左右 引將校
皆放角紫衣束帶佩刀執旗 軍士皆平巾幘抹額緋衣扞袴 : 백택기白澤旗에
대해서는 6-1-1-3)-(9), 215쪽, 삼각수기三角獸旗에 대해서는 6-1-1-3)-(29),
220쪽, 백사자기白獅子旗에 대해서는 6-1-1-3)-(23), 219쪽, 추아기驦牙旗
에 대해서는 6-1-1-3)-(25), 219쪽, 잡채기雜彩旗에 대해서는 6-1-1-3)-(6)·
(8), 215쪽을 각각 참조. 방각모放角帽에 대해서는 바로 윗 항목에서
설명하였거니와, 비의緋衣와 한고扞袴에 대해서도 앞서 6-1-1-3)-(4),
213쪽에서 언급한바 있다.

-2)-(3) 銀骨朶子隊 領將校二人 放角紫衣束帶佩刀執旗 軍士二十人 皂紗帽
子紫小袖衣假銀帶 : 5-1-1-3)-(4), 125쪽 참조.

-2)-(4) 銀粧長刀隊 領將校二人 軍士八人 衣服各與銀骨朶子隊同 已上並分
左右 : 5-1-1-3)-(3), 125쪽 참조.

-2)-(5) 行爐茶擔各一 軍士四人 中道 立角寶祥花大袖衣假銀帶: 행로行爐와 다담茶擔에 대해서는 5-2-1-3)-(7), 144쪽 참조. 이곳에 배치된 군사들 이 쓰는 입각모立角帽는 모체 좌우에 달린 각角(귀)이 위로 올라간 형태 를 한 모자를 말하며, 입은 보상화 대수의寶祥花大袖衣는 불교미술에서 흔히 쓰이는 상상의 꽃으로 인도에서 생겨나 중국을 거쳐 우리나라에 도 전래된 보상화寶祥花 무늬를 넣은 소매가 넓은 옷을 말하는데 이들 에 대해서도 5-1-1-3)-(3), 125쪽에서 이미 설명한바 있다.

-2)-(6) 絞床水灌子各一 分左右 軍士四人 衣服同前: 5-1-1-3)-(6), 126쪽 및 5-2-1-3)-(9), 145쪽 참조.

-2)-(7) 書函筆研案各一 軍士四人 衣服同前: 5-1-1-3)-(6), 126쪽 및 5-7-1 -2)-(12), 201쪽 참조.

-2)-(8) 銀斫子隊 軍士十六人 分左右 紫羅冠緋羅背子綠羅汗衫紫繡包肚: 5-1-1-3)-(5), 125쪽 및 5-2-1-3)-(14), 147쪽 참조.

-2)-(9) 都知班十二人 分左右 放角錦衣束帶把斫子 行首二人 佩刀執旗: 5-1-1-3)-(8), 128쪽 및 5-2-1-3)-(17), 150쪽 참조. 이들 예로 미루어 보 건대 12인 앞에 '반사班士'가 누락된 것으로 생각된다.

-2)-(10) 中禁班十人 分左右 衣甲佩刀 行首執旗 先排執彈弓: 5-1-1-3)-(7), 127쪽 및 5-2-1-3)-(16), 149쪽 참조. 이들 예로 미루어 보건대 10인 앞 에 '반사班士'가 누락된 것으로 생각된다.

-2)-(11) 大傘二 拱鶴四人 金畵帽子錦衣束帶 靑陽傘二 拱鶴四人 衣服同前: 5-1-1-3)-(1), 121쪽 및 5-2-1-3)-(7), 144쪽 참조.

-2-(12) 牽龍班 指諭二人 將校八人 分左右 金畵帽子錦衣金塗銀束帶: 2-10-8-3)-(9)·(13), 95·97쪽 및 5-2-1-3)-(18), 150쪽 참조.

-2)-(13) 雨傘二 拱鶴四人 茶房衣房 軍士各十五人 靑衣: 국왕을 위해 여 러 업무에 종사하던 근시직近侍職 가운데 하나로 다방茶房이 있었듯이 (2-8-2-2), 72쪽) 왕태자에게도 동일한 명칭의 직위가 있었던 것 같으며, 의방衣房도 그같은 기구의 하나로서 왕태자의 복식을 담당하지 않았을

까 싶다.

-2)-(14) 後擁馬二匹 控軍士十四人 立角寶祥花大袖衣假銀帶 : 5-2-1-3)-(19),
150쪽 참조.

-2)-(15) 玄武隊 領將校四人 軍士一百人 分左右 衣服並如先排隊 : 5-2-1-3)-
(23), 152쪽 참조.

6-8. 백관 의종百官儀從

原文 6-8-1. 百官儀從 顯宗十四年六月式目都監奏定 詹事府丞給從三人 司
直以下錄事以上各給從二人

6-8-1. 백관百官 의종儀從.[1] 현종 14년 6월에 식목도감式目都監에서 아뢰
어, 첨사부詹事府의 승丞에게는 의종(시종侍從) 3인을 지급하고, 사직司直
이하 녹사錄事 이상에게는 의종 2인을 각각 지급하도록 정하였다.[2]

註 解 6-8-1-

-1) 百官 儀從 : 고려 때에는 중외(중앙과 지방)의 관원들에게 직위에 따라
차등을 두어 사령使令이나 호종扈從을 맡을 종자從者를 지급하였다. 중
앙의 경우 그들을 의종儀從이라 하고 지방의 경우는 이어지는 항목에
나오듯이 아종衙從이라 하여 구분하고 있는데, 직위상으로는 구사丘史
(구사驅史) 등과 같이 잡류雜類에 해당하는 부류로서 이른바 관급잡류官
給雜類가[1] 바로 그들이었다.

① 洪承基, 「高麗時代의 雜類」 『역사학보』 57, 1973 ; 『高麗社會史研究』,
일조각, 2001.

-2) 顯宗十四年六月 式目都監奏定 詹事府丞給從三人 司直以下錄事以上各
給從二人 : 현종 14년(1023)에 이르러 법제法制 제정의 최고기관이던 식
목도감式目都監에서[1] 아뢰어 태자와 관련된 업무를 관장하던 기구인

첨사부詹事府의 관원들에 대한 의종儀從 숫자를 정하고 있다. 즉 그곳
의 정6품인 승丞은 3인, 정7품인 사직司直 이하 정9품인 녹사錄事 이상
자에게는[②] 2인의 의종을 지급토록 하고 있는 것이다.

① 『고려사』 권77, 백관지 2 諸司都監各色 式目都監·邊太燮, 「高麗의 式
   目都監」 『역사교육』 15, 1973.

② 『고려사』 권77, 백관지 2 東宮官·박용운, 『고려사 백관지 역주』 東宮
   官, 신서원, 2009.

原文 6-8-2. 獻宗元年九月詔 自今宰相樞密隨駕者 許令張傘 以爲恒式

6-8-2. 헌종 원년 9월에 조詔하여, 지금부터 재상과 추밀樞密로서 어가御
駕를 수종隨從하는 사람들에게 일산日傘의 사용을 허용하고 그것을 항구
적인 법으로 삼도록 하였다.[1]

註 解 6-8-2-

-1) 獻宗元年九月詔 自今宰相樞密隨駕者 許令張傘 以爲恒式 : 헌종 원년
    (1095) 9월에 조서詔書로서 국왕을 수종隨從하는 재상·추밀들에게 일산
    日傘의 사용을 허용하고 그것을 이후 줄곧 지켜갈 법으로 삼도록 조처
    하고 있다. 이곳의 「재상宰相·추밀樞密」은 정확하게는 「재신宰臣·추밀樞
    密」을 일컫는 것으로 전자는 중서문하성中書門下省의 종2품 이상관(문하
    시중門下侍中·여러 평장사諸平章事·참지정사叅知政事·정당문학政堂文學·지문하성사
    知門下省事)을 말하고, 후자는 추밀원樞密院의 종2품관(판추밀원사判樞密院
    事·추밀원사樞密院使·지추밀원사知樞密院事·동지추밀원사同知樞密院事, 뒤에는 정3
    품의 부사副使·직학사直學士·첨서원사簽書院事 포함)을 지칭하는 용어로, 고려
    의 정무를 관장하는 최고위직 재상宰相들이었다.[①]

    ① 『고려사』 권76, 백관지 1 門下府·密直司.

       邊太燮, 「고려의 中書門下省에 대하여」 『역사교육』 10, 1967 ; 『고려

정치제도사연구』, 일조각, 1971.

朴龍雲, 『고려시대 中書門下省宰臣 연구』, 일지사, 2000.

邊太燮, 「高麗의 中樞院」『진단학보』41, 1976.

朴龍雲, 『高麗時代 中樞院 硏究』, 고려대 민족문화연구원, 2001.

原文 6-8-3. 明宗二十年判 守太師太傅太保各丘史二十二 守太尉守司徒司空十六 公侯二十 伯子男十四 中書令門下侍中二十二 門下中書侍郎平章事二十 叅知政事十六 知省事政堂文學十五 左右常侍十 直門下給事中左右諫(諫)議八 起居注起居舍人左右司諫六 左右正言五 尙書令二十二 左右僕射十四 知省事八 左右丞七 左右司郎中六 左右司員外郎五 樞密院事十六 使十五 知院事同知院事十四 副使十三 密直學士十 知奏事九 承宣八 六尙書官判事十五 六尙書上將軍十 殿中監近仗諸衛大將軍卿監祭酒八 六尙書官知部事八 近仗諸衛將軍諸曹侍郎七 近仗諸衛中郎將諸曹郎中六 近仗諸衛郎將諸員外郎五 三司判事十五 使知司事八 副使六 判官五 御史臺判臺事十二 大夫十 知臺事八 中丞七 雜端侍御史殿中侍御史六 監察御史五 秘書殿中禮賓衛尉司宰太僕太府少府將作國子判事九 少卿少監司業六 秘書殿中丞五 內給事國子博士四 翰林院判院事十 學士承旨八 翰林學士七 侍講侍讀六 史館監修國史十五 修國史十三 修撰官六 軍器大醫監判事八 監七 少監六 閤門判事八 引進使知閤門事七 使六 副使通事舍人五 祇候四 詹事府詹事八 少詹事六 尙食尙衣尙舍尙乘尙藥知局事六 大史局判事七 知局事五 令四 司天臺判事八 監七 少監五 四官正四 諸陵大廟令四 以下叅外六品及近仗諸衛別將東南班七品員三 近仗諸衛散員及東班八九品員二 諸權務官甲科使同科副使四 乙丙科使四 同科副使三 泰定棣通門靜德康安殿侍衛將軍三 直翰林史館錄事判官留院校監以上有祿諸權務二 以下諸權務員一 兩班致仕員尙書中書令門下侍中侍郎平章事各丘史五 此外宰臣樞密院員及守三公以上四 僕射六尙書上將軍三 大將軍卿監二 判寶文閣學士七 直學士六 待制五 直閣四 此皆兼官減半定付

6-8-3. 명종 20년에 판判하였다.[1]

2)-(1) 수태사守太師·태부太傅·태보太保에게는 각각 구사丘史 22인씩을, 수태위守太尉·수사도守司徒·사공司空에게는 16인씩을 지급한다.

2)-(2) 공公·후侯에게는 20인씩을, 백伯·자子·남男에게는 14인씩을 지급한다.

2)-(3) 중서령中書令·문하시중門下侍中에게는 22인, 문하門下·중서시랑평장사中書侍郎平章事에게는 20인, 참지정사參知政事에게는 16인, 지성사知省事·정당문학政堂文學에게는 15인씩을 지급하고, 좌우상시左右常侍에게는 10인, 직문하直門下·급사중給事中·좌우간의左右諫議에게는 8인, 기거주起居注·기거사인起居舍人·좌우사간左右司諫에게는 6인, 좌우정언左右正言에게는 5인을 지급한다.

2)-(4) 상서령尙書令에게는 22인, 좌우복야左右僕射에게는 14인, 지성사知省事에게는 8인, 좌우승左右丞에게는 7인, 좌우사낭중左右司郎中에게는 6인, 좌우사원외랑左右司員外郎에게는 5인을 지급한다.

2)-(5) 추밀원사樞密院事에게는 16인, 사使 15인, 지원사知院事·동지원사同知院事 14인, 부사副使 13인, 밀직학사密直學士에게는 10인을 지급하고, 지주사知奏事 9인, 승선承宣에게는 8인을 지급한다.

2)-(6) 6상서관六尙書官의 판사判事에게는 15인, 6상서六尙書와 상장군上將軍에게는 10인, 전중감殿中監과 근장近仗·제위諸衛의 대장군大將軍 (및) 경卿·감監·제주祭酒에게는 8인, 6상서관六尙書官의 지부사知部事 8인, 근장近仗·제위諸衛의 장군將軍과 제조시랑諸曹侍郎에게는 7인, 근장近仗·제위諸衛의 중랑장中郎將과 제조낭중諸曹郎中에게는 6인, 근장近仗·제위諸衛의 낭장郎將과 제(조)諸(曹)의 원외랑員外郎에게는 5인을 지급한다.

2)-(7) 삼사 판사三司判事에게는 15인, 사使·지사사知司事에게는 8인, 부사副使에게는 6인, 판관判官에게는 5인을 지급한다.

2)-(8) 어사대御史臺의 판대사判臺事에게는 12인, 대부大夫 10인, 지대사知

臺事 8인, 중승中丞 7인, 잡단雜端·시어사侍御史·전중시어사殿中侍御史 6인, 감찰어사監察御史에게는 5인을 지급한다.

2)-(9) 비서秘書·전중殿中·예빈禮賓·위위衛尉·사재司宰·태복太僕·태부太府·소부少府·장작將作·국자國子의 판사判事에게 9인씩을 지급하고, 소경少卿·소감少監·사업司業에게는 6인, 비서秘書·전중殿中의 승丞에게는 5인, 내급사內給事와 국자박사國子博士에게는 4인씩을 지급한다.

2)-(10) 한림원 판원사翰林院判院事에게는 10인, 학사승지學士承旨 8인, 한림학사翰林學士 7인, 시강侍講·시독侍讀에게는 6인을 지급한다.

2)-(11) 사관史館 감수국사監修國史에게 15인, 수국사修國史 13인, 수찬관修撰官에게는 6인을 지급한다.

2)-(12) 군기軍器·태의감大醫監의 판사判事에게는 8인, 감監에게는 7인, 소감少監에게는 6인을 지급한다.

2)-(13) 각문閣門의 판사判事에게는 8인, 인진사引進使·지각문사知閣門事 7인, 사使 6인, 부사副使·통사사인通事舍人 5인, 지후祗候에게는 4인을 지급한다.

2-(14) 첨사부詹事府의 첨사詹事에게는 8인, 소첨사少詹事에게는 6인을 지급한다.

2)-(15) 상식尙食·상의尙衣·상사尙舍·상승尙乘·상약尙藥의 지국사知局事에게는 6인을 지급한다.

2)-(16) 태사국大史局의 판사判事에게는 7인, 지국사知局事 5인, 영令에게 4인을 지급한다.

2)-(17) 사천대司天臺의 판사判事에게는 8인, 감監 7인, 소감少監 5인, 4관정四官正에게는 4인을 지급한다.

2)-(18) 제릉諸陵·태묘大廟의 영令에게는 4인씩을 지급하며, 이하의 참외叅外 6품六品 및 근장近仗·제위諸衛의 별장別將과 동東·남반南班 7품원七品員에게는 3인씩을 지급하고, 근장近仗·제위諸衛의 산원散員 및 동반東班 8·9품원品員에게는 2인씩을 지급한다.

2)-(19) 여러 권무관權務官 가운데에 갑과甲科의 사使와, 같은 과科의 부사副使에게는 4인을 지급하고, 을乙·병과丙科의 사使에게도 4인, 같은 과科의 부사副使에게는 3인을 지급하다.

2)-(20) 태정泰定·체통문棣通門과 정덕靜德·강안전康安殿의 시위장군侍衛將軍에게는 3인을 지급하고, 직한림直翰林·직사관直史館과 녹사錄事·판관判官, 유원留院의 교감校監(勘?) 이상으로 녹祿을 받는 여러 권무權務에게는 2인을 지급하며, 이하의 여러 권무원權務員에게는 1인을 지급한다.

2)-(21) 양반兩班의 치사致仕한 관원 중 상서尙書·중서령中書令과 문하시중門下侍中·시랑평장사侍郞平章事에게는 각각 구사丘史 5인씩을 지급하고, 이이외의 재신宰臣과 추밀원樞密院의 관원 및 수삼공守三公 이상에게는 4인, 복야僕射와 6상서六尙書·상장군上將軍에게는 3인, 대장군大將軍과 경卿·감監에게는 2인씩을 지급한다.

2)-(22) 판보문각학사判寶文閣學士에게는 7인을 지급하고, 직학사直學士 6인, 대제待制 5인, 직각直閣에게는 4인을 지급하는데, 이들은 모두 겸관兼官이므로 절반으로 줄여 정한 것이다.

註 解 6-8-3-

-1) 明宗二十年 判 : 명종 20년(1190)이라면 무신정권武臣政權의 성립기로서 정치를 비롯한 여러 방면이 매우 혼란한 시기였다. 그러므로 이번의 백관들에 대한 구사수丘史數(6-8-1-1), 248쪽)의 제정은 새로운 것이라기보다 지금까지의 제도를 정리하는 수준의 조처였으리라 짐작된다. 그 내용은 대체적으로 관서별官署別·직급별職級別로 나누어 기술되고 있거니와 그에 따라 몇몇 부분으로 구분하여 아래에 차례차례 설명하기로 한다.

-2)-(1) 守太師太傅太保各丘史二十二 守太尉守司徒司空十六 : 3사三師(태사太師·태부太傅·태보太保)·3공三公(태위太尉·사도司徒·사공司空)으로, 특히 전자는 천자(국왕)가 사범師範으로 삼을만하다는 의미에서 붙여진 그 호칭

에 잘 드러나듯이 최고로 존숭을 받는 직위로서 품계 역시 모두 정1
품이었다.[①] 그리하여 삼사의 경우 지급받는 구사丘史도 22인으로서 가
장 많은 숫자를 보이고 있는데, 하지만 이들은 실무에 종사하지는 않
아 명예직의 성격이 강하였고 또 적임자가 없을 경우에는 임명하지
않고 비워두기가 일쑤인 직위였다.[②] 직위 앞에 '수守'자가 붙으면 정
직에는 조금 미치지 못한다는 의미를 나타낸다.

[①] 『고려사』 권76, 백관지 1 三師·三公 및 박용운, 『고려사 백관지 역주』
  三師·三公, 신서원, 2009.

[②] 邊太燮, 「高麗宰相考 - 3省의 權力關係를 중심으로 - 」『역사학보』 35·
  36 합집, 1967 ; 『고려정치제도사연구』, 일조각, 1971.

-2)-(2) 公侯二十 伯子男十四 : 국가에 공로가 많아 공公·후侯·백伯·자子·남
  男 등의 작위爵位를 수여받은 사람들에게 구사 20인 내지 14인씩 지급
  토록 규정하고 있다. 이들의 품계에 대해서는 고려전기의 경우 공公이
  정2품~종2품, 후侯·백伯·자子가 정5품, 남男이 종5품으로 제정되었다가
  후기에는 무두 정1품으로 바뀌는 등 일정치가 않았다.[①]

[①] 『고려사』 권77, 백관지 2 異姓諸君 및 爵·박용운, 『고려사 백관지 역
  주』 異姓諸君 및 爵, 신서원, 2009.

-2)-(3) 中書令門下侍中二十二 門下中書侍郎平章事二十 叅知政事十六 知
  省事政堂文學十五 左右常侍十 直門下給事中左右諫(諫)議八 起居注起
  居舍人左右司諫六 左右正言五 : 고려 때의 최고 정무기관인 중서문하
  성中書門下省(문하부門下府)의 관원들에 대한 구사의 지급 규정이다. 이미
  밝혀져 있듯이 이 중서문하성은 상층부인 재부宰府와 하층부인 낭사郎
  舍의 이중 조직으로 구성되어 있었거니와, 위의 종1품관인 중서령中書
  令·문하시중門下侍中과 정2품인 문하시랑평장사門下侍郎平章事·중서시랑
  평장사中書侍郎平章事, 그리고 종2품인 참지정사叅知政事·정당문학政堂文學·
  지문하성사知門下省事가 재부를 구성하는 재신宰臣·재상宰相들로서 백규
  百揆 서무를 관장함과 동시에 국왕과 국정을 논의하는 위치에 있었으

며,① 그 아래의 정3품인 좌우상시常侍(산기상시散騎常侍)와 종3품인 직문

하直門下·정4품 좌우간의대부左右諫議大夫(사의대부司議大夫)·종4품 급사중

給事中·종5품인 기거주起居注와 기거사인起居舍人, 정6품 좌우사간左右司

諫(헌납獻納), 종6품 좌우정언左右正言(습유拾遺) 등이 낭사를 구성하는 간

관諫官들로서, 군주의 불가한 처사나 과오에 대하여 힘써 간언諫言하는

간쟁諫諍과 부당한 조칙詔勅을 봉환封還하여 박정駁正하는 봉박封駁, 관

원의 임명이나 법률을 새로 만들고 고칠 때 심사하는 서경署經 등을

통해 국정의 시행에 중요한 역할을 맡고 있었다.② 그들 가운데서도

중서령과 문하시중은 신료臣僚의 최고위직으로서 구사도 가장 많은 22

인을 지급받고 있는데, 그런 한편으로 중서령직만은 종친에게 명예직

으로 주어지거나 또는 고위 관원이 나이가 차서 관직에서 물러날 때

와 사망했을 때 등에 주어지는 치사직致仕職 혹은 증직贈職으로 이용되

는 경우가 대부분으로서 실무직이 되지는 못하였다.③

① 『고려사』 권76, 백관지 1 門下府·判門下 등.

　　邊太燮, 「고려의 中書門下省에 대하여」 『역사교육』 10, 1967 ; 『고려

　　　　정치제도사연구』, 일조각, 1971.

　　邊太燮, 「高麗宰相考 - 3省의 權力關係를 중심으로 - 」 『역사학보』 35·

　　　　36 합집, 1967 ; 『고려정치제도사연구』, 일조각, 1971.

　　朴龍雲, 『고려시대 中書門下省宰臣 연구』, 일지사, 2000.

② 朴龍雲, 『高麗時代 臺諫制度 研究』, 일지사, 1980.

③ 邊太燮, 위의 두 논문.

-2)-(4) 尙書令二十二 左右僕射十四 知省事八 左右丞七 左右司郞中六 左

右司員外郞五 : 행정의 실무를 담당한 집행기구이던 상서성尙書省 관원

들에 대한 구사의 지급 규정이다. 이 상서성도 상층부인 상서도성尙書

都省과 하층부인 상서6부尙書六部의 이중 조직으로 구성되어 있었는데,

이 자리에서는 전자에 관한 내용만 기술하고 있다. 즉 그곳의 종1품인

상서령尙書令이 22인을 받도록 된 것을 비롯하여 정2품인 좌우복야左右

僕射에게는 14인, 종2품인 지도성사知都省事에게 8인, 종3품인 좌우승左右丞 7인, 정5품 좌우사낭중左右司郎中 6인, 정6품 좌우사원외랑에게는 5인을 지급토록 하고 있는 것이다.[1] 이 기구의 최고직인 상서령은 중서령·문하시중과 같이 종1품으로서 구사수도 동일하게 22인을 지급받고 있음이 주목되는데, 그럼에도 그 역시 중서령과 유사하게 종실에게 수여한 형식적인 명예직의 구실을 하는 경우가 많았다. 이와도 관련하여 상서도성 자체가 국가 행사의 주관과 공문의 발송을 맡고 있는 등의 사실이 많은 것으로 미루어 정무를 처리하는데 발언권이 큰 권력기구가 되지 못하고 있지 않았나 짐작되고 있다. 중서문하성의 정2품 관인 평장사平章事가 구사 20인을 받고 있는데 비해 동일한 정2품인 이곳의 복야僕射는 14인에 그치고 있지마는, 그것은 중서문하성의 종2품관 보다도 1~2인이 적은 숫자로서 이러한 결과의 원인도 두 기구 사이의 권력관계에서 찾고 있기도 하다.[2] 상서성의 하층조직인 상서6부는 조금 뒤에 기술되고 있다.

① 『고려사』권76, 백관지 1 尙書省·박용운, 『고려사 백관지 역주』尙書省, 신서원, 2009.

② 邊太燮, 「高麗宰相考 −3省의 權力關係를 중심으로−」『역사학보』35·36 합집, 1967 ; 『고려정치제도사연구』, 일조각, 1971.

-2)-(5) 樞密院事十六　使十五　知院事同知院事十四　副使十三　密直學士十 知奏事九　承宣八 : 위의 (3)항에서 소개한 중서문하성과 어깨를 견줄 수 있을만큼 중요한 위치에 있던 추밀원樞密院(중추원中樞院·밀직사密直司) 의 관원에 대한 구사의 지급 규정이다. 이 추밀원도 상하 이중으로 조직되어 위의 추밀원사樞密院事(정식으로는 판추밀원사判樞密院事)와 사使(원사院使·추밀원사樞密院使)·지원사知院事·동지원사同知院事(이상 모두 종2품)와 부사副使(추밀부사樞密副使)·밀직학사密直學士(이상 정3품)가 추밀樞密·재상宰相으로서 상층부인 추부樞府를 형성하여 중서문하성의 재부宰府와 함께 양부兩府로 불리면서 군기軍機의 정사政事와 더불어 재상으로서의 역할

을 수행하였다. 그 아래의 지주사知奏事(정3품)와 승선承宣(정3품)은 각기
지주사방知奏事房과 승선방承宣房을 이루면서 왕명의 출납 등을 관장하
였지마는, 이들의 직임 역시 중요하기는 마찬가지였다.[①]

① 『고려사』 권76, 백관지 1 밀직사密直司.

　邊太燮, 「高麗의 中樞院」 『진단학보』 41, 1976.

　朴龍雲, 「高麗의 中樞院 硏究」 『한국사연구』 12, 1976 ; 『高麗時代 中
　　樞院 硏究』, 고려대 민족문화연구원, 2001.

-2)-(6) 六尙書官判事十五 六尙書上將軍十 殿中監近仗諸衛大將軍卿監祭酒
八 六尙書官知部事八 近仗諸衛將軍諸曹侍郎七 近仗諸衛中郎將諸曹郎
中六 近仗諸衛郎將諸曹外郎五 : 위에서 지적을 했고 또 실례로도 확인
되듯이 백관 의종儀從의 서술은 각 관서별로 나누어 한 관서씩에다가
직급의 상하에 따라 기술하는 형식을 취하고 있는데, 이곳은 그와 달
리 몇 관서를 합쳐 직급별로 서술하여 얼마간의 복잡성을 띠고 있다.
이제 그 내용을 보면 앞의 (4)항에서 언급한 상서성의 하층조직인 상
서6부尙書六部가 한 부류로 들어있고, 경군京軍인 근장近仗(2군軍)·제위諸
衛(6위衛)가 다른 또 한 부류를 이루고 있으며, 거기에 제시諸寺 가운데
전중감殿中監과 관서가 밝혀지지 않은 경卿·감監 및 제주祭酒가 특별히
포함되어 있는 것이다.

　다음에 그것들을 관서별·직급별로 정리하면, 먼저 상서6부의 경우 6
상서관六尙書官 판사判事－6상서六尙書(정3품)－6상서관六尙書官 지부사知部
事－제조諸曹(이부吏部·이조吏曹, 병부兵部·병조兵曹, 호부戶部·호조戶曹, 형부刑
部·형조刑曹, 예부禮部·예조禮曹, 공부工部·공조工曹) 시랑侍郎(정4품)－제조 낭
중郎中(정5품)－제조 원외랑員外郎(정6품)이 해당된다(『고려사』 권76, 백관지 1
이조吏曹~공조工曹). 이들 가운데 6상서관 판사는 정3품 상서尙書의 윗 자
리로 설치되는 6부판사六部判事(판상서이부사判尙書吏部事·판상서병부사·판상
서호부사·판상서형부사·판상서예부사·판상서공부사)로 생각된다. 그런데 이들
은 일반적으로 중서문하성의 재신宰臣들이 겸임하게 되어 있었던만큼[①]

이미 재신으로써 22인~15인의 구사를 지급받은 데다가(위의 (3)항) 이곳 규정은 판사를 겸임하는데 따라 추가로 15인을 더 지급한다는 뜻에서 마련한 것인 듯하다. 다음 6상서관 지부사知部事도 상서의 바로 아래 직위로서 타관他官이 겸임하도록 되어 있었으므로(위와 같음) 그 역시 본직에 따른 구사와 함께 지이부사知吏部事 등을 겸임하는데 따라 8인 의 구사를 더 받았을 것 같다.

두 번째 부류인 경군京軍에 해당하는 것으로는, 상장군上將軍(정3품) – 근장近仗(2군 ; 응양군鷹揚軍·용호군龍虎軍)·제위諸衛(6위 ; 좌우위左右衛·신호위 神虎衛·흥위위興威衛·금오위金吾衛·천우위千牛衛·감문위監門衛)의 대장군大將軍(종 3품) – 근장·제위의 장군(정4품) – 근장·제위의 중랑장中郎將(정5품) – 근장· 제위의 낭장郎將(정6품)(『고려사』 권77, 백관지 2 서반西班)이 언급되고 있다. 고려 때의 중앙군인 경군은 이처럼 국왕의 친위대인 2군(근장)과 전투 부대인 6위로 편제되어 있었거니와, 이들 부대의 최고 지휘관인 상장 군으로부터 낭장에 이르는 장교들에게[2] 직급에 따라 구사를 지급하고 있는 것이다.

세 번째 부류는 「殿中監·近仗諸衛大將軍·卿監祭酒八」이라고 한 부 분인데, 이 기사는 좀 잘못된 것임을 쉽게 알 수 있다. 「근장·제위의 대장군」은 위에서 설명한 바와 같지마는, 원래는 이처럼 기구가 먼저 언급되고 거기에 이어서 관직이 나오게 마련인데 「전중감·근장제위대 장군·경감제주」는 그렇지가 않은 것이다. '전중감殿中監'의 경우 '전중 성殿中省의 감監'(종3품)이라고 해석하면(『고려사』 권76, 백관지 1 종부시宗簿 寺) 그런대로 납득이 되지 않는 것은 아니지만, 「경감제주卿監祭酒」의 경우는 기구의 명칭이 나와 있지 않은 것이다.

전중감과 경·감은 제시諸寺와 관련된 칭호들이고 제주祭酒는 국자감國 子監의 관직명인데, 이 자리에는 경·감·제주라는 각 기구의 직명職名 하나씩만을 기술하고 그 위와 아래의 직위가 전혀 언급되지 않고 있 는 점도 미심쩍은 부분이다. 오히려 조금 뒤의 (9)항에 보면 「秘書·殿

中·禮賓·衛尉·司宰·太僕·太府·少府·將作·國子判事九」등 제시諸寺·국
자감國子監의 판사判事가 나오고 이어서 「少卿·少監·司業六」으로 연결
되고 있다. 「전중감… 경·감·사업」은 바로 이들 '판사'와 '소경·소감·
사업' 사이에 들어갈 내용인 것이다. 만약에 「근장·제위 대장군」과 직
급을 맞추기 위한 것이었다면(전중성의 감 등 제시諸寺의 감이나 경, 그리고
국자제주는 모두 종3품임) 「전중감… 경·감·제주」에도 (9)항에서 언급된
제시諸寺·국자감國子監이 들어졌어야 했을 것이다.

① 邊太燮, 「高麗宰相考－3省의 權力關係를 중심으로－」『역사학보』35·
　　36 합집, 1967 ;『고려정치제도사연구』, 일조각, 1971.
　　朴龍雲, 「高麗時代의 6部判事制에 대한 考察」『고려시대연구』 Ⅱ,
　　2000 ;『高麗時代 尙書省 硏究』, 경인문화사, 2000.
② 李基白, 「高麗 京軍考」『李丙燾華甲紀念論叢』, 1956 ;『高麗兵制史硏
　　究』, 일조각, 1968.

-2)-(7) 三司判事十五 使知司事八 副使六 判官五 : 삼사三司는 「중외中外 전
곡錢穀의 출납을 회계하는 사무를 총괄한」 관부인데(『고려사』 권76, 백관
지 1 삼사三司), 그의 가장 윗 직위인 삼사판사三司判事는 재신宰臣이 겸임
하게 되어 있었으므로 그에게 지급하는 구사 15인은 재신으로써 받는
이외에 추가로 지급되는 숫자였으리라 짐작된다. 그 아래의 직위들인
삼사사三司使(정3품)와 지삼사사知三司事(종4품)에게는 8인, 삼사부사三司副
使(종4품)에게는 6인, 판관判官에게는 5인을 지급하는 등 직급에 따라
차등을 두고 있다.

① 邊太燮, 「高麗의 三司」『역사교육』17, 1975.

-2)-(8) 御史臺判臺事十二 大夫十 知臺事八 中丞七 雜端侍御史殿中侍御史
六 監察御史五 : 어사대御史臺(사헌부司憲府·감찰사監察司)는 시정時政의 논
집論執과 풍속의 교정 및 백관에 대한 규찰糾察 탄핵과 서경署經의 행사
등을 담당한 감찰기구이다. 이곳의 관원인 판어사대사判御史臺事(정3품)
에게 구사 12인을 지급하고, 이하 어사대부御史大夫(정3품)에게 10인, 지

어사대사知御史臺事(종4품) 8인, 어사중승御史中丞(종4품) 7인, 잡단雜端(종5 품)·시어사侍御史(종5품)·전중시어사殿中侍御史(정6품) 6인, 감찰어사監察御 史(종6품)에게도 각각 5인씩을 지급하도록 규정하고 있다.[1]

[1] 『고려사』권76, 백관지 1 사헌부司憲府.

朴龍雲, 『高麗時代 臺諫制度 硏究』, 일지사, 1980.

宋春永, 「高麗 御史臺에 관한 一硏究」 『大丘史學』 3, 1971.

-2)-(9) 秘書·殿中·禮賓·衛尉·司宰·太僕·太府·少府·將作·國子判事九 少 卿·少監·司業六 秘書·殿中丞五 內給事·國子博士四 : 앞의 (6)항에서 전중성殿中省(종부시宗簿寺)의 감監(종3품)과 더불어 비서성秘書省(전교시典校 寺)의 감·예빈성禮賓省(예빈시禮賓寺)의 경卿·위위시衛尉寺의 경·사재시司宰 寺의 경·태복시太僕寺(사복시司僕寺)의 경·태부시太府寺(내부시內府寺)의 경· 소부시少府寺(소부감少府監)의 감·장작감將作監(선공시繕工寺)의 감(이상의 감· 경은 모두 종3품), 그리고 국자감國子監의 제주祭酒(종3품)에 대해서 언급한 바 있거니와, 이 자리에는 바로 그들 윗 직위인 판사判事(정3품)에게 구 사 9인씩을 지급한다는 것에 이어서 바로 아래 직위인 각 소경少卿·소 감少監(종4품)과 국자감 사업司業(종4품)에게 6인씩을 지급한다고 규정하 고 있다. 다음에 특별히 비서승秘書丞(종5품)과 전중승殿中丞(종5품)에게는 5인씩, 전중내급사殿中內給事(종6품)와 국자박사國子博士(정7품)에게도 4인 씩을 지급한다고 덧붙이고 있다. 국자감(성균관)은 다 아는대로 교육기 관이고, 비서성(전교시)은 「경적經籍과 축소祝疏」를, 전중성(종부시)은 「왕 실 족속族屬의 보첩譜牒을 관장」했다는 등의 제시諸寺 업무와 그곳의 성 원들에 대해 전교시조典校寺條(『고려사』권76, 백관지 1) 이하에 차례로 기 술되어 있다.

-2)-(10) 翰林院判院事十 學士承旨八 翰林學士七 侍講侍讀六 : 국왕의 말 씀과 명령인 사명詞命을 대신 짓는(제찬制撰하는) 일을 관장한 한림원翰林 院(예문관藝文館)의 관원들에 대한 구사의 지급 규정이다. 즉, 재신宰臣이 겸임하는 판한림원사判翰林院事에게 10인을 지급하는 것을 비롯하여 한

림학사승지翰林學士承旨(정3품) 8인, 한림학사翰林學士(정3품) 7인, 한림시
강학사翰林侍講學士·시독학사侍讀學士(모두 정4품)에게 각각 6인씩을 지급
토록 정하고 있는 것이다.[①]

① 『고려사』 권76, 백관지 1 예문관藝文館(한림원翰林院).

崔濟淑, 「高麗 翰林院考」 『韓國史論叢』 4, 1981.

邊太燮, 「高麗의 文翰官」 『金哲埈華甲紀念 史學論叢』, 지식산업사, 1983.

-2)-(11) 史館監修國史十五 修國史十三 修撰官六 : 시정時政에 대한 기록을
관장하는 기구인 사관史館(춘추관春秋館) 관원들에 대한 구사의 지급 규
정이다. 한데 『고려사』 권76, 백관지 1 춘추관조春秋館條에 감수국사監
修國史나 수국사修國史·수찬관修撰官을 맡은 관원들의 직급이 논급되고
는 있으나, 실제로는 그와 달리 감수국사와 수국사는 재상중에서, 수
찬관은 6부의 상서(정3품)·시랑(정4품) 등이 겸임한다는 연구가 있어[①]
주의가 필요하다.

① 鄭求福, 「高麗朝 史館과 史官의 史論」 『제3회 精文硏國際會議論文集』,
1984 ; 『韓國中世史學史(Ⅰ)』, 집문당, 1999.

-2)-(12) 軍器大醫監判事八 監七 少監六 : 병기兵器의 영조營造를 관장한 군
기감軍器監(군기시軍器寺)과 의약과 치료의 일을 관장하는 태의감大醫監(전
의시典醫寺) 관원의 구사 지급수를 따로이 규정하고 있다. 즉 두 기구의
판사判事(정3품)에게는 8인을, 감監(정4품)에게는 7인, 소감少監(종5품)에게
는 6인을 지급토록 정하고 있는 것이다『고려사』 권76, 백관지 1 軍器寺·典
醫寺).

-2)-(13) 閤門判事八 引進使知閤門事七 使六 副使通事舍人五 祗候四 : 조
회朝會의 의례儀禮를 관장하던 기구인 각문閤門(통례문通禮門)의 관원들에
대한 구사의 지급 규정으로, 판각문사判閤門事(정3품)에게는 8인, 각문인
진사閤門引進使(정5품)·지각문사知閤門事(겸관兼官) 7인, 각문사閤門使(정5품)
6인, 각문부사閤門副使(정6품)·각문통사사인閤門通事舍人 5인, 각문지후閤
門祗候에게는 4인을 지급하도록 정하고 있다『고려사』 권76, 백관지 1 통례

문通禮門).

-2)-(14) 詹事府詹事八 少詹事六 : 앞서 첨사부詹事府의 승丞(정6품)과 사직司
直(정7품) 이하의 관원들에 대한 의종儀從의 지급에 대해 소개한 일이
있지마는(6-8-1-2), 248쪽), 이 자리에서는 이들의 상위직인 첨사詹事(정3
품)에게 8인, 소첨사少詹事(종3품)에게 6인의 구사를 지급토록 정하고 있
다『고려사』 권77, 백관지 2 東宮官).

-2)-(15) 尙食·尙衣·尙舍·尙乘·尙藥知局事六 : 선수膳羞(육류를 위시한 반찬)
의 공급에 관한 일을 관장한 상식국尙食局(사선서司膳署), 어의御衣(임금이
입는 옷)의 공급을 관장한 상의국尙衣局(장복서掌服署), 포설鋪設(왕이 임시로
머물 막사, 좌석 등을 설치하는 것)에 관한 일을 관장한 상사국尙舍局(사설서司
設署), 궐내의 말을 비롯한 동물, 탈 것들을 관장한 상승국尙乘局(봉거서
奉車署), 어약御藥(왕이 먹는 약)을 관장한 상약국尙藥局(봉의서奉醫署) 등의
관원인 지국사知局事(품계는 미상)에게[1] 구사 6인씩을 지급한다는 규정
이다.

　　[1]『고려사』 권77, 백관지 2 사선서 이하·박용운,『고려사 백관지 역주』
　　　사선서 이하, 신서원, 2009.

-2)-(16) 大史局判事七 知局事五 令四 : 태사국大史局은 천문天文·기상氣象과
역수曆數·각루刻漏 등을 담당한 기구로, 그곳의 판태사국사判大史局事에
게는 구사를 7인, 지태사국사知大史局事에게는 5인, 태사령大史令(종5품)
에게는[1] 4인을 지급하도록 규정하고 있다.

　　[1]『고려사』 권76, 백관지 1 書雲觀·박용운,『고려사 백관지 역주』書雲
　　　觀, 신서원, 2009.

-2)-(17) 司天臺判事八 監七 少監五 四官正四 : 사천대司天臺(태복감太卜監)
역시 천문 관측과 복서卜筮 등을 담당하던 기구로서, 그곳의 판사判事
(정3품)에게는 구사 8인을, 사천감司天監(종3품) 7인, 사천소감司天少監(종4
품) 5인, 4관정(춘관정春官正·하관정夏官正·추관정秋官正·동관정冬官正)(종5품)에
게는[1] 4인을 지급하도록 규정하고 있다.

① 『고려사』권76, 백관지 1 書雲觀·박용운, 『고려사 백관지 역주』書雲觀, 신서원, 2009.

-2)-(18) 諸陵大廟令四 以下參外六品及近仗諸衛別將東南班七品員三 近仗諸衛散員及東班八九品員二 : 왕·왕비와 그에 준하는 위치에 있던 왕족의 능인 산릉山陵들, 즉 제릉諸陵의 수호守護를 담당한 기구가 제릉서諸陵署이며(『고려사』권77, 백관지 2 제릉서諸陵署), 태조를 비롯한 역대 왕들의 신주神主를 모시고 제사를 받들던 종묘宗廟, 즉 태묘太廟의 수위에 관한 업무를 관장하던 기구가 태묘서太廟署(침원서寢園署)인데(위의 책, 침원서寢園署),① 그곳의 책임자가 각각 종5품인 제릉령諸陵令과 태묘령大廟令이었다. 그리하여 이들에게 구사 4인씩을 지급하도록 정하고 있는 것이다.

이어서 6품관이면서도 참내參內에 들지 못하고 참외관參外官에 머물고 있는 관원(2-10-3-2), 80쪽)과② 근장近仗(2군)·제위諸衛(6위)(위의 (6)항)의 별장別將(정7품) 및 동반東班(문반文班)과 왕명의 전달, 전중殿中의 당직을 맡아보던 남반南班의③ 7품원七品員에게는 3인씩을 지급하며, 근장·제위의 산원散員(정8품)과 동반의 8·9품원에게는 2인씩을 지급하도록 규정하고 있다.

① 박용운, 『고려사 백관지 역주』침원서寢園署·제릉서諸陵署, 신서원, 2009.

② 朴龍雲, 「高麗時代의 文散階」『진단학보』52, 1981 ; 『高麗時代 官階·官職 研究』, 고려대 출판부, 1997.

③ 『고려사』권77, 백관지 2 掖庭局·박용운, 『고려사 백관지 역주』, 掖庭局, 신서원, 2009.

曺佐鎬, 「麗代南班考」『東國史學』5, 1957.

李丙燾, 「高麗南班考」『서울大 論文集, 人文·社會科學』12, 1966.

-2)-(19) 諸權務官 甲科使 同科副使四 乙丙科使四 同科副使三 : 고려에서는 수시로 발생하는 정직正職 소관 이외의 사무를 처리하기 위하여 권

무관權務官을 따로이 두었는데, 그들은 갑과甲科·을과乙科·병과丙科로 나뉘어져 있었다. 그리하여 이들의 갑과 사使와 부사副使에게는 구사 4인을 지급하고, 을과와 병과의 사使에게도 4인, 부사副使에게는 3인을 지급하도록 정하고 있다.[1]

① 金光洙,「高麗時代의 權務職」『한국사연구』30, 1980.

　　崔貞煥,「權務官祿을 통해 본 高麗時代의 權務職」『국사관논총』26, 1991 ;『고려정치제도와 녹봉제 연구』, 신서원, 2002.

　　李鎭漢,「高麗前期 權務職의 地位와 祿俸」『민족문화연구』20, 1997 ; 『고려시대 官職과 祿俸의 관계 연구』, 일지사, 1999.

-2)-(20) 泰定棣通門·靜德康安殿侍衛將軍三 直翰林史館錄事判官留院校監以上有祿諸權務二 以下諸權務員一 : 태정문泰定門(태초문泰初門)과 체통문棣通門(춘덕문春德門)은 궁궐 내의 문이고, 정덕전靜德殿(함원전含元殿)과 강안전康安殿(중광전重光殿)은 궐내의 전각들인데,[1] 이곳을 시위侍衛하는 장군(정4품)들에게 구사 3인씩을 지급하도록 정하고 있다. 아울러 앞의 (10)항에서 다룬 한림원의 하급 관원인 직한림直翰林(권무관)과 (11)항에서 다룬 사관史館의 직사관直史館(권무관), 그리고 녹사錄事·판관判官 및 궁궐 내에 설치한 문한文翰 기구의 하나인 유원留院(어서원御書院)의 교감校監(勘?)으로[2] 녹祿을 받는 위치에 있는 관리에게는 구사 2인씩을, 그렇지 못한 관리에게는 1인씩을 지급하도록 규정도 하고 있다. 그런데 정작 백관지의 한림翰林·사관조史館條에서 녹사는 눈에 띠나 판관의 존재가 찾아지지 않고, 또 유원 교감校監의 '감監'자도 '감勘자'의 잘못인 듯 싶어 약간의 문제가 된다. 권무관에 대해서는 바로 위의 항에서 다룬바 있다.

① 『고려사』권56, 지리지 1 王京開城府·박용운,「開京 定都와 시설」『고려시대 開京 연구』, 일지사, 1996, 26~33쪽.

② 『고려사』권76, 백관지 1 寶文閣·박용운,『고려사 백관지 역주』寶文閣, 신서원, 2009.

-2)-(21) 兩班致仕員 尙書中書令·門下侍中·侍郞平章事各丘史五 此外宰臣
樞密院員及守三公以上四 僕射·六尙書·上將軍三 大將軍·卿·監二 : 양
반兩班, 즉 동반東班(문반文班)·서반西班(무반武班)의 문신과 무신으로 고위
직에 재임하다가 나이 70세가 되는 해에 현직에서 물러나는 것을 치
사致仕라고 하는데, 그처럼 치사한 관원들에게도 현직에 있을 때 보다
는 훨씬 적은 숫자이지만 대우의 차원에서 구사를 지급해주는 규정을
마련하고 있다. 그 대상자로 열거된 직위들은 이미 위의 -2)-(1)~(6)항
에서 모두 언급된 것들로, 상서령·중서령·문하시중(이상 종1품)과 시랑
평장사(문하시랑평장사·중서시랑평장사, 정2품)에게는 5인씩, 이들 이외의
재신宰臣인 참지정사·정당문학·지문하성사(이상 종2품)와 추밀樞密(판추밀
원사判樞密院事·추밀원사樞密院使·지원사·동지원사 등)(이상 종2품) 및 수삼공守
三公(수태위·수사도·사공)과 그 이상자(수태사·태부·태보, 이상 정1품)에게는 4
인씩, 복야僕射(정2품)·6상서(정3품)·상장군(정3품)에게는 3인씩, 대장군
(종3품)과 제시諸寺의 경卿·감監(종3품)에게는 2인씩을 지급토록 정하고
있다.

-2)-(22) 判寶文閣學士七 直學士六 待制五 直閣四 此皆兼官 減半定付 : 보
문각寶文閣(처음에는 청연각淸燕(讌)閣은 궁궐 내에서 경서를 강론하고 귀
중 서화를 보관하기도 했던 기구로, 그곳의 관원인 판보문각학사判寶文
閣學士(종3품 대우)에게는 구사 7인을 지급하고, 직학사直學士(종4품 대우) 6
인, 대제待制(정5품) 5인, 직각直閣(종6품)에게는 4인을 지급하도록 정하
고 있다.[1] 한데 백관지의 조직을 보면 '판보문각학사'가 아니라 그냥
'보문각학사寶文閣學士'로 되어 있는데 이는 후자가 옳은 것으로 생각되
며, 한편으로 이들은 모두 겸관兼官이므로 구사의 지급수를 절반으로
줄였다는 부분도 눈길이 가는 대목이다.

①『고려사』 권76, 백관지 1 寶文閣·박용운,『고려사 백관지 역주』寶文
閣, 신서원, 2009.

原文 6-8-4. 恭讓王元年四月 禮儀司請 更定群臣儀從盖扇 有差 侍中十二人 省宰九人 密直八人 六部判書代言班主七人 上將判事六人 單三品五人 四品四人 五六品三人 叅外二人 捕盜巡綽官不在此限 又暑月只着紗帽 觸熱甚艱 自四月至八月 兩府用重簷靑色盖 六部判書代言班主通憲散騎以上 用單簷靑色盖 臺省用平簷皂盖 三品用圓扇 四品至六品用鶴翎扇 以上顯任官雨雪外 不許着高頂帽 文武官朝覲會同 禁用灰白色 事竟不行

6-8-4. 공양왕 원년 4월에 예의사禮儀司에서 청하여 군신群臣의 의종儀從과 개盖(일산 등의 가리개)·선扇(부채)의 (제도를) 다시 고쳐 정하였는데 차등이 있었다.

시중侍中은 12인, 성재省宰는 9인, 밀직密直은 8인, 6부판서六部判書·대언代言·반주班主는 7인, 상장上將·판사判事는 6인, 단3품單三品은 5인, 4품은 4인, 5·6품은 3인, 참외叅外는 2인이나 포도순작관捕盜巡綽官은 이 한도에 구애받지 않는다.[1]

또 더운 달(여름철)에 단지 사모紗帽만 쓰면 더워서 견디기가 심히 어려우므로 4월부터 8월까지 양부兩府는 겹 드림의 푸른색 일산(중첨청색개重簷靑色盖)을 쓰고, 6부판서六部判書·대언代言·반주班主·통헌通憲·산기散騎 이상은 홑 드림의 푸른색 일산(단첨청색개單簷靑色盖)을 쓰며, 대臺·성省은 드림이 펴진 검은 일산(평첨조개平簷皂盖)을 쓴다. 3품은 원선圓扇(둥근 부채)을 쓰고, 4품부터 6품까지는 학령선鶴翎扇(학의 깃으로 만든 부채)을 쓴다.

이상의 현임관顯任官은 비나 눈이 올 때 이외에는 고정모高頂帽의 착용을 허용하지 않으며, 문·무관이 조근朝覲(신하가 왕을 뵙는 것) 회동會同할 때는 회백색灰白色의 사용을 금하도록 하였으나, 그러나 결국 시행되지 못하였다.[2]

註 解 6-8-4-

-1) 恭讓王元年四月 禮儀司請 更定群臣儀從盖扇 有差 侍中十二人 省宰九

人 密直八人 六部判書代言班主七人 上將判事六人 單三品五人 四品四
人 五六品三人 叅外二人 捕盜巡綽官不在此限: 공양왕 원년(1389) 4월
에 이르러 예의사禮儀司가 중심이 되어 그 동안 시행되어 왔던 군신群
臣들에 대한 의종儀從 및 개盖(일산 등)·선扇(부채) 등의 제도를 재차 고치
려는 시도가 있었음을 알 수 있다. 하지만 그로부터 몇 년이 지나 고
려는 종언終焉을 고하거니와, 그 때문인 듯 새로운 제도가 끝내는 시행
되지 못하고 있다. 비록 그렇기는 해도 참조한다는 의미에서 시안의
내용을 의종儀從부터 살펴보면 다음과 같다.

시안 역시 직위의 고하에 따라 지급하는 의종의 수를 12인부터 2인
까지로 정하고 있지마는, 최고의 대우를 받는 시중侍中은 문하부門下府
(중서문하성中書門下省)의 문하시중門下侍中(종1품)을 말하고, 9인의 대우를
받는 성재省宰는 문하시중 이외 문하부의 재신宰臣〈정2품의 찬성사贊成事
(평장사平章事의 후신)들과 종2품의 문하평리門下評理(참지정사叅知政事의 후
신)·정당문학政堂文學·지문하부사知門下府事(지문하성사知門下省事의 후신)〉를 뜻
한다(6-8-3-2), 253쪽). 그리고 8인을 지급받는 밀직密直은 전기의 추밀樞
密로서 판밀직사사判密直司事·밀직사사密直司使·지밀직사사知密直司事·동지
밀직사사同知密直司事(이상 종2품), 밀직부사密直副使·첨서밀직사사簽書密直
司事·밀직제학密直提學(추밀직학사樞密直學士의 후신, 이상 정3품)(6-8-3-2)-(5), 256
쪽)을 지칭하는 것이고, 7인을 지급받는 6부판서六部判書(정3품)는 6부상
서六部尙書의 후신이며, 대언代言(정3품)은 승선承宣의 후신이고(6-8-3 -2)-(5),
256쪽), 반주班主는 경군京軍인 응양군鷹揚軍의 상장군上將軍(정3품)으로 군
부전서軍簿典書(군부관서軍簿判書 내지 병부상서兵部尙書)를 겸한 직위를 말한
다(2-10-7-4), 90쪽). 뒤이어 6인을 지급받는 상장上將은 곧 상장군이고
(6-8-3-2)-(6), 257쪽), 판사判事도 곧 제시諸寺의 판사(정3품)를 의미하는 것
으로(6-8-3-2)-(9), 260쪽) 생각되지마는, 5인을 지급받도록 된 단3품單三品
의 존재는 잘 알 수가 없다. 혹 3품관이긴 하되 아직 시직試職이나 섭
직攝職에 머문 관원들을[①] 뜻한 것은 아닌지 모르겠다.

단3품單三品 이하는 해당 직위를 지정하지 않고 이처럼 품계로 뭉뚱
구려서 4품은 4인, 5·6품은 3인, 대체적으로 7품 이하관인 참외參外
(6-8-3-2)-(18), 263쪽)는 2인으로 정하고 있는데, 포도순작관捕盜巡綽官만은
이같은 제한에 구애를 받지 않도록 예외를 두고 있다. 고려 후·말기에
도적을 잡고 난폭하게 구는 것을 금하는 일, 즉 치안의 유지를 위한
기구로 순군만호부巡軍萬戶府(사평순위부司平巡衛府)가 설치되고, 거기에
제조提調·판사判事와 함께 참상관參詳官·순위관巡衛官·평사관評事官 등을
두게 되지마는(『고려사』 권77, 백관지 2 巡軍萬戶府),② 포도순작관捕盜巡綽官
은 바로 이들을 말하는게 아닐까 생각된다.

① 박용운, 「고려시대의 관직-試·攝·借·權職에 대한 검토」『진단학보』
79, 1995 ;『高麗時代 官階·官職 硏究』, 고려대 출판부, 1997.

② 韓㳓劤, 「麗末鮮初 巡軍 硏究-麗初 巡檢制에서 起論하여 鮮初 義禁府
成立에까지 미침-」『진단학보』22, 1961.

-2) 又暑月 只着紗帽 觸熱甚艱 自四月至八月 兩府用重簷靑色盖 六部判書
代言班主通憲散騎以上 用單簷靑色盖 臺省用平簷皂盖 三品用圓扇 四
品至六品用鶴翎扇 以上顯任官雨雪外 不許着高頂帽 文武官朝覲會同
禁用灰白色 事竟不行 : 주로 여름철에 사용되는 개盖(일산)와 선扇(부채)
에 관한 규정인데, 역시 직위의 고하에 따라 차등을 두고 있다. 먼저
개盖(일산)의 경우 겹 드림의 푸른색 일산(중첨청색개重簷靑色盖)을 쓰는
양부兩府와 홑 드림의 푸른색 일산(단첨청색개單簷靑色盖)을 쓰는 6부판서
六部判書·대언代言·반주班主·통헌通憲·산기散騎 이상 및 드림이 펴진 검
은 일산(평첨조개平簷皂盖)을 쓰는 대臺·성省으로 세 구분을 하고 있다.
그리고 선扇(부채)의 경우는 원선圓扇(둥근 부채)을 쓰는 3품과 학령선鶴翎
扇(학의 깃으로 만든 부채)을 쓰는 4품~6품의 둘로 나누고 있다.

가장 상급의 일산을 쓰는 양부兩府는 재부宰府와 추부樞府로서 그 구
성원은 2품 이상관인 재신宰臣·추밀樞密들이므로(6-8-3-2)-(3)·(5), 254·256
쪽) 그같은 대우를 받고 있으며, 그 다음의 대우를 받는 관원들은 문산

計文散階 종2품인 통헌通憲(통헌대부通憲大夫)(『고려사』 권77, 백관지 2 문산계文 散階)이 들어 있긴 하지만 대체적으로는 정3품관들로 6부판서六部判書·대언代言·반주班主(위의 -1)항 참조)·산기散騎(산기상시散騎常侍)(6-8-3-2)-(3), 254쪽) 등이 대상자로 들어져 있다. 그리고 이들에게는 부채도 원선圓扇을 사용토록 규정하고 있는데, 규정에는 '3품'이라고 했지만 그 내용은 '3품 이상'으로서 양부의 재상들도 그에 해당되었을 것이다.

부채는 2분되어 그 아래의 4품~6품관들이 학령선鶴翎扇을 사용토록 하고 있다. 반면에 일산의 경우는 그같은 언급이 없이 드림이 펴진 검은 일산을 쓸 수 있는 대·성을 더 들어놓고 있는데, 대臺는 어사대御史臺(사헌부司憲府)로 여기에는 정3품인 판어사대사·어사대부를 비롯하여 종4품인 어사중승 이하 종6품인 감찰어사까지 다수의 관원들이 있었으며(6-8-3-2)-(8), 259쪽), 성省은 중서문하성 낭사郎舍로 정3품인 상사常侍(산기상시)를 비롯하여 종3품인 직문하直門下 이하 종6품인 정언正言까지 역시 다수의 관원들이 있었다(6-8-3-2)-(3), 254쪽). 품계상으로 보아 이들도 물론 학령선의 사용이 가능했겠는데, 그러면서도 특별히 이들에게는 일산의 사용마저도 허용하고 있는 것은 그들이 간쟁諫諍과 봉박封駁·서경署經·백관에 대한 감찰 등을 맡고 있는 청요직淸要職 가운데서도 중요직이었으므로 특혜를 베풀고 있는 것으로 생각된다. 낭사의 산기상시가 한 단계 위의 일산을 사용할 수 있도록 한 것으로 미루어 그와 동급인 어사대의 판어사대사와 어사대부에게도 동일한 대우가 베풀어졌으리라 짐작된다.

6-9. 외관 아종外官衙從

原文 6-9-1. 外官衙從 顯宗九年正月 定大小各官守令衙從 大都護府牧官使六 副使五 判官四 司錄法曹各三 醫文師各二 中都護府使副使判官法曹醫文師衙從並同大都護府 防禦鎭使知州府郡事官使五 副使四 判官法曹各三

縣令鎭將三 副將尉二

6-9-1. 외관外官의 아종衙從.[1] 현종 9년 정월에 대소 각 관아官衙 수령守令의 아종衙從을 정하였다.

　대도호부大都護府와 목牧의 관원官員인 사使는 6인, 부사副使 5인, 판관判官 4인, 사록司錄·법조法曹는 각각 3인, 의사醫師·문사文師는 각각 2인씩이다.

　중도호부中都護府의 사使·부사副使·판관判官·법조法曹·의사醫師·문사文師의 아종은- 모두 대도호부와 같다.

　방어진(사)防禦鎭(使)·지주부군(사)知州府郡(事)의 관원官員인 사使는 5인, 부사副使는 4인, 판관判官·법조法曹는 각각 3인씩이고, 현령縣令·진장鎭將 3인, (진)부장(鎭)副將·(현)위(縣)尉는 2인이다.[2]

註 解　6-9-1-

-1) 外官 衙從 : 6-8-1-1), 248쪽 참조.

-2) 顯宗九年正月 定大小各官守令衙從 大都護府牧官使六 副使五 判官四 司錄法曹各三 醫文師各二 中都護府使副使判官法曹醫文師衙從 並同大都護府 防禦鎭使知州府郡事官使五 副使四 判官法曹各三 縣令鎭將三 副將尉二 : 고려는 개국開國한 이후 지방 관제官制도 여러 차례에 걸쳐 점차 마련하여 가거니와, 현종 9년(1018)에 이르러 마침내 경京·도호부都護府·목牧과 주州·부府·군郡·현縣·진鎭으로 구성된 하층 조직까지 정비하게 됨으로써 일단락을 보게 된다.① 그에 따라 각급 관아官衙에 수령守令과② 그 속관屬官들도 설치하게 되는데 그와 함께 이들에게 주어지는 아종衙從의 규정도 마련하고 있음을 알 수 있다.

　이제 그 내용을 보면, 대도호부大都護府와 목牧의 수령인 사使(3품 이상)에게는 아종衙從 6인이 지급되고, 그 아래의 부사(4품 이상) 5인, 판관(6품 이상) 4인, 사록司錄(7품 이상)과 법조法曹(8품 이상)는 각각 3인, 의사醫師(9품)와 문사文師(9품)는(『고려사』 권77, 백관지 2 외직外職 대도호부大都護府·

제목諸牧) 2인씩 지급받도록 규정하고 있다. 그리고 중도호부中都護府의 판관과 법조 등은 품계가 동일하나 사使는 4품 이상, 부사는 5품 이상으로 대도호부의 그들에 비하여 조금 떨어지고 있지만(『고려사』 권77, 백관지 2 외직 중도호부中都護府) 아종의 지급 인원은 양자가 같도록 정하고 있다.

다음 이들보다 하급 조직인 방어진防禦鎭과 지주부군知州府郡의 경우 사使(5품 이상)는 5인, 부사(6품 이상)는 4인, 판관(7품)과 법조(8품 이상)는 3인이고(『고려사』 권77, 백관지 2 외직 방어진防禦鎭·지주군知州郡), 현의 현령縣令(7품 이상)과 진의 진장鎭將(7품 이상)은 3인, (진)부장(鎭)副將(8품)과 현위縣尉(8품)는(『고려사』 권77, 백관지 2 외직 제현諸縣·제진諸鎭)에게는 2인씩 지급하도록 정하고 있다.

① 李基白, 「高麗 地方制度의 整備와 州縣軍의 成立」, 『趙明基華甲記念 佛教史學論叢』 1965 ; 『高麗兵制史硏究』, 일조각, 1968.

邊太燮, 「高麗前期의 外官制－地方機構의 行政體系－」, 『한국사연구』 2, 1968 ; 『고려정치제도사연구』, 일조각, 1971.

② 『고려사』 권75, 선거지 3 選用守令·박용운, 『高麗史 選擧志 譯註』 選用守令, 신서원, 2009.

原文 6-9-2. 恭愍王十五年十二月 定外官衙從馬匹 留守官尹衙從九馬五疋 判官衙從四馬三疋 衆軍法曹各衙從三馬二疋 大都護府使衙從六馬四疋 判官衙從四馬三疋 司錄衙從三馬二疋 牧官使判官司錄衙從馬匹並同大都護府 中都護府使衙從五馬三疋 司錄衙從三馬二疋 知州事衙從四馬三疋 判官衙從二馬二疋 縣令衙從三馬二疋 監務衙從二馬二疋

6-9-2. 공민왕 15년 12월에 외관外官의 아종衙從과 마필馬匹을 정하였다.

유수관留守官의 윤尹은 아종이 9인, 말은 5필이고, 판관判官은 아종이 4인, 말은 3필이며, 참군衆軍과 법조法曹는 각각 아종 3인, 말은 2필이다.

　대도호부大都護府의 사使는 아종이 6인, 말이 4필이고, 판관은 아종이 4인, 말은 3필이며, 사록司錄은 아종이 3인, 말은 2필이다.

　목관牧官의 사使와 판관·사록은 아종과 마필이 -모두 대도호부와 같다-.

　중도호부中都護府의 사使는 아종이 5인, 말은 3필이고, 사록은 아종이 3인, 말은 2필이다.

　지주사知州事는 아종이 4인, 말은 3필이고, 판관은 아종이 2인, 말도 2필이며, 현령縣令은 아종이 3인, 말은 2필이고, 감무監務는 아종이 2인 말도 2필이다.[1]

註 解 6-9-2-

[1) 恭愍王十五年十二月 定外官衙從馬匹 留守官尹衙從九馬五疋 判官衙從四馬三疋 叅軍法曹各衙從三馬二疋 大都護府使衙從六馬四疋 判官衙從四馬三疋 司錄衙從三馬二疋 牧官使判官司錄衙從馬匹 並同大都護府 中都護府使衙從五馬三疋 司錄衙從三馬二疋 知州事衙從四馬三疋 判官衙從二馬二疋 縣令衙從三馬二疋 監務衙從二馬二疋 : 공민왕 15년(1366)에 이르러 외관(지방관)들에게 지급하는 아종의 숫자를 재조정함과 동시에 이용할 수 있는 말의 숫자도 정하고 있다. 한데 이번의 규정에서 전기前期인 현종 9년 때와(6-9-1-2), 270쪽) 비교하여 가장 큰 차이가 나는 것은 유수관留守官에 관한 규정이 새롭게 추가되고 있다는 점이다. 유수관은 곧 서경유수관西京留守官과 동경유수관東京留守官·남경유수관南京留守官 등 3경京의 유수관아留守官衙를 일컫는 것이거니와. 그때의 수령守令은 유수(사)留守(使)였으며 그후 관호官號가 각각 평양부平壤府·계림부鷄林府·한양부漢陽府로 개정되었을 때의 칭호는 윤尹이었다. 그러니까 이곳에 열거된 각 관원은 후자로 개칭되었을 때의 것이라는 점을 알 수 있다. 이때의 평양부윤平壤府尹은 종2품으로서(『고려사』 권77, 백관지 2 외직外職 서경유수관西京留守官) 아종 9인과 말 5필을 거느릴 수 있도록 정하고 있는 것이며, 판관判官(정5품)은 아종 4인에 말 3필, 참군叅軍(정7

품)·법조法曹(8품 이상)는 아종 4인에 말은 2필을 쓸 수 있도록 하고 있다. 이들에 비해 계림부와 한양부의 경우 참군과 법조의 품계는 평양부의 그들과 동일하나 윤은 3품 이상이고 판관은 6품 이상으로서 품계가 좀 낮은데(『고려사』 권77, 백관지 2 외직外職 동경유수관東京留守官·남경유수관南京留守官) 그에 따라 양자간에 아종과 마필에도 차별이 있었는지 아니면 동일하였는지 그점은 분명치가 않다.

다음 대도호부와 목牧은 마필에 관한 규정이 추가되었을 뿐 아종은 현종 9년의 때와 이번이 동일하다. 반면에 현종 9년에는 대도호부와 동일한 대우를 받았던 중도호부의 경우 이번에는 사使의 아종이 5인으로서 1인이 줄었다.

지주사知州事 역시 아종이 4인으로서 현종 9년 때의 수령이 5인이었던데 비해 1인이 감소되었으며, 이는 판관의 경우도 마찬가지이지마는, 그러나 현령은 3인으로서 동일하다. 현령 뒤에 추가되어 있는 감무監務는 예종조睿宗朝 이후 지방의 안정을 위해 지방관이 없던 속군屬郡·속현屬縣에 새로이 설치한 하급의 외관이다(『고려사』 권77, 백관지 2 외직外職 제현諸縣).

전하 면복 殿下冕服

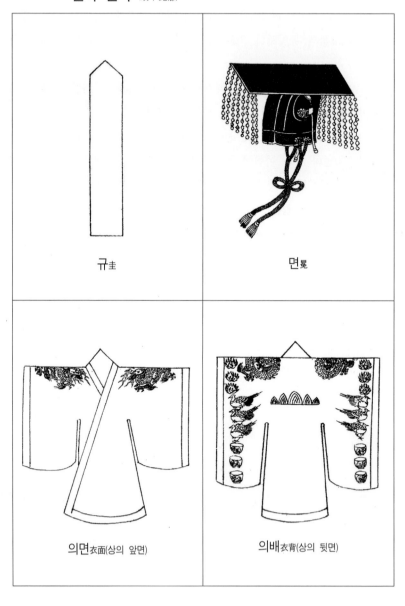

규圭

면冕

의면衣面(상의 앞면)

의배衣背(상의 뒷면)

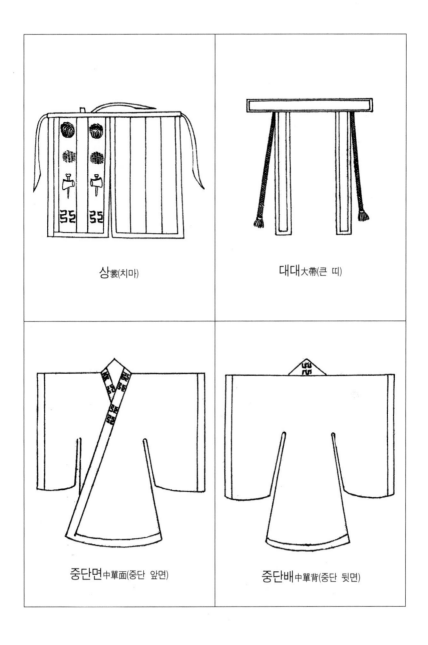

상裳(치마)

대대大帶(큰 띠)

중단면中單面(중단 앞면)

중단배中單背(중단 뒷면)

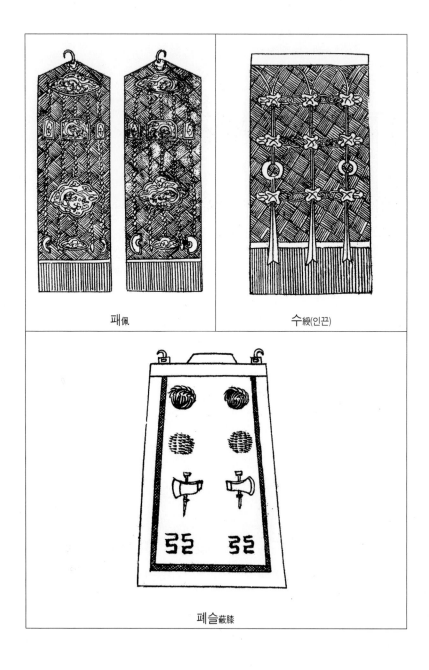

패佩   수綬(인끈)

폐슬蔽膝

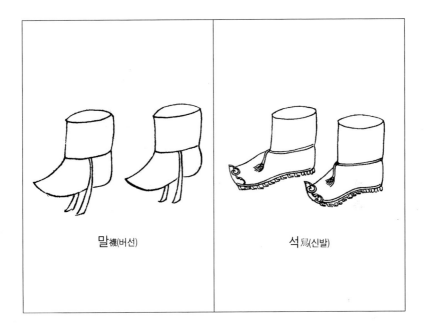

말襪(버선)   석舃(신발)

왕세자 관복王世子冠服

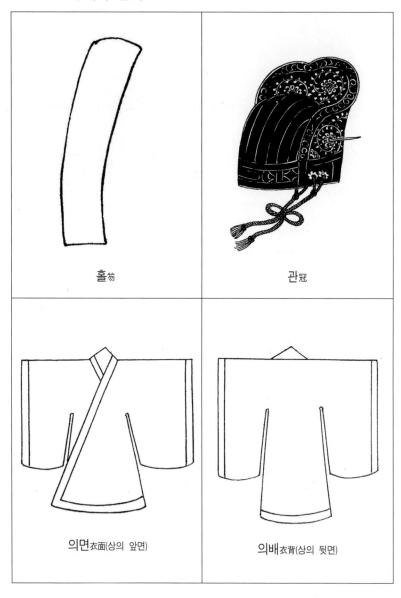

홀笏

관冠

의면衣面(상의 앞면)

의배衣背(상의 뒷면)

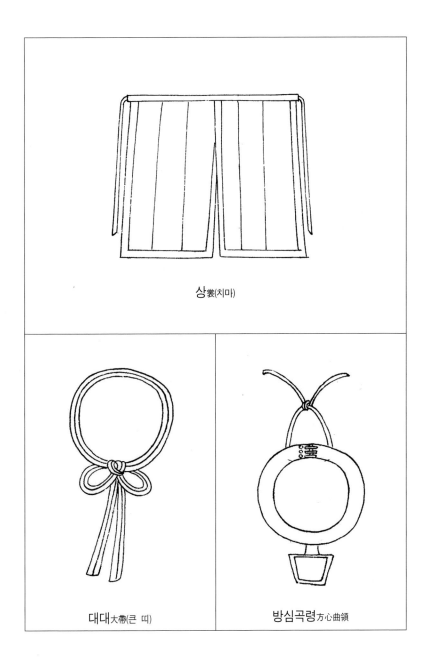

상裳(치마)

대대大帶(큰 띠)

방심곡령方心曲領

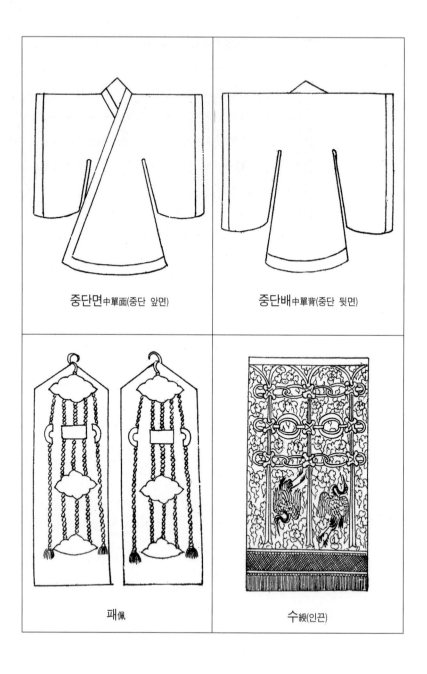

중단면中單面(중단 앞면)

중단배中單背(중단 뒷면)

패佩

수綬(인끈)

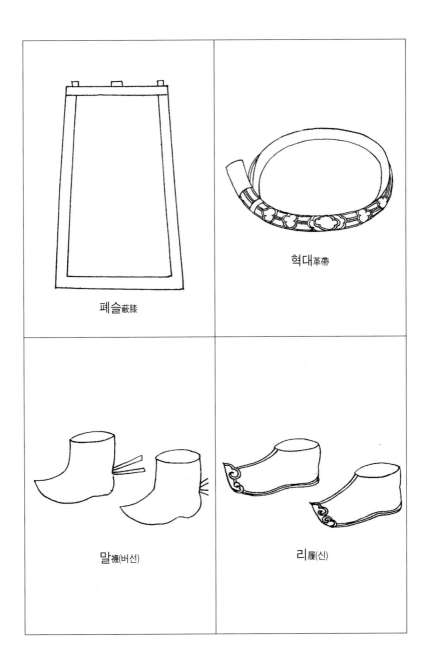

폐슬蔽膝

혁대革帶

말襪(버선)

리履(신)

문무관 관복文武官冠服

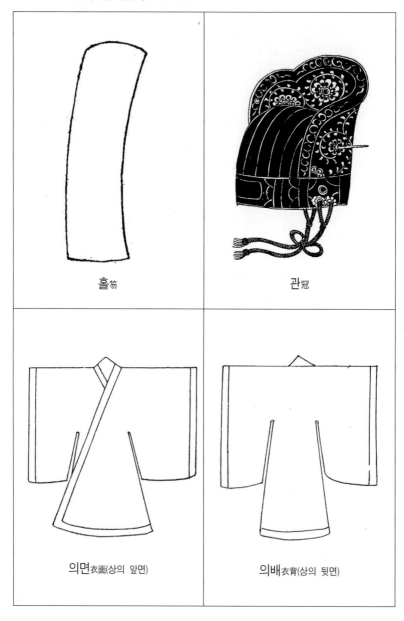

홀笏

관冠

의면衣面(상의 앞면)

의배衣背(상의 뒷면)

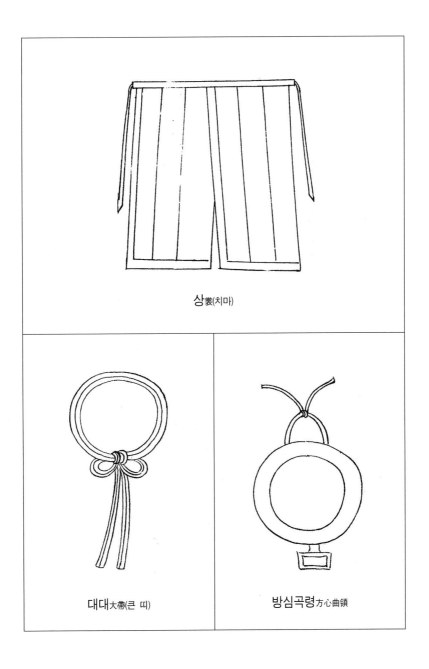

상裳(치마)

대대大帶(큰 띠)

방심곡령方心曲領

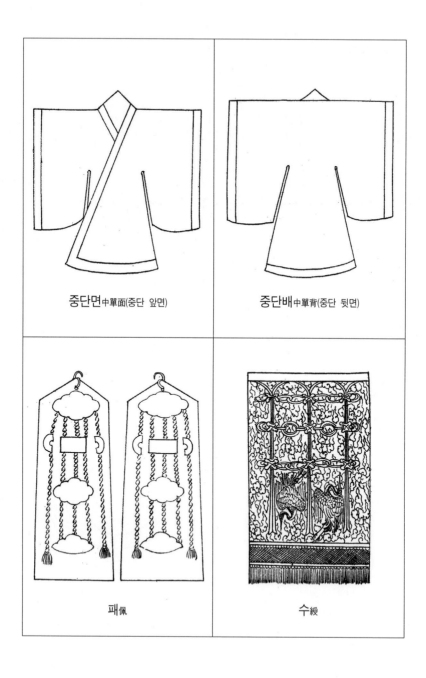

중단면中單面(중단 앞면)

중단배中單背(중단 뒷면)

패佩

수綬

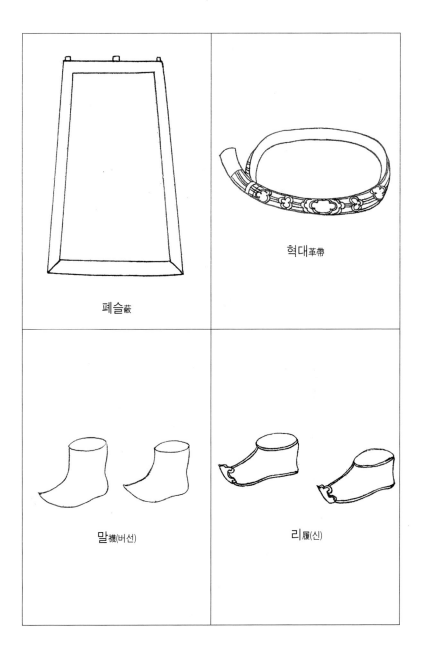

폐슬蔽

혁대革帶

말襪(버선)

리履(신)

각종 의·위장물儀衛仗物

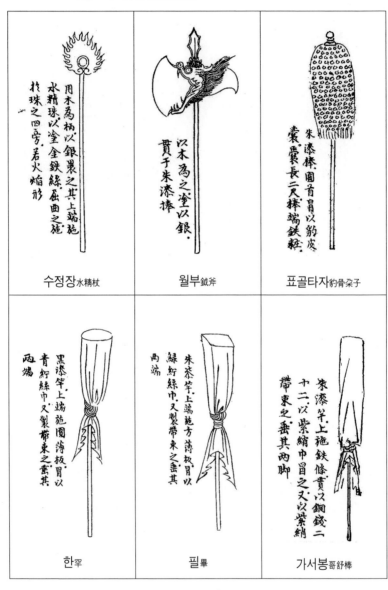

用木爲柄以銀裹之其上端施
水精珠以塗金鐵絲屈曲之施
於珠之四旁若火焰形

수정장水精杖

汉木爲之塗以銀
貫于朱漆棒

월부鉞斧

朱漆棒圓首冒以豹皮
裹裹裹長二尺棒端鐵粧

표골타자豹骨朶子

黑漆竿上端施圓薄扳冒以
靑紅絲巾又製帶束之垂其
兩端

한罕

朱漆竿上端施方薄扳冒以
綠紅絲巾又製帶束之垂其
兩端

필畢

朱漆竿上端施鐵條貫以銅錢二
十二以紫絹中冒之又以紫絹
帶束之垂其兩脚

가서봉哥舒棒

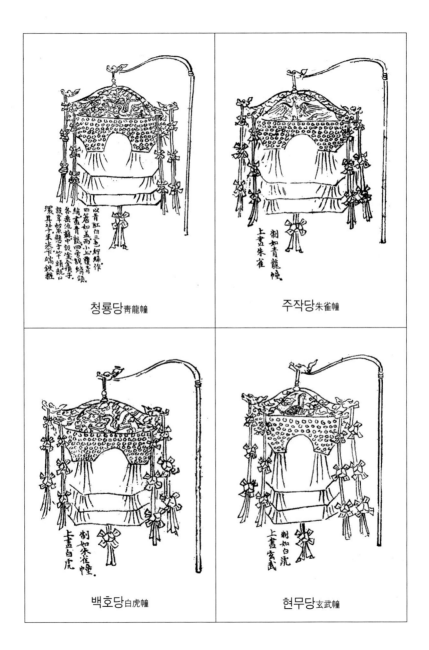

청룡당靑龍幢

주작당朱雀幢

백호당白虎幢

현무당玄武幢

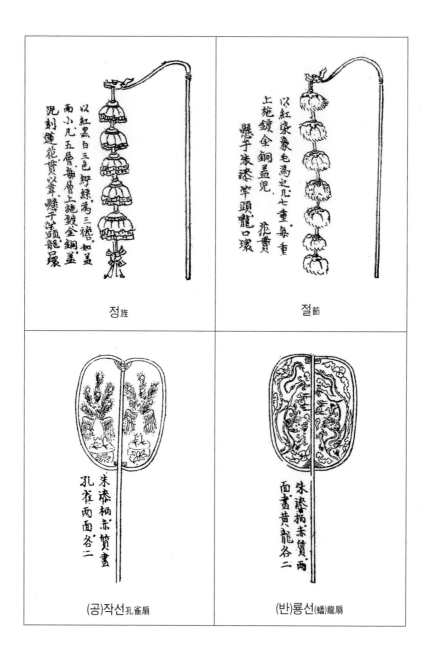

정旌

절節

(공)작선孔雀扇

(반)룡선(蟠)龍扇

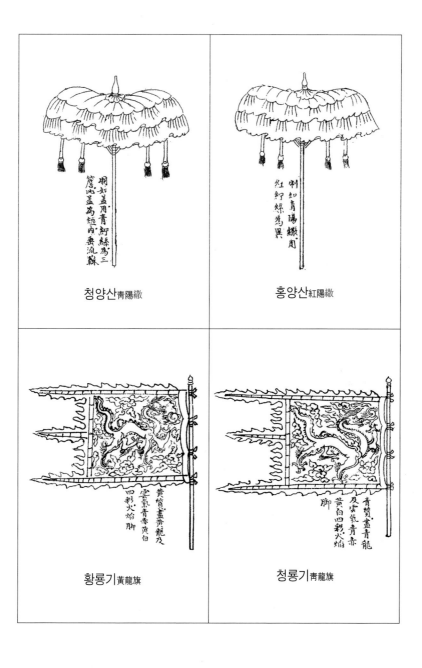

청양산靑陽繖

홍양산紅陽繖

황룡기黃龍旗

청룡기靑龍旗

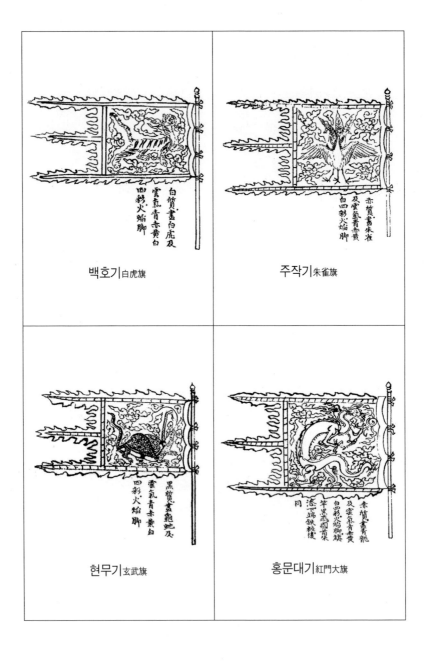

백호기白虎旗

주작기朱雀旗

현무기玄武旗

홍문대기紅門大旗

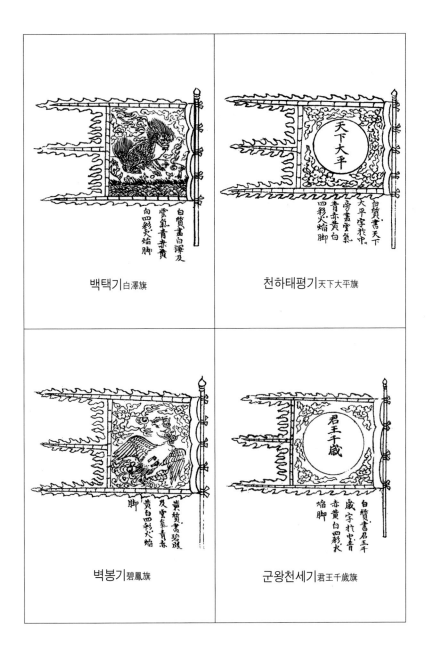

백택기 白澤旗

천하태평기 天下大平旗

벽봉기 碧鳳旗

군왕천세기 君王千歲旗

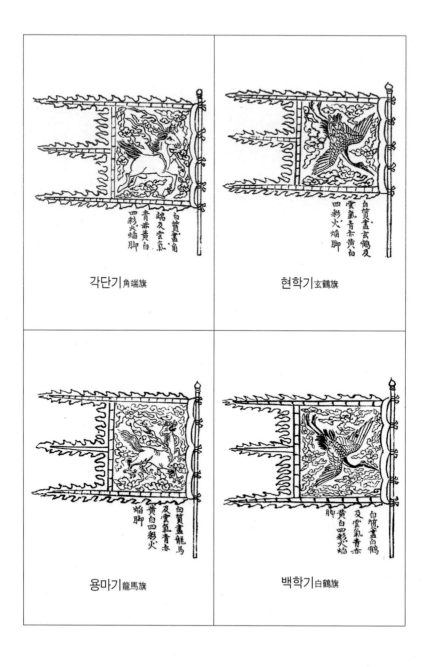

각단기角端旗　　　　현학기玄鶴旗

용마기龍馬旗　　　　백학기白鶴旗

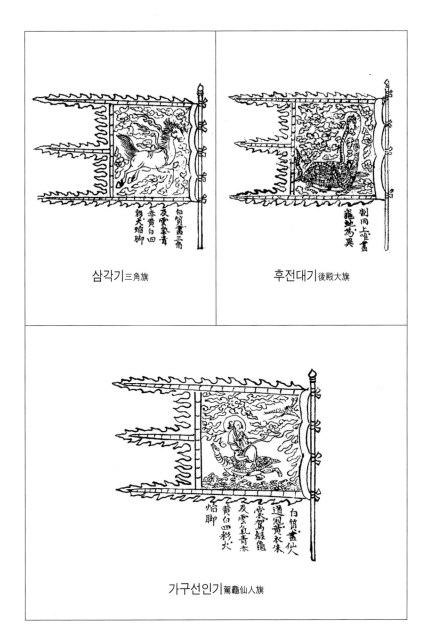

삼각기三角旗

후전대기後殿大旗

가구선인기駕龜仙人旗

찾아보기

저자 소개

평북 선천군에서 출생
서울대학교 사범대학, 고려대학교 대학원 석사·박사 과정을 마치고
　동 대학원에서 문학박사학위 취득
성신여자대학교 조교수를 거쳐
고려대학교 문과대학 한국사학과 교수로 정년 퇴임.
현재 고려대학교 명예교수
著述:『高麗時代 臺諫制度 硏究』,『高麗時代史』上·下,『高麗時代 蔭敍制와 科擧制 硏究』,
　　『고려시대 開京 연구』,『高麗時代 官階·官職 硏究』,『高麗時代史硏究의 成果와 課
　　題』,『고려시대 中書門下省宰臣 연구』,『高麗時代 尙書省 硏究』,『高麗時代 中樞院
　　硏究』,『高麗社會의 여러 歷史像』,『高麗社會와 門閥貴族家門』,『고려의 고구려
　　계승에 대한 종합적 검토』,『수정·증보판 고려시대사』,『고려사 백관지 역주』,
　　『고려시기 역사의 몇 가지 문제』,『高麗史 選擧志 譯註』등

『고려사』 여복지 역주

초판 인쇄　2013년 5월 20일
초판 발행　2013년 5월 30일

저　자　박용운
펴낸이　한정희
펴낸곳　경인문화사
주　소　서울 마포구 마포동 324-3
전　화　02-718-4831~2
팩　스　02-703-9711
등　록　1973년 11월 8일 제10-18호
이메일　kyunginp@chol.com
홈페이지　www.kyungin.mkstudy.com

정　가　24,000원
ISBN　978-89-499-0942-4　93910